사사건건
경복궁

궁궐길라잡이, 조선 역사의 빗장을 열다

사사건건 경복궁

ⓒ양승렬, 2021

초판 1쇄 2021년 10월 15일 펴냄
초판 3쇄 2023년 1월 10일 펴냄

지은이 양승렬
펴낸이 김성실
책임편집 박성훈
교정교열 고혜숙
제작 한영문화사

펴낸곳 시대의창   **등록** 제10 - 1756호(1999. 5. 11)
주소 03985 서울시 마포구 연희로 19 - 1
전화 02)335 - 6125   **팩스** 02)325 - 5607
전자우편 sidaebooks@daum.net
페이스북 www.facebook.com/sidaebooks
트위터 @sidaebooks

ISBN 978 - 89 - 5940 - 769 - 9 (03910)

사사건건
경복궁

궁궐길라잡이,
조선 역사의 빗장을 열다

양
승
렬
지
음

시대의창

일러두기

1. 날짜는 음력을 기본으로 하되 양력일 경우 표시하였습니다. 단, 을미개혁(양력 1896년) 이후에는 양력으로 바뀌는 법령에 따랐습니다.

2. 《조선왕조실록》, 《삼봉집》, 《승정원일기》, 《연려실기술》, 《신증동국여지승람》 등 국역문 출처는 한국고전번역원입니다. (https://db.itkc.or.kr)

3. 《고려사》의 국역문 출처는 국사편찬위원회입니다. (http://db.history.go.kr/KOREA)

4. 사진 가운데 "국립중앙박물관·국립고궁박물관" 등 기관의 저작물은 각 기관에서 작성하여 공공누리 제1유형으로 개방한 저작물을 이용하였으며, 각 기관 홈페이지에서 무료로 다운받으실 수 있습니다.

5. 출처 및 소장처 표기가 없는 사진의 저작권은 지은이에게 있습니다.

6. 저작권이 확인되지 않은 일부 사진은 확인되는 대로 절차에 따라 승인받겠습니다.

을미사변(乙未事變)은 대한민국 근대사에서 가장 치욕적인 사건 중하나다. 일명 '명성황후(明成皇后) 시해 사건'으로도 불리는 이 범죄는일본 제국주의의 단면을 적나라하게 드러냈다. 야욕에 눈이 멀고 그릇된 애국심에 세뇌된 자들의 집단적 광기가 분출된 사건이었다. 이사건은 명성황후가 어떤 인물인지에 대한 평가와는 별개로 조선이라는 엄연한 주권국을 잔인하게 희롱한 국가 범죄이자 침략 행위였다.그러나 지금까지 이 범죄 행위로 처벌받은 일본인은 단 한 명도 없다.

당시 히로시마 재판에 회부된 일본인은 총 48명이었다. 을미사변을지휘한 일본 공사 미우라 고로(三浦梧樓)를 포함한 외교관, 경찰, 신문기자, 의사, 작가, 교사 그리고 낭인으로 알려진 구마모토 출신의 민간인까지 다양한 사람들이 재판정에 호출되었다. 심지어 만 18세 소년도 있었다. 그러나 이들은 모두 증거 불충분으로 무죄를 선고받았다. 군인 신분으로 가담해 별도로 군사재판에 회부된 장교 8명도 모두 무죄로 풀려났다. 재판은 형식적 절차일 뿐이었다.

한국인이라면 누구나 을미사변이 일본의 국가적 범죄라는 사실을안다. 그런데 일본이 어떻게 그토록 쉽게 명성황후를 죽일 수 있었는지, 그리고 어떻게 어떠한 처벌도 받지 않고 유야무야 넘어갔는지 아는 사람은 많지 않다. 고종을 호위하는 부대에 몸담았다가 사건을 목격한 러시아인 사바틴(Sabatin)의 증언에 따르면, 당시 경복궁에는 군인

1,500명과 장교 40명이 주둔해 경비를 맡았다. 그럼에도 일본인들은 치열한 전투도 없이 손쉽게 자신들의 목적을 달성했다. 경복궁 밖에는 총성에 놀란 조선인들이 구름처럼 몰려들었지만, 일본인들은 삐뚤어진 애국심을 자축하며 유유히 광화문을 통해 걸어 나왔다.

이 책은 경복궁(景福宮)을 출입구로 삼아 조선의 속살을 들여다보기 위해 기획되었다. 사건의 결과보다 원인과 과정에 신경을 썼다. 역사에 대한 단편적 지식보다 전체 맥락이나 흐름이 훨씬 중요하기 때문이다. 과정은 이야기를 만들고, 이야기는 사람의 마음을 움직인다. 결과는 지식일 뿐이지만 진솔한 과정을 보태면 자극이나 감동으로 확장된다. 경복궁은 조선의 성장과 소멸을 묵묵히 지켜본 목격자이자 이야기보따리다. 하나의 국가가 새로 생기고 사라지는 힘의 방향성을 추적하기에 이보다 더 완벽한 장소는 없다.

역사에서 이야기의 주인은 사람이다. 역사를 만들어가는 일도 역사를 기록으로 남기는 일도 모두 사람에게 달렸다. 이런 이유로 경복궁의 진정한 힘은 그 안에서 활약했던 사람들에게서 나온다. 이 책으로 떠나는 여행의 출입구는 경복궁이지만 이야기를 만들고 이끌어가는 핵심 요소가 바로 사람인 까닭이다.

이 책에 등장하는 사람의 발자취에는 특별한 점이 많다. 선이 굵은 개인의 삶은 국가의 운명과 맞물리며 시대가 흐른 뒤에도 그 영향력을 생생하게 전달하기 때문이다. 이들은 대부분 비주류라는 환경 요인을 뚫고 과감한 길을 택했다.

교포 5세의 신분으로 몽골 관리의 집안에서 태어나 몽골인처럼 살다가 조선을 개국한 이성계(李成桂). 지방 말단 관리 가문에서 태어나 새로운 국가를 만드는 데 앞장선 정도전(鄭道傳). 내시로 시작해 건축가로 인정받아 종1품 관직을 재수받은 박자청(朴子靑). 유녀(遊女) 출신으로 종3품 후궁이 된 장녹수(張綠水). 궁녀 출신으로 유일하게 공식 왕비가 된 장옥정(張玉貞). 홀어머니와 살다가 16세에 왕비가 된 민자영(閔玆暎). 몰락한 양반 가문에서 태어났지만 명문가의 양자로 들어가 신세를 바꾼 이완용(李完用)….

오늘날에도 여전히 변형된 신분제가 존재한다. 평등이란 사전에만 있는 단어처럼 느껴진다. 주류를 따라야 한다는 사회 통념이 개성과 창조성을 수시로 억압한다. 따라서 우리가 밟고 있는 이 땅 위를 다른 보폭으로 살아갔던 그들의 발자취는 지금도 유효하다. 이름을 불러준다면 그들은 교감과 영감의 대상으로 날마다 새롭게 부활한다.

나는 16년 동안 자원활동가로 경복궁에서 해설을 해왔다. 한 해도 거르지 않고 해설할 수 있었던 원동력은 관람객과의 교감이었다. 좋은 점수를 받기 위해 외우는 죽은 역사가 아니라, 우연히 놀러 온 경복궁에서 살아 있는 역사를 마주친 관람객과 나누는 교감은 나에게 따뜻한 기운을 안겨주었다. 해설을 듣기 전과 들은 뒤, 달라진 눈망울을 수없이 보았다. 그들은 역사가 과거의 조각이 아니라 오늘날 자기 자신과 이어진 흥미진진한 현재라는 사실을 느끼는 듯했다.

단 한 번 해설을 듣는 것만으로 사람이 바뀔 수 있을까? 가능하다. 바로 내가 그랬다. 우연히 접한 궁궐길라잡이의 해설을 듣고 내 인생이 달라졌다. 중간부터 들었는데도 그날의 해설은 나에게 큰 충격이었다. 역사를 알지도 못했고 전혀 관심도 없었지만, 난 어느새 궁궐길라잡이가 되어 있었다. 게다가 역사책까지 쓰게 되었다.

이 책은 평소에 해설하면서 많은 사람이 흥미로워한 부분과 시간 제약 탓에 얘기하지 못한 부분까지 모두 담았다. 좀 더 많은 사람이 이 책과 경복궁을 통해 진짜 역사를 알아갔으면 좋겠다.

부족한 원고를 출판해주신 시대의창 대표님과 직원 여러분께 감사

말씀을 드린다. 그리고 비가 오나 눈이 오나 조선의 궁궐과 종묘에서 해설하는 동료 궁궐길라잡이 선생님들의 노고에 감사의 뜻을 전한다.

마지막으로 6·25전쟁이라는 비극과 그 이후 닥쳐온 굶주림의 시대를 굳건하게 견뎌내며 못난 아들을 낳고 길러주신 아버님 양희석, 어머님 김희래 여사께 감사드린다. 연애할 때부터 단 한 번도 싸우지 않고 나를 응원해준 아내 남미영과 그녀를 잘 키워준 장인어른 남기호, 장모님 최윤자 여사께도 감사 인사를 전한다. 개념 없이 살아온 내 인생에 제대로 살아보라고 하늘이 내려준 첫 번째 선물 양은우, 그리고 아직도 정신을 못 차렸냐며 다시 한 번 내려준 두 번째 선물 양태영, 이 둘은 존재만으로도 고맙고 행복하다. 두 아들 덕분에 조금은 사람다워진 것 같다.

이 책으로 만나게 되는 생생한 역사를 통해 우리 모두가 함께 잘 살아가기를 원하는 사회가 되었으면 좋겠다. 정말 그랬으면 좋겠다.

2021년 가을
경복궁 궁궐길라잡이 양승렬

목차

들어가는 말 ········ 5

 1장 **새로운 세상, 조선을 만든 사람들**

영웅의 탄생 ········ 16

고려 후기—사람을 잡아먹는 세기말의 혼돈
개혁가—기득권과의 전쟁: 승리하면 성인, 패배하면 미치광이
두 영웅—문벌 귀족 최영 vs 교포 5세 이성계
기록의 생존—인물의 역사, 어디까지가 진실인가

개혁가의 탄생 ········ 49

두 사상가—종교를 죽인 동갑의 철학자, 니체와 정도전
아버지 정운경—대물림으로 전해준 가난, 청렴, 정의
인간 정도전—재해를 걱정하며 땅세 독촉에 시달리는 신세
개혁가 정도전—전국의 토지를 모든 백성에게

조선의 탄생 ········ 83

새로운 왕위—현명한 재상과 정책이 왕을 대신하는 나라
새로운 정책—백성의 하늘은 음식
새로운 도시—유교의 이념을 새겨 넣은 수도, 한성

경복궁의 탄생 ········ 98

경복궁의 뜻—만민을 잊으면 받을 수 없는 큰 복(福)
경복궁의 구조—모든 근본은 바름(正)
경복궁 중건—회귀를 꿈꾸는 왕권과 이념
헐리는 경복궁—훼손에 앞장선 조선인과 명당을 차지한 조선총독부

2장 경복궁과 궁궐 사람들

들어서기 ········ 130

광화문─왕조의 파수꾼
흥례문─진정한 예(禮)의 의미
양반─가문의 운명을 짊어진 슬픈 팔자
근정전─정치의 기본은 부지런함(勤)에 대한 통찰과 실천
과거제도─유일한 출세법, 양반의 생존법

다가서기 ········ 174

사정전─국가의 운명이 결정되는 정쟁의 무대
내시─자연의 법칙을 거슬러 100세 장수를 누린 사람들
강녕전─오복의 전파를 기원하는 왕의 침전
궁녀─급여와 근무시간이 보장된 전문직 여성 관리

건너서기 ········ 207

교태전─백두대간의 기운이 뻗어내린 왕비의 영역
왕비─소녀, 지난한 국혼으로 왕족이 되다
경회루─24개의 액자로 계절의 경치를 담는 누각
기생─조선 최고의 연예인이자 무형문화재, 경기(京妓)

3장 소멸하는 조선과 무너지는 사람들

건청궁과 개화(開化) ……… 254

건청궁—쭈그러든 국운의 근거지
에디슨의 전깃불—동아시아 최초로 조선에 건너온 신상품
보빙사—뉴욕에서 미국 대통령을 만난 최초의 외교사절단
유길준—고종의 상투를 자르라고 윽박지른 최초의 국비 유학생

건춘문 그리고 친미, 친러, 친일 ……… 279

건춘문—궁녀로 변장하고 경복궁을 빠져나간 고종과 세자
아관파천—자결을 선택한 이범진과 훈장을 선택한 이윤용
친이파(親利派)—최초의 친미파에서 최고의 친일파가 된 이완용
독립협회와 《독립신문》—친일을 다독이고 조장한 독립의 기준

고종과 명성황후 ……… 318

명성황후—아버지 없는 소녀 신데렐라의 재림
고종—열두 살에 왕이 된 소년, 스물두 살에 조선을 떠안다
임오군란—고종의 정치에 대한 민중의 심판
친필 편지—명성황후의 인사 청탁에 관한 완벽한 증거

대한제국의 몰락 ……… 359

명성황후 암살 사건—조선인 협조자가 없었다면 불가능한 만행
우범선과 고영근—왕비의 복수: 순결한 충성인가, 목숨을 건 도박인가
김구와 안중근—광기의 제국에 생명을 투척하며 경고한 영웅들
이토 히로부미—최초의 국립현충원 장충단까지 장악한 박문사의 망령

나오는 말 ……… 409
주요 연표 ……… 411
참고 자료 ……… 414

경복궁 전경.

1장

새로운 세상,
조선을 만든 사람들

영웅의 탄생

고려 후기_ 사람을 잡아먹는 세기말의 혼돈

남녀 백성들을 죽여 구워 먹거나 임신부의 유방을 구워 먹는 등 온갖 잔악한
짓을 자행하였다.

—《고려사(高麗史)》, 공민왕 10년(1361) 11월 24일

고려 말은 현대인들이 상상하기 어려운 난세였다. 가진 자의 이익
을 앞세우는 정치는 썩은 냄새로 고약했고, 백성들의 살을 뜯어먹는
외부의 침략은 수를 헤아리기 어려울 정도로 잦았다. 100년간의 무신
정권과 28년간의 몽골 항쟁은 전초전에 불과했다. 내우외환(內憂外患)
이 끊이지 않는 혼란한 세상이었다. 속이 썩어 문드러지고 고름과 피
가 곳곳에 흥건한 나라가 쓰러지지 않고 서 있다는 사실이 신기할 정
도였다. 원(元)나라, 홍건적, 왜구 그리고 명(明)나라 등의 세력들은 고

《고려사》. 국립중앙박물관 소장.

려가 조금의 틈이라도 보이면 수시로 달려들어 물어뜯었다.

원나라는 고려의 왕을 그들의 입맛대로 책봉하고 폐위시키며 언제 찢어질지 모르는 종이호랑이로 만들었다. 당시 원나라의 영토는 인류가 무기를 손에 쥔 이래 세계에서 가장 큰 규모였다. 쿠빌라이는 원나라를 세계에서 가장 강력한 대국으로 만든 주인공이었다. 그는 할아버지 칭기즈칸이 세운 몽골제국을 확장해 원나라를 세우고 초대 황제인 세조(世祖)가 되었다. 세계에서 가장 강력한 권한을 가진 세조에게 고려의 24번째 임금인 원종(元宗)은 자식들의 결혼을 간청했다. 원종의 아들은 이미 서른아홉 살이었고, 아내와 장성한 자식이 있었다. 그럼에도 원나라 공주와 무리한 결혼을 추진한 이유는 단순했다. 원나라의 힘에 의탁해 무신정권의 후유증으로 너덜거리는 왕권을 유지하고 강화하기 위함이었다.

세조의 딸 쿠투루칼리미쉬는 열여섯에 원종의 아들과 결혼했다. 이 결혼식의 주인공이 고려의 25번째 임금인 충렬왕(忠烈王)이었다. 그는 스스로 변발을 하고 호복(胡服)을 입었다. 그뿐만 아니라 신하들에게도 변발을 강요하고, 백성들에게는 호복을 입으라고 지시했다. 그는 원나라 황제의 사위라는 신분만으로는 부족했는지, 무신정권 이후 호시탐탐 왕권을 차지하려는 세력들을 향한 견제 정책으로 몽골의 풍습을 앞장서서 받아들였다. 대국의 힘으로 내부의 불손한 세력들을 잠재우려는 시도였다. 충렬왕이 원나라의 관제(官制, 국가체제와 행정 법규)를 받아들이면서 고려는 스스로 국가의 위상을 낮춰 제후국을 선택한 꼴이 되었다.

충렬왕 이후 고려의 왕들은 원나라 공주와 결혼해야 했다. 간청으로 시작된 결혼이 원나라가 고려를 움켜쥐는 제도로 굳어졌기 때문이다. 왕자들은 볼모로 어린 시절을 원나라에서 살아야 했다. 이들은 몽골어로 인질이라는 뜻의 '뚤루게'라고 불렸다. 고려의 왕위 계승자들은 태어나면서부터 족쇄가 채워진 꼴이었다. 원종 때까지 왕의 묘호(廟號, 죽은 뒤에 공덕을 기리어 붙인 이름)는 조(祖)나 종(宗)을 사용했지만, 충렬왕 이후에는 원나라에 충성한다는 의미로 충(忠) 자를 사용해야 했다. 충 자 묘호는 30대 임금인 충정왕(忠定王)까지 이어졌다.

홍건적은 원나라의 핍박에서 벗어나려는 남인의 움직임으로 시작되었다. 원나라는 거대한 제국을 다스리기 위해 민족을 네 등급으로 나누어 관리했는데 몽골인, 색목인(色目人), 한인(漢人), 남인(南人) 등의 순서로 분류했다. 상위 계층은 몽골인이었고, 색목인은 아랍이나 서양 사람들을 말하며, 한인은 화북 지역의 중국인과 동북아시아 사람들을, 남인은 중국 강남 지역의 남송(南宋) 유민들을 뜻했다. 송나라의 후예들로 전통적인 중국인에 해당하는 남인들은 원나라 전체 인구의 많은 부분을 차지했지만, 몽골인들은 이들의 반발을 견제하고자 강력한 규제로 제압했다.

핍박과 차별을 못 견딘 남인들은 난을 일으켰다. 이들이 머리에 붉은 두건을 썼기에 홍건적(紅巾賊)이라고 불렀다. 본래 종교 집단으로 출발한 홍건적은 원나라에 멸망한 송나라의 이름을 걸고 전국적인 집단으로 성장했다. 대륙은 사방이 전쟁터로 변해 산란해졌다. 만주로 진출했던 일부 홍건적이 원나라 진압군을 피해 쫓기다가 고려로 숨어들었다. 일부라고 하지만 이들의 숫자는 무려 10만이었다. 이들은 자신들의 활로를 고려의 침략에서 찾았다. 고려에 들어온 홍건적은 원나라를 상대하는 저항군이 아니라 무자비한 약탈자였다.

홍건적은 1359년부터 1362년까지 수시로 약탈을 자행했다. 그들이 지나간 자리는 모두 초토화되었다. 1361년 겨울에 고려의 왕은 수도 개경(開京)을 버리고 안동(安東)까지 피난을 갔다. 왕이 없었던 탓에 비교적 손쉽게 개경을 차지한 홍건적은 두 달간 수도를 난도질했다. 닥치는 대로 곡식과 가축을 거덜내던 이들은 사람까지 잡아먹었다. 《고려사》는 백성들을 구워 먹었다는 말로 홍건적의 무자비한 만행을 기록으로 남겼다. 그들은 원주까지 난폭하게 밀고 내려왔다.

일본의 해적이었던 왜구(倭寇)는 시도 때도 없이 고려로 쳐들어왔다. 바다에서 수송선을 털어가거나 백성들을 납치하는 일이 다반사였다. 왜구는 한 번에 수백 명의 사람들을 죽였다. 수백 척의 배를 불태우거나 마을을 통째로 잿더미로 만들었기 때문에 행여나 살아남는다 해도 백성들의 생계가 막막했다. 고려 말의 왜구는 일반적인 해적이나 도적떼의 규모가 아니었다. 100~200척의 배를 타고 오는 것은 예삿일이었다. 기록에 의하면 왜구의 배가 최대 500여 척의 규모까지 등장한다. 그들은 서해의 최북단 지역인 의주부터 해안 마을뿐 아니라 옥천, 함양, 남원 등의 내륙까지 쳐들어왔다. 이렇듯 고려를 희롱하며 전국을 약탈했다.

고려는 잦은 왜구의 침입으로 수도를 옮기는 일까지 논의했다. 해안가의 거주민들은 속수무책으로 당하다 보니 점점 마을들이 줄어들었다. 어리숙한 무관들은 왜구의 기세에 눌려 가족을 버리고 도망갈 정도였다. 강화도의 만호(萬戶, 외침 방어를 목적으로 하는 무관)였던 김지서(金之瑞)는 왜구가 두려워 마니산으로 가족을 버리고 도망간 사이에 아내가 붙잡혀갔다는 기록이 남아 있다. 우왕(禑王)이 집권하던 14년 동안 왜구는 총 378회나 쳐들어왔다. 이는 평균적으로 14일에 한 번꼴이니 보통 골칫거리가 아니었다. 사람들은 왜구가 온다는 소문만으로도 살기 위해 도망쳐야 했다.

원나라의 힘이 차츰차츰 빠지자 명나라가 득세하며 새로운 위협으로 부상했다. 명나라를 세운 초대 황제 주원장(朱元璋)은 홍건적 출신이었다. 17세에 고아가 된 그는 살기 위해 떠돌이 탁발승으로 전전하다가 홍건적이 되었다. 1367년에 홍건적의 분파된 세력들을 규합해 강남 지역을 평정한 주원장은 이듬해에 황제로 등극하며 원나라를 북으로 쫓아냈다. 명나라는 고려의 북쪽 영토인 함경도 철령 지역을 자신의 땅으로 차지하려는 욕심으로 고려와 본격적인 마찰을 일으키기 시작했다. 이러한 흐름으로 고려는 명나라와의 전쟁까지 염두에 두었다. 원나라와 명나라 같은 중원의 강대국들은 늘 고려를 자신의 편으로 흡수하려고 했고, 고려는 강대국의 작은 움직임에도 생존의 위협을 느끼며 출렁거렸다. 고려가 살아남으려면 강대국의 상황에 따라 적절한 융통성이 필요했다. 대륙의 나라들이 고래라면, 고려는 새우였다. 그들의 싸움에 언제라도 등이 터질 지경이었다.

나라 안에서는 타락한 권문세족과 불교(佛敎)가 문제였다. 1388년,

《고려사》에 기록된 이행(李行)의 상소를 보면 권세가들의 땅은 너무 넓어서 산과 내를 기준으로 토지 경계를 삼았으며, 선비부터 군졸, 평민들은 송곳 꽂을 땅도 가질 수 없어서 부모와 처자식을 부양하기 어렵다는 내용이 나온다. 나라의 근간이 농업이었음에도 일반 백성은 농사를 지을 땅을 구하기 어려웠다. 귀족들은 정치가 혼란한 틈을 이용해 기득권을 유지하고 재산을 늘리기에만 급급했으며, 불법적으로 백성들의 땅을 빼앗고 그들을 노비로 만들었다. 힘없는 백성은 알면서도 당하는 수밖에 없었다.

불교의 폐단도 끊이지 않았다. 장기간에 걸쳐 융성했던 불교문화의 이면에는 사이비 중들로 인한 사회문제가 내포되어 있었다. 스스로 미륵이라고 칭하거나 견성(見性)했다고 말하며 백성들을 현혹하는 짓은 차라리 애교에 가까웠다. 가난에 찌든 사람들이 먹고살 길을 찾아 절에 들어가기도 했지만, 승려가 되면 세금과 요역(徭役. 나라에서 부과한 노동의 의무)을 면제받기 때문에 이를 악용해 신분을 승려로 세탁하는 자들이 넘쳐났다. 기존 승려들 중에서도 일반인들처럼 농업, 축산 그리고 상업 등의 활동에 가담해 재물을 불리는 이들이 속출했다. 권세가들에게 뇌물을 주고 큰 절을 받거나 직책을 얻고 가정을 꾸리며 사는 승려들도 많았다. 타락한 불교 세력은 점점 더 많은 땅을 소유하고 권력을 지향했는데, 이러한 성향이 귀족과 다를 바가 없었다.

고려의 영토 대부분을 소수의 지배층이 나눠 가진 형국이었다. 소득의 양극화가 눈을 가리고 낭떠러지를 향해 달리는 지경이었다. 이런 내우는 외환과 겹쳐지면서 나라는 점점 더 만신창이가 되었다. 고려 말은 한반도에 국가가 생긴 이래, 역사상 순위를 다투기 어려울 만큼 혼란이 극에 달한 시기였다. 백성들은 태어나면서부터 지옥에서 살았다.

(신돈이) 전국에 방을 붙여 알리기를, "근래에 (나라의) 기강이 크게 무너져서 탐욕을 부리는 것이 풍습이 되었으며 (중략) 대대로 업으로 이어온 농민과 그들의 땅을 세력이 강한 집안에서 거의 빼앗아 점유하였다. (중략) 백성과 나라를 병들게 하여 홍수와 가뭄을 불러일으키고 전염병이 그치지 않는다. 이에 임시 관청을 설치하여 (불법적인 죄를) 바로잡고자 하며 개경은 15일을 기한으로 하여, 여러 도(道)는 40일을 기한으로 하여 스스로 잘못을 알고 고치는 자는 (죄를) 묻지 않을 것이나, 기한을 넘겨 일이 발각되는 자는 죄를 조사하여 다스릴 것이며 망녕되게 소송하는 자는 도리어 처벌하겠다"라고 하였다. 명령이 나가자 권세가 중에 땅과 농민을 빼앗은 자들이 그 주인에게 많이 돌려주었으며, 전국에서 기뻐하였다. (중략) 이에 노예들이 주인을 배반하고 벌떼처럼 일어나, "성인이 나오셨다!"라고 하였다.

—《고려사》, 〈신돈 열전〉

공민왕(恭愍王)은 고려의 31번째 왕이었다. 고려 말에 등극한 그는 앞에서 언급되었던 대부분의 혼란을 몸소 겪었다. 공민왕은 나라를 바꾸기 위한 정책을 주체적으로 밀어붙인 군주였다. 원나라의 등쌀에 제대로 기를 못 펴던 선대왕들과 달리 그의 의지는 강력했다. 그도 윗대 왕들처럼 몽골제국의 부마(駙馬, 왕의 사위)였다. 부인이 칭기즈칸의 7대손인 '보르지긴 보타슈리'로, 한자 이름으로 발음하면 '보탑실리(寶塔實理)'이며 노국공주로 잘 알려진 인물이다. 열두 살에 원나라의 볼모가 되어 10년 동안 타국살이를 경험한 공민왕 '빠이앤티무르(공민왕의 몽골식 이름)'는 고국으로 돌아와 고려 사람으로서 입장을 명확히 밝혔다. 충렬왕 이후 80여 년 가까이 원나라의 제후국임을 자처하며 내정

공민왕과 노국공주 초상. 국립고궁박물관 소장.

간섭을 받아들이던 당시 상황에서는 결코 쉽지 않은 결정이었다. 이는 자신의 목숨을 걸고 나라의 운명을 바꾸려는 도박이었다. 그는 가장 먼저 원나라 풍습에 의한 변발과 호복을 금지하고, 친원파 세력들을 제거했다. 고려의 풍습을 되찾아 나라의 정체성을 다시 세우려는 조치였다.

친원파는 원나라의 후광을 업고 나라를 주무르던 세력이었다. 원나라의 힘을 등에 업었던 충렬왕의 결혼은 출세에 눈이 먼 얄팍한 세력들을 만들어냈다. 이들은 고려 왕들을 보고 배우며 어떻게든 원나라와 자신을 엮어 부귀를 얻고자 했다. 일부는 자신들의 딸을 원나라 왕족과 결혼까지 시켰다. 이들은 원나라에 아부해 힘을 키우며 권력을 차지하는 세력으로 발전했다. 친원파는 여우가 호랑이의 위세를 빌려 호기를 부린다는 호가호위(狐假虎威)의 본보기 같은 자들이었다.

호가호위의 정점에 서 있었던 인물은 기철(奇轍)이었다. 그는 가장 막강한 친원파의 거두로, 원나라 황후의 오빠였다. 원나라 11대 황제 혜종(惠宗)이 부인으로 삼았던 기황후가 그의 동생이었다. 기황후는 고려의 공녀(貢女)로 원나라에 보내져 궁녀가 되었다가 황제의 눈에 들어 정식 황후가 되었다. 황태자까지 낳은 기황후는 당시 국제적인 권력의 정점에 선 고려 여인이었다. 원나라가 점차 약해지는 시기였지만 고려가 무시할 만한 수준은 아니었다. 공민왕은 관리의 선발과 승진에 관여하고 탐욕적으로 부귀를 챙긴 기철과 그 무리를 과감히 처형했다. 그리고 원나라의 연호를 폐지했다. 황후의 오빠를 제거하는 사건은 친원파들을 향한 경고였다. 기황후는 오빠의 복수를 잊지 않고 8년 뒤에 공민왕을 강제로 폐위하고자 고려로 1만의 군대를 보냈다. 그러나 최영(崔瑩)과 이성계가 그들을 막아냈다. 기철의 숙청은 원나라와 전쟁이라는 대가를 지불했지만 당시의 세계정세와 개혁의 방향을 정확히 파악한 공민왕의 능력이 엿보이는 사건이었다.

친원파 세력의 제거는 공민왕의 개혁 의지를 대표하는 사건이자 척도였다. 어린 시절을 원나라에 살면서 눈칫밥을 먹었던 공민왕은 정세를 파악하는 능력이 탁월했다. 여기에 왕의 자주성과 주체 의식이 더해지면서 내부의 문제를 해결하려는 의지가 돋보였다. 공민왕이 집권하기 100여 년 전부터 관직을 차지하며 뿌리를 내린 친원파는 흡사 일제강점기의 친일파와 닮은 모습이었다. 이들은 편법적으로 주요 관직을 장악했으며, 강제로 남의 땅을 빼앗고 불법으로 노비를 만들었다. 조직을 만들어 인사권을 장악하니 정상적인 방법으로는 새로운 인재가 들어올 창구가 없었다. 이들은 몽골식 이름으로 개명하거나 아예 원나라로 귀화해서 충성을 맹세하고, 자신의 이익을 위해 조국을 상대로 협박하거나 전쟁을 벌이기도 했다. 친원파는 동포의 피를 빨아먹는 가장 악질적인 집단이었다.

대부분의 귀족은 친원파가 아니더라도 그들과 비슷한 입장이었다. 가진 자들은 대부분 자신의 밥그릇을 지키거나 넓히는 데만 관심을 두었다. 백성들에게는 외부의 적보다 내부의 적들이 더 두려웠을지도 모른다. 같은 지역에서 함께 살기에 손아귀에서 벗어나기가 어렵고 영원히 종속된 신세로 살아가기 때문이다. 귀족들은 내부의 사정과 흐름을 세세하게 파악하며 이를 악용했다.

《고려사》를 보면 힘들게 농사를 지어도 적게는 서너 명에서 많게는 일고여덟 명이 소작료를 걷어가서 백성의 곤궁함이 극에 달했다고 나온다. 세금으로 수확의 10퍼센트를 내고, 소작료로 대부분을 뜯기면 농사를 지어도 남는 게 없는 형편이었다. 횡포가 심해지자 농민들은 스스로 노비가 되는 길을 선택했다. 어떻게든 살아야겠다는 압박의 선택이었는데, 이런 풍토는 급속하게 퍼졌다.

노비와 승려가 세금을 내지 않는 것처럼 큰 공을 세운 귀족 가문도 조세를 회피할 수 있었다. 세금이 잘 걷히지 않으니 나라가 가난해지고, 빈익빈 부익부 현상이 극에 달하게 되었다. 이러한 현실을 벗어나고자 노력한 고려의 마지막 희망이 바로 공민왕이었다.

개혁을 위해 앞만 보고 달려가던 공민왕은 노국공주가 출산을 하다가 숨지자 다소 주춤거리게 된다. 노국공주는 공민왕과 16년을 함께 살았다. 선대왕들의 부인이었던 다른 몽골 왕족의 공주들과 달리 노국공주는 자신의 나라보다 남편을 더 사랑한 여인이었다. 부인을 잃은 공민왕은 신돈(辛旽)에게 전권을 부여하며 개혁을 위임했다. 공민왕이 노국공주와 태아를 잃고 다소 의지가 흔들렸을지는 모르나, 완전히 개혁 의지를 상실했다고 보기는 어렵다. 신돈의 등용 자체가 파격적인 인사였기 때문에 다양한 관점이 존재하는데, 이것 또한 공민왕의 다양한 정책 실험 중의 하나라고 여겨진다.

내부의 적을 상대하는 일은 외부의 적을 상대하는 일보다 어려운 법이다. 서로 마주 보는 관계 안에서 목숨을 걸어야 하기에 잠시도 긴장을 늦출 수 없다. 어떤 패가 있더라도 표정을 드러낼 수 없는 포커페이스와 같다. 사소한 실수 하나가 빌미를 제공한다면 순식간에 전세가 역전되기 때문이다. 14년 동안 나라를 바꿔보려고 투쟁했던 공민왕은 정적들에게 신돈이라는 비장의 카드를 꺼내 들이밀었다. 그동안 공민왕이 보인 행적으로 추정해보면, 신돈은 단순한 선택이 아닌 철저한 전략에 가깝다. 철저하게 비주류이며 실력이 입증되지 않은 신돈에게 모든 권한을 건네준 공민왕의 행보는 일반적인 역사에서 찾아보기 힘든 독특한 사건이었다. 기록에는 자세히 나오지 않지만 공민왕이 신돈을 철저하게 조사하고, 신임하고, 협의하지 않았다면 벌어질 수 없는 일이었다.

편조(遍照, 신돈의 승명)는 아버지가 누구인지도 모르는 떠돌이 중이었다. 어머니는 옥천사(玉川寺)라는 절의 여종이었다고 한다. 고려는 왕족도 승려가 되고, 승려도 정치에 참여하는 나라였기에 절에도 신분의 귀천이 존재했다. 불교의 나라에서 미천한 승려로 비주류였던 편조는 공민왕을 만나 신돈으로 이름을 바꾸고 파격적인 개혁을 실시했다. 강제로 빼앗긴 땅을 백성들에게 돌려주고, 천민과 노비 중에서 양민이라고 호소하는 사람들을 풀어주는 정책은 민심을 얻는 데 성공했다. 신돈은 짧은 시간에 백성들에게 성인(聖人)으로 추앙받는 인물이 되었다. 백성의 대다수는 귀족이 아니라 농민이었다. 나라가 편안해지는 가장 기본적인 방법은 이들 농민의 삶을 안정적으로 만드는 일이었다.

신돈은 백성들의 지지를 기반으로 장기적인 체제 변환 계획에 돌입했다. 여기에 내부 사정을 잘 아는 공민왕의 입김이 작용하지 않았을 리 없다. 나라를 움켜쥔 귀족 세력을 견제하기 위해 과거제도(科擧制度)를 개혁하고 성균관(成均館)을 크게 중건했다. 고려의 과거제도는 시험을 주관하며 관리하는 좌주(座主)와 합격자인 문생(門生)들이 특별한 인맥이나 조직을 만들어 유지했다. 그들은 자신들만의 세상에 살면서 그들의 세계가 그대로 유지되기를 희망했다. 그래서 창의적이고 개혁적인 인재가 선발될 기회가 적었다. 설사 인재가 나타나더라도 그들의 세상을 등지기란 쉬운 일이 아니었다. 부와 권력을 가진 자들이 정략적인 결혼으로 그들의 영역을 공고히 다지듯 이들도 동일한 방법으로 자신들의 세력을 확장했다.

개혁에 박차를 가해 새로운 토양이 준비되자 새로운 세력이 싹을 틔웠다. 과거제도를 공정하게 정비하고, 제대로 된 성균관으로 탈바꿈되자 기존 세력의 영향력에서 벗어난 인재들이 등장했다. 이들이 바로 신진사대부(新進士大夫)였다. 신진사대부는 말단 관리 집안이나 지방 출신이 대부분이었다. 그들은 귀족만큼 부유하지는 않지만 먹고 사는 데는 큰 문제가 없는 사람들이었다. 자급자족이 가능하고, 새로운 이론으로 무장한 그들은 귀족계급의 반대편에서 큰소리를 낼 수 있는 유일한 집단이었다. 신돈과 공민왕의 그늘에서 이들은 빠르게 성장했다. 신진사대부의 무기는 성리학(性理學)이었다. 젊은 그들은 유학(儒學)에 입각한 상식적인 세상을 꿈꾸었다. 불교는 정치적 이념으로 삼기에 단점이 많았다. 구도(求道)는 기본적으로 탈사회화를 부추기기 때문이었다. 장기간 계속된 불교의 부흥은 중국과 고려에서 많은 폐단을 양산했고, 그에 대한 반작용으로 성리학이 탄생했다.

성리학은 인간의 본성과 관계가 중점인 유학을 바탕으로, 이(理)와 기(氣)를 통해 세상의 이치를 논리적으로 팽창시켜나간 학문이다. 성리학을 확립한 중국 남송의 주자(朱子)는 유학의 근본이라 일컫는 《논어(論語)》에 《맹자(孟子)》, 《대학(大學)》, 《중용(中庸)》을 추가해 주석을 달고 사서(四書)를 정립했다. 주자가 해석한 사서는 경전이 되었고, 중국에서는 1313년부터 과거 시험 과목으로 채택되었다. 이때부터 유학은 성리학의 탈을 쓰고 종교적 관점과 정치적 이념으로서 막강한 힘을 발휘하며 본격적으로 유교(儒敎)라는 이름을 얻게 되었다. 우리나라에서 현대까지 영향력을 발휘하는 유교 이론의 대부분은 12세기 주자에 의해 확립되었나. 시대의 요청에 의해 탄생한 성리학은 13세기 말에 고려로 전파되었다. 고려 말에 원나라에서 벼슬을 하던 이색(李穡)이 고국으로 돌아와 성리학의 보급에 앞장섰다. 그는 공민왕 6년(1357)에 처음으로 삼년상(三年喪) 제도를 건의해 실행시킬 정도로 성리학 신봉자였다. 이색의 문하에서 정몽주(鄭夢周), 정도전, 권근(權近), 길재(吉再), 이숭인(李崇仁), 하륜(河崙) 등의 걸출한 제자들이 배출되었다. 성리학은 이들에 의해 미래의 학문으로 자리 잡았다.

신진사대부가 낡은 이념들을 재정립하니, 새로운 세상을 희망하는 사람들이 늘어났다. 신돈도 그들을 통해 변화의 흐름을 눈치챈 인물이었다. 《고려사》 〈신돈 열전〉에 의하면 왕이 성균관을 지으라고 명했을 때, 신돈은 옛터에서 스스로 선성(先聖, 공자)을 향해 마음을 다해 다시 짓겠다고 맹세했다. 이색이 옛 법보다 좀 더 간단한 형식으로 아껴서 완성하겠다고 말하자, 신돈은 호탕하게 거부했다. 그는 "문선왕(文宣王, 당나라 현종이 공자에게 내린 시호)은 천하 만세의 스승이니, 조금의 비용을 아껴 전대의 규모를 훼손해서야 되겠습니까!"라고 말했다.

신돈의 의도가 단순히 왕명을 충실히 이행한다는 사실을 과시하기 위함이었는지, 구세력을 견제하고 자신과 뜻을 같이할 신세력을 크게 성장시키기 위함이었는지, 종교를 떠나 다양한 사상을 존중해서 그랬는지는 정확히 알 길이 없다. 하지만 결과적으로 신돈의 인재 개혁은 조선 창업의 핵심적인 기틀을 마련했다. 신돈이 있었기에 신진사대부가 자리 잡을 수 있었고, 신진사대부의 세력이 커지자 그 안에서 아예 나라를 바꿔보자는 역성혁명파(易姓革命派)가 생겨났기 때문이다.

승승장구하던 신돈은 정권을 잡은 지 6년 만인 1371년에 돌연 처형되었다. 몰락의 발단은 익명으로 된 투서였다. 신돈의 문객이던 이인(李靭)은 신돈이 반역을 꾀한다는 내용의 익명서를 투고했다. 반역은 왕조 국가에서 가장 큰 죄였다. 왕은 신돈의 측근 인사들을 잡아서 국문했고, 여기서 나온 자백을 근거로 대대적인 숙청이 시행되었다. 대개 반역죄에 대한 처벌은 왕의 의견에 따라 결정되었다. 죄가 있다고 판단하거나 처형을 원하면 자백할 때까지 고문했다. 공민왕은 신돈의 목을 베어 동쪽 문에 걸었고, 사지는 찢어 각 도에 조리돌렸다. 역모를 꾸민다는 익명서가 투고되기 전에도 신돈을 비판하는 상소는 넘쳐흘렀다. 신돈이 정치권에 처음 등장했을 때 수많은 기득권 세력이 그를 끌어내리려고 안간힘을 썼다. 암살을 시도한 이들도 여럿이었다. 강력한 저항은 신돈의 개혁 정치가 그만큼 완강했다는 방증이다.

기득권 세력들은 그들을 위협하는 존재가 있다는 사실만으로도 참을 수 없었지만, 그 존재가 세력이 없는 천민 출신이라는 게 더욱 견딜 수 없었는지도 모른다. 이들은 자신의 목을 걸고 필사적으로 신돈을 옥죄었다. 그러나 신돈을 음해하려던 이들은 모두 좌천되거나 유배를 가거나 처형되었다. 심지어 재상이었던 경복흥(慶復興)도 신돈을 제거하려다 유배를 갔고, 가족은 노비가 되었으며 재산은 몰수당했다. 그 후에도 기존 세력의 공격은 멈추지 않았다. 기득권의 공격은 개인의 힘으로 막을 수 있는 범위가 아니었다. 기득권이 당한 일부 피해는 오히려 살기와 오기를 더욱 크게 부추겼다.

신돈의 유일한 방어막은 공민왕이었다. 왕의 위임권은 어떠한 방패라도 뚫는 창이었으며, 어떠한 창이라도 막아낼 방패였다. 6년 동안 아낌없이 지원하던 공민왕의 믿음은 왜 깨지게 되었을까? 신돈은 국정을 운영하기 전에 공민왕에게 맹세를 얻어냈다. 즉 어떠한 상소나 소문에도 절대 흔들리지 않고 둘만의 믿음을 저버리지 않겠다는 맹세였다. 그래야 새로운 세상을 향한 발걸음이 유지된다는 의미였다. 공민왕은 흔쾌히 승낙했지만 끝까지 약속을 지키지 못했다. 《고려사》에 기록된 신돈의 죄는 크게 두 가지다. 그 죄는 바로 역모와 추문이다. 역모는 어떠한 이유로도 빠져나갈 수 없는 중죄였다. 추문은 아녀자를 가까이해서 자식을 낳고, 성안에 일곱 채의 저택을 지었다는 내용이 대표적이었다.

공민왕이 맹세를 저버린 이유가 신돈의 권세로 자신의 입지가 좁아지는 현실 때문이었는지, 모반의 내용을 확고하게 믿어서였는지, 기괴한 추문들에 불쾌한 기분이 들었는지는 불분명하다. 다만 신돈은 철저한 비주류의 신분으로, 처음부터 혼자서는 개혁을 실행하기 어려운 환경이었다. 그가 왕의 곁에 선 순간부터 그를 적으로 간주하는 주류 불교 세력과 주류 귀족 세력에 둘러싸여 있었기 때문이다. 심지어 개혁을 반겼던 신진사대부들도 성리학으로 무장해 신돈과 다른 노선을 걸었기 때문에 그는 완벽한 외톨이나 마찬가지였다.

방패가 사라진 순간 신돈도 끝이었다. 수많은 창이 그를 향해 날아들었다. 그는 누구보다 이 사실을 잘 파악하고 있었기에 정적들을 단호하게 처리했는지도 모른다. 그렇기에 공민왕이라는 호랑이 등에 올라탄 순간부터 잠시도 멈추면 안 된다는 사실에 더욱 집착했는지도 모른다. 그래서 자신의 역량에 비해 과중한 창을 휘두르다가 몰락했을 수 있다. 혹은 눈칫밥으로 단련된 요승이 위장해 신세를 바꿔보려다 참형되었다는 기록을 전적으로 수용하는 단순한 결말도 가능하다.

공민왕은 걸어서 수시로 신돈의 집에 갔으며, 그의 집에서 함께 자주 술을 마셨다. 다른 사람들의 눈을 피해 남루한 옷차림으로 들르기도 했고, 그가 아플 때는 직접 문병을 갔다. 같이 연등행사를 보았고, 불꽃놀이를 즐겼다. 개혁에 대한 갈망으로 의기투합해 애틋했던 그들의 관계는 한마디의 말로 허무하게 깨져버렸다. 승리자의 역사, 가진자의 역사에서 반대편에 서 있었던 몰골은 흉측하기 짝이 없다. 공민왕의 최후도 신돈과 크게 다를 바가 없었다.

신돈의 처형으로 고려를 변혁하려던 공민왕의 시대도 종말을 맞았다. 노국공주를 잃고, 신돈을 잘라낸 그의 다른 개혁 카드는 먹히지 않았다. 역사는 그를 변태성욕자인 미치광이 왕으로 결말지었다. 어쩌면 그는 반복되는 반란과 전쟁 그리고 끝이 없어 보이는 개혁 정책의 지연 등으로 정말 미쳤는지도 모른다. 공민왕은 개혁을 단행해야 할 사람들이 개혁의 대상이라는 모순에서 빠져나올 수 없었다.

공민왕은 결국 신돈을 처형하고 3년 뒤인 1374년에 비참한 최후를 맞게 된다. 결과적으로 보자면, 신돈은 고려를 개혁할 마지막 기회였으며 공민왕과 자웅동체였다. 공민왕은 나라를 살릴 자신의 반쪽을 떼어냈으니 스스로 생존할 힘을 상실한 셈이었다. 공민왕의 죽음은 단순한 왕의 몰락이 아닌 고려 패망의 서곡에 해당된다. 공민왕 이후에 다른 왕들은 집권 세력에 의한 허수아비에 지나지 않았다.

공민왕과 신돈의 못다 이룬 꿈은 20여 년 뒤에 이성계와 정도전에 의해 다른 방식으로 이어진다. 1368년, 공민왕은 신돈의 집에서 함께 불꽃놀이를 보며 무슨 이야기를 나누었을까?

두 영웅 _ 문벌 귀족 최영 vs 교포 5세 이성계

크고 작은 모든 전투에서 공로를 세웠고, 일찍이 한 번도 패하지 않았다.

—《고려사》, 〈최영 열전〉

난세는 영웅의 고향이다. 외국의 폭도들이 고려를 짓밟을 때 백성들의 영웅으로 부각된 두 인물이 있었다. 한 명은 백전노장인 최영이고, 다른 한 명은 변방의 신예 이성계였다. 두 사람은 모두 무신이었지만 권력의 정점에 섰다. 전투가 일상화된 세상이었기에 가능한 일이었다. 고려는 그들이 힘을 필요로 했고, 백성들은 진정한 호걸로 칭송했다. 고위 관리들이 자신의 배만 채우는 데 반해 두 무장(武將)은 전국을 누비며 목숨을 걸고 적들을 물리쳤다. 최영이 왕에게 다음과 같이 보고한 내용을 보면 당시 귀족들이 국가 안보를 어떻게 생각하는지 고스란히 드러난다.

교동과 강화는 실로 (군사적) 요충지인데, 권세가들이 다투어 토지를 점유하는 바람에 군수물자가 조달되지 못하고 있습니다.

—《고려사》, 〈최영 열전〉

귀족과 관료들은 국가의 존망보다 자신들의 재산이 더 중요했던 것이다.

최영은 문벌 귀족 가문에서 태어났다. 대대로 문신 가문이었으나 스스로 무장의 길을 걸었다. 그는 용모가 건장하고 다른 사람들보다 완력이 뛰어났다. 전쟁터에서 여러 번 창에 찔리고도 분전해 적을 물리칠 정도로 용맹한 전사였다. 최영은 천부적인 기백과 후천적으로

최영 장군도. 국립민속박물관 소장.

체화된 강직함을 바탕으로 화살과 돌이 사방에서 날아와도 두려워하는 기색이 없었다고 한다. 그는 뒤에서 호령만 하는 귀족 군인이 아니었다. 피를 두려워하지 않으며 직접 전투에 앞장서서 거친 호흡을 뱉

어내던 사내였다.

최원직(崔元直)은 최영의 아버지로 "황금 보기를 돌과 같이 하라"는 유언을 남겼다. 아버지의 유언을 철저하게 받든 최영은 평상시에 의복과 음식을 검소하게 꾸리며 살았는데, 집 안에 쌀이 떨어지는 일이 잦을 정도였다. 그는 살찐 말을 타고 화려한 옷을 입은 자를 보면 개돼지만도 못하게 여겼다. 불의를 참지 못하고, 바른말에 거침이 없었다. 오랫동안 독보적인 위치에 있었지만 뇌물과 청탁을 멀리했다. 그의 휘하 사졸들 가운데 최영의 얼굴을 아는 이가 수십 명에 지나지 않을 정도였다고 하니 그의 성격을 알 수 있는 대목이다. 지독하게 엄격했던 그는 무장으로 재상의 위치까지 오르게 된다. 재상에 오르고도 한결같았던 그의 처세는 영웅으로 불리기에 손색이 없었다.

왜구들이 유일하게 두려워한 고려의 장수가 최영이었다. 왜구는 노장이었던 그를 '백수 최만호(白首 崔萬戶)'라고 부르며 두려워했는데, 고려 군대가 최영과 함께 소탕 작전에 참가하면 물불을 가리지 않고 덤벼들었기 때문이었다. 고려인에게는 최영이 전투에 참가하면 승리한다는 믿음이 있었다. '백수'는 하얀 머리로 노장(老將)을 말하고, '최만호'는 최씨 무관이라는 뜻이다.《고려사》는 최영을 백전무패의 무신으로 정의했다.

이성계의 가문은 대대로 전주 지방의 호족이었다. 고조부 이안사(李安社)가 중앙에서 파견된 산성 별감(山城別監)과 관기(官妓) 때문에 다툼이 생겨 삼척을 거쳐 간도 지역으로 이주했다. 이때 170여 가구가 그를 따라왔다고 한다. 이안사는 동북면(東北面, 함경도 남쪽과 강원도 북쪽으로 구성된 고려의 행정구역)에서 자신을 따르는 사람들과 세력을 형성했기에, 고려에서는 그에게 원나라의 침략을 방어하라는 임무와 함께 관직을 주었다. 그러나 이안사는 1254년에 원나라의 회유에 넘어가 조국을 배신하고 원나라의 다루가치가 되었다. 다루가치는 원나라가 고려의 점령 지역에 두었던 관리직 벼슬이다. 이후 이안사의 아들 이행리(李行里), 손자 이춘(李椿), 증손자 이자춘(李子春)은 모두 이안사가 가졌던 지위를 그대로 물려받았다. 이성계의 선조들은 모두 원나라에 귀화해 벼슬을 대물림하고 몽골식 이름을 사용했다. 이성계 가문은 당시에 국경 지역에서 원나라에 포섭되거나 투항한 친원파 세력들 중 하나였다. 따라서 이성계는 엄밀하게 구분하자면 원나라 교포 5세였다.

울루스부카(嗚魚思不花, 이자춘의 몽골 이름)는 이성계의 아버지로 선조들과 마찬가지로 함경도 남쪽의 쌍성총관부 지역에서 원나라의 지방 관리로 살아왔다. 공민왕이 쌍성총관부의 땅을 수복하려 했을 때 이성계와 같이 고려에 협력했다. 이 공로를 인정받아 공민왕은 이자춘을 고려의 관리로 임명했다. 당시에 고려의 관료들은 이자춘을 믿기 어렵다는 이유로 관리 임명에 반대했지만, 왕의 뜻은 완고했다. 이성계 가문은 국제적인 권력을 좇아 고려의 국적을 포기했다가 원의 세력이 약해지자 다시 고국으로 돌아온 셈이었다. 이들은 몽골식 이름을 버리고, 변발했던 머리는 다시 고려식으로 길렀다. 이성계의 집안은 국제 정세에 밝았다고 말할 수 있으나, 고려의 귀족 관료들 입장에서는 완벽한 기회주의자 가문으로 평가될 뿐이었다. 이성계는 아버지가 죽자 고려의 관직을 그대로 물려받았다.

《조선왕조실록(朝鮮王朝實錄)》은 이성계의 탄생과 어린 시절을 다음과 같이 기술했다.

태어나면서부터 총명하고 우뚝한 콧마루와 임금다운 얼굴로서, 징신과 풍채는 영특하고 준수하며, 지략과 용맹은 남보다 월등하게 뛰어났다. 매[鷹]를 구하는 북방 사람들이 흔히 말하기를, '이성계와 같이 뛰어나게 걸출한 매를 얻고 싶다'고 하였다.

조선의 첫 임금이 되었기에 비범함이 있었겠지만, 어느 정도까지 믿어야 하는지는 개인의 선택이다. 이성계가 어린 시절에 담 모퉁이에 앉은 까마귀 다섯 마리의 머리를 화살 하나로 맞혀 전부 떨어뜨렸다든가, 공민왕 때 경대부(卿大夫, 벼슬아치)들과 활쏘기를 하는데 백 번 쏘아 백 번을 다 맞히고 어떠한 조건에서도 못 맞추는 법이 없었다는 기록은 신화와 견줄 만하다.

이성계는 항상 활쏘기를 겨룰 때에는 상대방의 실력을 파악해 비슷한 실력으로 마무리하거나 기껏해야 하나 정도 더 맞추었다고 한다. 넘보기 어려운 실력과 겸손한 태도까지 갖추었으니 이보다 더 완벽할 수는 없다. 《고려사》에 기록된 나하추와의 전투 장면은 무협지와 비슷한 능력과 행적을 과시한다. 영웅의 활약을 다룬 한 편의 신화 그 자체다. 그의 재능이 너무나 출중해서 오히려 기록에 대한 신뢰가 사그라지는 측면이 있지만, 그렇다고 모든 행적을 부정하기도 어렵다.

귀족들이 득세하는 세상에서 변방의 교포 출신 장수가 이름을 떨치기란 결코 만만한 일이 아니었다. 아무리 혼란한 세상이라지만 이름을 떨친다 해도 중앙에서 권력을 잡기는 더더욱 어려운 법이다. 모든 성공의 배경에는 반드시 이유가 있다. 가만히 앉아 있다가 영웅이 된 사람은 없다. 홍건적이 개경을 점령했을 때, 이성계는 사병 2,000여 명을 이끌고 수도 탈환 작전에 동참했다. 선봉에서 사류(沙劉), 관선생(關先生) 등 적장 두 명의 목을 베며 명성을 떨치기 시작했다. 이것이 이성계의 단순한 성공 비결이다. 이후 20여 년 동안 그는 전국을 지키며 신화를 쌓아갔다.

36 ❀ 1장 새로운 세상, 조선을 만든 사람들

최영은 이성계보다 열아홉 살이 많았다. 아버지뻘이었던 최영은 충직한 이성계를 아꼈다. 둘은 공민왕 밑에서 성장했다. 많은 전쟁터에 함께 나섰고, 온몸에 묻은 적들의 피가 마를 날이 없었다. 전쟁터에 나가는 횟수가 늘수록 최영은 독보적인 존재가 되어갔다. 출신과 성품, 능력과 인기, 무엇 하나 빠지는 게 없었다. 그러나 이성계는 달랐다. 그의 과거가 문제였다. 아무리 자질과 업적이 뛰어나더라도 출신은 고칠 수 없었다. 개경의 중앙 귀족 세력은 수대에 거쳐 완성된 벽과도 같았다. 아무리 신출귀몰한 활솜씨를 가졌다 해도 그 벽만큼은 쉽게 뚫을 수 없었다. 변방 출신이라는 점과 선대부터 고려를 버리고 원나라에서 관직을 맡았던 과거는, 얼굴에 새겨진 지울 수 없는 문신과도 같았다. 언제나 2인자의 자리에 머물러 있었던 이성계는 최고의 자리에 앉기 위해 승부수를 띄웠다. 최영에게 반기를 든 것이다.

우왕이 집권할 당시, 최영은 고려의 최고 관직인 문하시중(門下侍中)이 되었다. 당시 국제적인 정세의 흐름은 더욱 뚜렷하게 원나라에서 명나라로 바뀌고 있었다. 명나라는 원나라가 지배했던 고려의 옛 땅을 넘보았다. 이를 불쾌하게 여긴 최영은 신생국가인 명나라가 아직 세력이 약하다는 판단 하에 그들과 전쟁을 벌이기로 결심했다. 대부분의 신하들이 반대했지만, 최영은 고구려의 영토였던 요동(遼東)을 정벌하기 위해 대규모의 군대를 편성했다. 명을 받들고 나섰던 우군도통사 이성계는 좌군도통사 조민수(曹敏修)와 압록강 하류의 작은 섬인 위화도(威化島)에 도착해 더 이상 앞으로 나아가지 않았다. 그는 명나라와의 전쟁을 부정적으로 평가해 조정에 퇴각을 요청했다. 명령에 살고 명령에 죽는 군인이 전쟁을 하러 가다가, 중간에 그만두고 싶다는 뜻을 전달한 셈이다.

《고려사》는 당시의 이성계의 요청을 이렇게 기록했다.

> 군사들이 많이 굶어 죽어가고 물이 깊어 행군하기가 어려우니, 청컨대 속히
> 회군을 허락해주십시오.
>
> —《고려사》

그러나 최영은 완강하게 퇴각을 거부했다. 최영은 한번 꺼낸 칼을 휘둘러보지도 않고 칼집에 도로 넣는 일을 쉽사리 받아들이지 못했다. 이성계는 전진하라는 상부의 지시를 어기며 부하들에게 다음과 같이 말했다.

> 내가 옳고 그른 것을 가지고 글을 올려 회군할 것을 청하였으나 왕이 살피지
> 않고, 최영도 노망이 나서 듣지 않는다. 그대들과 함께 임금을 뵙고 직접 화
> 복(禍福)을 아뢰고 임금 곁의 악을 제거하여 백성들을 편안하게 해야 하지 않
> 겠는가?
>
> —《고려사》

그는 함께 전장을 누비며 거친 밥을 나눠 먹던 최영을 치기로 결심했다.

최영은 요동을 정벌하기 위해 떠났던 군대가 돌아온다는 소식을 듣고 서둘러 정예병을 배치했다. 하지만 개경으로 돌아오는 이성계를 최영은 막을 수 없었다. 고려의 주력부대와 장수들이 모두 이성계에게 붙었기 때문이다. 전투는 순식간에 끝났다. 이성계는 부하들에게 끌려나오는 최영을 보자마자 이렇게 말한다.

> 이와 같은 사변(事變)은 내 본심이 아닙니다. 그러나 대의를 거스르는 것은
> 국가가 편안하지 못하고 백성들이 힘들게 되어 원망이 하늘까지 이르는 까

닭에 부득이했던 것입니다. 잘 가십시오, 잘 가십시오.

―《고려사》

그리고 서로 마주 보고 울었다고 한다. 최영이 노망났다고 부하들에게 했던 말과 어감이 다르다. 누구의 눈물이 더 애통했을까?

우왕을 추대했던 이인임(李仁任)이 최영에게 "이판삼사(李判三司, 이성계)가 모름지기 나라의 임금이 될 것이다"(《태조실록》 총서)라고 예언하듯 말했을 때 그는 불같이 화를 내며 믿지 않았다. 그는 이성계에게 패배하고 유배를 떠나면서 뒤늦게 그 말이 맞았다며 탄식했다. 최영은 가장 믿었던 사람에게 배신을 당한 셈이다. 위화도회군 6개월 뒤, 최영은 처형되었다. 그의 나이 73세였다. 최영이 죽는 날 개경 사람들은 시장을 닫았으며, 먼 곳이든 가까운 곳이든 이 소식을 들은 이들은 길거리의 아이들이나 시골의 여인들까지 모두 눈물을 흘렸다고 한다. 민간에 널리 퍼졌던 최영의 명성 때문일까? 억울하게 죽은 영혼이라는 생각 때문일까? 고려부터 현재까지 많은 무속인이 최영을 신격화하며 우리나라에서 가장 강력한 무신(武神)으로 섬기고 있다.

위화도회군이 이성계의 기회주의적인 권력욕 때문이었는지, 요동정벌이 도저히 불가능한 도전이라고 판단했는지, 불필요한 전쟁으로 백성들에게 고통을 안겨준다고 생각했는지 혹은 최영을 내쫓고자 하는 세력의 모의에 이용되었는지는 구체적으로 알 길이 없다. 확실한 사실은 이제 더 이상 고려에는 이성계의 적수가 없다는 점이었다. 또한 세력을 잃은 늙은 최영이 처형된 사실로 미루어보면, 이성계에게 권력에 대한 야망이 없었다고 말하기 어렵다. 그 이후로도 몇몇 사건이 일어났지만 이성계를 중심으로 개혁을 추진하는 시대의 흐름은 아무도 막지 못했다. 위화도회군 4년 뒤, 1392년에 조선이 일어났다.

기록의 생존 _ 인물의 역사, 어디까지가 진실인가

신돈은 성품이 사냥개를 무서워하고 활쏘기와 사냥을 싫어하였다. 또한 여색을 밝혀서 항상 검은 닭과 흰 말을 잡아서 양기(陽氣)를 돕는 데 썼으므로, 당시 사람들이 신돈을 늙은 여우의 화신이라고 이야기했다.

—《고려사》, 〈신돈 열전〉

역사는 신돈을 처음부터 끝까지 악한 사람으로 묘사했고, 조선은 그를 《고려사》 〈반역 열전〉에 가두었다. 〈반역 열전〉은 역모를 꾸미거나, 나라를 배신하거나, 난을 일으킨 사람들을 분류해 모은 기록이다. 신돈은 간음과 재물의 왕이며, 겉과 속이 다른 처세술의 일인자로 기록되었다. 그는 역사에 등장하는 순간부터 예사롭지 않았다. 수시로 과부를 꼬여내고, 부처님 말씀을 듣거나 복을 빌러 오는 부인들을 범하고, 소송을 의뢰하는 부인을 유혹해 송사를 들어주고, 용모가 아름다운 경대부의 처는 반드시 간음한다고 《고려사》에 도배되어 있다. 이쯤 되면 성중독자 수준을 뛰어넘는다. 부정한 재산은 말할 필요도 없다. 고려 역사에서 신돈처럼 간악한 인물은 찾아보기 어려울 정도다. 이러한 역사는 전부 완벽한 사실의 기록일까?

기록으로 보는 역사는 과정과 결과 사이에서 늘 혼란스럽기 마련이다. 어디까지를 사실로 인정하느냐에 따라서 해석이 판이하게 달라지기 때문이다. 기록을 모두 사실로 인정하고 받아들일 경우, 추론이 끼어들 틈이 없어지지만 역사의 생명력이 너무 단순해진다. 반면에 지나친 상상의 개입은 역사가 아닌 소설로 변질되기 쉽다. 그럼에도 종종 역사의 기록은 상황과 전혀 맞지 않거나 믿기 어려운 행적을 남겨놓기도 한다. 그렇기 때문에 의심쩍은 기록은 다양한 사료로 이중, 삼

공민왕의 현릉을 지키는 무인석과 문인석. 국립중앙박물관 소장.

중의 검증이 필요하다.

　기록은 작성자의 한정된 관점으로 인해 완벽할 수 없고, 다양한 논리가 들어설 여백이 생기게 마련이다. 가장 유의미한 역사의 해석은 기록을 근거로 삼고, 상식적이고 논리적인 판단이 적절하게 개입할 때 인정받는다. 건강한 추론은 새로운 시야를 제공하지만, 허약한 추론은 소수의 몽상으로 끝나고 만다는 사실을 잊어서는 안 된다.

　신돈을 반역자로 기록할 당시 상황에 맞춰 살펴보면, 의심스러운 점이 있다. 우선, 고려 시대에 역사를 기록할 만한 위치에 있던 사람들은 모두 신돈의 존재를 달가워하지 않았다. 그리고 그 세력 중 일부가 조선이라는 나라를 세웠다는 사실은 기록에 객관적인 잣대가 쓰였을지 의문을 갖게 한다. 신돈과 공민왕을 낮은 곳으로 끌어내릴수록 그들의 업적은 더욱 높은 곳에서 반짝이기 때문이다.

　하나의 결말에서 의심되는 사건이나 앞뒤가 맞지 않는 내용이 발견

될 경우 추론은 타당한 입지의 영역을 확보한다. 신돈에 대한 기록의 신빙성을 문제 삼는다면 그를 달리 볼 근거는 충분하다. 몇 가지 짚어 보면 다음과 같다.

우선, 가장 중요한 반전의 카드는 현존하는 고려의 대표 역사서인 《고려사》와 《고려사절요》가 조선 시대의 기록이라는 점이다. 이 두 기록물은 조선이 생기고 약 60년 뒤에 완성된 책이다. 《조선왕조실록》을 통해 추적해보자면, 두 역사서의 편찬 과정과 상황에서 이상한 점이 금세 발견된다. 태조 이성계는 왕이 되자 고려의 역사를 정리하라는 명을 내린다. 이 명으로 완성된 책이 《고려국사(高麗國史)》이나 현존하시는 않는다. 이 책의 편찬은 조선 개국의 가장 핵심 인물이었던 정도전과 정총(鄭摠)이 맡았다. 1395년에 책이 마무리되자 태조 이성계는 다음과 같이 극찬을 아끼지 않았다.

(인물의) 잘잘못이나 선악에 대한 판단을 결정함이 선현의 (의견에) 얽매이지 아니하였으며, 사건은 원인과 결과를 자세히 썼으되 너무 복잡하지 않고, 문장은 간결하되 속되지 않으니 (중략) 책을 펴보고 돌려보내며 가상하고 탄복함을 그치지 못하여, 은총을 내려서 편찬한 공로를 정표하는 바이다.

—《태조실록》, 태조 4년(1395) 1월 25일

한마디로 완벽하다는 말이고, 왕의 기대에 어긋나지 않는다는 소리였다. 하지만 현재 우리가 보는 고려의 역사서는 《고려국사》가 아니라 나중에 다시 쓴 《고려사》다. 조선의 첫 임금이 인정할 만큼 완성도가 높았는데, 왜 새로운 역사서가 등장했을까? 《고려국사》는 정도전을 죽인 태종(太宗) 이방원(李芳遠)이 왕으로 등극하자 신세가 바뀐다. 세상에 빛을 본 지 19년 만에 뜯겨졌다. 태종은 태조 이성계와 정도전을 대척점에 두었던 인물이자, 처음으로《고려국사》의 수정을 지시한 임금이다. 이후《고려국사》는 세종(世宗) 때까지 여러 차례 뜯기고 다시 고쳐 붙이기를 거듭한다. 정당한 사유 없이 주관적인 견해로 이미 완성된 기존의 역사서를 반복적으로 수정한다는 사실은 그리 바람직하게 보이지 않는다.

이방원은 꽤 노련한 왕이었다. 역사서를 개정하라는 명령을 내리기 전에 일부 기록을 트집 잡아 신하를 떠보았다. "내가《고려국사》* 말기(末紀)를 보니, 태조의 사실이 자못 사실과 달랐다"(《태종실록》). 당시 이방원은 아버지 이성계의 뜻을 거스르고 형제들을 죽이며 왕권을 차지한 왕으로 피가 뚝뚝 떨어지는 칼날 같은 존재였다. 날카로운 칼날의 뜻을 찰떡같이 알아들은 신하 한상덕(韓尙德)은 바로 답변했다. "전하가 아시는 바대로 개정하는 것이 어떠하겠습니까?"(《태종실록》). 절대 권력을 가진 상사의 의중대로 발 빠르게 행동하는 부하 직원과 같은 모습이었다. 신하들의 요구를 받아들이는 모양새로 태종은 새로운 편찬을 지시하였다.

정도전과 정총이 쓴《고려국사》가 완벽했다고 말할 수 없다. 현재 남아 있지 않으니 내용을 알 수 없고, 나름대로 그들의 주관적인 견해가 담겼을 것으로 추정할 뿐이다. 그러나 작업을 지시한 요청자가 살펴보고 인정해 마무리되었는데, 작업에 간여하지 않은 사람들이 완성된 기록에 칼을 대는 행위는 쉽게 납득하기가 어렵다. 특히 정권이 바뀌고 나서 가해지는 과거 역사의 임의적 수정은 더욱 신뢰성을 확보하기 어렵다. 더군다나 태종은 즉위한 첫해에《고려국사》를 탐독했으

---

* 《조선왕조실록》에는《고려국사》도《고려사》로 표기되어 있으나 현존하는《고려사》와의 혼동을 피하기 위해 이 책에서는《고려국사》로 표기하였음.

며, 과거의 역사를 보고 배워 잘못을 저지르지 않겠다고 신하들에게 다짐했다. 그런데 처음에는 거부 반응이 없다가 책을 보고 난 후 13년이 지나서야 수정을 지시했다. 만약 사실과 차이가 큰 기록이었다면 발견한 즉시 수정을 명령하거나 혹은 분량 때문에 천천히 보았다고 해도 시기적으로 2~3년 안에 지시하는 게 타당해 보인다. 집권 초기에 이성계가 살아 있다는 사실이 부담스러웠을까? 혹은 자신의 입지가 조금 더 탄탄해질 때까지 기다렸을까?

태종은 수정을 지시하고 세 달 뒤에 다시 한 번 다그쳤다. 이때는 아예 자신의 입맛에 맞는 수정의 범위를 친절하게 지정해주었다. 그는 이렇게 명했다. "공민왕 이후의 일은 사실이 아닌 것이 많으니, 마땅히 다시 찬정(竄定, 수정)하라"(《태종실록》). 태종 14년(1414) 8월 7일, 하윤(河崙), 남재(南在), 이숙번(李叔蕃), 변계량(卞季良) 등은 왕명을 받고 역사서 수정에 착수했다. 그런데 일을 나눠 맡았던 하윤이 죽자 태종 16년(1416)에 작업이 중단되고 말았다.

《고려국사》의 긴 수정 기간도 의심스러운 대목이다. 태조 때 처음으로 만들어질 당시에는 37권이 27개월 만에 완성되었는데, 태종 때의 부분 수정 작업은 22개월이 지나도록 끝내지 못했다. 태종의 명령이 처음에 내려진 시기부터 따지자면 25개월에 해당한다. 태종이 수정을 요청한 부분은 공민왕 이후로 네 명의 왕이 집권한 시기였다. 좀더 정확히 말하자면, 그 기간은 34명의 왕이 통치한 고려의 475년 역사 중에서 8.6퍼센트에 해당하는 41년의 분량이었다. 처음에 《고려국사》가 만들어진 시기는 나라를 바로 세운 직후라 정치가 안정되지 못했고, 명나라의 간섭으로 외교 상황도 좋지 않았다. 편찬을 담당한 이들도 조선의 주요 정책을 만들고 실행하던 가장 핵심적인 인물들이었기 때문에 결코 한가할 틈이 없었다. 이런 상황을 태종의 수정 시기와 비교하면 더 많은 인원을 투입하고도 쉽게 끝내지 못한 것이 더욱 의심스러워진다. 태종의 수정 지시는 단순한 몇몇 오류에 대한 개정이 아니었다는 사실은 명백하다.

태종 때 끝내 완성되지 못한 수정 작업은 세종 때까지 이어졌다. 태종이 상왕으로 물러나고 세종은 즉위한 지 4개월 만에 신하들에게 다음과 같이 말했다.

> 《고려국사》에 공민왕 이하의 사적은 정도전이 들은 바로써 더 쓰고 깎고 하여 사신의 본 초고와 같지 않은 곳이 매우 많으니, 어찌 뒷세상에 믿을 수 있게 전할 수 있으랴. 없는 것만 같지 못하다.
>
> ─《세종실록》, 세종 즉위년(1418) 12월 25일

태종의 의지와 크게 다르지 않다. 이에 변계량과 정초(鄭招)는 다음과 같이 답한다.

> 만약 끊어지고 세상에 전하지 않는다면, 뒷세상에서 누가 전하께서 정도전이 직필(直筆, 사실을 그대로 적음)을 증손(增損, 늘리고 줄임)한 것을 미워하신 뜻을 알 수 있겠습니까? 원컨대 문신에게 명하여 고쳐 짓도록 하소서.
>
> ─《세종실록》, 세종 즉위년(1418) 12월 25일

세종이 즉위한 때에는 군권을 모두 태종이 가지고 있었다는 배경을 안고 위의 대화를 들어야 한다. 이 당시 태종이 어떤 사람인지 알려주는 일화가 있다. 그는 자신의 목적을 위해서라면 누구든지 상관하지 않고 목을 벨 수 있는 왕이었다. 강상인(姜尙仁)은 태종과 30년을 동고동락한 사이로 당시에 병조참판(兵曹參判)이었다. 병조참판은 지금

의 국방부 차관급 관료다. 강상인은 30년 동안 충성을 맹세하고 태종을 따랐고, 태종도 그의 능력을 인정했기에 병조참판이 될 수 있었다. 태종은 상왕으로 물러앉은 첫해에 군사에 관한 일을 세종에게만 보고하고 자신에게는 말하지 않았다는 이유로 강상인을 투옥했다. 태종은 곁에서 오랫동안 공을 쌓은 강상인의 노고를 인정해 죄를 봐주는 듯하다가 20여 일 만에 강등시켜 지방으로 쫓아 보냈다. 하지만 그것도 마음에 안 들었는지 이틀 만에 노비로 만들었다. 직무 관련 보고를 하지 않은 죄로 고위 관료가 한순간에 천민이 된 것이다. 강상인을 가뒀을 때부터 그의 죄를 물어야 한다는 상소가 빗발치는데, 이는 아마도 태종의 마음을 읽은 신하들의 과도한 충성으로 보인다.

태종은 두 달 뒤에 다시 강상인을 잡아 올려 압슬형을 가했다. 압슬형은 가장 극심한 고문의 일종으로, 사람을 자갈이 깔린 바닥에 무릎 꿇려 앉힌 다음 위에서 짓밟는 중형 고문이었다. 이 고문을 받게 되면 제대로 걷기 어려울 정도로 고통이 심했으며, 무릎뼈가 으스러질 수도 있었다. 보통 사람들은 한두 번이면 죄를 모두 자백할 정도로 심한 형벌이었다. 선조(宣祖) 때는 역모의 죄로 몰린 이발(李潑)의 아들 이명철(李命哲)이 열 살의 나이로 압슬형을 받다가 숨졌다는 기록이 있다. 반면 영조(英祖)는 법규에 없는 압슬형이 견디기 어려운 고문이며 보기에도 참혹하다는 이유로 폐지하라는 지시를 내렸다.

강상인은 고통을 견디지 못하고 자신의 실수였다고 자백했지만, 총 여덟 번이나 압슬형을 더 집행하며 왕은 죄인의 실수를 인정하지 않았다. 심신이 너덜해진 상태에서 몇몇 사람의 이름이 나오자 강상인은 거열형에 처해졌다. 거열형은 죄인의 신체를 두 대의 수레에 묶어 몸을 찢어 죽이는 가혹한 형벌이었다. 강상인의 보고 누락은 모반 대역죄로 이어졌고, 그 배후로 지명된 심온(沈溫)은 세종의 장인이었음에도 사약을 받았다. 사위가 왕이 되어 영의정으로 진급한 지 4개월 만이었다. 강상인은 왕의 외척을 경계한 태종이 심온을 제거하기 위해 미끼로 썼다고 보여진다. 이 일화는 태종의 잔혹하고 교묘하며 끈질긴 단면을 그대로 보여준다.

세종의 역사 수정은 태종의 명령과 크게 다르지 않았다. 다음 해 9월, 예문관 대제학 유관(柳觀)과 의정부 참찬(參贊) 변계량은 본격적인 개수 작업에 돌입했다. 이들은 16개월 후에 수정을 마치고 왕에게 헌상했다. 그런데 2년 뒤에 세종은 또다시 수정 작업을 요청했고, 급기야 세종 31년에는 새로운《고려사》가 편찬되기에 이른다.

새로 쓰인《고려사》에는 공민왕과 신돈에 관련해 특별히 눈에 들어오는 기록이 두 개 보인다. 그 기록들을 보기 전에 먼저 알아두어야 할 점이 있다.《고려사》가 편찬된 세종 31년은 신돈이 죽은 지 78년이 지난 시점이었다. 따라서《고려사》를 편찬한 관료들 중에서 신돈을 직접 본 사람은 아무도 없었다. 그들이 의존할 자료는 과거의 기록과 누군가에게 전해들은 구술뿐이었다. 대표적인 과거의 기록《고려국사》는 이미 태종 때 대폭 수정되었고, 구술도 출처가 명확하지 않은 소문들의 집합이라면 자료에 대한 신뢰성은 따지기 어렵다. 이런 전제 하에 신돈이 권력을 쥐었을 때와 공민왕이 변심했을 때의 기록은 역사의 객관성에 대하여 시사하는 바가 크다.

신돈이 공민왕에게 전권을 위임받았을 때, '좋아하지 않는 척하면서 왕의 뜻을 굳건히 하고자 했다'라는 것은 기록자가 신돈의 마음을 속속들이 알았다는 뜻이다. 또한 신돈이 처형되기 직전의 긴박한 기록을 보면, "왕의 성품이 시기심이 많고 잔인해 비록 심복의 대신이라도 그 권세가 성하게 되면 반드시 꺼려서 죽이곤 했다. 신돈이 스스로 권세가 지나치게 심해졌음을 알고, 왕이 그것을 꺼릴 것을 두려워해 비밀리에 역모를 꾀했다"《고려사》)고 나온다. 돌 하나를 던져 두 마리의 새를 잡는 전형적인 수법이다. 신돈이 역모를 일으킬 수밖에 없는 이유를 공민왕에게 돌리면서 두 사람의 성격에 생채기를 냈다. 결론적으로 신돈을 처형한 이유가 그의 타락 때문인지, 공민왕의 시기심 때문인지 애매모호하다. 그러나 이러한 표현은 《고려사》의 관점을 명확히 알 수 있다.

공민왕은 신돈이 죽은 뒤 갑자기 변태성욕에 사로잡힌 사이코패스가 된다. 《고려사》는 공민왕이 변태적인 성욕을 채우기 위해 어리고 잘생긴 청년들을 모아 자제위(子弟衛)를 만들었다고 기록했다. 성적(性的)으로 치우친 기록 때문에 자제위는 왕의 인재 양성 기관이라는 참신함이 묻혀버렸다. 그러나 오늘날의 일부 역사가들은 자제위가 신돈 이후에 개혁을 추진하려던 공민왕의 마지막 기대였다고 주장한다. 그러면서 공민왕의 난잡한 성추문은 조선에 의한 의도적인 정치적 왜곡이었다는 해석을 붙이기도 한다.

기록으로 보는 역사를 어디까지 믿을 것인가? 정답은 없다. 조선 개국의 정당성을 위해 고려 말의 역사를 전부 거짓으로 꾸몄다거나 혹은 반대로 절대 그럴 리 없다는 주장에 대한 옹호는 관점에 따른 개개인의 자유다. 다만 모든 주장에는 적절한 논리적 근거가 뒷받침되어야 한다. 누구나 상황에 맞는 선택과 판단을 내릴 수 있다. 그리 오래되지 않은 근대사도 자료 발굴에 따라 수시로 해석이나 학설이 바뀌는 경우는 비일비재하다. 현대사도 마찬가지다. 살아 있는 인물의 과거 행적에 대한 평가도 한 방향으로만 뻗어가지 않는다. 따라서 수백 년 전의 기록에 당연히 모순이 존재할 수 있다는 합리적인 의심은 버리지 말아야 한다.

개혁가의 탄생

두 사상가 _ 종교를 죽인 동갑의 철학자, 니체와 정도전

신(神)의 시체가 부패하는 냄새가 나지 않는가? 신들도 부패한다! 신은 죽었

다! 신은 죽어버렸다! 우리가 신을 죽인 것이다!

— 프리드리히 니체, 안성찬·홍사현 옮김,

《즐거운 학문 메시나에서의 전원시 유고(1881년 봄~1882년 여름)》, 책세상, 2005, 200쪽

　신은 죽었다. 이는 니체(Nietzsche)의 사상을 대표하는 말이다. 신의

죽음은 기존의 질서를 무너뜨리는 방아쇠였다. 1882년에 발간된 그

의 책 《즐거운 학문(Die fröhliche Wissenschaft)》에서 사용된 이 문장은 사람

들을 혼란에 빠뜨렸다. 종교계는 그를 혹독하게 비판하고, 사람들은

그를 조롱했다. 그러나 니체가 죽은 뒤에도 그의 사상과 잠언은 소멸

되지 않았다. 그의 철학은 허무한 사람들의 영혼에 파고들어 19세기

프리드리히 니체.

의 가장 위대한 서양 철학자를 탄생시켰다.

조선에서도 니체보다 488년 앞서, 시대를 지배하는 종교의 죽음을 선언한 이가 있었다. 그는 1394년에 자신의 저서 《심기리편(心氣理篇)》에서 다음과 같이 선포했다.

(노자처럼) 의롭지 못하고 장수하면 거북이나 뱀 따위일 것이요, (부처처럼) 눈 감고 앉아 있으면 흙이나 나무와 같은 생명이 없는 육체일 뿐이다.

─정도전, 민족문화추진회 편역, 《국역 삼봉집 1》, 경인문화사, 1977, 366쪽

위와 같이 일갈한 사람은 정도전이다. 이는 단순한 외침이 아니었다. 세상을 상대로 한 도전이며, 역사를 뒤집으려는 몸부림의 시작이었다. 니체는 사후에 그의 사상이 뿌리내렸지만, 정도전은 살아 있을 때 자신의 이념을 근거로 나라를 세우는 기적을 일으켰다.

정도전은 종교의 시대에 살았다. 불교와 도교(道敎)는 통일신라에

이어 고려의 의식을 지배하는 기둥이었다. 《삼국사기(三國史記)》에 따르면, 우리나라에 불교가 전래된 시기는 372년(고구려 소수림왕 2년)이고, 도교는 624년(고구려 영류왕 7년)이다. 두 종교의 사상과 풍습은 수세기에 걸쳐 사람들의 인식에 깊이 뿌리내렸다.

불교는 절을 중심으로 조직적으로 퍼져나갔다. 사람이 죽으면 불교식으로 화장(火葬)했으며, 49제를 지냈다. 전생이나 윤회의 존재가 경전에 업혀 사람들에게 흡수되었다. 나쁜 행동을 하면 악업이 쌓여 지옥에 간다는 관념이 생겼다. 그에 반해, 도교는 민간신앙으로 낮게 파고들었다. 중국의 신선이 민족 고유의 산신들을 접수해 산신령의 모습이 획일화되었다. 흰 긴 머리와 수염은 그들의 상징이었다. 도를 닦거나 기운을 받는다는 말이 사람들을 타고 넘나들었다. 옥황상제를 믿으며, 부적이 액운을 막는 데 쓰였다. 긴 가뭄의 대책으로 하늘에 향해 기우제를 지냈다. 중국에서 전파된 종교와 한반도에서 태어난 민간신앙은 서로 배척하지 않고 자유롭게 뒤섞이며 고려인들의 정신과 무의식을 지배했다.

고려 말은 불교가 들어온 지 1,000년이 지난 시점으로 정치까지 간여했기에 입지가 대단히 탄탄했다. 하지만 백성들이 허덕이는 혼란한 세상이 지속되면서 기존의 사상을 비판하는 세력이 등장했다. 이들 중 가장 앞서서 위와 같이 불교와 도교를 조롱하며 일갈한 사람이 바로 정도전이었다. 니체가 신을 죽음으로 내몰았듯이, 정도전은 도교의 시조라고 일컬어지는 노자(老子)를 짐승에 비유하고, 불교의 절대자인 부처를 생명이 없는 육체라며 모질게 정의했다.

두 철학자는 기존의 가치 질서에 부정적인 입장을 표명하며 새로운 대안을 제시했다. 정도전에게 과거를 깨부수는 도끼는 성리학이었고, 니체에게 탄약은 위버멘쉬(Übermensch, 허무주의와 영원회귀를 극복할 수 있는 존재)

였다. 이것은 당대의 의식과 문화를 뒤엎으려는 시도였다. 그들의 발언은 사회적으로 물의를 일으키기에 충분했다. 한두 사람의 생각을 바꾸는 일이 아니라, 동시대인의 의식을 통째로 부숴버리겠다는 발상이었기 때문이다. 두 명의 철학자는 시대의 흐름을 반영한 의식의 지표를 들추고 뜯어내어 사람들에게 투척했다.

두 명의 사상가에게는 몇 가지 공통점이 있다. 거대한 권력이자 시대를 대표하는 종교의 폐단을 지적하며 세상을 바꾸려고 노력한 점, 같은 나이에 죽음을 맞이한 점 그리고 긴 고통의 시간을 견디며 자신들의 결과물을 창조했다는 점 등이다.

종교는 두 사람에게 큰 벽이었다. 신앙을 넘어선 문화의 벽돌로 쌓은 단단한 벽이었다. 장시간에 걸쳐 촘촘하게 쌓아져서 깨뜨리기 쉽지 않은 벽이었다. 그렇기에 그들의 돌진은 처연했다. 물론, 신의 매장(埋葬)을 처음 주장한 사람이 니체가 아니듯, 정도전도 불교와 도교의 폐단을 지적한 유일한 사람은 아니었다. 혼란한 시기에 많은 사람이 기존의 문명에 의문을 품거나 반기를 들었다. 하지만 그들처럼 주체적으로 정의하고 지속적으로 뜻을 관철해나간 사람은 드물었다. 니체는 신체의 고통으로부터 짜낸 표현이 빛을 발산했고, 정도전은 중국에서 빌려온 이론의 씨앗으로 싹을 틔우는 데 성공했다. 흥미로운 것은 그들의 시선은 다른 방향성을 가졌음에도 새로운 시대를 갈망했다는 공통점이 너무나 뚜렷했다는 사실이다. 그들은 환경과 입장과 태도가 상이했다. 두 명 다 소명으로써 자신의 사상적 관점을 확장했지만 니체는 도덕과 유토피아를 부정했고, 정도전은 그와 반대로 인의(仁義. 어짊과 의로움)를 통한 동주(東周. 동쪽의 주나라라는 뜻으로 태평성대한 이상 국가)가 꿈이었다. 니체는 허무주의가 만연한 사회를 경고하며 새로운 개념 제시가 당면 과제였고, 정도전은 새로운 나라의 등장이라는 묵직한 혁신을 염두에 둔 포석이었다. 그들의 사상은 서로 다른 방향으로 뛰는 말과 같았지만, 기존의 문명을 헤집으려고 노력한 사실은 부정하기 어려운 유사성을 지녔다.

두 철학자는 57년을 살았다. 이들의 나이에는 아쉬움과 안타까움이 배어 있다. 한 사람은 정신과 육체의 질환에 압사당했고, 한 사람은 새 나라를 함께 세운 동지에게 참사(斬死)당했다. 니체는 10여 년간 정신질환을 앓으며 살아 있는 것보다 못한 삶을 이어갔다. 그는 살아생전 자신의 사상을 많은 사람에게 인정받지 못했다. 정도전은 느닷없는 죽음으로 자신이 그린 큰 그림을 완성하지 못했다. 자신의 이념대로 나라를 세웠다는 사실에 만족해야만 했다. 그는 변혁을 꿈꾸는 학자들과 함께 자신의 이상대로 나라를 세운 선례를 남겼다.

니체는 저서 《우상의 황혼(Götzen-Dämmerung)》에서 "나를 죽이지 못하는 것(고통)은 나를 더 강하게 만든다"는 말을 남겼다. 그는 20대부터 평생을 괴롭힌 두통과 눈병으로 고생했다. 질병의 고통은 정상적인 생활을 파괴하고, 그에게 죽음의 그림자를 붙여놓았다. 정도전은 9년이라는 유배 시기 동안에 끼니를 걱정할 정도로 힘든 생활을 했고, 관직에 복귀해서는 판을 뒤엎는 정치적 투쟁에 앞장섰다. 니체는 병약한 몸으로 생존을 위해 견뎌야만 했고, 정도전은 혁명이라는 당면 과제를 관철하기 위해 목숨을 걸었다. 그들은 오랜 기간 비운에 시달렸지만, 다행히도 그들이 제시했던 사상은 사그라지지 않았다. 그들은 자신의 고통을 자양분으로 제공하며 꽃을 심었고, 세상에 없던 향기로 사람들을 유혹했다.

그들은 지금까지도 자신들의 견해를 피력한다. 붕괴되어가는 질서를 향해 온몸으로 부딪치라고 충고한다. 위험하게 살라고 핏대를 세운다. 니체는 '내가 말하는 것은 다음 두 세기의 역사'라고 예고했고,

정도전은 '임금은 천지가 만물을 생육하듯 순수하게 어진 마음으로 정치를 할 때 천세 만세에 길이 전할 수 있다'고 경고했다. 니체는 추종자들을 통해 자신의 광기를 끊임없이 확대재생산하고 있으며, 정도전은 경복궁에 붙인 조선의 의미를 통해 인간과 사회의 기본 윤리를 설파 중이다.

아버지 정운경__ 대물림으로 전해준 가난, 청렴, 정의

우인(友人) 성산(星山) 송밀직(宋密直)과 복주(福州) 권검교(權檢校)가 서로 의논하기를, (중략) "돌아간 벗 정 선생(정운경)은, 일찍이 과거에 급제했고 또 빛나는 벼슬도 지냈으니, 신분이 높고 통달하였다고 할 만한데도 집에는 여유 있는 재물이 없어 처자들이 춥고 배고픔을 면하지 못하였다. 그러나 선생은 그를 담담하게 여겼으니 그는 염(廉. 청렴)이 아니겠는가? 그리고 선생은 친구가 작은 환란만 당해도 몸소 그를 구원할 책임을 졌다. 그러나 의리가 아니라면 아무리 높은 관직을 지닌 세력이라도 보기를 하찮게 여겼으니 이는 의(義. 의로움)가 아니겠는가?" 했다. 그리하여 그 묘에 쓰기를 염의 선생(廉義先生)이라고 했다.

— 정도전, 민족문화추진회 편역, 《국역 삼봉집 1》, 경인문화사, 1977, 293쪽

정도전은 고려 왕권이 원나라에 좌지우지되던 시기인 1342년에 태어났다. 집안은 대대로 경상도 봉화에서 향리(지방 관리)로 살았다. 그러나 그의 아버지 정운경(鄭云敬)은 과거제도를 통해 중앙 관료로 진출해 출세했다. 그는 30대 후반에 첫아들 정도전을 낳았다. 문과(文科)에 합격한 지 12년 만이었다. 정운경은 오늘날 법무부 장관에 해당하는 형

부상서를 지낸 인물로 예법에 밝고 강직한 성품을 지녔다고 한다.

《고려사》〈양리전(良吏傳)〉에는 정운경의 성품을 알 수 있는 이야기가 여러 편 등장한다. 양리란 백성을 잘 다스리는 어진 관리를 말한다. 고려는 어진 정치로 현세에 칭송을 받고 시대에 모범이 되었던 사람을 양리로 구분했고, 조선은 그들을 기록으로 남겨 후세에 전했다. 〈양리전〉은 절개와 의리를 지키려다 죽은 사람들을 기록한 〈충의전(忠義傳)〉, 효도와 우애가 뛰어난 사람들을 담은 〈효우전(孝友傳)〉, 절개가 굳은 여자들을 묶은 〈열녀전(烈女傳)〉과 함께 엮어 책으로 전해졌다. 국가가 만든 일종의 위인전인 셈이다. 고려를 대표하는 양리는 총 다섯 명이 선발되었는데, 그중 한 명이 바로 정도전의 아버지 정운경이었다. 역사는 그에게 중대한 범죄 사건을 잘 다스렸고, 사신의 업무를 공정하게 수행한 인물이었다고 평했다. 정도전이 죽은 후에 역적으로 취급당했음에도 불구하고 그의 아버지가 양리로 남았다는 사실은 이채롭다. 역적으로 몰리면 연좌제를 적용해 자식과 부모가 함께 처벌받았고, 이미 죽은 사람도 시체를 꺼내 목을 베던 시대였기 때문이다. 그만큼 정운경의 행적이 모범으로 삼기에 부족함이 없었다는 방증이 아닐까?

〈양리전〉에 나오는 다음의 몇몇 일화는 정운경이 어떤 사람인지 잘 보여준다. 그가 지금의 안동 지방인 복주(福州)에 판관으로 발령이 나자 예전에 함께 공부하던 친구가 찾아왔다. 친구는 그 지역의 관리였고, 정운경은 중앙에서 파견되어 친구보다 신분이 높은 관료였다. 술을 마시면서 정운경이 말하길, "지금 함께 술을 마시는 것은 옛 친구를 잊지 않았기 때문이네. (그대가) 내일이라도 법을 어기면, 판관으로서 그대를 용서하지 못할 것이 두려우이"라고 했다.

국가 최고의 정무 기관인 도평의사사(都評議使司)에서 소송과 관계된 판결이 그에게 전달되자, 지나친 간섭이라고 생각한 정운경은 윗사람이었던 재상들에게 다음과 같이 말했다.

공로에 따라 백관을 등용한 후에 유능한 자는 승진시키고 무능한 이는 퇴출하는 것이 재상의 일입니다. 법을 시행하는 일은 각 해당 관청에서 해야 할 일이고, 일일이 모두 도평의사사를 거치게 되면 이는 각 관부의 일을 침해하는 것입니다.

—《고려사》, 〈양리전〉

원나라의 사신이었던 노 아무개는 가는 곳마다 횡포를 부리고 수령을 능욕했다. 이 사람이 급하게 전주 지방에 왔을 때 자신을 교외에서 영접하지 않는다고 정운경에게 죄를 주려 했다. 이에 정운경은 예법을 인용하면서 이치를 따지고, 부당한 일에 조금도 굽히지 않으면서 그날로 벼슬을 버리고 떠났다. 소식을 들은 고을의 원로들이 목놓아 울었고, 노 아무개 역시 부끄러워해 그 뜻을 수긍하고 정운경을 말렸으나 뜻대로 되지 않았다고 한다.

정운경은 아무리 친분이 있더라도 공과 사를 명확히 구분하는 사람이었다. 옳고 그름에 대한 뚜렷한 확신을 갖고 윗사람의 눈치를 보지 않았다. 불의 앞에서는 오히려 당당했다. 어느 시대나 상하 관계가 분명한 조직 사회에서는 바른말을 내세우거나, 자신의 굳은 의지만으로 살아가기가 쉽지 않다. 보수적인 조직은 순응하는 사람들을 선호하며 길러낸다. 이러한 문화에서 비정상적인 권력의 힘에 대항하려면 순수함이 뒷받침되어야 한다. 그렇지 못하면 쉽게 꺾여버리고 만다. 반면 지위가 올라갈수록 순수함을 갖기 어렵다. 지위에 아부하는 세력에 둘러싸이면 정체성이 혼란스러워지기 마련이고, 굽실거리는 자들을 부리다 보면 세상일이 모두 자기 뜻대로 되어야 한다는 착각에 빠지기 쉽다. 역사는 권력에 취해 본분을 망각하고 타락하는 사람들을 끊임없이 기록으로 남기지만, 인간의 욕망은 자신을 예외의 대상으로 분류하며 똑같은 과오를 반복한다. 정운경은 바르게 살아남았으며 역할을 망각하지 않았다. 고려 말이 귀족 세력의 비리가 득세하는 시절임을 감안하면 그의 정정당당한 출세는 과히 독보적이다.

위의 일화들만 보면 자칫 그를 고리타분하거나 고지식한 사람으로 파악할 수 있다. 그러나 그의 강직함에는 뛰어난 상황 판단 능력과 애민 정신이 있었다. 정운경은 이미 판결이 난 사건을 뒤집기도 하고, 증거가 없어 오래도록 미결이었던 범죄를 밝혀내기도 했다. 판결이 난 사건의 경우에는 범인으로 지목된 인물이 고통스런 신문을 견디지 못하고 겁에 질려 거짓 자백을 했다고 판단해 사건을 재조사한 후 진짜 범인을 잡아냈다. 증거를 찾지 못해 미결로 남아 있던 살인 사건도 그가 나서면 해결되었다. 전자의 경우는 잘못된 처분 때문에 범인으로 몰린 사람을 측은하게 여기지 않으면 불가능한 일이었고, 후자의 경우는 억울하게 남편을 잃은 아내의 간곡한 청을 물리치지 않았기에 가능했다. 정운경은 단지 똑똑했기 때문에 사람들에게 알려진 인물이 아니었다. 그에게는 현명함보다 더욱 중요한 요소가 있었다. 신분이 낮거나 혹은 범인으로 지목되었다 할지라도 그들의 진실에 귀를 기울이는 측은지심이 있었다. 정운경은 진실의 소리를 들을 줄 아는 군자였다.

아버지로 인해 정도전은 두 가지 혜택을 얻었다. 하나는 교육이고 다른 하나는 환경이다. 정운경은 자신의 아들에게 안정적으로 공부할 수 있는 분위기를 마련해주었다. 정도전은 당대의 최고 학자인 이색에게 교육을 받았다. 이색은 원나라 과거에 응시해 번갈아가며 1, 2등을 차지할 정도로 천재였으며, 뛰어난 능력으로 중원의 관료가 된 인물이었다. 그가 고려로 돌아오자 수재들이 몰려들었다. 이색의 문하에서 정몽주와 같은 뛰어난 학자들이 많이 배출되었다. 정도전은 이색에게 신학문인 성리학을 배우고, 수재들과 교류하면서 자신의 사상과 이상을 키워나갔다. 당대의 영재들이 우글거렸던 교육 현장에서 스승 이색은 정도전을 다음과 같이 평가했다.

삼봉 도자(三峯道者) 정종지(鄭宗之, 정도전의 자(字))는 뜻을 세운 것이 대단히 높았으니 그가 학문하는 데 연구하여 밝히는 것은 포은(圃隱, 정몽주)과 같고, 저술하는 것은 도은(陶隱, 이숭인)과 같았으니, 겉으로 드러나지 않은 말을 분석하고, 옛 가락을 화답하는 데는 한때의 학식이 뛰어난 자들이 모두 팔짱만 끼고 앉아서 감히 겨루지를 못하더니, 내가 이 시문록을 보니 과연 그렇다. 그러나 이것만으로는 우리 종지를 다 말했다고 할 수 없다.

그가 벼슬에 나가면 반드시 해야 할 일은 꼭 하고, 어떤 일을 당해도 그는 회피할 줄을 몰랐으니, 옛날의 군자(君子)로서도 우리 종지와 같은 사람은 많지 않았거늘 하물며 지금 사람이야 말할 것이 있겠는가? 이것이 내가 존경하고 존경하는 바이다. (중략)

나는 종지의 사람됨을 대강 기록하여 우리 종지를 모르는 사람에게 알려주고자 하는 것이다.

문장도 있고 절의도 있으니, 중원(中原)의 사대부(士大夫)들이 어찌 감히 우리 종지를 소홀히 여길 것인가?

—정도전, 《삼봉집》 제8권, 〈부록〉 '제현서술'

정도전이 시문의 발(跋)을 써달라는 부탁에 이색이 적은 글의 일부 내용이다. 제자에 대한 단순한 애정을 넘어선 평가가 눈길을 끈다.

최고의 학자에게 받은 교육이 그에게 사상을 열어주었다면, 올곧은 아버지를 곁에 둔 환경은 그에게 인성을 안겨주었다. 집안에서 처음으로 중앙 관료직으로 진출한 정운경은 지금의 도지사에 해당되는 안렴사(按廉使), 광역시장에 해당하는 목사(牧使) 등 다양한 직위를 두루 거쳤다. 만약 정운경이 중앙 관료로 나서지 못했다면, 정도전은 봉화 지역을 벗어나지 못하고 제대로 된 성리학을 접하기도 어려웠을 것이다. 그러나 정도전이 태어났을 당시에 정운경은 이미 탄탄한 입지를 쌓아올려 수도에서 생활할 수 있었다. 정운경이 지방 장관으로 발령받았을 때 정도전도 따라다녔다면 다양한 풍물을 접하는 계기가 되었을 테고, 그게 아니라면 안정적으로 학문을 할 수 있는 배경이 되었을 것이다. 정도전에게 가장 큰 스승은 아버지였다. 가까이서 마주하고, 사람들의 평가로 접하는 아버지의 강직함과 바른 생활은 그에게 깊은 영향을 끼쳤을 것으로 짐작된다. 타협 없는 정의는 곧은 성품을 쌓아주었고, 가난하되 비루하지 않는 살림은 욕망에 휘둘리지 않는 생활 태도를 배양해주었다. 아들에게 그대로 복제된 삶의 자세는 아버지의 가장 큰 유산이 되었다. 정도전은 죽을 때까지 자신의 도덕적 신념을 철저하게 지키며 살았다. 결국 그는 아버지에게 가난, 청렴, 정의라는 세 가지 신념을 대물림 받은 셈이다.

정도전은 공민왕 9년(1360)에 성균시에 합격하고, 2년 뒤에는 진사(進士)에 합격하며 본격적으로 관직에 오르게 된다. 이색이 공민왕 19년(1370)에 성균관의 최고위직인 대사성(大司成)에 임명되자, 정도전도 곧 성균관 박사가 되었다. 성균관의 교육과 토론은 성리학을 새로운 조류의 핵심 이념으로 자리 잡게 했다. 그러나 동료들과 새 시대를 꿈꾸던 정도전은 공민왕이 죽자 예기치 않은 운명을 맞게 된다. 문과 시험에 합격한 지 12년 만이었다. 아버지가 문과에 합격하고 정도전을 낳았던 시기와 똑같은 세월이 흐른 시점이었다. 우왕 1년(1375)에 정도전은 유배형을 받았다. 정운경이 죽은 지 8년 뒤였다.

인간 정도전 _ 재해를 걱정하며 땅세 독촉에 시달리는 신세

도전은 타고난 자질이 총명하고 민첩하며, 어릴 때부터 학문을 좋아하여 많은 책을 널리 보아 의논이 해박하였으며, 항상 후생을 교훈하고 이단을 배척하는 일로써 자기의 임무를 삼았다. 일찍이 곤궁하게 거처하면서도 한가하게 저하여 스스로 분부(文武)의 재간이 있다고 생각하였다.

—《태조실록》,〈정도전 졸기〉, 태조 7년(1398) 8월 26일

정도전은 이성계와 손잡고 조선을 만들었다. 그러나 조선왕조는 467년 동안 정도전을 역적이나 간신으로 평가했다. 고종(高宗) 2년(1865)이 되어서야 경복궁을 다시 지으며 그의 공로가 회복되었다. 그때까지 그가 제대로 평가받지 못한 가장 큰 이유는 조선의 세 번째 임금인 태종 때문이었다. 그가 정도전을 죽이고 왕좌를 차지했다.

태종 이방원은 이성계의 다섯째 아들로 아버지를 도와 조선을 세우는 데 앞장선 사람이었다. 그는 형제들 중에서 유일하게 문과에 급제했을 정도로 뛰어난 역량을 갖춘 인재였다. 그러나 이방원이 생각하는 조선은 정도전의 조선과 달랐다. 그는 왕권이 강력한 새 나라를 꿈꿨다. 그리고 자신의 목표를 위해서는 수단을 가리지 않았다.

이방원은 아버지의 왕위를 물려받을 사람은 자신밖에 없다고 생각했다. 그러나 현실은 그를 외면했다. 이성계는 후계자로 계비의 둘째 아들이었던 이방석(李芳碩)을 왕세자로 선택했다. 목숨을 걸고 수많은

전쟁터를 누비고, 정적들을 제거하며 힘들게 정상에 오른 이성계는 인생 최대의 실수를 저질렀다. 그가 왕세자로 둘째 부인이었던 신덕왕후(神德王后)의 자식을 선택하리라고는 누구도 예상하지 못했다. 한 번의 잘못된 선택이 가져온 파장은 그 대가가 너무 컸다. 조선의 운명이 통째로 바뀌어버렸다.

이성계는 첫째 부인인 신의왕후(神懿王后)에게 여섯 명의 아들을 낳았고, 둘째 부인에게는 두 명을 더 낳았다. 이방석은 모든 형제들 중 막내였고, 세자로 책봉될 당시에 열한 살이었다. 처음에 왕세자 문제가 논의되었을 때 배극렴(裵克廉), 조준(趙浚), 정도전 등이 나이와 공로를 기준으로 삼아서 결정하자고 청했다. 지극히 상식적이고 합리적인 요청이었다. 그런데 이성계는 둘째 부인의 뜻을 거절하지 못하고 그녀의 아들로 선택하자고 고집을 부렸다. 신하들은 왕의 뜻을 꺾지 못했고, 배극렴은 반드시 둘째 부인의 아들을 왕세자로 삼을 바에는 첫째보다 둘째가 낫다고 조언했다. 그리고 왕은 그 조언에 따라 이방석을 왕세자로 책봉했다.

왕세자를 책봉하고 6년 뒤, 이방원은 관료 조직과 체제 중심으로 나라의 기틀을 다져가는 정도전이 마음에 들지 않았다. 이러한 불만이 차츰차츰 자신에 대한 위협으로 다가오자, 왕세자 책봉 문제와 맞물려 난을 일으키는 원인이 되었다. 이방원은 이복동생 왕세자와 왕세자를 지지하는 아버지의 측근들을 모두 죽였다. 왕자의 난이라고 불리는 이 사건은 단순한 정적의 제거가 아니었다. 아버지인 태조 이성계에게 정면으로 맞서는 반발이었다. 스스로 패륜아의 길로 들어선 셈이었다.

태종 이방원은 왕위를 잠시 둘째 형이었던 정종(定宗)에게 양보했다가 돌려받았다. 이 과정에서 태종은 넷째 형인 이방간(李芳幹)과 왕위를 두고 다툼을 벌이기도 했다. 결국 태종이 집권하는 과정은 조선의 정당성을 뒤흔들며 왕권의 태생적 모순을 드러내고 말았다. 그의 왕좌는 성리학의 사상과 기본 덕목인 인(仁. 어짊), 의(義. 의로움), 예(禮. 예의), 지(智. 지혜), 신(信. 신뢰)에 모두 어긋났다. 문과에 합격하며 누구보다 현명함을 뽐냈던 그는 이러한 이치를 간과할 수 없었다. 쿠데타의 결과로 왕권을 거머쥔 태종에게는 정치적인 희생양이 필요했다. 결국 조선왕조는 개국공신이 역적이라는 정의를 세움으로써 스스로를 오류의 역사에 욱여넣는 꼴이 되고 말았다. 태종의 피를 이어받은 조선의 왕들은 정도전을 위험인물로 취급했다. 정도전은 어린 왕세자를 등에 업고 자신의 출세를 지향하던 사람으로 색칠되었다. 더 이상 왕조의 교체를 노리는 사건이 있어서는 안 되었기 때문이다. 조선의 탄생을 거부하며 고려를 지키려고 했던 정몽주는 영웅으로 취급받았고, 조선을 설계한 정도전은 역적이 되었다. 정몽주는 태종 이방원에 의해 죽임을 당했고, 정도전은 태조 이성계의 오른팔이었다. 상식적으로 전혀 앞뒤가 맞지 않는 논리였다. 그러나 오류로 뒤덮인 명분은 살아 있는 권력을 추종했다.

고종 때 만들어진 경복궁 덕분에 정도전은 겨우 되살아났다. 조선 후기에 흥선대원군(興宣大院君)은 경복궁을 중건하면서 정도전이 지었던 전각의 이름들을 부활시키며 그의 명예를 되찾아주었다. 과연 정도전은 어떤 사람일까? 조선왕조의 평가대로 희대의 간신일까? 아니면 진정한 개혁가였을까?

한 인간을 알려면 평상시의 생활 태도와 다른 사람들의 평가를 두루 살펴봐야 한다. 일화, 저술 그리고 평판에서 드러나는 교집합이 곧 그 사람이기 때문이다. 기록의 교집합으로 살펴본 정도전이라는 사람의 특징은 단순하다. 명석했으나 재물에 대한 욕심이 없었고, 학문을 좋아했으나 권력에 아첨하지 않았다. 정도전은 부정한 현실과 타협하는 사람이 아니었다. 이 점은 주관적인 논평이나 객관적인 기록에서 공통적으로 나타나는 기질이다.

정도전을 제대로 이해하려면 유배를 떠나는 그를 먼저 만나봐야 한다. 관료로서 순탄해 보이던 정도전의 삶에 가장 큰 시련기이자 내면이 단련된 시기였기 때문이다. 그의 유배 기간은 9년이나 되었다. 당시에 정도전의 동지들이 길어봐야 3년 정도의 유배를 떠났다가 복귀했다는 사실을 감안하면 꽤 이례적인 조치였다. 유배를 떠나게 된 배경을 보면 젊은 정도전의 기질이 엿보인다.

공민왕이 죽은 뒤, 아들인 우왕은 열 살에 왕좌에 올랐다. 고려의 32대 왕이었던 우왕은 자립할 힘이 없었다. 너무 어린 나이에 왕이 되었기 때문에 주변에는 늘 왕 위에서 자신들의 뜻대로 군림하는 세력들이 존재했다. 공민왕은 원나라의 통제에서 벗어나기 위해 부단히 노력했지만, 그가 죽자 원나라에 충성을 맹세한 세력들이 되살아났다. 우왕 초기에는 원나라를 지지하는 이들이 나라를 장악했다. 그러나 이미 아시아의 패권은 명나라로 기울어진 상태였다. 명나라는 1368년에 원나라의 수도 대도(大都, 북경)를 빼앗고 그들을 북쪽으로 쫓아냈다. 그 이후 원나라는 북원(北元)이라는 호칭으로 쭈그러들었다.

이인임은 당시 최고 권력자였다. 그가 우왕을 옹립했기 때문이었다. 1375년, 이인임 일파는 공민왕을 시해한 죄를 사면하겠다는 목적으로 찾아온 북원의 사신을 맞이하려고 했다. 정도전을 포함한 신진 사대부들은 왕에게 상소를 올리며 반대 입장을 표명했다. 시류에 맞지 않는 처사로 판단했다. 그러나 재상이었던 이인임과 경복흥은 오히려 정도전에게 사신을 맞이하라는 명령을 내렸다. 일종의 관리 길들이기로 여겨지는 조치였다. 정도전은 지시에 수긍하지 않고, 경복홍을 찾아가 이렇게 말했다. "제가 마땅히 사신의 머리를 베어 오든지 그렇지 않으면 체포해 명나라에 보내겠습니다"(《고려사》).

어린 왕 위에서 실권을 모두 장악하고 있는 재상에게 내뱉기 힘든 말이었다. 하지만 그는 현재의 국제 정세와 이해득실에 대하여 강력하게 덧붙여 주장했다. 그것도 부족하다고 생각했는지 태후에게 찾아가서 북원의 사신 접대가 불가함을 역설했다. 이런 사실에 분노한 이인임과 경복흥은 왕을 부추겨 정도전에게 유배형을 내렸다. 어찌 보면 유배형만 받은 사실이 신기하게 여겨질 정도의 상황이었다. 그 당시 정도전은 정4품 전의부령(典儀副令. 제사와 왕의 묘호, 시호를 담당하던 직책)이 있다. 지금으로 비유하자면, 4급 공무원이 국무총리의 지시에 반항하며 이치에 맞지 않는 사실을 지적하고 가르치려 든 셈이었다. 그러나 사건은 여기서 끝나지 않았다.

유배를 떠나기 전에 열린 송별회 자리에서 정도전의 지인이었던 염흥방(廉興邦)은 그에게 급히 전갈을 보냈다. 경복흥에게 잘 얘기해놓았으니 잠시만 기다리면 유배형이 풀릴지도 모른다는 내용이었다. 하지만 전갈을 받은 정도전은 다음과 같은 말을 남기고 떠나버렸다. "내가 말한 것이나 시중(경복흥)이 노한 것이나 각자의 견해를 지킨 일로 모두 나라를 위한 것이오. 지금 왕명이 내린 터에 어찌 공의 말을 듣고 중지하리까?"(《고려사》). 결국 정도전에게 괘씸죄가 더해졌다. 기록에 의하면 이 소식을 들은 재상이 사람을 보내 그에게 곤장을 때리려고 했으나 마침 '석기(釋器)의 난'*이 일어나서 그만두었다.

청년 정도전이 진한 푸르름으로 파란 하늘을 향해 거침없이 뻗어가

---

* 왕석기(王釋器)는 충혜왕의 서얼 출신으로 1363년에 반란을 일으킨다는 소문이 나서 참수당했다. 그런데 1375년 석기라는 자가 살아 있다는 보고를 받아 왕실이 발칵 뒤집혔다.

는 대나무였다면, 장년은 유배라는 어두운 풍파에 휘둘리며 색과 방향성을 잃어버린 시기였다. 높은 하늘에 닿을 수 없는 유배지에서 낮은 땅의 백성들과 어울렸다. 중앙에서 멀어진 정치가는 생존을 위해 백성과 한 몸이 되었다. 유배지는 전라도 나주의 회진현이었다. 정도전은 황연(黃延)이라는 사람의 집에 세 들어 살다가, 터가 좋아 보이는 곳에 두 칸짜리 띳집(띠로 지붕을 고정해 만든 집)을 지었다. 한 칸은 기둥과 기둥 사이의 한 공간을 말한다. 두 칸이란 보통 정면에서 세 개, 측면에서 두 개 정도의 기둥으로 지어진 공간을 말한다. 즉 바닥에 두 면의 공간이 나오는 하나의 작은 건물이다. 방 하나에 화장실이 딸린 요즘의 원룸과 같은 구조다. 정도전은 자신의 집이 "낮고 기울고, 좁고 더러워 마음이 답답했다"(《삼봉집》)라고 기록을 남겼는데, 그의 처지가 단박에 드러난다. 그에겐 책 이외에 짐승의 털로 만든 겨울옷 한 벌과 칡으로 만든 여름옷 한 벌이 살림의 전부였다.

〈가난〉이라는 글이 그의 문집인 《삼봉집》에 실려 있는데, 정도전과 아내가 이 시기에 주고받은 서신이다. 아내의 글에는 남편에 대한 원망이 가득 담겼고, 남편은 그런 아내를 다독인다. 그 내용을 보면, 정도전이 중앙 관리로 지낼 때에도 아이들은 춥고 배고프다고 우는 게 일상이었고, 아내가 끼니를 챙기는 살림을 꾸려갔다는 사실을 알 수 있다. 이러한 형편에 유배를 떠났으니 그의 가족에게 희망은 자리 잡을 틈이 없었다. 이곳에서 정도전은 가식을 벗어던진 진짜 사람들을 만났다. 그리고 거친 손으로 삶을 개척하는 백성들과 어울렸다. 순박한 동네 사람들과 사귀며 자신의 이론적 사상을 현실의 깊이에 맞추었다. 유배지에서의 유일한 보람은 사람들을 가르치고, 글을 쓰는 일이었다. 그 외에는 하루하루를 견뎌내는 삶이었다. 정도전은 〈답전보(答田父)〉, 〈금남야인(錦南野人)〉, 〈사이매문(謝魑魅文)〉 같은 글을 쓰며 통렬한 시선으로 위정자들의 부조리를 끄집어내고, 처연한 자신의 입장과 신세를 되돌아보았다.

　나주의 유배 생활은 고통의 시간이었지만, 그의 인생을 바꿀 만큼 큰 시련은 아니었다. 어수선한 시국에 바른말을 하는 신하로서 그 대가를 치르는 일은 당연한 결과였다. 젊은 혈기의 신진사대부들은 친원 정책을 쓰는 이인임을 포함한 구세력에 대항하는 유일한 집단이었고, 그 일로 많은 사람이 죽거나 유배되었다. 유배는 강직함을 드러내는 계급장이나 마찬가지였다. 정도전이 개경을 떠난 후에 이인임의 탄핵에 연루되어 정몽주, 이숭인, 염흥방 같은 이들도 줄줄이 유배를 떠났다. 그러나 그들은 대부분 2년 이내에 자신의 자리로 돌아왔지만, 정도전은 예외였다. 유배가 풀렸어도 개경에 들어갈 수 없는 신분이 유지되었다. 이때부터 시작된 유랑 생활은 가장 밑바닥에서 꿈틀거려야만 하는 인생을 선물했다. 2년의 유배 생활이 끝나자 7년의 유랑 생활이 시작되었다. 정도전은 이 시기를 거치면서 니체의 말처럼 그를 죽이지 못하는 고통으로 인해 더욱 강한 사람이 되었다. 유랑 생활은 정도전에게 가장이라는 임무를 내렸다. 그는 고향에 뿌리내리고 싶었다. 그러나 그를 둘러싼 환경이 깊이 뿌리내리지 못하게 만들었다. 정도전은 살기 위해 이곳저곳을 떠돌아다녔다. 그를 단련시키는 고삐는 시대가 움켜쥐고 있었다. 장년의 정도전은 혹독한 환경을 겪으며 진정한 개혁가로 거듭났다. 그는 몸으로 정치와 현실의 괴리, 효용성과 영향력의 간극을 깨닫게 되었다. 그의 밑바닥 인생은 크게 세 가지 고난으로 구분된다.

　첫째는 가난이다. 정도전이 지은 시에는 가난한 살림을 한탄하는 내용이 종종 등장한다. 자신의 능력으로 해결하지 못해 지인에게 의탁해야 하는 처지도 서슴없이 드러낸다. 몸소 밭을 일구고, 자연재해로 망친 농사를 안타까워하고, 땅세 독촉에 애를 태우는 마음은 서민의 삶 그 자체였다. 병이 나도 돈이 없어서 제대로 치료하지 못하고, 아들이 약초를 손수 심어 수발하는 모습에서는 애잔함마저 느껴진다.

둘째는 안정적인 거처의 부재다. 고향에 정착하려던 정도전은 수시로 침략하는 왜적을 피해 유랑 생활을 시작한다. 한때는 자신이 가진 학문적 재능을 이용해 살려고 했지만 이마저도 여의치 않았다. 삼각산 아래 집을 짓고 글을 가르치니 배우러 오는 사람이 많았는데, 동향 사람이었던 재상이 그를 미워해 집을 헐어버렸다. 정도전은 그를 따르는 학생들을 데리고 지인이 지역 부사(府使, 부를 다스리는 장관)로 재직 중인 부평으로 이사했다. 그러나 이번에는 전임 재상이었던 사람이 별장을 짓는다면서 또다시 서재를 철거했다.

셋째는 사람들의 멸시다. 그는 자신의 저술에서 다음과 같이 말했다. "내가 죄를 지어 남쪽 변방으로 귀양 간 후부터 비방이 벌떼처럼 일어나고 구설이 터무니없이 퍼져서 화가 측량할 수 없게 되었다"(《삼봉집》). 권력의 네트워크는 추락해 가망이 보이지 않는 사람에게 자비가 없다. 이런 환경에서 가장으로서 가족을 살리기 위해 아쉬운 소리를 해가며 생계를 유지해갔다.

바닥없이 추락하는 그의 인생은 마흔한 살이 될 때까지 이어졌다. 이 무렵 그가 남긴 시 〈이가(移家, 집을 옮기다)〉에는 그의 절박한 처지가 고스란히 녹아 있다.

오 년 동안 집을 세 번이나 옮겼는데,	五年三卜宅
금년에 또 이사를 가게 되었다.	今歲又移居
들은 넓은데 초가집은 작고,	野闊團茅小
산은 긴데 고목은 드물구나.	山長古木疎

밭 가는 사람들도 서로 성을 물어보는데,	耕人相問姓
옛 친구는 편지마저 끊어버리는구나.	故友絶來書
천지가 능히 나를 용납해준다면,	天地能容我
표표히 가는 흐름에 맡겨보자	飄飄任所如

—정도전, 《삼봉집》

정처 없는 7년의 유랑 생활은 정도전을 더욱 강하게 만들었다. 2년 간의 유배 시절만 하더라도 그는 복귀 가능성을 염두한 희망이 있었을지 모른다. 그러나 손수 거친 밭을 일구고, 병이 나도 제대로 치료할 수 없는 형편이 계속 이어지자 희망을 품었던 하늘이 점차 잿빛으로 변해갔다. 정도전은 새로운 정치가 필요한 현실로부터 두들겨 맞으며 내공을 쌓았다. 그는 굶주린 사람들과 함께 끼니를 걱정하고 흙에서 뒹굴며, 백성이 나라를 지탱하는 생명력의 기본이라는 사실을 깨달았다. 그가 굶은 횟수만큼 그의 개혁 의식은 밀도를 높여갔을 것이다. 정도전의 철학은 현실의 채찍질 때문에 사상으로 굳어졌다.

이 시기를 통해 정도전은 전면적인 개혁만이 세상을 살릴 수 있다고 깨달았음이 분명하다. 개혁을 위해서는 힘이 필요했다. 뜻을 같이할 동지들 없이 변화는 불가능했다. 그는 공민왕과 신돈의 개혁이 어떻게 고꾸라졌는지 잘 알고 있었다. 정도전은 권력에 대한 의지가 충만한 사람이 되었다. 그러나 그에게는 아무것도 없었다. 그는 자신과 함께 변화를 꿈꾸고 실천할 머리와 힘을 찾아 나섰다. 정도전은 맨 먼저 정몽주의 손을 잡고 일어섰다. 정몽주는 함께 공부하던 시절부터 그를 각별하게 생각해주던 당대의 인재였다. 그리고 다른 한 손은 이성계에게 내밀었다. 이성계는 고려 최강의 군대를 보유하고 있었다. 그는 정몽주와 이성계의 부축을 받으며 부활했다. 이들의 도움으로 중앙 무대에 다시 한 번 설 수 있게 되었다. 정도전은 잃을 게 없었다. 그렇기에 개혁에 대한 투지가 그 어느 때보다 높을 수밖에 없었다.

〈포은봉사고서(圃隱奉使藁序)〉를 보면, 정도전은 10대 시절, 정몽주가 지인 민자복(閔子復)에게 추천해주었다는《대학》과《중용》을 읽고 기뻐하며, 직접 그를 찾아가 평생의 벗처럼 지내고 가르침을 들었다고 나온다. 정몽주는 정도전이 부모상을 당해 시묘살이를 할 때는《맹자》를 보내주었다. 《맹자》는 백성이 임금보다 중요한 존재라고 설파한 책이다. 이 책에 등장하는 맹자는 흉포하고 잔학한 왕은 죽여도 상관없다는 논리를 펴고, 인간을 굽어살피는 땅과 곡식의 신인 사직(社稷)도 갈아엎을 수 있다는 철학으로 무장한 무시무시한 사상가였다. 과연 어떤 종교나 사상에서 자신들의 절대적 근본이 백성에게 잘해주지 못하면 뒤엎을 수 있다는 말을 할 수 있을까? 맹자는 혁명의 정당성을 유학에 삽입한 장본인이다. 정도전은 성리학의 근간이 되는 사서(四書) 중 세 가지를 정몽주에게 배운 셈이다. 그에게 정몽주는 성리학을 소개한 스승이자, 개혁가의 길을 터준 선배이자, 함께 이야기를 나눌 수 있는 벗이었다.

정몽주는 가장 뛰어난 역량을 지닌 신진사대부였다. 스승이었던 이색은 그를 이렇게 평가했다. "정몽주가 이학(성리학)을 논하는 것은 횡설수설하는 것도 이치에 맞지 않은 것이 없다", "우리나라 성리학의 근본이다"(《고려사》). 그의 강론은 당시 사람들이 가진 지식과 생각을 뛰어넘는 수준이었다. 범인들은 그의 언어와 문장의 본뜻을 이해하지 못했다. 그는 부모가 상을 당하면 무덤 옆에서 움막을 짓고 3년 동안 사는 시묘(侍墓)를 우리나라 최초로 시행해 표창을 받았으며, 가묘(家廟, 한집안의 사당)를 세워 선조들의 제사를 받들도록 했다. 도성 내에는 국립 교육기관 오부학당(五部學堂)을 세우고, 지방에는 향교(鄕校)를 설치했다. 즉 유교식 제사를 관습적인 우리나라 문화로 만들고, 성리학을 바탕으로 한 유교를 국가적 차원에서 교육하고 보급한 사람이 정몽주였다. 그의 이러한 정치적인 행보는 오염된 기존의 제도권을 붕괴하려는 시도에서 출발했다.

고려가 막판으로 기울어질수록 정치는 더욱 사나워졌다. 어제의 동지가 내일의 적이 되고, 먼저 베지 않으면 바로 칼날이 되돌아왔다. 1388년 위화도회군 이후 막강한 군사력을 바탕으로 실권을 잡은 이성계 곁에는 정몽주와 정도전이 있었다. 가장 막강한 군사력 위에 가장 똑똑한 두뇌와 가장 개혁적인 정신이 하나로 뭉쳤다. 이들은 1389년, 왕요(王瑤)를 고려의 마지막 임금으로 추대했다. 왕요는 고려의 34대 왕으로 후에 공양왕(恭讓王)으로 불렸다. 그러나 정몽주는 역성혁명에는 반대하는 입장이었다. 왕씨가 계속 왕위를 이어나가야 한다고 생각했는지, 아니면 이성계가 왕이 되는 현실을 받아들일 수 없었는지 모르겠지만, 결국 역성혁명에 반기를 들었다. 그에게는 성공적인 개혁으로 나라를 바로잡을 수 있다는 순수한 태도가 남아 있었는지도 모른다.

1392년 3월 이성계가 말에서 떨어져 위독하다는 소식이 들리자 정몽주는 역성혁명파를 몰아내는 데 앞장섰다. 그 결과 정도전은 감옥에 갇히고 나머지는 유배를 떠나게 되었다. 정몽주는 시각을 다투는 싸움에서 조준을 필두로 정도전, 남은(南誾) 등을 제거하려 안간힘을 쓰다가 이를 눈치챈 이방원이 보낸 자객에게 살해되었다. 이 소식을 들은 이성계는 격분했다. 평소 충효로 이름난 집안에서 아버지의 뜻에 반하는 행동을 했으니 불효를 저질렀다고 탄식하자 이방원은 이렇게 답한다. "정몽주 등이 장차 우리 가문을 무너뜨리려 하는데, 어찌 앉아서 망하기만을 기다리겠습니까? 이것이야말로 효(孝)이니, 마땅히 휘하 군사를 불러 모아 뜻밖의 일을 대비해야 합니다"(《고려사》). 4개월 뒤에 이성계는 고려의 새로운 왕이 되었다. 다음 해인 1393년 2월 15일 이성계는 명나라 황제의 재가를 받은 국호 조선(朝鮮)을 전국에 반포했다.

정도전은 죽을 때까지 부정한 일에 휩싸이지 않았다. 부정한 청탁에 엮이거나 비정상적인 재물과 여자 문제가 없었다. 정적을 쓰러트리기 위해 온갖 수단이 동원된 고려 말에도 그에게는 지저분한 죄목을 갖다 붙이지 못했다. 출신에 대한 미천함, 막강한 직책과 급진적인 정책에 대한 모함뿐이었다. 이러한 사실은 정도전을 역적으로 취급했던 조선의 역사 기록도 동일하다. 그에게서는 사사로운 구린내를 찾을 수가 없었다.

개혁가 정도전_ 전국의 토지를 모든 백성에게

사람이 난처한 사태를 당하여 그 바른길을 잃지 않는 것은 다행히도 한 번 죽는다는 것이 있기 때문이다.

—정도전, 민족문화추진회 편역, 《국역 삼봉집 1》, 경인문화사, 1977, 284쪽

정침(鄭沈)은 나주 사람으로 고을의 호장(戶長, 지방의 관리 책임자)이었다. 공민왕 20년(1371)에 공무로 제주에 가다가 바다에서 왜구를 만났다. 왜구의 수가 많아서 배에 탄 사람들은 모두 겁에 질려 항복하자고 했지만, 정침은 홀로 그들과 맞서 싸웠다. 그의 활시위 한 번에 왜구는 한 명씩 고꾸라졌다. 활의 기세에 눌린 왜구는 섣불리 다가오지 못했다. 화살이 다 떨어지자, 그는 더 이상의 전투는 의미가 없다고 판단

정도전 영정. 문헌사당 소장.

해 관복과 홀(笏, 벼슬아치가 관복을 입었을 때 손에 쥐던 물건)을 정제하고 반듯하
게 앉았다. 이를 본 왜구들이 놀라며 함부로 해치지 못하자, 그는 의
연하게 바다로 몸을 던졌다. 배 안의 사람들은 모두 항복했고 죽은 사
람은 정침밖에 없었다. 고을 사람들은 그의 불행한 죽음을 불쌍하게
여겼으나, 스스로 죽은 일에 대해서는 어리석게 여겼다고 한다. 이 이
야기를 듣고 정도전은 그를 기리기 위해 〈정침전(鄭沉傳)〉을 남겼다.

　정도전은 정침의 이야기를 사람들에게 전파하며 자신의 생각을 밝
혔다. 장기간에 걸친 왜구의 침입으로 많은 양반집 선비와 여인들이
포로가 되었다. 그런데 이들은 노예와 첩 노릇을 사양하지 않고 달갑
게 여기며 심지어 첩자 노릇을 하곤 했다. 이는 모두 죽음을 두려워하
기 때문이라고 보았다. 정도전은 그들의 모습을 정침과 비교하며 한
탄했다. 평소에는 다른 사람의 의로운 행동을 만분의 일이라도 본받

겠다고 흥분하다가도 막상 갑작스러운 재앙이나 사고를 당하면 겁내고 두려워하며, 이해관계에 생각을 빼앗겨 살기 위해 의리를 저버리는 자가 대부분이라고 서글퍼했다.

> 선비들이 그 의리가 죽을 만한 곳을 당하면 아무리 끓는 가마솥이 앞에 있고 칼과 톱이 뒤에 설치되었으며, 화살과 돌이 위에서 쏟아지고 흰 칼날이 아래에 서리고 있을지라도 거기에 부딪치기를 사양하지 아니하고 내딛기를 피하려 하지 않는 것은 어찌 의를 중하게 여기고 죽음을 가볍게 여김이 아니겠는가? 과연 글 잘하는 사람이 뒤에 이것을 서술하여 서책에 나타낸다면, 그 영웅스러운 명성과 의열(義烈, 장렬한 의로움)이 사람들의 이목에 밝게 비치고 사람의 마음을 감동시킬 것이니, 그 사람은 비록 죽었으나 죽지 않는 것이 있을 것이다.
>
> 그러므로 명예를 좋아하는 사람은 한 번 죽는 것을 달게 여기고 후회하지 않는다. 지금 정침의 죽음에 있어서는 국가에서 알지도 못하고 글 잘하는 사람이 그를 위하여 기록해서 후세에 전하지도 않으니, 정침의 충의는 물결과 같이 흘러가고 말 것이다. 아! 슬픈 일이다.
>
> ─정도전, 《삼봉집》, 〈정침전〉

순고한 죽음을 선택한 정침은 아무도 알아주지 않는 사람이 되었다. 하지만 정도전은 그를 시대의 영웅으로 기록했다. 《삼봉집》에 들어 있는 이 짧은 일화에는 정도전이 생각하는 선비 정신이 그대로 녹아 있다. 그는 자신의 의지가 분명하고, 의로움을 위해 목숨을 걸 줄 아는 이가 진정한 선비라고 정의했다. 실행되지 못한 의(義)는 진정한 의미가 없는 것이다. 즉 선비는 책을 많이 본 사람이 아니라 자신이 아는 정의를 실천하는 사람이다. 정도전의 이러한 합리적인 비판 정신은 불교 폐단의 지적과 성리학의 수용에서도 그대로 드러난다. 불교 비판은 현실을 바꾸기 위한 필수 선택이었고, 성리학은 합리적인 논리의 장점만을 받아들였다.

1388년 위화도회군 이후 대부분의 권력은 신진사대부에 돌아갔다. 신진사대부 중에서도 정도전은 급진 개혁파에 속했다. 개혁가로서 그의 면모를 가장 잘 보여주는 일이 토지제도에 대한 의견이었다. 당시에는 사회 개혁을 위해 시급하게 처리해야 하는 가장 중요한 사항이 토지문제였다. 개혁을 꿈꾸는 사람이라면 누구나 아는 정답이었으나 쉽게 손을 대기가 어려웠다. 토지의 대부분을 귀족들과 위정자들이 점유하고 있었기 때문이다. 토지개혁을 주장하려면 자신의 재산을 먼저 내놓아야 했다. 토지를 소유한 사람들이 토지문제를 해결해야 할 주역이라는 모순이 가장 큰 문제점이었다. 따라서 당시 상황과 정치적 맥락에서 살펴보면 권문세족에 비해 상대적으로 재산을 풍족하게 가지지 못한 신진사대부가 토지문제 해결에 접근하기 유리한 입장이었다.

토지개혁은 신진사대부의 적이었던 권문세족의 기반을 흔들어놓을 뿐만 아니라 백성들에게 생존권을 보장해주는 방책이었다. 백성들이 골고루 토지를 나눠 갖고 정상적으로 세금을 낼 경우 국가의 재정이 든든해지는 기반이 마련된다. 따라서 토지개혁은 건강한 나라를 위한 주춧돌이었다. 제대로만 실행된다면 민심은 자연스레 신진사대부를 향하게 되어 있기에 망설일 이유가 없었다.

정도전은 몸소 밭을 갈고, 세금을 걱정하고, 쫓겨나기를 반복했기에 누구보다 토지문제의 본질을 잘 알고 있었다. 그는 당시 상황을 다음과 같이 말했다. 세력가들이 서로 토지를 겸병해 한 사람이 경작하는 토지에 주인이 더러 7~8명에 이르는 경우도 있었고, 세금을 바칠 때에는 접대비, 강요에 의해 매입하는 물건 구입비, 운송 비용과 경비들이 조세의 수효보다 두 배에서 다섯 배 이상이나 되었다. 이런 현실을 잘 알았기에, 그는 완만한 정책으로는 실효성이 없다고 판단했다. 정도전은 무리 중에서 유일하게 파격적인 토지개혁안을 제시했다. 그의 기준은 소수의 가진 자가 아니라 대다수인 낮은 자의 시선으로 맞춰졌다.

계민수전(計民授田)이 그의 제안이었다. 즉 정도전은 나라의 땅을 모두 환수해 백성의 수만큼 골고루 나눠주어야 한다는 정책을 제시했다. 이러한 토지개혁을 생각한 사람은 오직 정도전밖에 없었다. 그에게는 눈치 볼 사람과 머뭇거릴 시간이 없었다. 계민수전이 워낙 급진적인 정책이었기 때문에 스승이었던 이색도 반대 입장을 표명하고, 그를 가장 아끼고 잘 이해하던 정몽주마저 고개를 끄덕여주지 못했다. 가장 크게 반발한 세력은 당연히 권문세족이었다. 대대로 재산을 상속받고 늘려온 세습 귀족의 입장에서는 토지개혁이란 있을 수 없는 조치였다. 땅은 부(富)의 근본이 되는 척도였다. 권문세족이 아무리 기세가 약해졌다고는 하나 결코 무시할 수 있는 존재가 아니었다. 계민수전은 대부분의 위정자들을 적으로 만들 수 있기에 기반이 약한 신진사대부들에게 부담스러운 조치였다. 결국 바꾸려면 제대로 바꿔야 한다는 정도전의 주장은 실행되지 못했다. 대신 완만하게 절충된 조준의 상소가 대세로 자리 잡았다.

1390년, 토지조사를 마친 신진사대부는 토지대장을 거둬들여 개경 한복판에서 태워버렸다. 백성들을 위한 일종의 정치적 퍼포먼스였다. 며칠 동안 꺼지지 않는 불을 보며, 공양왕은 자신이 왕으로 있을 때 선대에서 정한 토지제도가 바뀌는 현실이 슬퍼서 통곡했다고 전한다. 그리고 이듬해 5월, 경기도 땅을 나누어 전, 현직 관리에게 수조권(收

租權. 땅에 대한 세금을 받을 권리)을 지급하는 과전법이 시행되었다. 정도전은 그가 제시했던 토지개혁이 반쪽짜리 쇼로 정리되는 과정을 지켜보면서 어떤 생각을 했을까?《조선경국전(朝鮮經國典)》을 보면, 그는 새로 바꾼 토지제도가 비록 옛사람(정도전이 공평하다고 생각했던 옛 제도)에게는 미치지 못했으나, 문란했던 시절에 비하면 만 배는 나아졌다고 말한다. 그러나 막상 제도가 시행되는 무렵에 그는 공왕양에게 이렇게 하소연했다.

> 사전(私田)을 개혁한 건의는 신이 처음에 계획하기를, 토지는 모두 국유(國有)로 만들어서 국가의 재정을 확보하고 군량미도 넉넉하게 하며, 사대부의 녹(祿)도 주고 군역(軍役)들도 먹여서 상하에 모자라는 근심이 없게 하려는 것이 신의 생각이었습니다. 그런데 그 생각이 결국 시행되지 않으므로 그 즉시 전하께 "제조관(提調官)을 사면하게 해주소서"한 지가 오래되었습니다. 그런데 토지 분배가 고르지 못하게 되었다는 원망은 모두 신에게로 돌아옵니다.
>
> —《고려사》,〈정도전 열전〉

1392년 7월, 이성계가 왕이 되자 정도전의 개혁은 본격적으로 불을 지폈다. 그는 왕의 오른팔이자 머리였다. 그들은 개혁파에서 역성파로 자신들의 세력이 압축되는 동안에 공동운명체로서 정적들을 처리했다. 정적들이 사라진 상황에서 주저할 틈이 없었다. 왕은 정도전에게 전폭적인 지지를 보내며 권력의 칼을 쥐어주었다. 정도전은 왕이 건네준 칼을 들고 오롯이 백성을 위해 휘둘렀다. 그는 나라를 살찌우는 기반을 만들기 위해 주력했다.

1394년 조선의 최초 법전인《조선경국전》을 지어 바칠 당시 정도전의 직책은 다음과 같았다. "분의좌명개국공신 보국숭록대부 판삼

사사 동판도평의사사사 겸 판상서사사 수문전태학사 지경연예문춘추관사 판의흥삼군부사 세자이사 봉화백."[*] 이를 현대의 정부 조직에서 최대한 비슷한 직책과 연결해보면 재정부 장관, 행정부 장관, 인사처장, 대통령 비서실장, 대통령 자문위원, 대통령 교육관, 대통령 연설비서관, 역사편찬위원장, 국방부 장관, 왕세자 교육관 등으로 볼 수 있다. 물론 겸직으로 실무를 담당하지 않는 관리 직책도 있으나 한 사람이 소화하기에 쉽지 않은 역할이다.

고려와 조선에는 여러 직책을 소화한 인물이 많았다. 특히 능력이 뛰어난 사람은 고위직으로 갈수록 붙는 겸직이 느는 것이 일반적인 현상이었다. 그러나 새로운 나라를 세우는 시기라는 특수성을 도입하면 이야기가 달라진다. 고려라는 낡은 정체성을 벗겨내야 하는 막중한 임무가 주어지던 시기였다. 정도전은《조선경국전》을 바닥에 깔고 정치, 경제, 법률, 군사, 영토, 외교, 종교, 도시, 건축, 음악, 의학, 민생 등 국가의 모든 요소를 직접 세워나갔다. 명석한 두뇌와 압도적인 추진력을 가진 그는 누구도 쉽게 범접하기 힘든 결과를 사람들과 함께 만들었다. 정도전의 개혁에는 태조 이성계의 절대적인 믿음이 있었다. 왕의 전적인 신뢰가 없었다면 결코 이루어질 수 없는 일이었다.

제도에 의한 단단한 정치, 백성과 공동운명체로서의 경제, 성문법에 근거한 법률, 사병제도를 대신하는 국방군, 확고한 신념에 근거한 영토와 외교, 폐단에 반기를 든 종교, 한양(漢陽)의 신도시 건설, 궁궐 및 도성의 축조, 예악의 정비, 의창(義倉. 흉년에 시행된 빈민 구제 기관)과 혜민전약국(惠民典藥局) 등이 대표적인 국책 사업이었다. 정도전은 거의 모

---

[*] 奮義佐明開國功臣 輔國崇祿大夫 判三司事 同判都評議使司事 兼 判尙瑞司事 修文殿太學士 知經筵藝文春秋館事 判義興三軍府事 世子貳師 奉化伯.《삼봉집》.

든 분야에 손을 댔다. 정도전의 창작물들을 보면 그가 얼마나 부지런히 움직였고, 간절하게 바꾸고 싶어 했는지 알 수 있다. 이러한 열정의 원동력은 백성이었다. 그는 백성의 중요성을 저서 곳곳에 기술했으며 왕에게 진언했다. 그는 국가와 백성이 공동운명체라는 사실을 망각하는 순간 위태로울 수밖에 없음을 수시로 강조했다.

정도전은 자신의 사상과 정치적 입장 그리고 정책을 모두 책으로 남겼다. 대부분의 정책이 실용적으로 적용되기를 원했기 때문이다. 그는 1392년 조선이 탄생하고 1398년 자신이 죽을 때까지 6년 동안 수십 권의 저서를 남겼다. 바른 정치를 위해《조선경국전》,《경제문감(經濟文鑑)》,《경제문감별집(經濟文鑑別集)》을 기본으로, 병서로《오행진출기도(五行陣出奇圖)》,《강무도(講武圖)》,《진법(陣法)》, 악곡으로《문덕곡(文德曲)》,《몽금척(夢金尺)》,《수보록(受寶籙)》,《납씨곡(納氏曲)》,《정동방곡(靖東方曲)》, 역사서로《고려국사》, 의학서《진맥도결(診脈圖訣)》, 역서로《태을72국도(太乙七十二局圖)》,《상명태을제산법(詳明太乙諸算法)》, 성리학 입문서인《학자지남도(學者指南圖)》, 불교 비판서인《심기리편(心氣理篇)》,《불씨잡변(佛氏雜辨)》등이 대표작이다.

1392년 7월 17일 이성계가 왕위에 올랐고, 1398년 8월 26일 왕자의 난으로 정도전이 죽었으니, 조선에서 그의 저술은 불과 6년 1개월 동안에 이뤄졌다. 다양한 관심사와 사상은 고려부터 이어져 결실을 맺었다고 보이나, 국정 운영의 실무를 맡은 가운데 이루어진 저작의 수는 놀랍기만 하다. 더군다나 정도전은 1392년 10월부터 다음 해 3월까지 명나라에 사신으로 다녀와서 자리를 비웠고, 1397년 12월부터 다음 해 3월까지는 동북 지방에 파견을 나가 있었다. 그러니 8개월 동안은 글 쓸 틈이 없었다고 계산하면, 실질적으로 그의 저작들은 5년 5개월 동안에 모두 완성된 셈이다. 그가 최고의 자리에서 결코 안

주하지 않았다는 사실은 그의 저작들만으로도 충분히 입증된다.

　대다수의 사람들은 정도전이 긴 유랑 생활 끝에 역성혁명을 꿈꾸며 이성계를 찾아갔다고 말한다. 과연 그랬을까? 어떤 생각으로 이성계를 찾아갔는지 당사자 말고는 알 수 없다. 정도전이 이성계의 질서 정연한 군대를 보면서 감탄했고, 그 자리에서 소나무에 시를 썼다는 사실만으로 처음부터 역성혁명을 생각했다고 단정 짓기는 어렵다. 대부분 정도전의 추후 행적을 보고 유추했을 뿐이다. 그러나 아무리 정도전이라도 처음부터 왕조를 뒤엎는 역성혁명을 생각했다고는 여겨지지 않는다. 그에게 절실한 문제는 전반적인 개혁뿐이었다. 그는 공민왕과 신돈의 선례를 보며 개혁에는 세력과 힘이 필요하다는 사실을 깨달았다. 그런 의미에서 이성계가 가진 힘이 개혁에 절대적으로 필요하다고 파악했을 뿐이다. 따라서 이성계의 힘은 역성혁명을 위한 도구가 아니라 개혁에 반대하는 기존의 세력을 제압하는 최적의 용도로 생각했다고 보는 편이 타당하다.

　정도전은 막막한 백성들의 삶에 묻혀 지내는 동안 급진적인 개혁에 대한 의지가 켜켜이 쌓아졌다. 그에게 역성(易姓)인지 아닌지는 중요한 사항이 아니었다. 전반적인 개혁이 가능한지 아닌지가 관건이었다. 따라서 정도전은 완벽한 개혁을 추진하고자 노력하다가 개혁파들의 세력이 분열되자 어쩔 수 없이 역성혁명파를 선택했다고 보는 편이 현실적이다.

　궁핍했던 그는 정몽주와 함께 개혁을 꿈꾸었고, 그를 통해 이성계를 알게 되었다. 정몽주 또한 개혁의 필요성을 누구보다 잘 알고 있었기 때문이다. 이들을 통해 진취적인 개혁의 희망을 발견했기에 이성계의 군대를 보고 흐뭇하게 여겼을 뿐이었다. 하지만 정도전은 자신이 계획한 계민수전이 반쪽짜리로 옮겨지는 현실을 보면서 많은 고민을 했다고 보인다. 어설픈 개혁으로 백성과 권문세족에게 동시에 원망을 받았기 때문이다. 이때 개혁을 위해서는 더 큰 변화가 필요하다는 사실을 자각했음이 분명하다. 인식은 급격하게 그의 방향을 다독였다. 중앙 무대의 정치 싸움이 치열해질수록 기존의 방식으로는 완전한 개혁이 불가능하다는 현실을 깨달은 것이다.

이성계 또한 권력 장악 이외에 왕조를 들어내고 자신이 왕좌를 차지해야겠다는 욕심이 처음부터 있었는지는 분명하지 않다. 처음부터 역성혁명에 대한 욕망이 있었다면 위화도회군 당시에 최영의 처형 이후 완벽하게 왕권을 차지할 기회가 있었음에도 그는 내색하지 않았다. 지나친 욕망을 가진 자에게 4년의 기다림이란 꽤 긴 시간이다. 1391년 과전법(科田法)이 본격적으로 시행되어 백성들의 민심이 급진 개혁파에게 쏠렸을 때도 고려의 군사권은 모두 그들에게 있었다. 삼군도총제부(三軍都摠制府)로 구성된 군에서 도총제사(都摠制使)는 이성계, 좌군총제사(左軍摠制使)에 조준, 우군총제사(右軍總制使)가 정도전이었기 때문이다. 정도전은 이때부터 문신의 역할뿐만 아니라 지휘자로서 무신의 권력까지 갖게 되었다. 만약 이들이 역성을 처음부터 모의했다면 이때 일을 처리하는 편이 가장 시기적절했을 것이다. 그러나 오히려 그들에게 역성혁명의 기회를 제공해준 것은 정몽주와 같은 온건 개혁파였다. 급진 개혁파에 권력이 집중되고 민심이 쏠리자 이들을 강력하게 내몰기 위한 정치적 싸움이 오히려 그들을 뭉치고 단단하게 만드는 계기를 마련해주었다. 결국 조선은 고려의 비주류 세력이 결합하고 주축이 되어 만들어낸 결과물이다.

조선은 북쪽 변방에 살던 교포 5세 무인 이성계와 남쪽 봉화 지역의 한미한 출신 정도전이 의기로 만들어낸 결과다. 세상을 뒤엎는 개혁에 대한 의지가 같았기 때문이다. 두 명의 영웅에겐 모두 중앙 귀족들에게 무시당할 수밖에 없었던 신분의 결핍이 있었다. 어쩌면 이러한 결핍이 이들을 더욱 단단하게 뭉치는 계기를 제공했는지도 모른다. 이성계의 선조는 대대로 원나라 지방관이었으니 거의 외국인이나 마찬가지였으며, 용맹한 무장이었으나 최영처럼 출신이 받쳐주지 못했다. 정도전의 집안도 촌놈이라는 딱지가 붙는 지방 관리를 전전했으며, 외할머니가 천민의 딸이라는 소문이 떨어지지 않았다. 사실 이들이 중앙 무대로 진출해 한자리를 차지한 사실만으로도 가문의 영광이나 마찬가지였다. 출신이 좋은 집안끼리 뭉쳐진 사회에서 촌놈들이 한 걸음씩 밟아 올라가는 길은 결코 순탄할 수 없었다. 출신이 미비한 그들의 성장 원동력은 오로지 실력밖에 없었다. 그리고 혼란한 세상은 그들의 능력을 과감히 뽐낼 기회를 제공해주었다. 그렇기에 이성계는 백전백승의 장수로, 정도전은 박학다식한 실천적 사상가로 다른 극성을 지녔음에도 서로를 강렬하게 끌어당겼다.

이성계와 정도전이 위인으로 인정받는 이유는 개인적인 역량 이외에 비주류에서 중심으로 나아가 사람들을 규합했기 때문이다. 새로운 세계를 창조하는 작업에서 가장 어려운 과정이 사람들의 생각과 마음을 하나로 결집하는 일이다. 아무리 재주가 뛰어나더라도 사람들을 자신의 편으로 끌어들이지 못하면 역사를 만들어내지 못한다. 강압적인 힘에 의한 균형이 아니라 평화적인 방법은 더더군다나 쉽지 않다. 이것은 인류의 시작과 함께 지속되어온 가장 단순한 법칙이다. 어떤 조직이나 사회나 모두 동일하다. 사람들의 마음을 얻는 자가 세상을 얻기 마련이다.

그들은 군사력과 정치력을 끌어모아 새로운 나라 조선을 만들었다. 이성계가 왕이 되는 과정은 누가 보더라도 위세에 눌린 양위(讓位, 왕의 자리를 물려줌)였다. 그러나 이 과정은 개인적인 욕망에 의한 강탈이 아니었다. 개혁을 꿈꾸는 세력들이 규합해 하나의 방향으로 돌진해 만들어낸 결과였다. 그들은 왕권을 둘러싼 음모나 치졸한 전투 없이 역성혁명이 가능하다는 선례를 남겼다. 이 양위는 후대에 큰 교훈을 남겼다. 제대로 왕권을 행사하지 못하는 왕조는 언제든지 교체될 수 있다는 맹자의 말을 실현시켰기 때문이다.

조선이라는 새로운 나라의 왕들은 이 사실에 대해서 늘 예민했다. 정도전은 조선 왕들의 뇌리에 보이지 않는 선명한 문신을 새겨 넣었다. 그렇기에 안정을 도모하는 왕의 입장에서는 역성혁명의 상징인 정도전을 역적으로 처리할 수밖에 없었다.

정도전은 죽기 전에 시 한 편을 남겼다고 한다. '자조(自嘲)'라는 제목의 시는《삼봉집》을 통해 전해진다.

마음을 다잡고 성찰하는 일에 공을 기울이며,	操存省察兩加功,
고전에 나오는 성현들의 가르침을 저버리지 않았네.	不負聖賢黃卷中.
삼십 년 동안 부지런히 고생하며 업을 쌓았는데,	三十年來勤苦業,
송정에서 한 번 취하니 모두 공허하게 되었구나.	松亭一醉竟成空.

조선의 탄생

새로운 왕위__현명한 재상과 정책이 왕을 대신하는 나라

임금은 나라에 의존하고 나라는 백성에 의존하는 것이니, 백성이란 나라의
근본이며 임금의 하늘인 것이다.

—정도전, 민족문화추진회 편역, 《국역 삼봉집 1》, 경인문화사, 1977, 250쪽

정도전은 새로운 나라를 꿈꿨다. 그가 꿈꾸는 나라는 고려와 달라
야 했다. 아니 고려만이 아니라 기존의 그 어느 국가와도 다른 나라여
야 했다. 공자(孔子)가 꿈꾸던 인(仁)이 흥하기를 원했고, 맹자가 주장
한 의(義)를 따르는 자들이 넘쳐나길 바랐다. 무엇보다 백성이 안정적
으로 살 수 있는 시대여야 했다. 그러기 위해서는 왕이 바뀌어야 했
다. 실질적인 백성의 삶을 이해하지 못하는 왕의 절대 권력은 불안한
요소였다. 인이 책에만 머물러서는 안 되었다. 왕이 숨쉴 때 인을 들

태조 어진 복원 모사도. 국립고궁박물관 소장.

이마시고 덕(德)을 내뿜기를 바랐다.

인(仁)은 '어질다', '인자하다', '사랑하다'는 뜻이다. 이 단순한 글
자는 유학의 기본 덕목이자 최고의 사상이다. 글자가 사상으로 바뀌
는 순간 어렵고 복잡해지지만《논어》〈안연(顔淵)〉편에서는 인을 간단
하게 한 단어로 정의했다. 번지(樊遲)라는 제자가 인이 무엇인지 공자

에게 묻자, "애인(愛人)"이라고 답했다.* '인이란 사람에 대한 사랑이다.' 이 한마디는 굳이 해석할 필요조차 없다. 한자로 살펴보면, 인(仁)은 人(사람 인) 자와 二(두 이) 자가 합쳐진 글자다. 즉 인이란 두 사람간의 관계라는 뜻에서 출발한다. 결국 인이란 기독교의 사랑, 불교의 자비(慈悲)와 크게 다르지 않다. 아울러 지식을 묻는 번지에게 공자는 이렇게 답했다. "사람을 아는 것이다."** 이렇듯 공자의 가르침은 단순했다. 사람을 사랑하고 사람에 대해서 알아가는 것이 모든 일의 근원이자 전부라는 뜻이다.

《조선경국전》은 조선 최초의 법전이다. 중국의 《주례(周禮)》와 《대명률(大明律)》을 참고해 우리나라 실정에 맞게끔 정도전이 만들었다. 이 책은 후에 추려서 《경국육전(經國六典)》이 되었고, 영의정 조준이 만들고 공식적으로 반포되는 《경제육전(經濟六典)》의 토대가 되었다. 이 두 권의 책을 바탕으로 조선의 최고 법전인 《경국대전(經國大典)》이 탄생했다. 따라서 《조선경국전》의 내용은 조선의 건국이념 그 자체였다.

〈정보위(正寶位)〉는 '왕위를 바르게 하다'라는 뜻으로 법전의 1장에 해당한다. 새로운 왕조의 정당성에 대한 선언이다. 〈정보위〉는 인(仁)으로 시작해서 인으로 끝난다. 왕위는 보배와 같고, 태조 이성계는 진실한 마음으로 인을 체득해 백성들에게 영향력을 행사했으니 진정으로 어진 임금이라고 칭송한다. 그러나 내용의 핵심은 인의 부재에 대한 충고다. 만약 인이 부족해 백성들의 마음을 얻지 못하면 언제든지 왕위는 뒤집힌다는 메시지가 이 장의 핵심이다. 왕의 입장에서는 너무나 묵직하고 오싹한 경고다.

* 樊遲問仁. 子曰愛人.
** 問知子曰. 知人.

천하는 지극히 넓고 만민은 지극히 많다. 한 번 그들의 마음을 얻지 못하면, 아마 크게 염려할 일이 생기게 되리라.

하민은 지극히 약하지만 힘으로 위협할 수 없고, 지극히 어리석지만 지혜로써 속일 수 없는 것이다. 그들의 마음을 얻으면 복종하게 되고, 그들의 마음을 얻지 못하면 배반하게 된다. (중략) 그들의 마음을 얻는다는 것은 사사로운 뜻을 품고서 구차스럽게 얻는 것이 아니요, 도를 어기어 명예를 구하는 방법으로 얻는 것도 아니다. 그 얻는 방법 역시 인(仁)일 뿐이다.

—정도전, 민족문화추진회 편역, 《국역 삼봉집 1》, 경인문화사, 1977, 231쪽

정도전은 조선이 선진적인 제도와 법규라는 틀을 갖추어, 몇몇 사람에게 휘둘리지 않기를 희망했다. 고려 왕들의 역량과 기구한 운명을 직접 목격했기 때문이다. 그는 한 국가가 어떻게 되면 망하는지 너무나 잘 알고 있기에 안정적인 틀 안에서 인(仁)의 정신으로 무장한 관료들이 정치를 하기 바랐다. 자신의 아버지와 자신처럼 이(利)로움보다 의(義)로움에 당당한 사람들을 원했다. 이것이 정도전이 추구하는 유교이자 성리학의 근본정신이었다.

변화를 위해서 조선의 왕은 '절대 권력자'가 아니어야만 했다. 선하지 못한 인성과 바르지 못한 판단력은 국가에 막대한 피해를 초래하기 때문이다. 왕은 신하와 서로 보완하는 관계여야 했다. 정도전은 오히려 신하들의 힘이 강한 나라를 원했다. 과하게 비유하자면, 현재의 영국이나 일본의 왕처럼 상징적인 존재를 지향점으로 삼았는지도 모르겠다. 왕의 권한은 대폭 축소하고 뛰어난 역량을 갖춘 관료 지도자에게 힘을 실어주는 정책에 대한 지향이 그 근거다. 정도전은 자신이 원하는 변화의 사상을 《조선경국전》 곳곳에 대담하게 드러냈다.

총재(재상)라는 것은 위로는 군부(왕)를 받들고 밑으로는 백관을 통솔하며 만민을 다스리는 것이니, 그 직책이 매우 큰 것이다. 또 인주(왕)의 자질에는 어리석은 자질도 있고 현명한 자질도 있으며 강력한 자질도 있고 유약한 자질도 있어서 한결같지 않으니, 총재는 인주의 아름다운 점은 순종하고 나쁜 점은 바로잡으며, 옳은 일은 받들고 옳지 않은 것은 막아서, 인주로 하여금 대중(표준이나 기준)의 지경에 들게 해야 한다.

— 정도전, 《삼봉집》, 《조선경국전》 〈치전(治典)〉

왕권의 견제는 변화의 출발점이었다. 왕은 하나의 성씨에서 비롯되기에 경우에 따라 자질이 다르기 마련이었다. 하지만 그는 역량 있는 재상은 얼마든지 존속할 수 있다고 믿었다. 제도를 굳건하게 만들면, 정치의 안정적인 요소가 증가한다는 주장이었다. 그렇지만 왕권은 손대기 어려운 요소였다. 따라서 견제 정책은 다양한 방법으로 제시되었는데, 크게 보면 총재(冢宰)의 권한 강화와 왕권의 약화라는 두 가지 방향으로 압축할 수 있다. 총재는 정치, 군사, 행정에 대한 권한을 가졌다. 무엇보다 인사권은 권력을 움켜잡는 핵심 키였다.

왕의 사유재산은 인정하지 않았다. 나라의 토지와 세금이 모두 왕의 소유라는 명목상의 이유를 붙였다. 왕에게 필요한 모든 품목은 국가에서 제공하기에 사유재산이 필요 없다는 논리였다. 사유재산은 왕의 폐단을 양성하는 계기일 뿐이라고 단정 지었다. 심지어 총재는 왕의 대소사를 모두 관장했다. 대소사에는 빈첩(嬪妾)들이 왕을 모시는 일, 의복의 장식, 먹는 음식 등과 같은 사적인 일들이 포함되며, 이는 오직 총재만 알아야 할 정보라고 못 박았다. 이렇듯 왕의 자질구레한 일까지 관여해야 하는 이유는 빈첩 혹은 궁녀들이나 내시들은 본래 왕의 심부름을 맡은 사람들인데 이들이 올바르지 못하면 사특하고 아첨하는 일이 일어나고, 왕에게 제공되는 물품을 절제하지 않으면 사치하고 낭비하는 폐단이 생긴다는 이유를 거론했다.

유일한 왕의 권력은 재상(宰相) 임명권이었다. 왕은 재상을 뽑고, 재상은 왕을 견제하고, 둘의 관계는 간관(諫官)이 절충해 맡도록 했다. 간관은 왕에게 선악에 대한 의견을 제시하거나 왕의 잘못을 지적하는 관리를 말한다. 정도전은 《경제문감(經濟文鑑)》에서 "간관은 재상과 동일하다"라고 선언했다. 이러한 제도는 서기전부터 있었다. 대표적인 예가 중국의 주(周)나라였다. 그래서 유교는 주나라의 예를 정리한 《주례(周禮)》를 신봉했다. 그러나 춘추전국시대 이후 인(仁)이 흥한 나라는 사라졌다. 정도전은 재상과 간관의 지위를 높여서 일방적으로 왕의 명령에 복종하는 제도를 손보고자 노력했다. 허울뿐이었던 제도를 현실에 맞게 다듬어 최대한 활용하고자 했다. 그런 이유로 왕에게 교육시키는 경연(經筵)을 되살리고 중요한 의미를 부여했다. 왕은 교육을 통해 인이 몸에 배어야 그 여파가 관리의 임용으로 드러나고, 관리의 영향력이 백성들에게 미칠 수 있다고 생각했기 때문이다.

조선은 성리학의 영향으로 초기부터 백성이 나라의 근본이고, 임금의 하늘이 백성이라는 개념을 정착시켰다. 이 개념은 "대한민국의 주권은 국민에게 있고, 모든 권력은 국민으로부터 나온다"고 명시한 대한민국의 헌법 제1조의 내용과 정확히 일치한다. 정도전은 활자로만 존재하던 민본 정신을 들추어 꺼내 흩뿌렸다. 누구보다 백성의 입장을 잘 알고, 백성의 평안을 가장 중요한 요소로 파악했기 때문이다. 조선 건국의 위대함은 바로 이러한 백성의 개념 전파에 있다.

새로운 정책 _ 백성의 하늘은 음식

사람의 성품은 다 착한 것이며, 옳지 못함을 부끄러워하고 착하지 못함을 미워하는 마음은 사람마다 모두 가지고 있는 것이다. (중략)

남자에게는 먹고 남은 곡식이 있고, 여자에게는 입고 남은 베가 있어서, 위로는 부모를 섬기기에 풍족하고, 아래로는 처자를 기르기에 풍족하면, 백성들은 예의를 알게 될 것이고, 풍속은 염치를 숭상하게 될 것이므로 도적은 없애지 않아도 저절로 없어질 것이다.

— 정도전, 《삼봉집》, 《조선경국전》〈헌전(憲典)〉

정도전은 새로운 나라의 핵심 정책을 경제와 교육으로 생각했다. 경제는 백성들이 일정한 생업을 가지고 일한 만큼 대가를 얻어야 한다는 기본 방침을 내세웠고, 교육은 실력이 입증된 인재를 선발하기 위한 방편으로 확대되길 원했다.

《조선경국전》〈부전(賦典)〉에는 나라와 백성의 근간을 다음과 같이 정의했다. "나라는 백성을 근본으로 삼고, 백성은 먹을 것을 하늘로 삼는다." '백성의 하늘은 음식'이라는 정의는 고대부터 동양에서 내려오는 기본 사상이었다. 중국 춘추시대에 제(齊)나라 재상으로 나라를 부유하게 만든 관중(管仲)은 음식과 옷이 풍족해야 예절을 알게 되며, 의식이 갖춰져야 영예와 치욕을 안다고 말했다. 《논어》〈안연〉편에서 공자도 정치가 무엇인지 묻는 제자 자공(子貢)에게 다음과 같이 말했다. "백성들이 먹을 식량을 풍족하게 만들고, 군사력을 튼튼히 갖추고, 백성들의 신뢰를 얻는 행위다."* 따라서 새로운 나라를 세웠다는 말은 곧 백성들의 굶주린 배를 채워주어야 한다는 선포와 마찬가지였다. 그래야 민심을 얻을 수 있고 나라의 정당성이 입증되기 때문이다.

경제 정책의 핵심은 농업이었다. 정도전이 농사는 만사의 근본이라고 말했듯이, 그 시대 위정자들은 백성들의 농업이 국가의 힘을 키우는 기본이라고 인식했다. 농업은 논과 밭에 나가서 일해야 하는데, 그 결과가 계절을 따라서 주기적으로 순환하기 때문에 정착 생활이 필수다. 농사는 땅을 벗어날 수 없기 때문이다. 국가의 입장에서 보면 농업은 백성들 관리가 용이하고, 손쉽게 세금을 거둘 수 있는 효율적인 테두리였다. 백성의 입장에서도 안정적인 정착 생활이 가능했기에 적정한 생산량과 세금만 보장된다면 큰 손해가 아니었다.

당시에는 상업이나 수공업을 말업(末業)이라고 부르며 천대했다. 직업에 의한 신분제도는 시대의 한계성을 보여주는 대표적인 사례였다. 직업에 대한 차별 역시 고대의 동양사상을 고스란히 전수받은 결과였다. 사람들을 직업으로 평가하는 문화는 땀을 흘리며 일하지 않는 자들을 천시하던 공동체 문화에서 비롯되었다. 옛사람들은 정당한 수확이란 자신의 노력으로 결과를 만들어야 한다는 관념이 있었다. 노동이야말로 신성한 직업의 바탕이라는 의식이 존재했다. 그러나 상업의 경우는 관계나 상황 혹은 계산에 의해 이득이 취해지기 때문에 정당하지 못한 수단이라는 인식이 있었다. 수완이 좋은 사람은 잔꾀가 많은 사람이라는 평가가 붙었다. 이러한 관념은 위정자들에게 매력적일 수밖에 없었다. 상업을 억제하고 농업이 안정될수록 통제와 관리가 쉬웠기 때문이다.

백성들의 농업을 장려하기 위해 다양한 정책이 실시되었다. 우선

---

*　足食, 足兵, 民信之矣.

왕이 손수 농사를 짓는 적전(籍田)은 《조선경국전》을 통해 확고히 다져 놓았다. 농사가 모든 일의 근본이듯, 적전은 농사를 장려함의 근본이라 밝히며 백성들이 왕의 행위를 본받기를 바랐다. 적전이 명분상의 정책이었다면, 실제적인 방법은 관리들을 이용했다. 지방 관리들의 인사고과에 농토를 개간하고 수리 시설을 관리하는 업무의 비중을 높게 책정했다. 사농관(司農官)과 권농관(勸農官)은 백성 중에서 농사에 부지런한 사람과 게으른 사람을 파악해 상벌을 내렸다. 이들이 올바른 평가를 하는지, 업무를 제대로 수행하는지 등을 감찰하기 위한 별도의 감사기관도 두었다. 꽤 적극적인 정부의 개입이었다.

농업의 가장 큰 어려움은 날씨였다. 가뭄이나 태풍, 수해가 발생하면 제대로 된 결실을 얻기 힘들었기 때문이다. 그래서 정도전은 기근에 대비한 의창 제도의 중요성을 말하며, 법 중에서 가장 좋은 법이라고 기록했다. 의창 제도는 고려 시대부터 있었지만, 완벽한 제도로서 조선에 뿌리내리길 희망했다. 필요한 사람들에게 곡식이나 종자를 나눠주고 추후에 이자 없이 돌려받는 방식으로 굶어 죽는 사람이 없도록 만든 제도였다. 의창 제도는 부유한 사람이 아니라 필요한 사람에게만 나눠주어야 하며, 관장하는 사람의 투명한 행정이 가장 중요한 점이라고 강조했다.

아무리 좋은 제도라도 이를 시행하는 사람들이 바르지 못하면 효과를 거두기 어렵다. 혹은 제도가 조금 빈약하더라도 시행하는 사람의 역량이 뛰어나면 얼마든지 제도를 보완할 수 있다. 그런 이유로 모든 정책에는 사람이 가장 중요한 요소였다. 제도는 그다음이었다. 정도전은 사람의 중요성을 잘 이해하고 있었다. 그 어느 때보다 치열한 시기에 살아남았기 때문이었다. 따라서 관료의 도덕성과 능력을 중요하게 여겼다. 그는 누구보다 정당한 방법으로 인재를 뽑고 싶어 했다.

그래서 과거제도를 조선에 맞게 다듬어 안착시켰다.

과거(科擧)는 중국의 시험제도를 도입해 실시한 인재 선발법이었다. 그러나 정도전은 누구보다 시험으로 인재를 뽑는 방식의 단점을 잘 알고 있었다. 시와 문장 같은 논술로만 시험하면 겉만 화려하고 실속이 없는 무리들이 끼어들게 되고, 경전과 역사로만 시험하면 사리에 어둡고 세상 물정 모르는 고루한 선비들이 간혹 나오게 된다고 자신의 의견을 밝혔다. 따라서 과거제도는 단순한 시험을 통해 사람을 뽑지 않고, 학교를 통해 인재를 배출하는 시스템으로 만들었다. 서울의 중앙에는 성균관과 부학(副學. 서울의 동. 서. 남. 중앙에 세운 학당)을 설치하고, 지방에는 향교를 만들어 교수와 생원을 두고 교육을 실시했다. 일종의 국립대학인 셈이었다. 이곳을 통해 3년마다 성적을 평가해 인재를 선발하고 추려냈다. 경전 시험을 거쳐 유교에 대한 이해력과 덕행의 수양 정도를 측정하고, 시와 논술 그리고 문제 상황에 대한 대책을 살핌으로써 세상을 다스리고 백성을 구제하는 능력을 평가했다.

새로운 정책의 기본도 인(仁)에서 벗어날 수 없었다. 정도전은 백성을 떠받든 주춧돌로 인을 생각했다. 그 인은 왕과 관리들에게 뿜어나와야 했다. 허나 모든 개국공신들이 한마음일 수는 없었다. 봉사 정신이 투철해 관리가 되는 이들보다 생계나 명예를 위해 합류한 이들이 많았다. 그럼에도 어떠한 이유에서건 새로운 나라는 백성을 외면하고서는 존재할 수 없었다. 정도전은 인의 시작과 끝이 인재들에 의해 펼쳐나가길 희망했다. 인은 말과 글이 아닌 구체적인 현현이어야 했다.

새로운 도시 _ 유교의 이념을 새겨 넣은 수도, 한성

임금이 기뻐하면서 말하였다. "이곳의 형세를 보니, 왕도가 될 만한 곳이다. 더욱이 배를 이용해 물건을 나르기 수월하고 거리도 고르니, 백성들에게도 편리할 것이다."

—〈태조실록〉, 태조 3년(1364) 8월 13일

태조 3년(1394) 개경에서 한양으로 천도(遷都)가 확정되었다. 새 술은 새 부대에 담으라는 말처럼, 조선은 새로운 수도가 필요했다. 태조 이성계는 초반부터 천도에 대한 강력한 의지를 보였다. 고려 말부터 개경은 땅의 기운으로 복이 들어오는 지덕(地德)이 쇠했다는 신하들의 의견이 많았다. 그 의견들은 수도 이전 정책에 무게를 실어주었다. 그러나 비단 지덕의 문제만은 아니었다. 기존의 개경은 919년에 왕건이 도읍지로 정한 이래 475년 동안 한반도 문화의 중심지였다. 수많은 귀족들과 고려를 되살리려는 뿌리가 개경의 땅 밑 곳곳에 뻗어 있었다. 천도는 새로운 왕조의 안정을 위해서 필수불가결한 요소였다. 중요한 일들의 대부분을 신하들에게 맡겼던 이성계였지만, 천도 문제만큼은 예민하게 간여했다.

처음으로 언급된 천도 후보지는 한양이었으나 공식적으로 일이 진행된 곳은 계룡산이었다. 봄에 시작된 도시 공사는 완성되지 못하고 겨울에 멈추었다. 계룡산은 지형상 한반도의 남쪽으로 치우치고 풍수지리학적으로도 좋지 않다는 의견을 태조가 따랐기 때문이다. 결국 계룡산의 천도가 취소되었다. 아마도 태조는 많은 신하들의 동조와 호응을 얻고 싶었던 모양이다. 그 후 천도는 후보지에 대한 치열한 논쟁과 갈등 끝에 다시 한양으로 결정되었다. 계룡산 천도를 중지시킨

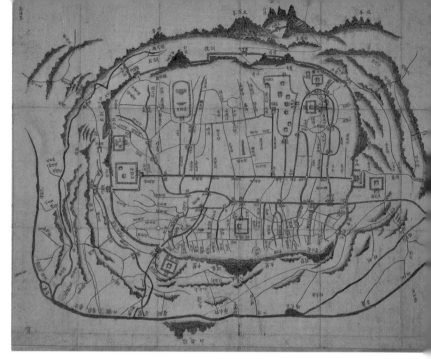

1830년대 조선성시도. 서울역사박물관 소장.

하륜을 제외한 모든 재상이 다음과 같이 말하며 동의했다. "꼭 도읍을 옮기려면 이곳이 좋습니다"(《태조실록》).

사실, 정도전은 수도 이전에 반대하는 입장이었다. 그에겐 수도 이전보다 바른 정치가 우선이었다. 계룡산의 수도 이전이 무산되자, 태조는 재상들에게 마땅한 궁궐터를 추천해달라고 요청했다. 그때 정도전은 다음과 같이 답변했다.

잘 다스려짐과 어지러움은 사람에게 있는 것이지 지리의 성쇠(盛衰)에 있는 것이 아님을 알 수 있습니다. (중략)

전하께서 무너진 전조의 뒤를 이어 처음으로 즉위하여 백성들이 소생되지 못하고 나라의 터전이 아직 굳지 못하였으니, 마땅히 진정시키고 민력(民力)

동원되는 백성의 노력이나 재력)을 휴양하여, 위로 천시(天時)를 살피시고 아래로 인사(人事)를 보아 적당한 때를 기다려서 도읍 터를 보는 것이 만전(萬全)한 계책이며, 조선의 왕업이 무궁하고 신(臣)의 자손도 함께 영원할 것입니다. 지금 지기(地氣)의 성쇠를 말하는 자들은 마음속으로 깨달은 것이 아니라, 다 옛사람들의 말을 전해 듣고서 하는 말이며, 신이 말한 바도 또한 옛사람들이 이미 징험한 말입니다. 어찌 술수한 자만 믿을 수 있고 선비의 말은 믿을 수 없겠습니까?

—《태조실록》, 태조 3년(1394) 8월 12일

현실주의자이자 실용주의자로서 그의 사상이 반영된 대답이다. 아울러 어명이라고 해서 무조건 따르기보다 이치에 맞추어 행동하는 그의 성향이 담겨 있다.

한양은 고려 말에 남경(南京)이라고 불렸다. 수도인 개경 이외에 중요한 지방 행정의 세 도시를 삼경(三京)이라고 칭했는데, 서경(西京)은 평양, 동경(東京)은 경주, 남경이 한양이었다. 한양은 조선의 수도가 되기 이전부터 빼어난 자연경관과 알맞은 위치로 특별하게 관리되었다. 《고려사》를 보면, 고려의 문종(文宗, 1068년), 숙종(肅宗, 1104년), 고종(1235년), 공민왕(1360년) 등은 남경에 궁궐을 지었고, 심지어 우왕(1382년)과 공양왕(1390년)은 잠시 남경으로 천도한 기록이 남아 있다. 그 외에도 왕들은 수시로 남경을 드나들었다. 즉 한양은 조선의 수도로 준비된 도시였던 셈이다. 개경과 가깝고 지리적인 장점이 많았기에 백성들의 피해를 최대한으로 줄이고, 신하들의 동의를 얻을 수 있는 장소였다. 내사산(內四山)으로 불리는 백악산(白岳山, 북악산), 낙산(駱山), 목멱산(木覓山, 남산), 인왕산(仁王山) 등 네 산이 수도를 둘러싸니 외부의 침입에 대비하기 좋고, 종로와 명동 등의 평지는 사람들의 활동을 북돋는 환경을 제공하고, 한강은 물류를 손쉽게 만들었다. 한양은 명당(明堂)이자 천혜의 도시였다.

천도가 확정되자, 정도전은 도시 개발자가 되었다. 한양을 수도로 탈바꿈하는 중책이 부여되었다. 그는 새로운 수도에 새로운 나라의 뜻이 영원히 담기길 바랐다. 길이 다듬어지고 건물이 들어서자, 그 뜻을 곳곳에 새겨 넣었다. 궁궐, 도성과 사대문 그리고 서울의 행정구역을 정하고 그 이름을 손수 지어 붙였다. 정도전은 종묘와 궁궐을 짓기 전에 하늘과 땅의 신에게 왕을 대신해 제사를 지냈다. 그가 수도를 개발하는 데 얼마나 중요한 위치에서 활동했는지 가늠할 수 있는 일화다. 개발의 시작은 구획정리에서 출발했다.

1394년 정도전은 권중화(權仲和), 심덕부(沈德符), 김주(金湊) 등과 한양의 종묘, 사직, 궁궐, 시장, 도로의 터를 정하는 임무를 수행했다. 현재의 일산이나 판교처럼 신도시 계획을 진행한 셈이었다. 이 당시 만들어진 광화문 밖의 세종로와 종로는 지금도 서울의 중요 도로로 활용되고 있다. 이듬해 9월 궁궐이 완공되자, 도성(都城)을 쌓는 일이 진행되었다. 성(城)은 내사산 네 곳을 기점으로 삼아 둘러졌다. 정도전은 성 쌓을 곳의 위치를 직접 정하고 성문의 이름을 붙였다. 성문은 사람들의 왕래를 위해 네 개의 대문(四大門)과 네 개의 소문(四小門)을 기본 통로로 구성했다.

사대문의 이름에는 인간의 기본 윤리가 녹아 있다. 보물 제1호인 흥인지문(興仁之門)은 동대문으로 인(仁)이 번성하기를 바라는 뜻이다. 도성의 정문인 남대문은 국보 제1호이며 정식 이름은 숭례문(崇禮門)이다. 예(禮)를 높여 소중히 여기라는 의미가 담겼다. 1915년 일본에 의해 철거되어 현존하지 않는 서쪽의 돈의문(敦義門)은 의(義)를 위해 힘써야 한다는 뜻이었다. 북쪽 문이었던 숙청문(肅淸門)을 제외하고,

도성으로 출입이 빈번한 세 개의 대문에 각각 인, 예, 의를 이름으로 사용했다. 정도전은 유교의 기본 덕목을 대문에 심어, 기본 윤리가 사람들에게 널리 전파되기를 꿈꾸었다.

1396년에는 서울의 도시를 5부 52방으로 나누고 이름을 붙였다. 부(部)와 방(坊)은 지금의 구(區)와 동(洞)에 해당되는 행정구역이었다. 그 이름은 모두 정도전이 지었다. 유교의 이념과 태평한 세상에 대한 염원을 동네 이름으로 사용했다고 한다. 이때 만든 52방 중에서 가회(嘉會, 즐거운 모임이나 기쁜 때)와 안국(安國, 평안한 고장이나 나라) 등은 지금까지 동의 이름으로 남아 있다. 구획에 대한 명칭의 부여를 끝으로 한양도성은 완성되었다. 한양은 18킬로미터에 이르는 성벽으로 둘러싸인 신도시가 되었다. 조선의 수도는 이전에 남경과 한양으로 불렸는데 1395년 6월 이후 한성(漢城)으로 고쳤다. 행정구역상으로 공식 명칭은 한성부(漢城府)였다. 한성 곳곳에는 백성의 안정과 바른 윤리 그리고 균형된 발전을 바라는 정도전의 입김이 닿아 지금까지 전해지고 있다.

경복궁의 탄생

경복궁의 뜻 _ 만민을 잊으면 받을 수 없는 큰 복(福)

궁궐(宮闕)이란 임금이 정사를 다스리는 곳이요, 사방이 우러러보는 곳이요, 신민들이 다 나아가는 곳이므로, 제도를 장엄하게 해서 위엄을 보이고 이름을 아름답게 지어, 보고 듣는 자를 감동하게 해야 합니다.

—정도전, 《삼봉집》 제4권, 〈기(記)〉, '경복궁'

경복궁은 조선이 만든 첫 궁궐이자 법궁(法宮)이었다. 궁궐은 단순한 사전적 의미로 '왕이 거처하는 집'을 뜻한다. 왕이 사는 곳이란 단순한 집의 역할에 정치를 논의하고 결정하는 곳이라는 의미가 포함된다. 좀 더 자세히 해석하자면, 궁궐은 궁(宮)과 궐(闕)이 합쳐져서 의미를 품는다. 궁은 왕이 살거나 업무를 보는 공간을 말하며, 궐은 궁으로 들어가는 문이나 지키는 역할의 담장[궁성(宮城)] 그리고 망루 등을 뜻한다. 법궁 역시 '임금이 사는 궁궐'이라는 단순한 뜻으로 해석되나, 엄밀히 말하자면 왕조와 시대를 대표하는 제1의 공식 궁궐이라는 의미다. 법궁 이외의 공식적인 궁궐은 이궁(離宮)이라고 불렀다.

법궁과 이궁은 공식 궁궐이 하나일 경우에는 따로 구별하지 않는다. 태종 때 창덕궁(昌德宮), 성종(成宗) 때 창경궁(昌慶宮) 등이 생겼기 때문에 구분 지었다. 《조선왕조실록》에 법궁과 이궁에 대한 말이 공식적인 뜻으로 등장하는 시기는 태조가 아닌 태종 때다. 《단종실록》에 나온 아래의 기록은 법궁의 의미를 좀 더 자세히 밝혀준다.

> 경복궁은 조종께서 도읍(都邑)의 명당(明堂)을 살펴서 창건하여 이룩한 것인데, 그 뒤에 태종께서 비록 때로 창덕궁에 거처하시는 일이 있었으나, 무릇 큰 일이 있으면 모두 경복궁에 나아가서 행하였으니, 대저 근본이 되는 곳이기 때문이다. 세종 때에 간의대(簡儀臺, 천문대)를 세우고 원묘(原廟, 종묘 이외에 별도로 설치한 사당)를 두고, 모든 벼슬아치의 모든 직무를 모두 갖추었으니, 만세(萬世)의 법궁(法宮)이 되는 까닭이다.
>
> —《단종실록》, 단종 1년(1453) 9월 25일

정궁(正宮)도 법궁과 같은 의미다. 정(正)이란 글자가 가진 뜻은 다른 예에서도 쉽게 파악이 가능하다. 정궁은 다른 의미로 왕후나 왕비를 뜻하는데, 이는 후궁(後宮)과 대비되는 용어다. 조선 초기에 지어진 경복궁은 임진왜란(壬辰倭亂) 때 불에 타서 완전히 사라지고, 273년 동안 불에 탄 돌만 남은 빈터로 존재했다. 전쟁이 끝나고 왕위를 물려받은 광해군(光海君)은 경복궁을 새로 짓지 않고, 창덕궁을 법궁으로 사용했다. 조선 중기 이후에는 창덕궁이 조선왕조의 주요 무대가 되었다. 경복궁은 고종 때 법궁으로 다시 살아났다. 그런 이유로 현대인들이 볼

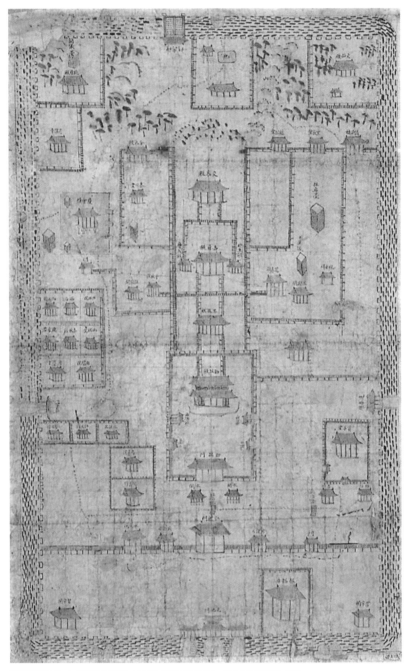

임진왜란으로 소실되기 이전의 모습을 그린 경복궁도. 국립민속박물관 소장.

수 있는 경복궁은 조선 후기의 건축이다.

1395년 9월에 경복궁이 완성되자 며칠 뒤 태조는 축하 잔치를 열었다. 이 자리에서 정도전은 태조의 명으로 경복궁의 이름을 지었다. 《조선왕조실록》과 《삼봉집》에 모두 동일한 내용이 실려 있다. 술이 세 순배 돌자 태조가 다음과 같이 명을 내렸다. "그대는 마땅히 궁전의 이름을 지어서 나라와 더불어 길이 빛나도록 해야 할 것이다." 그 명에 따라서 정도전은 《시경(詩經)》 〈대아(大雅)〉편에서 한 문장을 인용한다. "이미 술에 잔뜩 취하고 이미 많은 덕에 배부르니, 군자는 만년토록 큰 복을 받으리라"*에서 경복(景福, 큰 복)을 가져와 궁궐 이름으로 삼았다.

술자리에서 언급되었지만, 경복이라는 이름은 사전에 준비되었던 답이었다. 새로운 왕조가 대대손손 큰 복을 받아 번창하라는 의미는, 새로운 나라를 백성들이 잘 사는 시대로 이끌어야 한다는 소명을 말한다. 정도전은 이를 뒷받침하는 충고를 잊지 않고 왕에게 전달했다.

《춘추(春秋)》에서 백성에게 부역시키는 것이나 토목공사를 일으키는 일들을 몹시 삼가고 중난하게 여겼으니, 임금이 된 이가 백성만을 부려 스스로를 받들게 하는 것으로 능사를 삼아서는 안 되오니, 한가로이 넓은 집에 있을 때는 가난한 선비를 도울 생각을 하고, 전각에 서늘한 기운이 들면 맑은 그늘을 나누어줄 것을 생각해야 합니다. 그런 다음에야 만민(萬民)이 받듦에 저버림이 없을 것입니다.

　　　　　　　　　　　　　　　　　—정도전, 《삼봉집》 제4권, 〈기(記)〉, '경복궁'

* 旣醉以酒 旣飽以德 君子萬年 介爾景福.

경복이란 왕 혼자만 잘 살라는 의미가 아니었다. 좋은 환경에 있을 수록, 늘 백성을 염두에 두어야 한다는 의미였다. 백성이 복을 받아야 왕도 복을 받는다는 뜻이었다. 만민이 언제든 받듦을 저버릴 수 있다는 말은 왕이 똑바로 하지 않으면 자리를 보존하기 어렵다는 무시무시한 경고였다. 즉 경복궁의 이름 안에는 정도전의 민본 정신과 왕권에 대한 경고라는 두 가지 메시지가 담긴 셈이다. 태조는 정도전의 뜻을 흔쾌히 받아들였다. 그리고 다음과 같이 말했다.

> 도읍을 이곳으로 옮기려 할 때에 경이 먼저 와서 자리를 보고 주밀한 계획을 세웠으며, 대궐을 짓고 낙성(落成)하게 되어서는 궁전의 이름을 지으라고 명령하였다. 이에 좋은 이름을 짓고 그 이름의 해설까지 붙였으며, 찬송하는 시를 짓고 또 경계하는 뜻을 붙여서 나 한 사람으로 하여금 그 가운데 앉아서 정치를 하는 데 편안할 때에도 위태한 것을 생각하게 하여 무강(無疆, 끝이 없는)한 터전을 마련했으니, 다만 한때의 영화로움만이 아니고 실로 만세(萬世)의 교훈이 된다.
>
> —정도전, 《삼봉집》 제8권, 〈부록(附錄)〉, '교고문(敎告文)'

경복궁의 구조_모든 근본은 바름(正)

> 천자와 제후가 그 권세는 비록 다르다 하나, 그 남쪽을 향해 앉아서 정치하는 것은 모두 정(正)을 근본으로 함이니, 대체로 그 이치는 한가지입니다. (중략) (문을) 닫아서 이상한 말과 기이하고 사특한 백성을 끊게 하시고, 열어서 사방의 어진 이를 오도록 하는 것이 정(正)의 큰 것입니다.
>
> —《태조실록》, 태조 4년(1395) 10월 7일

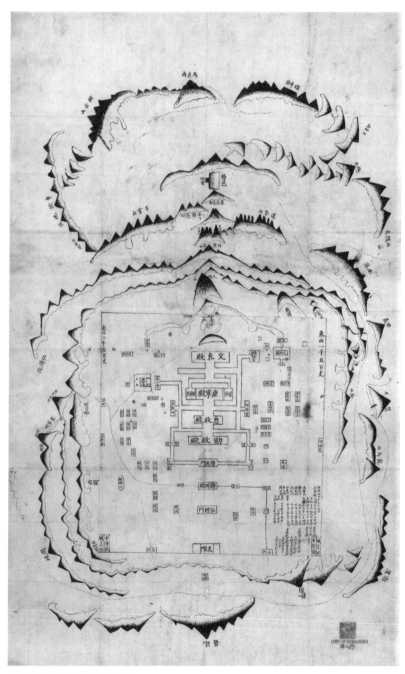

경복궁도. 서울역사박물관 소장.

조선 초에 지어진 경복궁은 백악산(북악산)을 주산(主山)으로 삼았다. 주산이란 풍수지리에서 명당의 북쪽에 위치하며 기운을 전해준다는 산을 말한다. 예부터 사람들은 배산임수(背山臨水)의 집터를 좋은 곳으로 쳤다. 즉 뒤에는 산이 있고, 앞에는 물이 있는 곳이 명당이었다. 여기서 배산(背山)이 바로 주산에 해당한다. 경복궁의 주산인 북악산에 옛 방식의 풍수지리적 해석을 가미하면 더 큰 의미가 담긴다. 백두산에서 지리산까지 이어지는 우리나라의 가장 큰 산줄기를 백두대간(白頭大幹)이라 하는데, 이곳의 중간 부분인 강원도 추가령(楸哥嶺)에서 남서쪽으로 갈라져 서울 방향으로 뻗는 산줄기가 한북정맥(漢北正脈)이다. 한북정맥이 삼각산(三角山, 북한산)에 닿고, 그 기운이 연결되어 백악까지 미친다는 이론이다. 백악산의 기운은 자연스레 경복궁으로 이어진다. 즉 한반도 땅의 기운이 응집해 뻗어나온 자리 중 하나가 경복궁 터라는 이야기다.

주산은 신성한 곳으로 취급되었다. 태조는 천변지괴(天變地怪, 하늘에서 일어나는 일식, 월식, 번개, 돌풍 같은 자연의 큰 변동과 지상에서 일어나는 기이한 일)가 여러 번 나타났을 때 백악산에 제사를 지내게 했다. 세종이 병환이 들자 신하들은 임금의 쾌유를 비는 제사를 백악산에서 지냈으며, 예종(睿宗)의 족질(足疾)이 심해졌을 때와 성종의 원자(元子, 맏아들)가 질병이 심해졌을 때도 마찬가지였다. 세조(世祖)는 가뭄이 들자 무당 70여 명을 동원해 백악산 산당(山堂, 산신을 모신 집)에서 기우제를 지냈다. 세종 이후 세조, 중종(中宗), 현종(顯宗) 때에도 백악산에서 기우제가 거행되었다는 기록이 남아 있고, 숙종(肅宗) 때에는 눈이 오기를 빌던 기설제(祈雪祭)도 지냈다.

주산은 지맥을 따라 터에 생기를 불어넣는다는 풍수지리적 요소와 더불어 실생활적 요소도 함유했다. 도성의 북쪽 지역이 북악산에서 시작되기 때문에 배산은 궁궐 수비에 최적의 장소였다. 아울러 궁궐에서 가깝고 경호가 쉽다는 이점을 이용해 세조는 백악산을 사냥터로도 활용했다. 기록에 의하면 백악산에는 종종 호랑이와 표범 등이 출몰했는데, 사냥을 좋아하던 세조는 직접 표범을 잡기도 했다.

명당의 또 다른 조건은 물이었다. 물은 모든 생명의 근원이기 때문이다. 임수(臨水) 중에서도 명당수는 서쪽에서 나와 동쪽으로 흐르는 서출동류(西出東流)가 기본 원칙이었다. 경복궁 안의 명당수는 근정문(勤政門) 앞에 위치한 영제교(永濟橋) 아래를 흐르던 물이 담당했고, 한성으로 확대하면 청계천(淸溪川)이 해당되었다. 사람이 사는 곳에서 물은 없어서는 안 될 필수 요소였기에 입지 조건에서 가장 중요했다. 물은 마시고 씻는 기본적인 목적 이외에 화재를 제압하는 용도로도 활용되었다. 배산이 가까우면 자연스레 그곳에서 뻗어나온 맑은 물을 이용할 수 있었다. 북악산에서 시작된 물줄기가 경복궁의 서북쪽에 위치한 향원정(香遠亭)의 열상진원(洌上眞源)으로 이어지며, 경회루(慶會樓)를 거쳐 영제교를 지나 청계천으로 빠지는 물길을 구성했다.

청계천은 본래 개천(開川)이라 불렸는데, 북악산 이외에도 인왕산과 남산에서 발생하는 물줄기가 모이는 곳이었다. 조선 시대에 자연적으로 만들어진 청계천은 민가의 하수까지 모여서 지저분했고, 여름에 비가 많이 오면 침수 피해가 심했다. 그래서 역대 왕조들은 청계천 정비 사업을 주기적으로 실시했다. 태종 12년(1412)에는 5만 2,800명의 군인이 경상도, 전라도, 충청도에서 동원될 정도로 대규모 개천 공사를 진행했다. 공사를 의논할 때 의정부에서는 4만의 군사가 준비되었다고 아뢰니, 태종은 인원이 적다고 나무랐다. 왕의 지적으로 인해 인원은 5만 명으로 늘어났다. 그만큼 개천의 준설 공사는 중대하고 어려운 사항이었으며, 이 일화를 통해 태종의 성향도 가늠할 수 있다.

대규모 인력을 동원한 공사는 한 달 만에 끝났다. 현재 청계천은 기계를 통해 인공적으로 물이 공급되며, 영제교는 물길이 끊겨서 더 이상 물이 흐르지 않는다.

경복궁은 중심이 되는 건물들이 남에서 북으로 뻗은 가상의 축을 기준으로 일렬로 지어졌다. 남쪽의 광화문부터 근정전(勤政殿), 사정전(思政殿), 강녕전(康寧殿), 교태전(交泰殿) 등이 나란히 축을 이루며 배열되고, 가운데 위치한 중심 건물의 좌우에는 대칭이 되는 건물이나 문이 놓여 구성을 맞추었다.

> 판삼사사 정도전에게 분부하여 새 궁궐의 여러 전각의 이름을 짓게 하니, 정도전이 이름을 짓고 아울러 이름 지은 의의를 써서 올렸다. 새 궁궐을 경복궁(景福宮)이라 하고, 연침(燕寢, 왕이 평상시에 거처하는 곳)을 강녕전(康寧殿)이라 하고, 동쪽에 있는 소침(小寢)을 연생전(延生殿)이라 하고, 서쪽에 있는 소침을 경성전(慶成殿)이라 하고, 연침의 남쪽을 사정전(思政殿)이라 하고, 또 그 남쪽을 근정전(勤政殿)이라 하고, 동루(東樓)를 융문루(隆文樓)라 하고, 서루(西樓)를 융무루(隆武樓)라 하고, 전문(殿門)을 근정문(勤政門)이라 하며, 남쪽에 있는 오문(午門)을 정문(正門)이라 하였다.
>
> —《태조실록》, 태조 4년(1395) 10월 7일

경복궁의 남쪽 대문은 처음에 오문(午門) 또는 정문(正門)이라고 불렀다. 정도전이 남쪽 문을 정문이라고 지은 이유를 요약하면 다음과 같다. '왕의 정치는 정(正)을 근본으로 하니, 정문을 통해 명령과 정치, 교육이 전부 나가게 되니 신실하게 살펴야 한다. 그럴 경우 죄가 없는 사람을 헐뜯어 윗사람에게 고하거나 거짓이 의탁해 나가지 못하고 사특한 것이 들어오지 못하니, 정당한 공적(功績)이 영향력을 미친다는 뜻이다.' 후에 궁성이 모두 완성되자, 정문은 광화문(光化門)으로 바뀌고, 동문과 서문에도 각각 건춘문(建春門)과 영추문(迎秋門)이라는 이름을 붙였다.

경복궁의 중요 건물은 백악산의 기운을 받아서 북쪽의 교태전부터 남쪽의 광화문까지 일직선상으로 배열되었다. 지대는 전반적으로 평탄하나 북쪽에서부터 완만하게 경사졌다. 대외적인 행사를 벌이거나 정치적인 업무를 위한 공적인 영역을 외전(外殿)이라 하는데 경복궁의 앞쪽인 남쪽의 주요 건물들이 이에 해당한다. 반대로 사람들이 생활하는 사적인 영역인 내전(內殿)은 외전의 뒤쪽으로 자리 잡았다. 초기 경복궁의 규모는 755여 칸으로 1395년 9월 29일의 《태조실록》에 상세히 기록되었다.

경복궁 중건 _ 회귀를 꿈꾸는 왕권과 이념

경복궁은 우리 왕조에서 수도를 세울 때 맨 처음으로 지은 정궁(正宮)이다. 규모가 바르고 크며 위치가 정제하고 엄숙한 것을 통하여 성인(聖人)의 심법(心法)을 우러러볼 수 있거니와 정령(政令)과 시책이 다 바른 것에서 나와 팔도의 백성들이 하나같이 복을 받은 것도 이 궁전으로부터 시작되었다. 그러나 불행하게도 전란에 의하여 불타버리고 난 다음에 미처 다시 짓지 못한 관계로 오랫동안 뜻있는 선비들의 개탄을 자아내었다.

— 《고종실록》, 2년(1865) 4월 2일

경복궁은 서서히 변해갔다. 세대를 거듭하면서 새로운 건물들이 들어서며 밀도가 높아졌다. 정종(定宗) 1년(1399)에는 성문을 만들고 이어

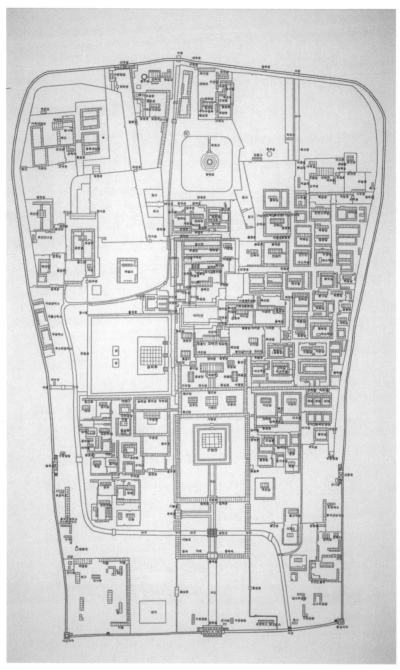

경복궁 평면도 북궐도형. 문화재청 소장.

나간 궁성이 완성되었으며, 태종 12년(1412)에는 경회루가 들어섰고, 세종 2년(1420)에는 집현전(集賢殿)이 크게 활용되었다. 경복궁은 법궁으로서 자신의 자리를 확고히 다져나갔다. 그러나 1592년 임진왜란이 일어나자 불에 타서 완전히 없어졌다. 주춧돌과 돌기둥 그리고 기단 같은 석재만 꺼멓게 그을려 뒹굴 뿐이었다.

임진왜란은 경복궁뿐만 아니라 창덕궁과 창경궁도 모두 앗아갔다. 선조가 도성과 궁궐을 버리고 피란을 갔다가 돌아오자 기거할 궁궐이 없을 정도였다. 바로 궁궐 재건 공사가 시작되었다. 그러나 경복궁은 제외되었다. 법궁의 규모를 살려서 다시 짓기에는 전쟁의 후유증으로 부담이 컸기 때문이다. 조선은 차선책으로 창덕궁 중건을 선택했다. 이후 법궁의 자리는 창덕궁에 계승되었다. 불타서 없어진 뒤로 273년 동안 경복궁은 빈터로만 존재했다.

1865년이 되어서야 경복궁 중건 공사가 시작되었다. 3년간 진행된 공사의 마무리는 1868년 7월 고종의 이어(移御. 왕이 거처하는 곳을 옮김)로 정점을 찍었다. 공사를 마치지 못한 소소한 부분이 남아 있었지만 대부분의 중요한 전각 공사는 끝마친 상태였다. 새로 만들어진 경복궁은 7,225칸의 규모였다. 최초의 모습과 비교해보면 대략 10배 정도 커진 대규모 공사였다. 경복궁 재건은 즉흥적인 정책의 산물은 아니었다. 왕권을 살리기 위한 선봉대였다. 그렇기 때문에 어느 궁궐보다 법궁의 위상이 살아 있어야 했다.

경복궁 중건은 임진왜란 때 소실된 이후 꾸준히 논의되어왔다. 그러나 재정 부담이 만만치 않았다. 요역(徭役)을 책임질 백성의 원망도 무시하기 어려웠다. 검소함을 미덕으로 삼는 유교의 윤리에서도 자유롭지 못했다. 왕들의 의지는 있었으나 실천으로 옮기지 못했다. 반복적으로 미뤄두었던 재건의 바통은 흥선대원군에 의해 마무리되었다.

19세기가 시작되면서 왕권은 지속적으로 약해졌다. 조선은 나이를 먹은 만큼 노쇠해 비틀거렸다. 약해진 왕권을 대신해서 강건한 신하들의 힘이 필요했지만 대부분은 자신의 배를 채우기에만 바빴다. 흥선대원군은 움츠러든 왕권을 살리는 길이 나라를 위한 길이라고 판단했다. 강력한 권한으로 비정상을 향해 기어가는 나라를 바꿔보려고 했다. 그는 정상적인 조선을 다시 세우는 첫걸음으로 경복궁을 이용했다. 안으로는 조선의 건국이념을 되새기고, 밖으로는 웅장한 자태를 뽐내는 경복궁을 통해 사람들의 인식을 바꾸려 했다. 경복궁은 바로 개혁의 의지, 그 상징성 자체였다. 정도전의 개혁 정신이 죽은 지 467년 만에 비로소 깨어났다. 그의 공로도 자연스레 회복되었다. 흥선대원군의 뜻을 받아들인 대비(大妃) 신정왕후(神貞王后)는 다음과 같이 전교했다.

법궁의 전각들이 차례로 완성되었다. 정도전이 전각의 이름을 정하고 송축한 문구를 생각해보니 천 년의 뛰어난 문장으로서 격세지감을 느끼지 않을 수 없다. (중략) 봉화백 정도전에게는 특별히 훈봉(勳封)을 회복시키고 시호(諡號)를 내리도록 하라.

—《고종실록》, 고종 2년(1865) 9월 10일

헌종(憲宗)의 어머니이자 왕실의 큰 어른이었던 신정왕후의 명으로 경복궁 중건이 시작되었다. 그러나 중건과 관계된 모든 일의 권한을 흥선대원군에게 위임하는 명령으로 보아 일을 주도한 사람이 누구였는지 알 수 있다.

어제 경복궁의 중건 문제를 명령한 바가 있는데 경 등은 들었는가? 이처럼 더없이 중대한 일은 나의 정력으로는 모자라기 때문에 모두 대원군에게 맡겨버렸으니 매사를 꼭 의논하여 처리하라.

—《고종실록》, 고종 2년(1865) 4월 3일

왕권 약화의 가장 큰 원인은 세도정치(勢道政治)였다. 1800년 정조(正祖)가 49세로 사망하자 순조(純祖)는 열한 살의 나이로 왕이 되었다. 이후에 왕위를 물려받은 헌종은 여덟 살, 그다음 철종(哲宗)은 열아홉 살, 고종은 열두 살에 왕이 되었다.

이들은 모두 대비가 정사를 돌보는 수렴청정(垂簾聽政)의 기간을 거쳤다는 공통점을 지녔다. 대비는 보통 전 왕의 비나 어머니(대왕대비大王大妃)로 왕이 없는 경우 왕실에서 가장 큰 어른이자 최종 의사 결정권자였다. 헌종은 아버지 효명세자(孝明世子)가 갑자기 죽는 바람에 왕세손에서 왕이 되었고, 철종은 강화도 지역에서 농사를 지으며 살다가 왕이 되었다. 그리고 고종도 아버지인 흥선대원군의 전략으로 예상치 못한 왕이 되었다. 준비되지 않은 어린 후손들이 왕이 되었을 때 대비가 수렴청정을 하는 일은 일반적인 상황이다.

하지만 이런 상황이 점차 길어져 4대까지 이르게 되자, 자연스레 왕권은 약화되고 대비의 주변 사람들이 강해졌다. 대비의 입장에서는 수렴청정을 하는 데 필요한 권력을 뒷받침하는 세력을 자신의 가족에게서 찾는 일이 당연한 절차였다. 정상적으로 왕세자 수업을 받지 못한 처지의 왕 또한 외척의 그늘에서 자랄 수밖에 없었다. 결국 반복적인 수렴청정은 연약한 왕권을 재생산하는 구조를 만들었다.

조선의 23대 임금인 순조의 왕비는 안동 김씨(安東 金氏)였고, 그의 아들인 효명세자의 비는 풍양 조씨(豊壤 趙氏)였다. 순조의 부인이었던 순원왕후(純元王后)는 조선 역사상 처음으로 헌종과 철종 시기에 두 번이나 수렴청정을 맡았으며, 효명세자의 비인 신정왕후는 고종이 즉위할 때 정치를 맡았다. 순조가 죽고 헌종과 철종을 지나 고종이 즉위하기까지 29년밖에 지나지 않았다. 안동 김씨인 순원왕후가 수렴청정을 한 시기에 헌종과 철종은 부인을 모두 안동 김씨로 들였다. 대비와 혈연으로 묶인 왕의 외척들은 조선의 요직을 차지하고 새로운 권력 집단으로 득세했다. 소수의 혈연집단이 권력을 움켜쥐자 부패가 만연했다. 관리들의 부정한 인맥과 청탁이 넘쳐나고, 나라 곳곳에 구린내가 진동했다. 연이어 발생하는 자연재해와 전염병은 백성들의 삶을 더욱 팍팍하게 만들었고, 드문드문 출몰하는 서양의 선박은 민심을 혼란스럽게 했다. 기댈 곳이 없는 백성들은 하느님 아래 모두 평등하다고 말하는 천주교를 믿거나 벼랑 끝에서 민란을 일으키기 일쑤였다.

철종이 후사 없이 죽자 효명세자의 부인이자 헌종의 어머니였던 신정왕후가 궁궐의 어르신인 대왕대비가 되었다. 헌종의 아버지 효명세자는 왕이 아니었지만 나중에 익종(翼宗)으로 추존되면서 그녀도 신분이 높아졌다. 신정왕후는 흥선대원군의 둘째 아들을 양자로 삼아서 왕이 될 권한을 주었다. 그가 열두 살에 왕이 된 고종이다. 안동 김씨가 판치는 세상에서 흥선대원군과 신정왕후의 결탁은 예상하지 못했던 패였다. 신정왕후의 입장에서는 방대해진 안동 김씨 세력을 경계하는 조치였고, 흥선대원군의 입장에서는 가문이 부흥할 절호의 기회였다. 그들은 고종이 왕이 되자 세도가들의 눈치를 보면서 살아야 하는 신분에서 해방되었다. 흥선대원군은 궁 밖에서 생활했기 때문에 현실을 보는 눈이 탁월했다. 그는 왕권 강화가 수십 년간 반복된 나약한 정치에서 탈피하는 첫걸음이자 지속적으로 권력을 차지할 수 있는 원동력이라는 사실을 누구보다 잘 알았다. 그래서 경복궁 재건 사업을 우선 과제로 삼으며 신정왕후의 동의를 이끌어냈다. 모든 백성들이 인정할 만한 왕권 강화의 구심점이 필요했기 때문이다. 신정왕후는 궁궐 공사를 명하며 다음과 같이 소회를 밝혔다.

돌이켜보면, 익종(효명세자)께서 정사를 대리하면서도 여러 번 옛 대궐에 행차하여 옛터를 두루 돌아보면서 개연히 다시 지으려는 뜻을 두었으나 미처 착수하지 못하였고, 헌종께서도 그 뜻을 이어 여러 번 공사를 하려다가 역시 시작하지 못하고 말았다.

아! 마치 오늘을 기다리느라고 그랬던 것 같다. 우리 주상은 왕위에 오르기 이전부터 옛터로 돌아다니면서 구경하였고 근일에 이르러서는 조종조(祖宗朝)께서 이 궁전을 사용하던 그 당시의 태평한 모습을 그리면서 왜 지금은 옛날처럼 못 되는가 하고 때없이 한탄한다. 이것은 비단 조상의 사업을 계승한다는 성의일 뿐만 아니라 넓고도 큰 도량까지 엿볼 수 있는 것이니, 이것은 백성들의 복이며 국운의 무궁할 터전도 실로 여기에 기초할 것이다. 내 마음은 경사와 행복을 이기지 못하겠다.

—《고종실록》, 고종 2년(1865) 4월 2일

흥선대원군은 넉넉하지 않은 국가 재정에도 아랑곳없이 경복궁 공사를 강행했다. 명분은 그럴듯했으나 건설 비용이 가장 큰 문제였다. 권세가들은 소유한 막대한 재산에 비해 세금을 제대로 내지 않았고, 일반 백성들은 먹고살기도 어려운 형편이었기에 국가의 재정 상태가 좋지 않았다. 고려 말과 크게 다르지 않았다.

중건 공사를 위한 비용은 다양한 방법으로 충당했다. 대표적인 방법이 원납전(願納錢)과 당백전(當百錢)이었다. 원납전은 공사 대금 마련을 위한 기부금이었다. 그러나 재력에 따라 원하는 만큼 자진 납부한다는 원칙은 명분에 불과했다. 반강제적인 회유와 협박을 통해 전국적으로 기부금을 걷었다. 원납전은 실세로 통하던 왕의 외척들이나 부정하게 돈을 모은 세력들의 재산을 빼앗는 용도로는 긍정적인 효과도 있었다. 당백전은 당시 일반적으로 유통되었던 상평통보(常平通寶)보다 100배나 가치가 높은 화폐라는 뜻이었다. 일종의 고액 화폐였다. 고액 화폐를 유통시켜 손쉽게 재정을 충당하려고 했으나 현실은 그 뜻을 따라가지 못했다. 시장은 당백전을 받아들일 만큼 튼튼하지 못해 오히려 유통 질서가 무너졌다. 결국 사람들이 사용을 꺼리면서 당백전은 의도대로 활용되지 못한 채 화폐가치가 급락했다. 당백전은 불과 6개월 동안 떠돌다 사라졌다.

원납전과 당백전으로도 비용이 부족하자, 부족한 세수입을 대신해 새로운 자금을 마련하는 방법으로 각종 세금이 만들어졌다. 그중 하나로 평민만 내던 군역(軍役)에 관한 세금을 양반에게까지 확대하는 군포제(軍布制)를 시행했다. 군포제는 병역을 면제해주는 대신 받았던 세금으로, 양반은 병역의 의무를 면제받는다는 일반적인 원칙을 벗어나는 조치였다. 따라서 양반들의 숨은 반발이 만만치 않았다. 그리고 사대문을 통과하는 이들에게 성문세(城門稅)를 받았다. '문세'라고 불렸던 성문세는 사람 이외에도 함께 드나드는 물건의 종류와 수량에 따라서 거두었기 때문에 통행이 잦은 백성들의 불만이 높을 수밖에 없었다.

경복궁을 중건하는 데 가장 큰 골칫거리는 화재였다. 작업 기간이 길어지고 기세가 꺾이기 때문이다. 애써 지어놓은 건물이나 모아놓은 자재가 타버리면 비용도 늘어났다. 공사가 길어질수록 백성들의 원망은 커졌다. 그런데도 흥선대원군은 공사를 지속적으로 밀어붙였다. 어떠한 위협도 공사를 막을 수 없었다. 오히려 그에게는 나라 안팎에서 일어나는 혼란이 공사를 부추기는 힘이 되었는지도 모른다. 지금이 아니면 조선의 국운을 되살릴 기회가 영영 사라져버린다는 고지식한 신념이 작용했거나 혹은 공사를 완성하지 못하면 자신에게 역풍이 쇄도해, 제대로 서보기도 전에 좌초될지 모른다는 위기의식을 느꼈을 수 있다. 경복궁의 화재는 중건 공사 기간뿐만 아니라 완공 이후에도 종종 발생했다. 그럼에도 고종은 꾸준히 관리해 왕조의 자존심이라는 명맥을 이어갔다.

헐리는 경복궁 _ 훼손에 앞장선 조선인과 명당을 차지한 조선총독부

경복궁은 전체 면적 19만 8,624평(坪) 5합(合) 6작(勺)을 총독부에 인도하였다.

—《순종실록부록》, 순종 4년(1911) 5월 17일(양력)

1895년 음력 8월 20일, 경복궁에서 명성황후 암살 사건이 발생했다. 경복궁 북쪽에 위치한 건청궁(乾淸宮)이 사건의 장소였다. 한 나라의 왕비가 외세에 의해 무참히 살해된 끔찍한 사건이었다. 고종은 일본의 무자비한 야욕에 위협을 느껴 다음 해 2월 11일(양력)에 왕세자와 몰래 경복궁을 떠나 러시아 공사관으로 피신했다. 일본의 외압과 내정간섭을 막기 위해 강대국 러시아의 품속으로 들어간 방책이었다. 일명, 아관파천(俄館播遷)이라고 불리는 사건이었다. 이후 경복궁은 주인 없는 궁궐이 되어 세월의 풍파를 맞게 된다. 1년간 러시아 공사관에서 궁핍한 생활을 하던 고종이 환궁 장소로 경운궁(慶運宮, 덕수궁)을 택했기 때문이다.

1897년 10월, 조선은 대한제국(大韓帝國)으로 이름을 바꿨다. 꺼져가

대한제국의 광화문 사진. 서울역사박물관 소장.

는 나라를 살리려는 마지막 자구책이었다. 나라 이름이 바뀌었지만
위정자들의 입장은 크게 달라지지 않았다. 고종이 집권하는 19세기
말에서 20세기 초의 한반도는 말라비틀어진 유교와 성리학에 갇혀 있
었다. 조선 초에 정도전이 끌어들인 새로운 이념으로서 유교의 생명
력은 이미 임진왜란과 병자호란(丙子胡亂)을 겪으며 소멸되었다. 성리
학의 논리가 첨예해질수록 달은 사라지고 그것을 가리켰던 손가락만
남게 되었다. 사대부는 권력을 쟁탈하기 위한 불필요한 논쟁을 남발
했다. 논쟁이 치열할수록 정치는 현실에서 멀어져갔다. 신분제의 구
속은 사상의 한계를 만들어냈고, 주체적이지 못한 개화 의지는 헛된
망상에 사로잡혀 있었다. 개혁을 이끌어낼 몇 번의 기회가 있었지만
전체를 보지 못하는 우매한 잇속들이 중구난방으로 핏대를 세울 뿐이
었다. 끝내 고종은 제대로 갈피를 잡지 못했다.

　일본의 힘은 막강했고 집요했다. 그들은 청나라와 러시아를 전쟁으
로 이기고 으름장을 놓았다. 그 누구도 예상하지 못한 결과였다. 섬나

라가 유라시아 대륙의 거대한 두 나라를 밟아버리자 힘의 방향은 급격하게 일본으로 쏠렸다. 외세의 힘을 끌어들여 외세의 힘을 견제하던 임시 방책은 일시에 무너져내렸다. 어차피 외세란 포장된 미소 뒤로 자국의 이익을 위해 움직이는 세력들이었다. 일본은 대한제국을 삼키기 위해 힘을 가진 나라들과 밀약을 다듬어나갔다.

대한제국은 1905년 을사늑약(乙巳勒約)으로 외교권을 박탈당하자 털썩 주저앉고 말았다. 경복궁은 주인을 잃었지만, 대한제국은 경복궁을 마지막까지 포기하지 않았다. 왕이 없어도 꾸준히 수리하며 관리에 막대한 돈을 들였다. 어쩌면 고종에게는 왕으로서 마지막 자존심이었는지도 몰랐다. 그러나 나라의 힘이 사그라지자 왕의 권력도 자연스레 작아졌다. 자존심을 지킬 만한 최소한의 힘마저 점차 줄어들었다. 1907년 고종은 일본의 강압으로 황제 자리를 순종(純宗)에게 양위하고 말았다.

순종은 대한제국의 마지막 황제였지만 허수아비와 다를 바 없었다. 대부분의 고위 관료들은 이미 일본에 포섭된 자들이었기 때문이다. 일본은 관료들에게 지시하고, 관료들은 왕을 조종했다. 허술한 황제가 등극하자 관료들은 정부의 사법, 행정, 인사권을 포함하는 주요 정치적 사안이 일본 통감의 지도와 승인을 받아야 한다는 '정미칠늑약(丁未七勒約, 정미칠조약 혹은 한일신협약)'을 체결했다. 일본이 대한제국의 국권을 실제로 장악하는 마지막 조치였다. 그에 비하면 1910년의 경술국치(庚戌國恥, 한일강제합방)는 주권이 사라진 나라의 이름을 빼앗는 형식적인 절차에 불과했다. 중앙정부에는 이에 반발하는 어떤 세력도 남아있지 않았다. 일본은 대한제국 대신 자신들이 삼킨 나라를 다시 조선이라고 명명했다. 경술국치 조약의 1조는 대한제국의 황제가 한국의 통치권을 완전히 그리고 영구히 일본 황제에게 양여한다, 2조는 일본

황제는 양여를 수락하고, 완전하게 한국을 일본 제국에 병합하는 것을 승낙한다고 되어 있다.[*]

일본의 입장에서 경복궁은 조선의 상징물이었다. 굳건하게 자리를 지키는 성문과 주요 전각은 왕의 지위 몰락과 조선의 침몰을 인정하지 않는 듯 보였다. 명성황후 암살 사건이 일어난 건청궁도 골칫거리였다.

결국 1909년 왕실의 업무를 총괄하는 궁내부(宮內府)에서는 경복궁 훼손 작업을 시작했다. 일본의 입김이 작용했겠지만, 궁궐을 지켜야 할 임무를 맡은 곳에서 파괴 공작을 벌인 우스운 꼴이 되었다. 당시 총책임자는 궁내부 대신 민병석(閔丙奭)이었다. 그는 명성황후의 가문 세력으로 출세가도를 달리는 인물이었다. 민병석은 뛰어난 처세술로 고종의 곁에서 중요 관직을 역임했으며, 이완용은 그의 처사촌으로 사돈지간이며 긴밀한 관계였다고 한다. 그들은 일본이 대한제국을 삼키는 최후의 승자라는 판단이 들자 조국을 팔아먹는 앞잡이가 되었다. 민병석은 이토 히로부미(伊藤博文)가 죽었을 때, 관리들을 모아 추모행사를 진행했으며 장례식에도 참석했다. 경술국치 당시에는 한일강제합방조약 체결에 이완용과 주도적으로 참가해 여덟 명의 경술국적(庚戌國賊)에 포함되었다. 그는 경술국치 이후 일본으로부터 귀족(자작) 작위를 받은 친일 세력의 대표적 인물이었다.

대한제국의 궁내부는 나라를 잃은 뒤에 이왕직(李王職)으로 격하되었다. 이왕직은 이씨 왕족을 관리하는 직무란 뜻이다. 이왕직은 일본

---

[*] 第一條, 韓國皇帝陛下는 韓國全部에 關한 一切統治權을 完全且永久히 日本國皇帝陛下에게 讓與함. 第二條, 日本國皇帝陛下는 前條에 揭載한 讓與를 受諾하고 且全然韓國을 日本國에 倂合함을 承諾함. 《승정원일기》 순종 4년(1910) 7월 18일.

의 황실 업무를 담당했던 궁내성(宮內省) 산하에 편제되었고, 민병석은 초대 이왕직 장관이 되었다. 즉 조선의 왕실 관련 업무에 관한 총책임 자였다. 그의 장관직은 새 조선총독부 청사가 경복궁 영역에 들어설 때까지 이어졌다. 1911년 경복궁의 소유권이 조선총독부에 이양되었 지만, 이왕직은 계속해서 궁궐의 유지 및 보수에 관한 일을 맡았다. 그러나 이왕직은 궁궐의 보존에 앞장서기보다 훼손에 주력한 듯 보인 다. 민병석이 궁내부 대신을 맡고 있던 1909년과 이왕직 장관을 역임 했던 1911년부터 1919년까지 경복궁 안 대부분의 전각이 뜯겨나갔 다. 궁내부와 이왕직이 궁궐 훼손에 주도적으로 나섰는지 아니면 일 본의 강압에 못 이겨 어쩔 수 없이 그랬는지는 알 수 없다. 다만 그 당 시 책임자였던 민병석의 반민족적 친일 행적을 통해 가늠할 뿐이다.

1917년 창덕궁에 화재가 발생했다. 이때 이왕직은 경복궁의 남아 있던 전각을 뜯어 자재로 활용하자는 의견을 냈다. 이왕직의 의견이 반영되자, 수차례 훼손과 경매에서 겨우 살아남았던 경복궁의 주요 건물이 또다시 뜯겼다. 이들은 왕과 왕비의 거처로 사용되었던 강녕 전과 교태전을 비롯해 나머지 건물들을 창덕궁 중건에 사용하자고 앞 장섰다. 그때 언급된 건물은 연길당(延吉堂), 경성전(慶成殿), 연생전(延生 殿), 응사당(膺社堂), 흠경각(欽敬閣), 함원전(含元殿), 만경전(萬慶殿), 흥복 전(興福殿) 등이다. 일본의 강요 때문이었다고 추정할 수 있지만 어찌 되었건 경복궁 파손의 시작과 끝은 조선의 궁궐 담당 부서에서 조선 인에 의해 이루어진 셈이다. 그 중심에는 언제나 민병석이 있었다.

이왕직 장관(李王職長官) 자작(子爵) 민병석 이하 고등관이 화재 이후의 처리 방법에 대하여 회의를 하고, 임시 궁전을 응급 수리하는 비용 6만 5,000원을 예비금 가운데서 지출하기로 하였다. 신전(新殿)은 조선식으로 건축하기로

하고, 그 외에는 서양식을 참조하기로 하였다.

—《순종실록부록》, 순종 10년(1917) 11월 14일(양력)

이왕직에서 전각을 중건하는데, 경복궁 내의 여러 전각의 옛 재목을 옮겨 짓
는 일을 총독부와 의논하여 정한 후 보고를 올렸다.

—《순종실록부록》, 순종 10년(1917) 11월 27일(양력)

민병석은 뛰어난 서예가로도 잘 알려진 인물이다. 현재 광화문 교
보빌딩 앞에 놓인 비각(碑閣, 비석을 보호하거나 기념하기 위해 세운 건물) 안에 들어
있는 '고종 어극 40년 칭경기념비(高宗 御極 40年 稱慶紀念碑)'의 글씨가 바
로 그의 솜씨다. 이 비석은 사적 제171호인 문화재로 고종의 왕위 등
극 40년을 기념해 1902년에 세워졌다. 비석의 전액[篆額, 전자체(篆字體)로
쓴 비의 제목과 같은 글씨]은 순종의 글씨다.

경복궁의 훼손 시기는 크게 두 차례로 구분할 수 있다. 바로 대한제
국 말기와 조선총독부 초기다. 두 시기 모두 우리나라는 일본의 강압
적인 영향력 아래에 있었다. 그러나 1911년 5월 17일(양력) 이전에 경
복궁의 소유권은 엄연히 순종에게 있었다. 그렇기에 소유권에 대한
시기로도 구분이 가능하다. 경복궁이 훼손되는 과정을 두 시기로 나
누는 구분은 훼손 후 부지 활용 방안이 다르기 때문이기도 하다.

궁내부에서 경복궁을 관리하던 때에는 건물들을 뜯어 판매하는 범
위 내에서 작업이 끝났지만, 조선총독부로 권한이 넘어간 뒤로는 아
예 부지의 용도를 바꿔버렸다. 궁궐이 다른 용도로 활용되면서 나라
의 정사를 결정하던 신성한 공간이라는 의식이 사라졌다. 일본의 공
작으로 경복궁은 박람회나 전시회가 열리는 행사장으로 활용되었고,
급기야 조선을 다스리는 조선총독부의 새 청사가 경복궁의 영역 안쪽

에 지어졌다. 조선의 왕실을 대표하는 궁궐 대신 일본이 통치하는 조선총독부가 그 자리를 차지함으로써 조선의 자주적인 역량이 사라졌다는 상징성이 자연스럽게 백성들에게 세뇌된 셈이다. 경복궁은 더 이상 궁궐의 의미를 담지 못하고 그저 겨우 몇몇 건물만 힘겹게 버티는 꼴로 남게 되었다.

경복궁에서 가장 먼저 철거된 건물은 건청궁이었다. 1909년, 궁내부는 일본 제국의 치부를 숨기는 일에 앞장섰다. 궁내부는 을미사변 이후 사람들의 출입을 철저하게 통제하던 건청궁을 조용히 없애버렸다. 건청궁을 시발점으로 이듬해에는 4,000여 칸의 건물이 사라졌다. 사라진 양은 최초 중건 당시 지어졌던 7,225칸과 비교하면 55퍼센트가 넘는 어마어마한 규모였다. 공원을 만든다는 이유로 경복궁의 반 이상을 해체해 경매로 팔아넘겼다. 《대한매일신보》 1910년 5월 15일에는 '경복궁 없어지네'라는 제목의 기사가 실렸다. 전 국민의 힘을 모아 건설하고 수십 년간 존엄하게 여기던 경복궁을 궁내부에서 5월 9일과 10일에 걸쳐 경매에 붙여, 한인과 일본인 10여 명에게 4,000여 칸을 방매하기로 결정했다는 내용이다.

우리나라의 전통 목조건축물은 아이들이 가지고 노는 조립식 블록 장난감과 비슷한 구조다. 분해했다가 다시 조립할 수 있다는 특성 때문에 어렵지 않게 뜯어 팔 수 있었다. 이로써 경복궁은 우리 관료들에 의해 첫 번째 대규모 훼손이 진행되었다. 이 모든 일에 일본의 입김이 전혀 없었다고는 상상하기 어렵다. 고종이 물러난 1907년 이후 대한제국은 겨우 숨만 쉬고 있는 존재나 마찬가지였기 때문이다. 그리고 얕은 숨마저 못 쉬게 된 경술국치 이후에 일본은 노골적으로 경복궁 훼손 절차를 밟았다.

조선총독부는 1915년 9월 11일부터 10월 31일까지 경복궁에서 '조

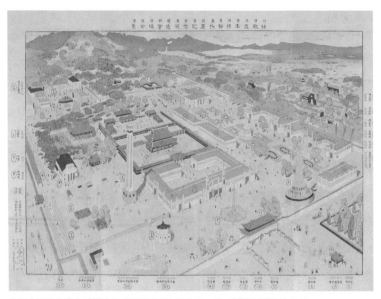

1915년 경복궁에서 진행된 조선물산공진회 기념 포스터. 서울역사박물관 소장.

선물산공진회(朝鮮物産共進會)'를 개최했다. 조선의 식민통치 성과를 홍보하려는 목적에서 벌인 일종의 박람회였다. 일본이 통치한 지 5년 만에 미개한 조선이 근대화되었다는 인식을 심어주려고 추진된 행사였다. 일본 제국은 행사 장소를 경복궁 영역으로 정하며 대대적인 훼손 작업을 벌였다. 용도를 변경하기 위한 부지의 평탄화 작업이었으며, 국가적 전통성에 대한 인식을 없애버리려는 조치였다. 박람회 장소를 조성하기 위해 근정전, 사정전, 경회루, 강녕전, 교태전 등과 같은 몇몇 주요 전각만 겨우 살아남고 나머지 경복궁 건물이 모두 팔려나갔다. 돈만 있으면 누구든지 해체된 경복궁의 건물을 가져가 자신의 부지에 세우거나 자재를 이용해 새로운 건물을 만들 수 있었다.

전각들이 사라진 자리에는 박물관, 미술관, 전시관의 목적으로 서양식 건물들이 들어섰다. 조선에서 좀처럼 보기 어려운 분수대와 기넘탑도 사람들의 이목을 끌었다. 일본은 행사를 성공적으로 개최하기 위해 기생들을 동원했다. 광교, 다동, 신창의 기생조합은 단체로 화려한 복장을 뽐내면서 시내를 돌아다니며 '조선물산공진회'를 홍보했다. 이들은 공진회 기간 내내 경복궁 안에 지어진 연예관과 조선연극장에서 공연을 선보이며 사람들을 끌어들이는 데 한몫했다.[*] 기생들은 더 많은 사람이 공진회에 참관하도록 유도하려고 운동회와 가곡경쟁 이벤트를 벌이기도 했다. 연예관은 경회루 앞, 수정전(修政殿) 옆에 전통 건물을 압도하는 크기의 근대식 건물로 지어졌고, 조선연극장은 태원전(泰元殿) 영역에 천막과 판자를 이용한 임시 건물로 설치되었다. 태조 이성계의 초상화를 모셔놓고 선대왕들에게 제사를 지내는 공간으로 쓰였던 태원전 영역에 조선연극장과 임시 건축물들이 들어서며 서커스장과 같은 분위기를 만들었다.

1929년에는 또다시 '시정 20주년 기념 조선박람회'가 조선총독부 주최로 크게 열렸다. 이외에도 수차례 다양한 박람회가 경복궁 부지에서 열렸다. 일본은 행사를 통해 궁궐의 존재를 하나둘씩 지웠다. 그리고 사람들은 시간이 지날수록 경복궁의 의미를 잊어버렸다. 화려하게 치장한 근대식 건물과 시설은 사람들의 눈을 사로잡으며 기억을 갉아먹었다. 경복궁에는 일본에 나라를 빼앗긴 무능한 왕조라는 푸념과 기약 없는 광복에 대한 넋두리가 자리 잡았다.

일본의 경복궁 흔적 지우기는 치열하게 계속되었고, 훼손의 정점은 조선총독부 새 청사였다. 그들은 경복궁 앞쪽 영역에 조선을 통치하는 총독부 새 청사를 지었다. 상징물로서 건물이 가진 의미를 완전히

---

[*] 김영희, 〈시정오년기념(始政五年紀念) 조선물산공진회의 기생의 춤 공연에 대한 연구〉, 《국악원논문집 제29집》, 2014, 2~3쪽.

조선총독부 새 청사 사진. 서울역사박물관 소장.

갈아엎는 방식을 택한 조치였다. 1916년에 시작된 조선총독부 새 청사 공사는 무려 10년의 세월이 걸렸다. 일본은 새 청사 완공에 꼼꼼하게 공을 들였다. 철근과 시멘트를 제외한 모든 건축 재료는 조선에서 구했다. 조선 전국을 돌아다니며 좋은 나무와 돌을 찾아 뽑아냈다. 장식이 들어간 화려한 자재는 미국, 영국, 독일 그리고 스위스에서 수입했다. 건물 중앙에는 아시아에서 가장 큰 돔(dome)을 설치했다. 인부로 연인원 200만 명의 조선인이 동원되었다.[*]

조선총독부 새 청사는 조선통치기념일인 1926년 10월 1일에 완공되었다. 그리고 다음 해에는 청사 구내의 정원 공사를 진행했다. 청사 동쪽에는 야구장과 400미터 육상 트랙을 만들고, 뒤쪽에는 테니스장

《구 조선총독부건물 실측 및 철거보고서(上)》, 국립중앙박물관, 1997, 39~43쪽.

❀ 1장 새로운 세상, 조선을 만든 사람들

을 지었다.* 그리고 나중에는 경회루 뒤편에 3,000평에 달하는 잔디가 깔린 골프장도 조성했다.** 경복궁의 얼굴이었던 광화문은 조선총독부 새 청사를 가린다는 이유로 동북쪽으로 옮겨졌다.

새 청사의 완공으로 경복궁은 조선의 대표 건축물의 자리를 조선총독부에게 넘겨주었다. 웅장한 근대식 건물은 조선의 백성들을 주눅 들게 했다. 조선총독부 새 청사는 일본이 근대의 문명국이자 선진국이라는 의미의 선전용 건물이었다. 조선인들에게 패배의식을 심어주는 용도로 완벽한 위치와 완벽한 형태를 자랑했다. 사람들이 빈번하게 다니던 광화문 앞에는 더 이상 왕조의 그림자가 남아 있지 않았다. 조선의 땅에서 자라난 재료들과 조선 백성들의 피땀으로 만들어진, 조선에서 가장 큰 규모로 주위를 압도하는 근대식 건물이 거리의 사람들을 노려볼 뿐이었다.

광복된 이후에도 경복궁은 사람들의 주위를 끌지 못했다. 6·25전쟁과 남북으로 갈라진 한반도의 현실은 어둡기만 했다. 1960년대에 경복궁은 여전히 국제무역박람회나 산업박람회 등의 장소로 이용되었다. 경회루는 정부와 각계 단체의 행사와 만찬 장소로 이용되었으며, 심지어 겨울에는 스케이트장으로도 활용되었다. 청와대와 가깝다는 이유로 수도경비사령부 30경비단이 자리 잡았고, 박격포 진지가 주둔했다.

복원에 대한 실마리는 1968년에 처음으로 진행되었다. 광화문이 첫 타자였다. 문화재라는 개념이 자리 잡기 어려운 시기였기에, 복원 뉴스는 나라를 떠들썩하게 만들었다. 광화문의 재탄생은 경복궁 복원

---

* 《구 조선총독부건물 실측 및 철거보고서(上)》, 국립중앙박물관, 1997, 46쪽.
** 《매일신보》 1941. 2. 26.

이라는 쟁점을 사람들에게 심어준 최초의 사건이라는 점에서 긍정적인 측면이 있었지만, 재료와 위치에 대해서는 부정적인 측면도 있었다. 가장 뜨거운 논쟁거리는 재료였다. 그 이유는 목조건물인 광화문을 콘크리트로 재현했기 때문이었다. 시멘트를 이용하고 단청과 기둥을 나무인 양 칠한 것이다. 1968년 3월 20일자 《경향신문》에는 이에 대한 신랄한 비판 기사가 실렸다. 시인 서정주는 "콘크리트라면 굳이 광화문을 복원한다는 의미가 무엇인가? 그건 웃음거리가 아닌가? 그 웃음거리를 막대한 예산으로 급히 만드는 이유가 무엇인지 이해할 수 없다. 불쾌한 얘기다"라며 인터뷰를 했고, 미술평론가 석도륜(昔度輪)씨 또한 이렇게 말했다. "마치 전통적인 한복 바지를 입은 노인이 양복천으로 만든 저고리를 걸치는 격이다. 한국이 처한 창피한 잡탕 문화가 마침내 영구적인 기념탑 하나를 남기게 되는 모양이다. (중략) 경복궁은 안팎으로 콘크리트 목조건축들의 경연장이 될 판이다. 한심스러운 노릇이다."* 1975년에는 경복궁의 서쪽 문인 영추문도 광화문과 동일한 콘크리트 방식으로 복원되었다.

본격적으로 경복궁의 복원 사업이 진행된 시기는 1991년이다. 당시 문화부가 주도하고 문화재관리국이 진행했다. 3차에 걸쳐 1999년까지 목표를 세운 장기적인 계획에 의한 문화재 복원 사업이었다. 일본에 의해 사라졌던 건축물이 다시 자리를 찾기 시작했다. 조선을 통치하는 기구였던 조선총독부 건물은 1995년 광복 50주년을 맞아 철거 계획이 확정되었다. 일본의 강압적인 식민지 정책의 중심지였던 조선총독부 철거는 다음 해가 되어서야 완전히 마무리되었다.

* 《경향신문》 1968. 3. 20.

엉터리로 재현했던 광화문은 2010년에 원래의 위치에 본래의 재료로 다시 만들어졌다. 광화문은 문화재에 대한 인식이 바뀌고 있음을 나타내는 척도가 되었다. 8월 15일 광복절에 맞추어 일반인에게 공개되었다. 경복궁의 중심축과 맞는 위치로 돌아가고 목재로 되살아났다. 그러나 영추문은 아직까지 콘크리트에 나무색 페인트로 칠한 건물로 경복궁의 서쪽 입구를 담당하고 있다. 동쪽 문인 건춘문과 좌우대칭이 나란하게 맞지 않고 북쪽으로 더 올라가 본래의 위치와는 다른 곳에 서 있는 셈이다.

2장

경복궁과
궁궐 사람들

들어서기

광화문_ 왕조의 파수꾼

집현전 수찬(修撰)에게 명하여 경복궁 각 문과 다리의 이름을 정하게 하니, 근정전(勤政殿) 앞 둘째 문을 홍례(弘禮), 세 번째 문을 광화(光化)라 하고, 근정전 동랑(東廊) 협문(夾門)을 일화(日華), 서쪽 문을 월화(月華)라 하고, 궁성(宮城) 동쪽을 건춘(建春), 서쪽을 영추(迎秋)라 하고, 근정문(勤政門) 앞 석교(石橋)를 영제(永濟)라 하였다.

—《세종실록》, 세종 8년(1426) 10월 26일

남쪽에서 경복궁으로 들어가려면 세 개의 문을 지나야 한다. 경복궁의 정문인 광화문과 중문(中門)에 해당되는 흥례문(興禮門) 그리고 정전(正殿, 궁궐의 핵심 건물)의 입구인 근정문이 삼문(三門)이다. 1395년에 경복궁을 처음 만들 때에는 현재와 같은 광화문과 궁성이 없었다. 근정

광화문.

문의 바깥쪽에는 정문 하나만 있었다. 1398년 6월의 《조선왕조실록》
을 보면, 중추원사 이지(李至)에게 궁성의 남문을 축조하는 감독에 임
명한다는 지시가 등장한다. 후에 남문의 명칭이 바뀌어 광화문이 되
니, 사방의 성문은 이 무렵에 처음 지어진 것으로 추정된다. 성문을
기점으로 둘러진 성곽으로 비로소 경복궁이 제대로 된 궁궐로서의 면
모를 갖추게 된다. 광화문은 처음부터 경복궁의 상징으로 자리 잡았
다. 일반 사람들은 경복궁에 들어갈 수 없었기에 안쪽의 건물 모습과
구조를 알 수 없었다. 그들에게는 우뚝 선 광화문이 경복궁을 대표하
는 존재였다.

　임진왜란에 소실되어 조선 후기에 다시 세워진 광화문은 6·25전
쟁 때 폭격을 맞아 처참하게 또다시 쓰러졌다. 나라에 큰 전쟁이 발발
할 때마다 광화문은 희생양이 되었다. 지금의 광화문은 2010년에 복
원되었다. 광화문은 조선과 함께 태어나서 수많은 사건과 인물의 행

적을 목격했다. 왕이 도망가고, 나라가 망하고, 이념 때문에 사람들이 서로 죽이는 처참한 전쟁까지 묵묵히 지켜봤다. 끊임없이 부활에 성공한 광화문은 경복궁을 지키는 파수꾼이자 역사의 산증인이다.

광화문 이름은 세종 때 지어졌다. 이때 건춘문과 영추문도 이름을 얻었으니 경복궁은 단번에 지었다기보다는 차츰차츰 진화하며 완성된 셈이다. 많은 사료에서 '광화(光化)'는 《서경(書經)》에 나오는 "광피사표 화급만방(光被四表 化及萬方)"*이라는 글귀에서 앞의 한 글자씩을 따와서 이름 붙였다고 서술하고 있다. 그러나 '화급만방(化及萬方)'은 《서경》에 없는 구절이다. 또한 '광천화일(光天化日)'에서 따왔다는 주장도 있지만, 광화문이 세워진 시기보다 후대의 기록이기에 맞지 않는다.

광화(光化)라는 이름의 출처는 불분명하다. 《세종실록》에 따르면, 집현전 학자가 어명에 의해 이름을 지었다는 기록이 전부다. 명확한 출처 없이 자신의 이론을 내세울 경우, '추정'이나 '가정'이라는 단어를 붙여야 한다. 그러나 지금까지 우리 역사에는 가설이나 논설을 마치 사실인 양 주장하는 사람들로 넘쳐났다. 역사를 되돌아볼 때 가장 신경 쓰고 경계해야 할 일은 근거의 객관성과 논리의 적합성이다.

만약 '광(光)' 자를 《서경》에서 따왔다면, '화(化)'는 《천자문(千字文)》에서 따왔다는 논리가 더 합당해보인다.** 《천자문》의 "화피초목 뇌급만방(化被草木 賴及萬方)"***이라는 구절의 뜻이 《서경》에 나오는 "광피사표 격우상하(光被四表 格于上下)"****와 통하기 때문이다. 결국 광화는 '빛으

---

* 빛이 사방을 덮고 교화가 만방에 미친다.
** 김경수, 〈[한자이야기] 광화문〉, 《법률신문》, 2012. 5. 21.
*** 은혜가 풀과 나무에까지 이르고 도움이 만방에까지 미쳤다.
**** 온 세상에 빛이 널리 미처어 하늘과 땅에 이른다.

로 표현되는 왕의 덕이 널리 퍼지고, 만방에 골고루 영향을 미친다'는 뜻으로 출처와 관계없이 대부분 비슷한 의미를 표현하지만, 출처가 《서경》이라고 못 박으면 명백한 오류다. 《천자문》은 글씨(한문)를 익히는 교재였고, 《서경》은 유학의 기본 경전이니 양반이라면 누구나 섭렵해야 하는 책이었다. 또한 '광화'는 당나라의 19대 황제였던 소종(昭宗)이 사용한 연호였으니, 당시 선비들에게 꽤 익숙한 단어였다. 즉 '광화'는 개성적인 조합의 단어라기보다 당시에 보편적인 개념으로 널리 쓰이던 말이라고 보는 편이 타당하다. 따라서 광화문은 왕의 덕과 국가의 안정을 희망하는 단어인 셈이다.

광화문은 동쪽 끝 모서리의 동십자각과 서쪽의 서십자각이 함께 성벽으로 연결되어 있었다. 십자각(十字閣)은 주변의 동태를 살피기 위해 높게 지은 망루다. 현재는 동십자각이 자동차 도로 때문에 홀로 떨어지고 서십자각은 사라졌다. 광화문은 이들과 함께 경복궁의 호위를 담당하는 핵심 건물이었다. 따라서 광화문 안쪽에는 궁과 문을 지키는 다양한 군사시설이 배치되었다. 동십자각 뒤편에는 왕과 궁궐의 호위를 담당하는 군사시설과 중앙군을 총괄하던 오위도총부(五衛都摠府) 등이 중점적으로 자리 잡았고, 서십자각의 뒤편에는 왕과 궁중의 가마와 말 등을 보관하고 관리하던 연고, 내사복, 덕응방, 마구간 등의 시설이 있었다. 대부분의 건물이 현재는 사라지고 없지만, 광화문 뒤에는 지금도 궁궐문의 수비를 담당했던 수문장청(守門將廳)이 복원되어 남아 있다.

궁궐의 호위를 담당하는 군대를 통상 금군(禁軍)이라 불렀다. 금할 '금(禁)' 자는 일반인이 함부로 들어가지 못하는 영역에 사용되었는데, 왕이 거처하는 궁궐을 다른 이름으로 금내(禁內), 금중(禁中), 금리(禁裏), 금궐(禁闕) 등으로 불렀고, 금군에도 동일한 뜻이 담겨 있다. 금군은 임무와 소속에 따라 여러 조직으로 구성되었다. 원래 금군은 일반 군사 조직과는 별개로 왕의 경호만을 담당했던 친위부대 내금위(內禁衛)로 시작되었다. 그러다 이후에 기마병 중심으로 구성된 겸사복(兼司僕)이 추가되고, 궁성의 수비를 담당한 우림위(羽林衛)가 보충되면서 기본적인 틀이 만들어졌다.

금군은 상황에 따라 구성이 달라졌고, 이들이 속한 관청의 명칭도 내삼청(內三廳), 금군청(禁軍廳), 용호영(龍虎營) 등으로 바뀌었다. 이들은 궁궐 안에서 숙직하며 순찰을 돌거나 경비를 섰다. 수문(守門)의 관리는 초기에 정4품의 무관으로 구성된 호군(護軍)이 교대로 맡았다가 나중에는 수문장(守門將)을 두는 제도로 바뀌었다. 시간이 흐름에 따라 문을 지키는 군사들의 전문성이 요구되었기 때문이다. 영조 22년(1746)에는 아예 수문장청을 법문화했다. 조선 초에는 광화문과 같은 궁성문을 날이 밝으면 열었다가 초저녁에 닫고, 궁궐 안의 경비를 위해 야간에는 통행금지를 실시했다.

야간의 통행금지는 사대문 안의 도성에서도 엄격하게 지켰다. 매일 해가 지고 난 뒤에는 종을 28번 쳐서 통행금지를 선포하는 인정(人定)이 있었으며, 해제하는 파루(罷漏)는 새벽에 33번 북을 쳐서 알렸다. 알리는 시간은 해가 뜨고 지는 때를 기준으로 삼았지만, 계절에 따라 해의 길이가 달랐기 때문에 시간이 지금처럼 일정하지 않았다. 현재의 기준으로 보면, 통상적으로 통행금지 시작은 대략 밤 10시였고, 해제는 새벽 4시였다.

태종 1년에 대사헌 이원(李原)은 통행금지 시간에 집으로 가다가 순찰자에게 걸려 파직당했다. 대사헌은 왕과 정사를 협의하고 관리를 감찰하며, 풍속을 바로잡는 사헌부(司憲府)의 총책임자다. 지금의 감사원장이나 검찰청장에 해당한다. 태종은 이원이 계속 업무를 보기 원했으나, 그는 스스로 처벌이 결정될 때까지 자숙하며 출근하지 않았다. 결국 왕은 법을 엄격하게 따라야 한다는 신하들의 말을 듣고 그를 파직했다.

매년 연말이면 많은 사람이 종로 1가 사거리 앞에 모인다. 새해를 알리는 종각의 타종 소리를 듣기 위해서다. 새해 첫날이 되면 각계 인사들이 모여 33번의 종소리를 세상에 전달한다. 이 숫자는 조선에서 통행금지를 해제할 때 북을 쳤던 횟수와 같다. 불교에서 유래한 숫자로 33천(天)에 평안을 기원한다는 의미다. 조선 시대 종각의 중요한 역할 중 하나는 통행금지 시간을 알리는 것이었다.

흥례문 _ 진정한 예(禮)의 의미

> 임방(林放)이 예(禮)의 근본에 대해 물었다. 공자가 대답했다. "훌륭한 질문이다. 예는 사치보다 검소해야 하고, 장례는 형식보다 슬픔이 있어야 한다."
>
> —《논어》〈팔일(八佾)〉편

흥례문은 예(禮)가 일어난다는 뜻이다. 예는 유학에서 가장 중요한 가르침의 하나. 요즘의 예는 윤리적인 도리에 국한되나, 과거의 예는 사회 전반을 지탱하는 체제였다. 신에게 제사를 지내는 풍속과 양식에서 비롯되었다고 알려진 예는 개인이나 관계를 뛰어넘어 정치와 제도를 아우르는 규범이었다. 예는 유교에서만 쓰이는 개념이 아니었다. 고대의 동양에서 예는 많은 사상가들이 정의를 세우는 기본 이념이자 잘잘못을 따지는 척도였다. 대부분의 사상가들은 사람들을 세세한 법률에 의해 강제로 규제하기보다 자율적인 도덕성과 규범으로 맑

흥례문.

은 사회가 되기를 바랐다. 그렇기 때문에 종종 법률과 상반된 개념으로도 활용되었다.

공자는 엄격한 법규의 제정을 반대하며 예를 통한 정치를 주장한 대표적인 사상가다. 그는 《논어》〈위정(爲政)〉편에서 "사람들을 정치적인 법률로만 다스리고 형벌을 정립하면, 모든 이들이 법을 빠져나가려고만 애쓰며 부끄러움을 모르게 된다. 덕으로 다스리고 예를 정립하면 부끄러움을 알게 되고 인격이 쌓이게 된다"*고 했다. 이 말은 2,500년 전의 사람이 주장했던 비현실적인 얘기라고 치부하기 쉽다. 그러나 이 발언을 사회의 권력자나 재력가들이 큰 죄를 저지르고 발각되어도 법을 교묘하게 이용해 제대로 된 처벌을 받지 않는 현실이

---

* 道之以政, 齊之以刑, 民免而無恥. 道之以德, 齊之以禮, 有恥且格.

나, 혹은 불법적인 한탕주의로 목돈을 움켜쥐어도 걸리지만 않으면 된다는 세태와 연결 지으면 단순하게 무시하기가 어렵다.

예로 돌아가기 위해서는 삿된 마음을 다스리는 철저한 자기 성찰이 수반되어야 한다고 공자는 말했다. 이를 극기복례(克己復禮)라고 하는데, 여기에서 '극기'란 말이 나왔다. 즉 예는 결코 쉽게 행해질 수 없음을 경고한 말이다. 500년간 지속되어온 조선의 유교 문화는 공자가 꿈꾸던 본래의 취지에서 벗어나 형식과 신분을 중요시하는 문화로 변질되어 많은 폐해를 낳았다. 지나치게 예를 중요시했던 조선의 문화가 모두 잘못되었다고 말하기는 어렵다. 문화는 철저하게 잘되기도 혹은 완벽하게 잘못되기도 어렵다. 작용이 있으면 그에 따른 반작용이 수반되거나, 지나치게 극으로 치달을 경우 꺾이거나 정화를 반복하며 끊임없이 변화한다. 현재의 우리는 자신도 모르게 축적된 예의 관념을 가지고 살아간다. 개인과 사회에 내재된 순수한 예는 바른 방향으로 이끄는 원동력을 제공한다. 순수한 예는 양심을 낳고, 양심은 평화를 기른다.

홍례문을 지나면 본격적으로 궁궐에 들어온 셈이다. 홍례문에서 근정문까지 펼쳐진 영역에서 왕과 신하들이 참여하는 궁중 의식이 자주 집행되었기 때문이다. 홍례문은 세종 때 처음 이름을 붙일 당시 '홍례(弘禮)'문이라 명명했으나, 고종 때 중건하면서 청나라 건륭제(乾隆帝)의 본명 홍력(弘曆)을 피해 홍례(興禮)로 지었다. 청나라 사신이 방문해 홍례문을 보고 트집을 잡을까 염려해 바꾸었다고 한다. 예전에는 황제나 왕의 이름을 신성하게 여겼기 때문에 같은 한자를 함부로 쓰지 못했다. 이곳에서 가장 눈에 들어오는 독특한 시설은 왕의 길인 어도(御道)와 길 중간에 놓인 다리 영제교다.

어도는 돌을 다듬어서 깔아놓았는데, 자세히 보면 길이 하나가 아니라 세 부분으로 나뉘어 있다. 가운데 넓은 길로 왕이 다녔고 좌우의 길은 호위하거나 시중을 드는 신하들이 다니던 길이었다. 바닥의 영역이라 크게 신경을 못 쓰며 지나가기 일쑤지만, 홍례문을 통과해서 보이는 어도와 근정문 안쪽의 어도는 가운데 길이 도드라졌다. 각기 모양은 다르지만, 완고하고 긴장된 요소 없이 비교적 순박함이 묻어난다. 그러나 조선 시대에는 그 누구도 함부로 어도를 밟을 수 없었다. 실수로 밟아도 곤장을 맞는 처벌이 가해졌다. 밟는 사람을 발견하지 못한 군사에게도 처벌이 내려졌기 때문에 어도는 외형적인 모습과 달리 비교적 깐깐하게 관리되었다.

왕의 길을 따라 걷다 보면 근정문으로 가는 길 중간에 다리가 나온다. 이처럼 조선 시대 궁궐의 앞쪽 영역에 놓인 다리를 통상 금천교(禁川橋)라고 하며, 다리 아래에 흐르는 물을 명당수라는 의미로 금천(禁川)이라고 부른다. 금(禁)은 앞서 언급했다시피 금지된 곳이라는 의미로 궁궐을 상징하는 말이다. 금천은 '궁궐의 내(川)'란 뜻이고 금천교는 그 위의 다리를 말한다. 금천교는 조선 시대에 만든 모든 궁궐에 놓였는데, 각 궁궐마다 개별적으로 부르는 이름이 있었다. 경복궁에 놓인 금천교의 이름은 영제교다. 금천교가 보통명사라면 영제교는 고유명사에 해당한다. 창덕궁의 금천교(錦川橋), 창경궁의 옥천교(玉川橋)도 마찬가지다. 영제교 아래에는 북악산에서 시작된 물줄기가 서쪽에서 동쪽으로 흘러 청계천으로 빠져나가야 하지만 현재는 물길이 막혀 바닥을 드러내놓고 있다. 일제강점기 시절에 경복궁이 훼손되었을 때 물길이 끊어졌다.

금천교는 장소의 의미를 바꿔주는 역할을 담당한다. 즉 다리는 단순한 장소의 이동이 아니라 영역이 바뀜을 뜻한다. 다리를 건너기 전에는 일반 백성들이 사는 평범한 세상에 속해 있다가, 건너가면 왕이

어도와 영제교.

사는 신성한 공간으로 진입한다는 의미가 내포되어 있다. 굳이 비교하자면 사람이 죽어서 저승으로 갈 때 건너게 된다는 삼도천(三途川)과 비슷한 맥락이다. 따라서 금천교는 본격적인 왕의 공간으로 들어가는 건널목인 셈이다. 다리의 난간 끝과 동, 서쪽의 금천 위에는 각각 돌로 만들어진 동물들이 보초를 서고 있다. 난간 끝 위의 네 마리는 길을 마주 보고, 금천 위의 네 마리는 머리가 물이 흐르는 아래쪽을 향한다. 길과 물을 통해 나쁜 기운이나 잡귀들이 신성한 왕의 영역으로 넘어오지 못하게 감시하는 중이다. 이처럼 궁궐 안 곳곳에는 다양한 짐승과 무늬가 저마다 제 역할을 맡고 있다.

하늘의 보초는 추녀마루 위에 앉아 있다. 건물을 정면에서 봤을 때 하늘과 맞닿은 지붕의 가로선 윗부분을 용마루라고 하고, 그곳에서부터 좌우로 가장 끝에 내려온 지붕이 추녀마루다. 그곳에는 잡상(雜像)이라고 부르는 수호자들이 보초를 서고 있다. 잡상은 하나하나 고유의 이름을 가지고 있다. 지붕의 크기에 따라서 그 개수도 다르다. 사료마다 이름이 조금씩 다르게 표기되어 있지만 공통적으로 《서유기(西遊記)》에 등장하는 삼장법사, 손오공, 저팔계, 사오정이 들어 있다는 점이 흥미롭다.

홍례문 안쪽 영역에서는 왕에게 문안 의례를 올리던 조참(朝參)이 진행되었다. 조참은 한성에 거주하는 모든 신하들이 참석해 한 달에 네 번 열리는 의식이었다. 시기에 따라서 절차는 조금씩 달랐지만 군사와 악공이 동원되는 규모가 큰 행사였다. 행사가 진행될 때에는 각자의 신분과 서열에 따라서 자리가 정해졌다. 근정문 가운데에는 왕이 남쪽을 바라보며 앉고 2품 이상의 직급을 가진 신하들은 영제교의 북쪽에 위치하며, 나머지는 남쪽에 자리를 잡았다. 북쪽의 신하들은 동쪽에 문신(文臣), 서쪽에는 무신(武臣)의 자리로 구분했다.

문신은 다른 말로 문반(文班), 문관(文官) 혹은 동반(東班)이라고 불렀다. 문신을 동반이라고 불렀던 이유는 궁궐의 행사나 의식에서 보통 왕의 왼쪽에 있었기 때문이다. 왕은 북쪽에서 남쪽을 바라보는 시선을 정(正)이라 여기며 기본으로 삼았다. 남면(南面)을 한 왕의 시선에서는 왼쪽이 늘 동쪽이 된다. 조선은 방향과 위치도 명분을 심어 깐깐하게 계산했다.

무신도 문신과 마찬가지로 무반(武班), 무관(武官), 서반(西班)이라고 불렀다. 이러한 구분법은 궁궐을 포함한 우리나라의 지역에도 해당되었다. 좌, 우를 따질 때 동쪽 지역이 왼쪽, 서쪽 지역이 오른쪽에 해당한다. 지금은 경상도와 전라도 등을 북도와 남도로 나누지만 조선 시대에는 하나의 도는 좌도와 우도로 구분했다. 따라서 전라좌도는 전라도의 동쪽, 전라우도는 서쪽 지역을 가리켰다.

조참이 열리던 자리는 일제강점기에 조선총독부 건물이 차지했던 곳이다. 1916년 조선총독부의 건설로 홍례문과 영제교는 훼손되었다. 이들이 다시 경복궁에 들어선 시기는 2001년이었다. 1995년 광복 50주년을 기념해 조선총독부 건물을 철거했기에 자신의 자리로 돌아올 수 있었다. 조선총독부 건물의 철거는 오랜 기간 다툼이 있었다. 철거를 반대하는 사람들은 식민지 통치의 열등의식이라는 꼬리표를 달거나, 뼈아픈 역사를 두고두고 새기는 상징물이라거나, 건축학적인 의미를 부여했다. 그러나 보편적인 여론은 국가적 자존감을 회복하는 데 동조했다. 많은 사람이 경복궁 터를 제압하며 서 있는 조선총독부 건물을 용서하지 못했다.

양반_가문의 운명을 짊어진 슬픈 팔자

양반은 다양한 호칭으로 부르는데, 글을 읽으면 사(士)요, 정치에 나아가면 대부(大夫)고, 덕이 있으면 군자(君子)다. 무반(武班)은 서쪽에 늘어서고 문반(文班)은 동쪽에 서는데, 이것이 '양반'이니 그대 좋을 대로 따르면 된다.

야비한 일을 깨끗이 끊고 옛것을 본받아 뜻을 고상하게 하며, 늘 새벽 다섯 시 전에 일어나 등잔불을 켜고 눈은 가만히 코끝을 보고 발꿈치를 궁둥이에 모으고 앉아 고전《동래박의(東萊博義)》를 얼음 위에 박 밀듯 왼다. 굶주림을 참고 추위를 견디며 구차한 살림에 대해 떠벌리지 않고, (건강을 위해) 윗니와 아랫니를 부딪치고, 손으로 머리를 가볍게 두드리며 입안에서 침을 가늘게 내뿜었다가 다시 삼킨다. 모자를 소맷자락으로 쓸어서 먼지를 털어 물결무늬가 생겨나게 하고, 세수는 주먹을 비비지 말고, 양치질해서 입냄새를 없애고, 소리를 길게 뽑아서 여종을 부르며, 걸음을 느릿느릿 옮기면서 신발을 땅에 끈다. 그리고 책《고문진보(古文眞寶)》와《당시품휘(唐詩品彙)》를 깨알같이 베끼며 한 줄에 백 자를 쓴다. 손으로 돈을 만지지 말고, 쌀값도 묻지 말고, 더워도 버선을 벗지 않으며, 밥을 먹을 때 맨상투로 앉지 말고, 국을 먼저 훌쩍 떠먹지 말고, 무엇이든 후루루 마시지 말고, 젓가락으로 방아를 찧지 말고, 생파를 먹지 말고, 막걸리를 마시고 수염을 쭈욱 훑지 말고, 담배를 피울 때 볼에 우물이 파이게 하지 말고, 화난다고 아내를 두들기지 말고, 화난다고 그릇을 내던지지 말고, 아이들을 때리지 말고, 늙은 종들을 야단쳐 죽이지 말고, 말과 소를 꾸짖되 그것을 판 주인까지 욕하지 말고, 아파도 무당을 부르지 말고, 중을 데려다 제사 지내지 말고, 추워도 화로에 불을 쬐지 말고, 말할 때 이 사이로 침을 흘리지 말고, 소 잡는 일을 해서는 안 되고, 도박을 하지 말아야 한다.

— 박지원, 《연암집(燕巖集)》, 〈양반전(兩班傳)〉

양반(兩班)이란 본래 문반(文班)과 무반(武班)을 합쳐서 지칭하는 말이었다. 단순하게 말하자면 관료나 관리, 요샛말로 국가공무원이란 뜻이었다. 양반의 본뜻은 시대가 바뀜에 따라 지배층을 지칭하는 신분으로 바뀌어 가족과 가문으로 확대되었다. 이들은 자유로운 신분이었던 양인의 상위 계층으로 인정받았으며 특혜가 주어졌다. 가장 큰 혜택은 군역 면제와 직급에 따라 나누어주는 토지였다. 이를 과전(科田)이라 했는데, 토지는 소유권이 아니라 그 땅에 대한 세금을 받을 수 있는 수조권(收租權)만을 주었기 때문에 원칙적으로 세습이 불가했다. 이는 고려 말의 토지가 일부 귀족에 의해 장악되었던 과거의 폐단을 예방하기 위한 조치였다. 다만, 남편이 죽은 아내나, 부모가 죽은 어린 자녀에게는 일부를 물려주기도 했지만 이마저도 자식들이 성인이 되면 나라에 돌려주었다. 과전법은 조선 중기부터 차츰 급여를 지급하는 녹봉제로 바뀌었다. 그 밖의 혜택으로는 나라의 공을 세운 집안

양반 사진. 국립민속박물관 소장.

양반 사진. 국립민속박물관 소장.

후손들은 시험을 보지 않고도 관리가 될 수 있었으며, 일부 사람들은 추천을 통해 등용되었다.

　고려 시대에 생긴 양반이란 말은 조선에 들어서면서 본격적으로 확장되었다. 양반이 조선에서 탄생했거나 조선에만 있었다고 오해할 수 있는데, 근원은 900년대 후반 고려에서 시작되었다. 양반의 정착 시기를 조선의 탄생으로 보면 400여 년이 걸린 셈이고, 조선 중기로 보면 500년 이상의 시간이 소요된 셈이다. 사람들이 어울리면서 만들어가는 문화는 지도자가 바뀌거나 나라 이름이 달라졌다고 단번에 변하지 않는다. 큰 변화일수록 사람들이 적응할 시간이 필요하다. 사회적인 과정으로서 역사는 고려와 조선을 가르는 완벽한 경계선이나 구분법이 존재하지 않는다.

조선을 만든 개혁가들은 공개적으로 인재를 선발하는 과거(科擧)를 공정한 제도로 정착시키려고 애썼고, 몇몇 특정한 신분을 제외하고는 공평한 기회를 제공했다. 《논어》〈위령공(衛靈公)〉편에서 공자는 "가르침에는 차별이 없다"*고 선언했다. 그는 스승에 대한 최소한의 예의로 육포 한 묶음만 가져온 자라면, 그 누구라도 가르치지 않은 적이 없었다. 대부분의 위대한 종교와 사상이 평등과 존중을 바탕으로 시작되듯이, 유학 또한 어떠한 신분이라도 동등하게 가르침으로써 차별 없는 세상이어야 한다고 일렀다.

과거는 양반으로 올라서는 신분 상승의 발판이었다. 그러나 한번 양반이 되었다고 해서 영원히 양반의 지위를 이어나갈 수는 없었다. 양반의 후손들이 기하급수적으로 늘어나고, 그들의 지위를 탐내는 사람들이 많아졌지만, 관료의 수는 제한적이었다. 그들의 욕망을 모두 만족시킬 수 없었기에 경쟁이 점점 치열해졌다. 선조들이 명문가를 만들더라도 후손들이 관료가 되지 못하면 생계가 곤란한 지경에 이르기도 했다. 재산을 분배해주어야 하는 후손들은 계속 생겨나기 마련이고, 상업과 같은 생산적인 활동을 천하게 여겨 아예 손을 대지 않았기 때문이다.

조선 후기로 갈수록 양반은 세분화되었다. 대대로 번창한 집안인 대가(大家)와 중요 관직을 맡았던 세가(世家)는 이른바 잘나가는 가문으로 부러움의 대상이었고, 이와 달리 여러 대에 걸쳐 시골에서 벼슬을 못하던 향반(鄕班)과 지방에서 붙박이로 사는 토반(土班) 등이 생겼으며, 심지어 가문이 몰락해 보잘것없다는 뜻의 잔반(殘班)이란 말까지

---

* 有敎無類.

생겨났다. 조선 중기 이후로 양반 가문에서 삼대(三代) 이내에 관료를 배출하지 못하는 집안이 늘어났는데, 이는 몰락하는 양반의 기준이 되기도 했다. 이들이 외할아버지까지 따져도 관직이 없을 경우에는 친척이나 관원이 보증을 서야 관직을 얻는 시험을 볼 수 있었다.* 관직을 얻지 못하면 비록 살림이 곤궁하지 않더라도 사람들에게 인정받지 못하는 신분으로 살아가야 했다. 따라서 양반의 지위를 이어가고, 자신들의 생계를 원만하게 해결하기 위해서는 삼대를 넘기지 않고 관직을 얻어야 했다.

관직을 얻는 방법에는 크게 세 가지가 있었다. 즉 시험을 보는 과거, 추천을 받는 천거(薦擧), 국가를 위해 공을 세운 후손을 채택하는 음서(蔭敍)다. 요즘 말로 과거는 공채, 천거는 특채, 음서는 낙하산 인사에 해당한다. 천거는 시험으로 충당하지 못하는 전문가를 보충하기 위한 제도였고, 음서는 일종의 국가유공자 자녀에 대한 혜택이었다. 다만 고려의 음서는 시험 없이 관직을 쉽게 얻었지만, 조선에서는 사서(四書)와 오경(五經) 중에서 각각 하나씩 선정된, 최소한 자격시험을 통과해야 했다. 음서를 통해 관직을 얻더라도 7품 이상의 품계를 받을 수 없었으며, 임시직이나 수습 관원에 해당하는 직무가 주어졌다. 따라서 고위직으로 가거나 정식 관직을 얻으려면 반드시 과거를 거쳐야 했다. 일반적으로 과거 급제자는 성적순으로 갑, 을, 병과로 나누어 33명을 선발하고 순위를 매겼다. 이들이 바로 양반이 되거나 양반의 지위를 이어나갈 사람들이었다

많은 사람이 과거는 시험 한 번 잘 보면 출세해 신분이 갑자기 바

---

* 한영우, 《과거, 출세의 사다리(태조~선조 대)》, 지식산업사, 2013, 79쪽.

꿴다고 생각하는데, 이는 잘못된 상식이다. 시험은 공식적으로 9단계를 거치기 때문에 긴 시간이 소요되었고, 급제하더라도 중요 보직을 얻기까지 승진하는 시간이 제법 걸렸다. 춘향이와 사랑에 빠진 이몽룡이 한양에 올라간 지 몇 년 지나지 않아 장원급제(壯元及第)를 해 돌아오는 고전에 익숙해 생긴 착각이다. 문과의 경우, 과거에 급제하는 평균연령이 30대 중반이었다. 만약 이몽룡이 2, 3년 안에 돌아온다면 다행이겠지만, 평균 합격 나이였던 30대 중반을 적용하더라도 춘향이가 어떤 선택을 했을지 알 수 없다. 이몽룡과 춘향이의 나이가 이팔청춘(16세)이라면, 20년을 기다려야 하는 팔자인 셈이다. 거기에 암행어사란 주로 고위직에게 임명되니, 1등이 되더라도 암행어사가 되려면 얼마의 시간이 더 보태질지 모른다. 객관적인 잣대를 들이대면 《춘향전》은 그야말로 비극적인 결말이 될 확률이 높다.

한번 관료가 되면 시험에서 해방이라고 생각할 수 있으나 현실은 그렇지 않았다. 관료의 승진은 일정 기간 동안 주어진 직무를 채워야 하는 순자법(循資法)이 기본 원칙이었다. 따라서 평범한 진급에 불만이 있거나, 현재 자신의 자리가 마음에 들지 않을 경우에는 얼마든지 과거에 재도전할 수 있었다. 그래서 관료들이 좋은 성적을 얻을 경우, 더 높은 품계를 제공했기에 여러 번 과거를 보는 사람들이 종종 있었다. 실제로 서너 장의 합격증을 거머쥔 이들도 있었는데, 첫 과거 합격 후 짧게는 4년, 길게는 22년이라는 시간을 투자한 결과였다. 양반은 나이와 상관없이 도전을 멈추지 않았다. 명문 대학을 가려고 애쓰고, 좋은 직장을 얻기 위해 노력하고, 승진에 목매는 요즘의 세태와 크게 다르지 않았다. 조선은 모든 사람의 목표가 과거제도 하나로 단순했다는 사실만 다를 뿐이다.

나이는 숫자에 불과하다는 신념을 보여준 사례도 있다. 선조 29년

(1596)에 급제한 윤경(尹絅)이라는 인물은 판서(오늘날의 장관)가 되기까지 60년이 걸렸다. 30세에 관료로 진출해 정묘호란(丁卯胡亂)과 병자호란을 겪으며 90세에 공조판서(工曹判書)가 되었다. 윤경은 조선에서 가장 오랜 기간을 공직에 몸담아 판서가 된 인물이다. 관점에 따라서는 오래 살았기 때문에 판서가 되었다고도 볼 수 있다. 어느 정도 능력을 인정받은 양반은 죽을 때가 되어야 임기가 끝났다. 왕들이 놓아주지 않았던 것이다. 윤경도 선조부터 광해군, 인조(仁祖), 효종(孝宗), 현종까지 모두 다섯 왕을 보필했다. 그는 98세에 사망했는데, 죽기 직전까지도 건강해 잘 걷고, 귀와 눈이 밝았다고 한다. 윤경은 오랜 기간 공직에 몸담았음에도 사후에 장례를 치를 비용조차 없을 정도로 가난했다. 현종은 이 소식을 듣고 장례 비용을 넉넉하게 지급하라는 어명을 내렸다.

윤경과 끈기를 겨룰 만한 인물로는 김재봉(金在琫)과 박화규(朴和圭)가 있다. 이들은 모두 90세의 나이로 과거에 급제해 최고령 기록을 세웠다. 그들은 각각 철종 12년(1861)과 고종 25년(1888)이라는 후기 조선의 혼탁한 시대에도 급제자의 꿈을 버리지 않았다. 왕은 기본 시험에 합격한 그들의 노력을 가상히 여겨 본선에서는 급제라는 선물을 특별히 제공했다. 고령의 도전은 칭찬받아 마땅하나 만약 그들의 용기가 자신의 신분과 가문의 영광 때문에 선택한 집착이라면 슬픈 역사의 한 단면이기도 하다.

양반이 그저 좋은 환경에서 태어났다는 이유만으로 비판을 받기는 어렵다. 자의든 타의든 그들은 태어날 때부터 경쟁에 떠밀린 존재들이었다. 무거운 책임감과 극심한 스트레스, 비교당하는 현실이 양반의 삶이었다. 어떻게 보면 명문 대학을 가려고 치열한 전쟁을 벌이는 오늘날의 교육 현장은 그들로부터 시작된 셈이다. 선택이란 단어는 그들의 인생에 존재하지 않았다. 오직 시험을 보고 통과해야 한다는 사명감만이 주어졌다.

양반 중에서도 전, 현직 고위직은 특별한 존칭으로 불렀다. 정3품 이상은 '영감(令監)', 정2품 이상은 '대감(大監)'이었다. 그 아래의 품계는 모두 '나리'였다. 지금이야 크게 신경 쓰지 않지만, 조선에서는 대감으로 불리기 위해 관료가 된 이후에도 멈추지 않는 경쟁이 진행되었다. 대감은 양반 중에서 최상위 계층이 되었음을 말해주는 호칭이었고, 그 이상의 호칭은 왕을 뜻하는 상감(上監)뿐이었다.

근정전 _ 정치의 기본은 부지런함(勤)에 대한 통찰과 실천

근정전(勤政殿)과 근정문(勤政門)에 대하여 말하오면, 천하의 일은 부지런하면 다스려지고 부지런하지 못하면 폐하게 됨은 필연한 이치입니다. 작은 일도 그러하온데 하물며 정사와 같은 큰 일이겠습니까? (중략)

임금으로서 하루라도 부지런하지 않고 되겠습니까? 그러나 임금의 부지런한 것만 알고 그 부지런할 바를 알지 못한다면, 그 부지런한 것이 너무 복잡하고 너무 세밀한 데에만 흘러서 볼 만한 것이 없을 것입니다. 선유(先儒, 선대의 선비)들이 말하기를, '아침에는 정사를 듣고, 낮에는 어진 이를 찾아보고, 저녁에는 법령을 닦고, 밤에는 몸을 편안하게 한다'는 것이 임금의 부지런한 것입니다. 또 말하기를, '어진 이를 구하는 데에 부지런하고 어진 이를 쓰는 데에 편안히 한다' 했으니, 신은 이로써 (근정이라고) 이름하기를 청하옵니다.

—《태조실록》, 태조 4년(1395) 10월 7일

근정문 앞 계단 가운데에는 비스듬하게 누운 답도(踏道)가 있다. 답

근정전과 조정.

도의 한자를 풀이하면 밟는(踏) 길(道)이란 뜻이지만, 왕은 가마를 타고
다녔기 때문에 밟을 일이 없었다. 답도 양쪽의 계단만 가마를 멘 사
람들이 이용했다. 답도는 근정전 앞에도 동일한 구조로 구성되었다.
《국역 경복궁영건일기》(서울역사편찬원, 서울책방, 2019)에 따르면 근정전의 답
도를 어간석(御間石)이라고도 불렸음을 알 수 있다. 근정문과 근정전의
답도에는 각각 두 마리의 새가 보인다. 한쌍의 새는 비슷한 생김새 때
문에 모두 봉황이라고 알려졌으나, 머리 깃털과 꽁지 모양이 달라 근
정문은 공작, 근정전은 봉황이라고 구분 짓기도 한다. 공작은 힌두교
와 불교에서 독사를 먹는 습관을 신격화해 재난을 제압하는 위력적인
존재로 여겨왔다. 반면에 봉황은 상상의 새로 고대 중국에서부터 고
귀하고 신성한 길조(吉鳥)로 여겨졌다. 굳이 위계를 따진다면 궁궐에
서는 공작에 비해 봉황이 한 수 위인 셈이다. 창덕궁의 인정전(仁政殿)
천장에 있는 봉황을 보면 용과 맞먹는 격과 의미가 헤아려진다.

중국의 황제가 사는 황궁(皇宮)에도 봉황을 곳곳에 새겨 넣었다. 그래서 황궁을 다른 말로 봉궐(鳳闕)이라고도 불렀다. 통치자의 공간에 봉황이라는 존재는 두 가지 의미가 내포되어 있었다. 봉황이 나타나면 태평성대한 시대가 된다는 믿음으로 자신이 통치하는 시기가 안녕하기를 기원하는 의미와 더불어 평안한 시대를 만들어야 한다는 소명감을 잊지 않게 하는 장치였다.

궁궐에 새겨 넣은 봉황과 마찬가지로 정도전이 이름 지은 근정문과 근정전의 뜻은 매우 구체적이고 간단하다. 근정전은 경복궁의 수많은 건물 중 가장 상징적이자 대표적인 곳이다. 그런 가장 중요한 건물에 '부지런히 정치하는 곳'이라는 뜻의 이름을 붙였다. 임금은 누구보다 부지런해야 한다. 그러나 자신이 무엇을 해야 하는지 정확히 알고 부지런해야 한다. 임금의 주요 역할은 행정, 인사, 법률 등을 다루는 일인데 그중 어진 인재를 찾는 일에 특별히 신경 써야 한다. 요약하면, 왕은 관리자로서 목적의식이 뚜렷해야 한다는 뜻이다.

시대를 떠나서 정치하는 사람들 누구에게나 적용해도 틀리지 않은 말이다. 또한 어느 조직의 리더에게도 적합한 조언이다. 정도전은 근본의 단순함을 잘 알고 있는 사람이었다. 그는 자신의 리더였던 왕에게 듣기 좋은 소리만 하지 않았다. 절대적 신뢰를 바탕으로 단순한 근본과 역할을 강조했다. 이 단순함에는 제대로 하지 않을 경우, 백성에 의해 몰락하게 된다는 무서운 경고가 따라다녔다. 이 경고로 조선이 만들어졌고, 그 뜻을 결코 잊어선 안 된다는 의미로 경복궁 곳곳에 상징적인 봉황처럼 지워지지 않는 이름을 새겨 넣었다.

근정문을 들어서면 비로소 정치의 영역에 들어왔다는 사실이 실감 난다. 국보 제223호인 근정전의 웅장함과 넓게 펼쳐진 조정(朝廷) 때문이다. 근정문과 함께 좌우로 뻗어나간 행각(行閣)도 보물 812호로 지정된 문화재인데, 근정전을 근엄하고 독립적인 공간으로 조성하는 효과를 제공한다. 조정은 관료들이 법도에 맞게 도열하는 장소였고, 행각은 이동하는 통로였다. 행각이 시작되는 근정문의 좌우에는 각각 일화문(日華門)과 월화문(月華門)이 있다. 동쪽에 위치한 일화문으로는 문신이, 서쪽의 월화문으로는 무신이 다니던 문이다.

행각은 비나 눈을 피할 수 있는 효율적인 장치다. 내부에는 안쪽과 바깥쪽의 기둥이 나란히 줄지어 늘어서 있다. 동쪽과 서쪽 행각을 자세히 보면 안쪽과 바깥쪽의 기둥 표면이 조금 다르다. 창문이 있는 벽 쪽의 기둥이 서로 마주 보는 표면에는 일본이 경복궁을 파괴한 흔적이 남아 있다. 조선 후기에는 안쪽의 기둥과 기둥 사이를 통째로 막아서 창고나 사무실로 사용했는데, 일본강점기에 모두 뜯겨버렸다. 현재는 같은 모양을 하고 있지만, 예전에 벽 쪽 길은 자재로 막혀서 바깥쪽 통로로만 사람들이 이동했다. 그래서 안쪽 기둥에는 막았던 홈자리가 메워져 있음을 볼 수 있다. 행각은 일본에 의해 훼손된 경복궁의 상처를 직접 볼 수 있는 공간이다.

행각의 동쪽과 서쪽 가운데에는 각각 융문루(隆文樓)와 융무루(隆武樓)가 있는데 '문(文)과 무(武)를 함께 높인다'는 뜻으로 책을 보관하던 곳이다. 정도전은 이곳의 이름을 지으면서 문과 무는 사람의 양팔과 같으니 함께 쓰고 같이 높여야 한다며《태조실록》, 왕과 후대 사람들에게 전했다. 문신이 다니는 문을 해(日)의 문으로, 무신이 다니던 문을 달(月)의 문으로 명명한 사실도 이와 크게 다르지 않다. 그러나 조선은 전쟁 없는 시절이 한동안 유지되자 무(武)를 등한시했다. 우리나라는 지리적으로나 환경적으로 주변 강대국들의 힘에 휘둘릴 수 있어 항상 무를 신경 써야 하는 나라였다.

정도전은 사람들이 당연한 이치를 잊어버릴까 봐 융무루라는 이름을 남겼다. 그러나 그의 충고는 역적이라는 덤터기와 함께 서서히 잊혀졌다. 시간이 지날수록 딱딱한 유교에 갇힌 조선은 무(武)에 대한 가치를 소홀히 대하며 약해져갔다. 단순한 원리를 잊은 조선은 융무루라는 이름이 생긴 지 197년 만에 얕보던 일본에 짓밟히고 말았다. 휴전 기간이 있었지만 전쟁은 무려 6년간이나 계속되었다. 임진왜란은 조선에 질적으로나 양적으로 엄청난 피해를 안겼다. 명나라의 도움과 목숨을 아끼지 않았던 조선 영웅들의 활약으로 나라는 겨우 생명을 유지할 수 있었다. 왕이 도망갈 정도로 큰 위기였던 전쟁은, 다른 시선으로 보면 다시 나라를 건강하게 만들 절호의 기회였다. 치열한 반성과 점검이 필요했다. 그러나 세상의 흐름을 읽지 못했던 조선의 왕은 39년 뒤에 또다시 궁궐을 버리고 도망갔다가, 삼전도(三田渡. 지금의 송파구 삼전동)에서 청나라 황제에게 무릎을 꿇고 머리를 조아리는 수치를 겪게 된다.

근정전은 궁궐의 가장 핵심적인 건물로 정전(正殿)이라 부른다. 창덕궁의 인정전, 창경궁의 명정전(明政殿), 경운궁(덕수궁)의 중화전(中和殿) 등이 모두 정전이다. 정전은 왕권을 상징하기에 주위를 압도하는 형태로 넓은 조정에 자리 잡는다. 근정전은 두 개의 기단으로 월대를 조성하고 그 위에 건물을 올렸다. 월대는 의례를 진행하는 데 사용되며, 건물을 더 크게 보이게 하는 시각효과를 주었다. 월대에는 동쪽의 청룡(青龍), 서쪽의 백호(白虎), 남쪽의 주작(朱雀), 북쪽의 현무(玄武) 등의 4신(四神)과 개, 돼지를 제외한 12지신(支神)이 북쪽에서부터 시계 방향으로 근정전을 감싸며 지키는 형상으로 놓여 있다. 건물은 밖에서 볼 때는 2층 구조지만 안에는 바닥에서 지붕까지 트인 구조다.

근정전 안 북쪽에는 왕이 앉는 용좌가 놓여 있고 그 뒤에는 오봉병(五峯屛)이 펼쳐져 있다. 오봉병은 해와 달 그리고 다섯 산봉우리가 그

근정전 내부.

려진 병풍으로 '오봉도(五峯圖)', '오봉산병(五峯山屛)', '일월오봉도(日月五峯圖)', '일월오악도(日月五岳圖)'라고도 부른다. 오봉병의 해와 달은 양과 음을 상징하며, 다섯 산봉우리는 오행(五行)을 의미한다. 해와 달 아래에 폭포와 양쪽 끝에 소나무가 정교한 대칭을 이룬다. 이 병풍은 궁궐 내에서나 외부 행사에서 왕이 앉는 곳 뒤에 설치되었다. 왕을 위한 특수한 목적으로 사용된 병풍이자 그림인 셈이다.

근정전의 천장 가운데에는 사각형으로 된 별도의 공간에 황금색 용 두 마리가 붙어 있다. 상상의 동물 가운데에 가장 신성시되는 존재가 바로 용이다. 황색은 오행에서 중앙을 차지하는 색이다. 그러므로 황룡은 용 중에서도 더욱 고귀하고 특별한 의미를 지니며, 가운데를 지키는 수호신이자 황제나 임금을 상징한다. 옛사람들은 그런 의미를 살려 왕의 얼굴을 용안(龍顏)이나 용상(龍像), 앉는 의자를 용좌(龍座)나 용평상(龍平床), 타고 다니던 수레를 용가(龍駕)나 용거(龍車), 입는 옷을 곤룡포(衮龍袍)라고 했다. 근정전의 황룡은 정면에서는 안 보이고 동쪽이나 서쪽의 측면 문에서만 볼 수 있다.

근정전을 품은 조정은 대외적인 큰 행사를 벌이던 공간이다. 학교와 비교하자면 강당이나 운동장 같은 역할을 하는 곳이다. 조의진하(朝儀陳賀)는 조정에서 열린 가장 큰 의식 중의 하나로, 줄여서 조의(朝儀) 또는 조하(朝賀)라고 하며, 정월 초하루나 입춘(立春) 그리고 동지(冬至) 같은 특정한 날에 신하와 종친들이 왕과 왕비에게 하례(賀禮)하던 행사였다. 하례에는 국왕의 생일 등이 포함되었으며, 중요한 법도 및 규칙 등을 반포하거나 사신을 맞이하는 장소로도 활용되었다. 무엇보다 왕조 국가에서 가장 중요한 의식인 세자 책봉식과 즉위식이 이곳에서 열렸다. 《세조실록》에는 예종을 세자로 책봉하는 다음과 같은 기록이 남아 있다.

> 내가 종사(宗社)를 생각하여, 마땅히 국본(國本)을 세워야 하므로 이에 너 이황(李晄)을 명하여 왕세자로 삼으니, 너는 인과 효를 숭상하여 (나의) 부탁을 저버리지 말도록 하라.
>
> ―《세조실록》, 세조 3년(1457) 12월 15일

즉위식은 나라에서 가장 큰 행사였으나, 보통은 선대왕이 죽어야 그다음 왕위를 물려받는 절차를 진행하기에 경사스럽다기보다 애도하는 분위기가 일반적이었다. 그러나 때때로 왕이 살아 있는 상태에서 스스로 상왕(上王)으로 물러날 경우에는 장례 절차 없이 진행되기도 했다. 태종의 아들이었던 세종의 즉위식이 그러했다.

> (부왕이) 나에게 명하여 왕위를 계승케 하시었다. 나는 학문이 얕고 거칠며 나

이 어리어 일에 경력이 없으므로 재삼 사양하였으나, 마침내 윤허를 얻지 못하여, 이에 영락 16년 무술(戊戌) 8월 초 10일에 경복궁 근정전에서 위에 나아가 백관의 조하(朝賀)를 받고, 부왕을 상왕으로 높이고 모후를 대비로 높이었다. 일체의 제도는 모두 태조와 우리 부왕께서 이루어놓으신 법도를 따라 할 것이며, 아무런 변경이 없을 것이다. 그리고 이 거룩한 의례에 부쳐서 마땅히 너그러이 사면하는 영을 선포하노니, 영락 16년 8월 초 10일 새벽 이전의 사건은 모반 대역이나 조부모나 부모를 때리거나 죽이거나 한 것과 처첩이 남편을 죽인 것, 노비가 주인을 죽인 것, 독약이나 귀신에게 저주하게 하여 고의로 꾀를 내어 사람을 죽인 것을 제하고, 다만 강도 외에는 이미 발각이 된 것이나 안 된 것이거나 이미 판결된 것이거나 안 된 것이거나, 모두 용서하되, 감히 이 사면의 특지를 내리기 이전의 일로 고발하는 자가 있으면, 이 사람을 그 죄로 다스릴 것이다. 아아, 위(位)를 바로잡고 그 처음을 삼가서, 종사의 소중함을 받들어 어짊을 베풀어 정치를 행하여야 바야흐로 땀 흘려 이루어주신 은택을 밀어 나아가게 되리라.

—《세종실록》, 세종 즉위년(1418), 8월 11일

조정은 얇고 넓은 화강암으로 바닥을 채웠다. 이 돌을 박석(薄石)이라 한다. 박석은 흙 위를 덮어 다니기에 편리하고, 표면이 거칠어 미끄러짐을 방지하고, 강렬한 햇빛도 난반사하기에 눈이 부시지 않은 특징을 가졌다. 조정은 어도를 중심으로 좌우로 나뉘는데 행사가 진행될 때 동쪽에는 문신이, 서쪽에는 무신이 자리 잡았다. 신하들은 자기의 관직에 맞는 자리를 품계석(品階石)으로 찾았다. 품계는 벼슬의 등급을 말하고, 품계석은 등급을 적어놓은 비석 형태의 돌이다. 가장 높은 정1품(正一品)이 맨 앞쪽에 놓이고, 그다음 직급부터 순차적으로 하나씩 표시되어 있다.

조정에서 바라본 근정전.

《조선왕조실록》을 보면 품계석에 대한 기록은 정조 집권 시기에 딱 한 번 등장한다. 당시에 경복궁은 임진왜란에 불타서 없어졌기 때문에 정조는 창덕궁을 법궁으로 사용했다. 그는 인정전에 처음으로 품계석을 세웠다. 그 이유는 행사를 진행할 때 신하들이 자신의 자리를 찾지 못하거나 아무 곳이나 차지하면서 질서정연한 모습을 보여주지 못했기 때문이었다. 《정조실록》에는 "조하(朝賀) 때 품계의 차례가 번번히 문란해 돌을 세워 줄을 정하도록 명했다"고 기록했다. 따라서 품계석은 조선 초에는 없었고, 정조 때 처음으로 등장했다고 추정된다. 그 후 경복궁을 재건하면서 창덕궁의 양식대로 설치했다. 우리나라에만 존재하는 품계석은 시선에 따라 현명한 왕의 창작물이거나 혹은 기강이 해이해지는 시대를 대변하는 산물이 되기도 한다.

조선 관리들의 품계는 1품부터 9품까지 있었기에 숫자로만 보면 요즘의 공무원 급수와 비슷하다. 그러나 각 품계는 정(正)과 종(從)으로 다시 나뉘어 총 18품으로 구성되었다. 근정전에서 행사가 있을 때, 맨 앞의 정1품 자리는 흔히 삼정승(三政丞)이라 불리는 영의정(領議政), 좌의정(左議政), 우의정(右議政)이 차지했다. 이들은 국가 최고의 행정기관인 의정부(議政府)의 수장으로 중요 정책들을 의논해 결정했다. 품계석은 1품부터 3품까지는 정과 종을 구분했지만, 4품부터 9품까지는 정만 놓았다. 따라서 한쪽에 줄 선 품계석은 모두 12개다.

가장 낮은 직급인 9품은 과거에 합격한 말단 관리 등의 몫이었다. 따라서 9품이 9급 공무원처럼 가장 낮은 등급의 공무원이라는 점은 현재와 비슷하다. 그렇다고 과거에 합격한 사람이 모두 9품에서 시작하지는 않았다. 시험은 참가자 모두 함께 보았지만 능력에 따라 다른 직급을 받았다. 요즘에는 수험자가 5급, 7급, 9급 등의 공무원 자격 시험을 선택하지만, 조선은 한번의 시험으로 성적이 우수한 사람들에게 차등해 직급을 주었다. 과거에서 1등으로 합격한 사람을 장원(壯元) 또는 장원급제자라고 불렀다. 장원은 많은 사람의 축하와 기대를 받으며 엘리트 코스를 밟아가게 된다. 근정전에서는 과거도 시행했지만, 합격자 명단을 발표하는 곳으로도 활용되었다. 관리가 되기 위한 급제와 낙방의 희비가 교차하던 곳인 셈이다.

과거제도__ 유일한 출세법, 양반의 생존법

문무(文武) 두 과거(科擧)는 한 가지만 취하고 한 가지는 버릴 수 없으니 중앙에는 국학(國學)과 지방에는 향교(鄕校)에 생도(生徒)를 더 두고 강학(講學)을 힘쓰게 하여 인재를 양육하게 할 것이다. 그 과거(科擧)의 법은 본디 나라를 위하여 인재를 뽑았던 것인데, 그들이 좌주(座主, 시험관)니 문생(門生, 급제자)이니 일컬으면서 공적인 천거로써 사적인 은혜로 삼으니, 법을 제정한 뜻에서 매우 어긋났다. (중략)

그 통달한 경서의 많고 적은 것과 기술의 정하고 거친 것으로써 그 높고 낮은 등급을 정하여, 입격(入格)한 사람 33명에게 출신패(出身牌)를 주고, 명단을 병조(兵曹)로 보내고 뽑아서 쓰는 일에 대비하게 할 것이다.

ー《태조실록》, 태조 1년(1392) 7월 28일

과거(科擧)는 시험을 통해 관료를 뽑는 제도다. 한자의 본뜻은 과목(科目)으로 선거(選擧, 인재를 뽑아 씀)한다는 의미다. 지금은 거의 모든 나라에서 시험으로 공무원을 뽑지만 불과 200년 전만 하더라도 지구상에서 공개 시험을 통해 인재를 선발하는 나라는 다섯 손가락으로 헤아릴 정도였다. 대표적인 나라가 중국, 우리나라, 베트남 등이었다. 이

1664년 함경도 과거 기록화 1 〈북새선은도(北塞宣恩圖)〉. 국립중앙박물관 소장.

들의 공통점은 유학(儒學)을 받아들였다는 것이다. 중국 수(隋)나라 초
대 황제는 인류 최초의 공채 시험제도를 587년에 도입했다. 기득권이
었던 귀족을 견제하기 위한 수단이었지만 제대로 받아들여지지는 못
했다. 이후 당(唐)나라 때(618~907년)에 가서야 과거가 정착되었으나, 체
계가 잡혀 실용적으로 사용된 시기는 송(宋)나라 때(960~1279년)였다.

우리나라에 과거가 도입된 시기는 고려 광종(光宗) 9년(958)이다. 중
국 출신의 관료였던 쌍기(雙冀)의 건의를 받아서 처음으로 시행되었
다. 중국과 마찬가지로 귀족을 견제하고, 인재를 골고루 등용하기 위
한 수단이자 왕권을 강화하려는 목적이었다. 그러나 자리를 잡기까지
꽤 오랜 시간이 걸렸다. 고려 말의 성리학자들이 과거제도를 조선에
안착시켰는데, 그들은 과거를 조선의 방식으로 새롭게 가다듬었다.

과거는 획기적인 인재 채용 방법이었다. 태어날 때부터 핏줄과 생
업으로 인생이 결정되던 문화에 균열을 일으킨 최초의 사건이었다.

사람들에게 새로운 패러다임을 심어주는 제도이자 국가 정치를 혁신하려는 시도였다. 공개 채용을 통해 귀족에게만 세습되던 정치를 단절하고, 능력에 따라 기회가 주어지는 평등 개념이 사람들에게 처음으로 인식되었다. 조선을 만든 성리학자들이 꿈꾸던 세상과 과거제도는 완벽한 궁합이었다. 물론, 여성이나 노비 같은 특정한 사람들에게는 기회가 주어지지 않는 한계가 분명히 있었고, 먹고사는 일이 쉽지 않았던 조선의 평민들에게는 그림의 떡이나 마찬가지였다. 그러나 평민에게 기회가 있다는 사실만으로도 세계사적으로 의미가 큰 사건이었다. 누구라도 재능과 노력이 있다면 고위 관료가 되고 명예와 부를 얻을 수 있었다.

과거는 크게 세 종류로 구분되었다. 문과(文科), 무과(武科) 그리고 잡과(雜科)다. 문과는 국가의 입법, 사법, 행정을 담당할 인재를, 무과는 국방과 안보를, 잡과는 외교, 의술, 천문, 지리 등의 기술직이나 전문직을 뽑는 시험이었다. 조선에서는 성리학의 영향으로 문과, 무과, 잡과의 순서로 서열을 의식했다. 그렇다면 과거는 어떤 사람들이 도전했을까?

《경국대전》에 따르면 문과에 응시할 수 없는 네 가지 조건이 있었다. 첫째는 중죄인의 아들, 둘째는 탐관오리의 아들, 셋째는 재가하거나 행실이 좋지 못한 부녀자의 자손, 넷째는 서얼 자손 등이다. 법전에는 문과 응시에 가능한 조건이 없기 때문에 위의 네 가지 조건에 들지 않고, 노비에 해당하는 천민이 아니면 법리적으로는 응시가 가능했다. 조선은 원칙적으로 백성을 양인(良人)과 천인(賤人)으로 구분하는 양천제(良賤制) 사회였다. 노비에 해당하는 천인(천민)이 아니면 양반이나 농민, 상민은 모두 같은 자유로운 신분이었다. 조선 중기 이후에 중인과 상민에 대한 신분 계층을 확고하게 나누어 구분하기 전까지는 그랬었다.

위에서 언급한 서얼(庶孼)은 첩의 자식을 합쳐서 부르는 호칭인데, 첩이 양인일 경우 서자(庶子), 노비나 천민인 경우는 얼자(孼子)로 구분했다. 고려 시대에는 일부다처제가 인정되어 서자에 대한 구별이 없었다. 얼자는 천대받았지만, 개국공신 중에 얼자의 후손들이 있는 것으로 보아 관직에 나가는 일이 완전히 배제되지는 않은 셈이다. 정도전은 모계 혈통이 천민이라는 이유로 시달림을 받았다. 조영규(趙英珪), 함부림(咸傅霖), 장담(張湛) 같은 개국공신들도 처계나 모계 혈통에 서얼이 포함되어 있었다고 한다.* 이성계도 순서상으로는 이자춘의 둘째 부인 출생이었고**, 그의 배다른 동생 의안대군(義安大君) 이화(李和)는 이성계를 왕으로 만드는 데 큰 공을 세워 일등 개국공신으로 책봉되었다. 태조는 배다른 형제들과 사이가 좋은 편이었다. 따라서 조선을 만든 세력들은 현대인의 고정관념처럼 딱딱하고 완고하게 신분의 선을 그어놓지 않았다. 관료들의 질투와 시기를 받기도 했지만 노비 출신이었던 장영실(蔣英實)과 박자청 등이 실력으로 인정받아 출세한 사실도 이와 무관하지 않다. 이는 유학의 기본 이념이기도 하다.

조선에서 서얼의 구분을 크게 확장시킨 인물은 태종이었다. 태조가 조선의 첫 번째 왕세자를 계비였던 신덕왕후의 아들로 결정하자 태종은 이른바 '왕자의 난'을 일으켰다. 아버지가 왕이 되는 데 기여한 공로로 후계자에 대한 관심이 높았던 태종이 이복동생과 그를 지지하는 세력을 모두 죽인 사건이다. 태종은 자신의 왕위를 정당화하기 위해서 자신을 적자(嫡子)로, 이복동생은 서자로 구분했다. 신덕왕후는 태

---

* 한영우, 《과거, 출세의 사다리(태조~선조 대)》, 지식산업사, 2013, 56쪽.
** 《조선왕조실록》에 의하면 이자춘의 첫째, 셋째 부인은 모두 비첩으로 기록되어 있다.

종의 어머니였던 신의왕후가 죽자 공식적으로 조선의 왕비가 되었다. 그녀는 엄연히 태조의 정실부인이었으나 아들을 서자 취급하니 자연스레 신분이 낮아진 셈이었다. 태종 때 편찬된 《태조실록》에는 "어린 서얼 이방석을 왕세자로 삼았다"고 기록을 남겼다. 태종의 견해가 충실히 반영된 기록이었다.

태종의 견해를 받아들인 성리학자들은 자연스레 적통의 구별에 신경을 쓸 수밖에 없었다. 노비와 같이 과거에 응시할 수 없었던 시기의 서얼들은 어둠에 갇혔다. 그러나 조선 시대 내내 모든 서얼을 통제할 수는 없었다. 그들은 몰래 과거를 보기도 했고, 상소를 통해 정당한 자격을 얻기도 했다. 융통성 있었던 왕과 관료들은 그들에게 기회를 주기도 했다. 조선왕조가 서얼들의 과거를 완벽하게 차단하지는 않은 셈이다.

《맹자》에 '입현무방(立賢無方)'이라는 말이 나온다. '사람을 쓸 때에는 출신을 따지지 않는다'는 뜻이다. 《논어》의 유교무류(有敎無類, 가르침에는 차별이 없다)와 같은 맥락이며, 그 뜻을 확장한 말이다. 조선의 성리학자들이 추앙하는 주자는 《맹자》를 유학의 경전인 사서(四書)로 정립했다. 《맹자》는 이때부터 가치가 확장되었다. 맹자는 사람의 이름이자 그의 언행을 기록한 책의 이름이다. 그는 서기전 300여 년 전부터 왕이 정치를 잘못하면 교체될 수 있다는 혁신적인 주장을 한 인물이었다. 그러한 혁신에는 능력에 따라서 사람을 써야 한다는 기본 개념이 깔려 있었다. 능력이 되지 않는 사람은 그 자리를 보존하지 못한다는 의미였고, 이를 확장하면 능력이 된다면 누구라도 그 자리에 앉을 수 있다는 의미로 귀결된다. 바로 이러한 합리적이고 상식적인 맹자의 논리가 바탕이 되어 탄생한 나라가 조선이었다. 그렇지 않았다면 교포 5세의 무인 출신이었던 이성계는 왕이 될 수 없었을 것이다.

《과거, 출세의 사다리》라는 책에는 조선 초기 사회의 유연성을 보여주는 자료가 명확하게 제시되어 있다. 저자는 문과 급제자 1만 4,615명의 신분을 역대 왕에 따라 조사했다. 특히 저자는 과거를 통해 신분이 바뀌었던 사람들을 면밀히 관찰했다. 그의 연구에 따르면, 조선 초기에는 낮은 신분의 합격자가 50~40퍼센트였는데, 조선 중기인 선조, 광해군 시절에는 16~14퍼센트대로 점차 떨어져 가장 낮은 수치가 나왔다. 이러한 통계는 기득권 세력이 팽창하고 일반 평민이 등용될 기회가 줄어든 사회상을 고스란히 보여준다. 사회가 고착화되었다는 증거 중 하나다. 사상의 고착이 정점에 달했던 시기에 조선은 임진왜란, 정유재란(丁酉再亂), 정묘호란, 병자호란 등으로 다른 나라에 침략당해 무릎을 꿇는 일이 연이어 발생했다. 이러한 결과는 결코 위 자료의 수치와 무관하게 보이지 않는다.

낮은 신분의 합격자가 줄어드는 추세는 성리학이 굳어지면서 문벌제도가 확립되는 시기와 일치했다. 흥미로운 점은 조선 후기로 갈수록 다시 신분이 낮은 급제자의 비중이 늘어나는 통계다. 극도로 불안정한 국가 상황에서 순조 때는 54퍼센트, 고종 때는 58퍼센트를 기록하며 정점을 찍었다. 그러나 후기에 낮은 신분의 사람들이 늘어나는 이유는 초기와는 다른 맥락이었다. 초기나 후기나 신분 이동이 활발했다는 상황은 비슷하다. 하지만 초기에는 건전한 사회제도 안에서 이루어진 반면, 후기에 들어서서는 균열에 의한 변칙적인 변화였다. 돈으로 관직을 얻고 거래로 양반의 지위를 샀기 때문이다. 저자는 18세기에 살았던 유수원(柳壽垣)의 글을 통해 15세기 초에는 문벌제도가 없어 시골구석에서 유능한 관료들이 많이 배출되었다는 언급을 빼놓지 않았다.

결국 조선의 탄생은 개혁과 변혁이 적절하게 맞물려 시작되었으나

1664년 함경도 과거 기록화 2 〈북새선은도〉. 국립중앙박물관 소장.

얼마간의 안정된 시국으로 인해 위기의식을 상실하고 기존 질서에 갇혀 좌초된 셈이다. 생각이 있는 자라면 누구나 문제의식을 느꼈지만, 사사로운 이익을 앞세운 자들을 뛰어넘지 못했기에 일어난 결과다. 사회의 유연성이 떨어지고 소득의 양극화가 심해져 다수의 평범한 국민들이 살기 어려운 시기가 극에 다다르면 판이 뒤집히기 마련이다. 왕조나 국가의 생명은 거기서 끝난다. 현재까지 지구상에 존재하는 모든 사회에서 한 번도 예외 없이 적용된 자연의 법칙이다. 조선의 탄생과 위기와 종말은 현대인에게 너무나 생생한 교훈을 제공한다.

《경국대전》에는 과거의 진행을 비교적 상세히 법률로 규정했다. 문과는 크게 소과(小科)와 대과(大科)로 나뉜다. 소과는 사마시(司馬試)라고도 하며, 본 시험인 대과를 보기 위한 예비 단계에 속했다. 소과에 합격한 사람에게는 국가의 대학인 성균관에 입학할 수 있는 자격과 대과를 치를 수 있는 자격이 동시에 주어졌다. 시험은 1차 초시, 2차 복시로 나누어 두 번에 걸쳐 시행되며, 시험 과목에 따라서 생원과(生員科)와 진사과(進士科)로 구분했다. 생원과는 유교 경전으로, 진사과는 작문이 평가 기준이었다. 1차는 일종의 지방 시험으로 전국에서 과목에 따라 각각 700명을 선발했다. 지역마다 균등한 기회를 주기 위해 수도였던 한성에는 200명, 나머지 8도에는 규모에 따라서 500명으로 나누어 합격자를 배분했다. 1차 합격자들은 서울에 모여 2차 시험을 치르고 각각 100명으로 압축되었다. 이 사람들을 '생원'과 '진사'라고 불렀다. 이들은 말단 관직을 얻을 수 있었지만, 대부분은 대과를 노렸다. 한번쯤은 들어봤을 법한 '최진사댁 셋째 딸'이라는 노래의 최진사가 바로 소과에 합격한 사람이다. 생원과 신사는 소과에 합격한 사람을 높여 부르던 칭호로도 사용되었다.

대과는 소과에 합격한 이들을 대상으로 하며, 정기 시험은 식년시(式年試)라 부르고 3년에 한 번씩 시행했다. 추가로 모집이 필요한 경우에는 나라의 경사를 기념해 열리는 증광시(增廣試)로 보충했다. 이 밖에도 알성시(謁聖試), 별시(別試), 정시(庭試) 등의 부정기적인 추가 시험이 있었다. 식년시나 증광시와 같은 일반적인 대과는 초시(初試), 복시(覆試), 전시(殿試)의 세 단계를 거쳐야 했다. 초시와 복시는 각각 세 번의 시험을 통과해야 하는데, 이를 초장(初場), 중장(中場), 종장(終場)이라 불렀다. 초시에서 세 번, 복시에서 세 번 그리고 전시는 한 번이니 대과는 총 일곱 차례의 시험으로 구성되었다. 소과의 두 번까지 합치면 과거는 총 아홉 번의 시험을 통과해야 했다.

초시에서는 전국에서 240명을 선발하는데, 균형 있는 인재 선발을 위해 각 도마다 합격자의 숫자를 구분해 정했다. 그 숫자는 성균관 50명, 한성 40명, 경기도 20명, 강원도 15명, 충청도 25명, 전라도 25명, 경상도 30명, 평안도 15명, 황해도 10명, 함경도 10명 등이다. 초시에 합격하면 다시 복시를 보아 33명을 선발했다. 복시부터는 지방의 배분이 없기 때문에 실력이 최우선 조건이었다.

복시의 초장은 주로 강서(講書)로 진행되었다. 강서란 사서오경(四書五經)이나 중국 역사서 《자치통감(資治通鑑)》 그리고 조선의 법전 《경국대전》 등을 시험관 앞에서 해석하고 질문에 답하는 시험 방식이다. 자신이 알고 있는 지식을 얼마나 논리적으로 잘 설명하느냐가 관건이었다. 강서는 무과 복시에서도 동일하게 진행되었다. 따라서 논리적인 의견의 기재는 문무를 떠나 조선의 인재 채용에서 중요한 원칙이었다. 한 사람에게 여러 권의 책으로 시험을 보고, 기준 점수에 들지 못하면 바로 탈락이었다. 점수는 초기에 대통(大通), 통(通), 약통(略通), 조통(粗通), 불통(不通)의 다섯 등급으로 분류했다가 나중에는 좀 더 간략히 통(通), 약(略), 조(粗), 불(不)의 네 등급으로 분류했다. 약(略)은 간략하게 아는 정도를, 조(粗)는 대충 아는 정도를, 불(不)은 낙제를 의미했다. 점수를 합산해 당락을 결정했다. 이러한 성적의 분류 방법은 국립대학에 해당하는 성균관이나 사립대학에 해당하는 서원(書院)에서도 평상시에 동일하게 적용했다. 경북 영주 지방에는 이와 관련한 이야기가 전해진다. 우리나라 최초의 서원인 소수서원(紹修書院)에서는 학생들을 평가해 여덟 번 불(不)을 받으면 쫓겨났다. 이런 풍속에서 팔불출(八不出)이라는 말이 어리석은 사람이라는 의미를 갖게 되었다고 전하기도 한다.

복시를 통과한 33명은 왕 앞에서 순위를 겨루는 전시를 보았다. 이변이 벌어지지 않는 한 전시에서는 떨어지는 일이 없었다. 전시의 급제 순서는 왕에게 결정권이 있었다. 과목이 여러 개가 있었지만, 일반적으로 대책(對策)이 많이 사용되었다. 대책이란 요즘 사람들이 흔히 쓰는 '어떤 일에 대처하는 수단이나 계획'이라는 뜻과 같은 단어다. 당시 중요한 정치적 사안들로 출제되는 문제를 책문(策問)이라 했고, 대책은 해결책을 적어 제출하는 답안, 즉 '책문에 대한 대답'이라는 뜻이었다. 따라서 전시는 경전에 통달하거나 글을 잘 쓰는 능력 이외에 즉흥적으로 제시된 문제에 대한 통찰력과 현실에 맞는 해결책이 함께 담겨야 했다. 사회적인 현상이나 병폐에 대한 문제들도 출제되었는데, 술의 폐해, 호패(신분증) 관리, 풍속의 교화, 성곽 수리 등이 그에 속했다.

감독관들은 답안지를 걷어서 왕에게 제출하는데, 먼저 살펴보고 가장 뛰어난 내용의 답안을 맨 위에 올려놓았다. 왕이 살펴보고 위에 놓인 답안지가 압도적으로 실력이 뛰어나다고 판단하면 장원으로 선발했는데 여기서 압권이란 말이 생겨났다고 한다. 압권(壓卷)은 가장 뛰어난 답안지가 다른 대책(卷)들을 누른다(壓)는 뜻이다. 전시가 끝나면 성적순으로 갑과 3명, 을과 7명, 병과 23명으로 배분했다. 수석 급제자 1인은 종6품을, 나머지 갑과 2명은 정7품을, 을과는 정8품을, 병과는 정9품의 품계를 얻었다.

기존의 관료들도 빠른 출세를 위해 과거에 여러 번 응시했다. 정3품 당하관(堂下官) 이하의 관료가 그 대상이었다. 이들이 전시를 통과했을 경우에는 수석은 4품계, 갑과는 3품계, 을과는 2품계, 병과는 1품계를 올려주었다. 정3품 당상관(堂上官) 이상은 올라갈 수 없었지만, 자신의 가치를 끌어올리려면 현직 관료들도 반복해서 도전하는 수밖에 없었다. 그러나 과거는 만만하지 않았다. 전국에서 수재들이 몰려들었으나 자리는 한정되어 있었기 때문이다. 정조 때 문효세자(文孝世子)의 책봉을 기념해 진행된 과거의 기록 《왕세자책봉경룡호방(王世子冊封慶龍虎榜)》을 보면, 초시에 시험장에 들어온 인원이 1만 7,913명이고, 제출된 답안지가 총 1만 1,327장이었다. 이 중에서 600명에게만 합격

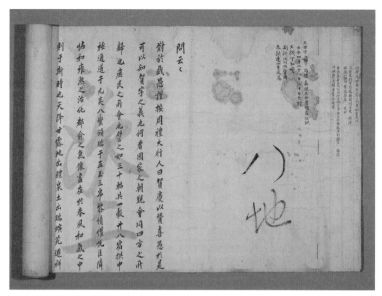

과거 답안지. 국립중앙박물관 소장.

증서를 주었다. 답안지를 제출한 사람이 63퍼센트뿐이고 합격한 사람은 약 3퍼센트였다. 또한 조선 시대에 소과를 1등으로 통과한 사람이 총 443명이었는데, 그중에서 대과에 급제한 사람은 216명으로 대략 49퍼센트 정도였다.

과거는 제도로만 보면 꽤 공정한 게임이었다. 최소한의 자격 제한, 지역별 인원 안배, 직무에 따른 과목 분류, 체계적인 시험 단계, 인성에 도움이 되는 경전 내용까지 무엇 하나 부족함이 없어 보인다. 그러나 늘 문제는 욕심과 차등에서 나오기 마련이다. 커닝 페이퍼나 대리자를 준비하는 행위는 애교에 가까웠다. 감독관하고 결탁해 시험 문제를 사전에 유출하고, 답안지에 특별한 암호를 표기해 내용과 상관없이 붙여주고, 타인의 모범 답안을 미리 짠 사람의 이름으로 바꿔치기하는 일들이 일어났다. 가장 심한 경우는 매관매직(賣官賣職)이었다.

조선 후기에는 돈이면 다 된다는 방식이 공공연하게 퍼져 품계에 따라 시세가 사람들의 입으로 전달되었다. 깜냥이 안 되는 종친과 외척의 등용도 관직을 문란하게 만들었다. 당시 어수선하고 소란스러웠던 과거 시험장이 얼마나 극에 달했는지 그곳에서 '난장판'이라는 말이 생겨났다고 한다. 시험장에서 커닝 페이퍼가 발각되면 6년 동안 과거를 못 보게 하고, 당사자가 아닌 사람이 시험장으로 들어올 경우 강제로 수군(水軍)으로 징집하고, 서로 짜고 남의 답안지를 베끼다 걸리면 곤장을 때리거나 중노동을 시키는 도형(徒刑)에 처하기도 했다.

사회적인 폐단도 심각한 문제 중의 하나였다. 출세할 수 있는 방법이 제한적이다 보니 많은 사람이 과거만 바라보고 살았기 때문이다. 합격되지 못한 사람들은 노령인데도 계속 도전했고, 합격자를 배출하기 위해 집안에서는 가족의 희생이 당연시되었다. 무엇보다 큰 문제는 많은 사람이 관료가 되어 공공의 이익을 위해 헌신하겠다는 의지보다 개인의 출세에만 신경 썼다는 사실이다. 성호(星湖) 이익(李瀷)과 다산(茶山) 정약용(丁若鏞) 같은 이들은 과거제도의 사회적 폐단을 지적하면서 기존의 방법을 개선해야 한다고 주장했다. 만약 조선 후기로 가는 길목에서 이와 같은 생각을 가진 사람들이 많아져서 주류가 되었다면 역사가 조금은 달라졌을지도 모른다. 그러나 이와 같은 주장을 하는 사람들은 소수에 불과했다.

과거는 조선을 받치는 힘이었다. 태조 2년이었던 1393년에 문과가 시작되어 고종 31년인 1894년에 사라졌으니 501년이나 존속하며 조선과 운명을 같이했다. 긴 역사만큼이나 많은 기록이 남아 있다. 문과 전체 합격자는 총 1만 5,151명이니 매해 평균 30명을 배출한 셈이다. 합격자의 평균 연령을 살펴보면, 소과의 경우 34.5세, 대과의 경우는 36.4세다. 총 합격자 중에서 40대 이상이 차지하는 비율이 약 40퍼센트였다.* 아이가 말을 할 줄 알면 《천자문》을 가르쳐야 한다는 기록이 남아 있는 걸로 보아, 보통 양반 가문에서는 과거를 준비하기 위해 한 자를 익히기 시작하는 나이가 네다섯 살 전후로 추정된다. 평균 합격 연령으로 계산하면, 문과에 합격을 하기 위해 꼬박 30년을 공부한 셈이다. 물론 모든 사람이 긴 시간을 투자해 힘겹게 품계를 얻지는 않았다. 시기와 상황에 따라서 합격자의 연령은 다양했다. 천재적인 능력으로 사람들을 놀라게 만든 합격자도 있었다. 문과에 최연소로 합격한 사람은 이몽필(李夢弼)로 중종 14년(1519) 별시에 급제한 나이가 13세였고, 그다음으로 고종 3년(1866)에 이건창(李建昌)은 14세를 기록했다. 17세의 박호(朴箎)는 선조 17년(1584)에 실시한 과거에서 최연소 장원급제자로 등극했다.

과거의 달인으로 이이(李珥)를 빼놓을 수 없다. 이이는 과거 시험에서 아홉 번이나 1등을 해서 얻어진 별명이 구도장원공(九度壯元公)이었다. 같은 해에 소과의 생원과와 대과에서 모두 장원을 했는데, 이러한 기록은 조선 시대를 통틀어 단 두 명뿐이다. 흔히 이러한 이유로 그를 조선 시대 최고의 천재로 이야기하지만 그와 같이 한 해에 소과와 대과를 모두 섭렵한 이석형(李石亨)의 기록은 더욱 놀랍다. 이이는 29세에 생원과 대과만 장원이었지만, 이석형은 생원, 진사 그리고 대과 모두 27세에 장원을 차지했다. 이는 과거를 실시한 501년 동안 단 한 명만 가진 진기한 기록이다. 같은 해가 아니더라도 두 개의 소과와 대과에서 전부 장원을 한 사람은 그 외에는 없다.

보통 사람들이 정당한 방법으로 합격하려면 노력밖에 답이 없었

*   규장각한국학연구원, 《사물로 본 조선》, 글항아리, 2015, 177쪽, 179쪽.

다. 그러나 명문가나 재정적으로 여유가 있는 집안에서는 후손들에게 효율적인 다양한 공부법을 제공했다. 이는 서울대 합격자가 점점 강남 출신으로 압축되는 요즘 세태와 다르지 않았다. 수험서나 참고서는 기본이고, 가문만의 공부법을 정리해 전파하고, 초집(抄集)이라 불리는 요약본도 구해주었다. 파평 윤씨(坡平 尹氏) 가문에서는 아예 가능성 있는 자손들을 모아놓고 가르쳤다. 그들은 명문대를 가기 위해 기숙학원을 다니는 방식과 유사하게 합숙하며 모의고사까지 실시했다. 그런 영향력 때문인지, 파평 윤씨는 왕족의 성이었던 전주 이씨(全州 李氏)를 제외하고, 안동 권씨(安東 權氏) 다음으로 많은 문과 합격자를 배출한 가문이 되었다.

어떠한 방법을 동원하든지 과거에 합격하기란 결코 쉬운 일이 아니었다. 똑똑하다고 소문이 자자했던 이이나 많은 사람에게 존경을 받았던 이황(李滉) 같은 당대의 문신들도 과거에 떨어졌다. 비상한 실력을 가졌던 이이가 23세에 낙방했을 때, 연륜이 쌓인 58세의 이황은 편지로 그를 위로했다. 《세설신어(世說新語)》에서는 인생의 세 가지 불행한 일로, 어린 나이에 과거에 급제하는 소년등과(少年登科), 권세 있는 가문에서 태어나는 석부형제지세(席父兄弟之勢), 뛰어난 재주와 글솜씨를 동시에 가진 유고재능문장(有高才能文章)을 꼽았다. 이황은 이러한 고전을 인용하며, 나중에 하늘이 크게 쓰기 위해 시련을 주니 힘을 내라고 이이를 격려했다. 이황의 이러한 충고는 자신의 경험에서 비롯되었다. 그도 24세 때 도전했던 과거에서 세 번이나 연속으로 떨어졌기 때문이다. 그는 28세가 되어서야 소과에 합격하고, 34세에 대과에서 을과 1등, 전체 4등으로 합격했다. 이이가 뛰어난 선천적인 능력이 있었다면 이황은 그 반대로 지독한 노력파였다.

도산서원(陶山書院)에 가면 그가 얼마나 공부를 했는지 보여주는 증

일제강점기에 촬영된 이황의 책상. 국립중앙박물관 소장.

거가 남아 있다. 서원의 앞쪽 왼편에 유물 전시관으로 쓰이는 옥진각 (玉振閣)에는 이황이 썼던 유품과 책들이 전시되어 있다. 이곳에는 벼루와 서진(書鎭)부터 지팡이와 투호(投壺)까지 다양한 물건이 놓여 있는데, 유심히 보아야 할 물건은 책상이다. 주인을 잃고 얌전히 웅크린 책상을 자세히 보면, 왼쪽과 오른쪽의 다른 부분이 눈에 들어온다. 왼쪽 면 위의 한 부분만 모서리가 닳아 있다. 옛날 책은 오늘날과 반대로 책장을 왼쪽에서 오른쪽으로 넘기면서 보았다. 닳아 있는 부위는 이황이 왼손으로 책장을 넘기면서 다음 책장을 넘기기 위해 손을 대었던 자리였다. 그는 책상이 닳을 정도로 공부했던 사람이었다.

다가서기

사정전_ 국가의 운명이 결정되는 정쟁의 무대

천하의 이치는 생각하면 얻을 수 있고 생각하지 아니하면 잃어버리는 법입니다. 대개 임금은 한 몸으로써 높은 자리에 계시오나, 만인의 백성은 슬기롭고 어리석고 어질고 불초함이 섞여 있고, 만사의 번다함은 옳고 그르고 이롭고 해로움이 섞여 있어서, 백성의 임금이 된 이가 만일에 깊이 생각하고 세밀하게 살피지 않으면, 어찌 일의 마땅함과 부당함을 분별하여 처리하겠으며, 사람의 착하고 착하지 못함을 알아서 등용할 수 있겠습니까? 예로부터 임금이 된 자로서 누가 높고 영화로운 것을 바라고 위태로운 것을 싫어하지 않겠습니까마는, 사람답지 않은 사람을 가까이 하고 좋지 못한 일을 꾀하여서 재난에 따른 실패에 이르게 되는 것은, 진실로 생각하지 않는 것에서 비롯된 것입니다. (중략)

이 전(殿)에서는 매일 아침 여기에서 정사를 보시고 중요한 정치 사안을 거

사정전.

듭 모아서 전하에게 모두 품달하면, 조칙을 내려 지휘하시매 더욱 생각하지
않을 수 없사오니, 신은 사정전(思政殿)이라 이름하옵기를 청합니다.

—《태조실록》, 태조 4년(1395) 10월 7일

보물 제1759호로 지정된 사정전은 왕이 평상시에 거처하면서 정사
를 의논하거나 결정하는 공간이었다. 이와 같은 공간을 편전(便殿)이
라 한다. 궁궐이 등장하는 드라마나 영화 등에서 왕과 신하들이 모여
중요한 정책에 관한 의견을 조율하는 장소가 바로 이곳이다. 근정전
이 대내외적인 대규모 행사를 위한 공간이라면, 사정전은 소규모 의
례를 진행하며 실질적으로 정치가 논의되는 곳이었다. 사정전에서 진
행된 대표적인 의례는 6품 이상의 중앙 관리들이 조회 형식으로 왕에
게 문안 인사를 드리던 상참(常參)이 있었다.

상참은 본래 매일 하도록 규정되어 있었지만 왕의 성향이나 정치
상황에 따라서 달라졌다. 상참은 단순한 의례 절차로 끝나지 않았다.

그 이후에 나라의 중요한 일을 의논해 결정하는 시사(視事), 문신과 무신이 교대로 참가해 전문 분야에 대한 질의응답을 하던 윤대(輪對) 그리고 학식이 높은 신하들에게 사서오경이나 역사에 대한 교육을 받던 경연 등으로 이어졌다. 시사, 윤대, 경연 등은 모두 왕의 정책 결정과 의식 형성에 큰 영향을 미치는 제도였다. 따라서 왕의 모든 생각과 의견이 싹트는 곳이 바로 사정전인 셈이다. 그렇기에 정도전은 왕이 가진 생각의 중요성을 부각하고자 편전의 이름을 사정전으로 정했다.

국가적인 행사는 모두 예(禮)의 범주에 속한다. 모든 예를 제대로 챙기려면 부지런함이 있어야 한다. 부지런함이라는 기초가 튼튼해야 굳건한 정치가 가능하다. 정책과 인사는 정치의 기본 요소다. 그러므로 정치는 판단이 중요하다. 어떤 판단을 내릴지에 대한 정체성이 확고해야 하는 이유다. 고로, 정도전은 대례(大禮)가 주최되는 곳에는 부지런함을 강조하는 근정전, 신중한 판단이 필요한 곳에 사정전이라는 이름을 붙였다. 그는 《서경》의 "생각하면 슬기로워지고, 슬기로우면 성인이 된다"*는 구절에서 생각의 중요성을 가져왔다. 이는 단순히 현재의 왕에게만 전달하는 충언이 아니었다. 자신이 설계한 조선의 모든 위정자와 그 후계자들에게 전달하려는 메시지였다. 경복궁에서 가장 중요한 두 건물이 가진 상징성이 바로 조선의 이정표였다. 그게 바로 정도전의 꿈이었다.

중요한 정책을 생산하는 사정전은 단일 건물이라기보다 동쪽의 만춘전(萬春殿), 서쪽의 천추전(千秋殿)과 붙어서 정치 영역의 구심점 역할을 맡았다고 보는 편이 옳다. 현재는 부속 건축물이 떨어져 있지만,

---

* 思曰睿, 睿作聖.

건청궁의 복도각.

예전에는 건물과 건물이 복도각으로 연결되어 왕이 밖으로 나가지 않고도 사정전에서 만춘전이나 천추전으로 이동할 수 있었다. 따라서 세 개의 건축물은 하나의 건물 영역에 속하는 셈이다.

복도각은 이동이 편리하다는 장점과 더불어 왕의 신변을 보호한다는 부가적인 기능이 있었다. 그러나 건물과 건물이 모두 붙어 있어 화재가 나면 쉽게 불이 옮겨붙을 수 있다는 단점을 지녔다. 실제로 궁궐에 화재가 나면 건물 한두 채로 끝나는 경우는 드물었다. 복도각이나 행각으로 연결된 건물은 순식간에 불이 번지기 일쑤였다.

부속 건축물의 한자를 직역하면 만춘전(萬春殿)은 만 번의 봄, 천추전(千秋殿)은 천 번의 가을이라는 뜻이다. 동쪽은 방위상으로 양(陽)을, 서쪽은 음(陰)을 상징한다. 해가 뜨고 지는 방향과 일치한다.

경복궁에는 이러한 자연의 원리를 이용해 이름을 지은 건축물이 많다. 경복궁의 동쪽 문인 건춘문(建春門)과 서쪽 문인 영추문(迎秋門) 역시 계절로 봄과 가을을, 근정전으로 들어가는 일화문(日華門)과 월화문(月華門)은 해와 달을, 강녕전의 부속 건물인 연생전(延生殿)과 경성전(慶成殿)은 '태어나고(生), 이룬다(成)'는 뜻이다. 이와 같은 대조는 계절로 1년의 주기를, 해와 달로 하루와 한 달의 주기를, 탄생과 이룸으로 한 생명의 주기를 담아냈다.

주기는 반복적으로 되돌아오는 자연을 상징하는데, 해의 기운을 받아 탄생하고 달의 기운으로 자라나며, 봄에는 살아나고 가을에 풍성해지니 이는 곧 탄생과 이룸의 진리이자 순환의 법칙이다. 정도전은 연생과 경성의 뜻을 설명하며, 왕에게 천지의 생성 원리를 본받으라고 충고했다. 하늘과 땅이 만물을 봄에 낳게 하고 가을에 결실을 거두는 이치를 따라, 성인은 만백성을 인(仁)으로 기르고 의(義)로서 바로잡으니, 이와 같이 자연이 순행하는 이치대로 정치해야 한다고 말했다.

사정전은 다례(茶禮)를 진행하던 장소로도 이용되었다. 다례는 말 그대로 차를 마시는 의례를 말한다. 우리나라에서 차에 대한 기록은 신라 시대까지 거슬러 올라간다. 중국에서 전해진 차는 고려 시대에 불교와 함께 발전하며 하나의 전통문화로 자리 잡았다. 궁궐의 차는 단순한 음료를 넘어서서 의례로 거듭났다. 다례는 사신이나 종친 등의 손님을 접대하거나 고위 관료들과 함께 즐기며 비교적 부드러운 접대 분위기를 만드는 데 활용되었다. 조선이 불교를 억제하면서 차 문화의 발전이 위축되기는 했지만 궁궐에서는 조선 후기까지 공식 행사로서 다례를 진행했다.

궁궐의 다례는 접대의 목적 이외에 왕실의 회갑처럼 경사스러운 일이 있을 때도 의례로 행해졌고, 제사에도 활용되었다. 국상 기간에는 수시로 제사로서 다례가 행해졌는데, 이렇게 차를 올리는 제사 풍속은 민간에서도 마찬가지였다. 현재 우리가 차례(茶禮)라고 부르는 제사가 곧 다례다. '차'와 '다'로 발음이 다르지만 글자와 뜻은 모두 같은 의미다. 본래 우리 조상들은 제사를 지낼 때 술이 아닌 차를 이용했다. 요즘까지 일상다반사(日常茶飯事)란 말이 차례처럼 낯설지 않은 까닭은 우리나라에서 차 문화가 상당히 영향력이 있었음을 짐작하게 해주는 사례다. 고려 시대부터 궁궐에서 차를 다루는 일이 많아지자 이를 담당하는 관청을 만들어 다방(茶房)이라고 불렀다. 다방은 조선 시대까지 궁궐 내에서 이어졌다.

사정전에서 행해진 다례는 주로 사신을 접대하는 용도가 많았다. 《세종실록》 세종 11년(1429)의 기록에는 다음과 같은 글이 남아 있다. "진입(眞立)이 예궐(詣闕)해 사은(謝恩)하니, 임금이 사정전(思政殿)에서 다례를 행했다." 진입은 조선 사람으로 명나라에 건너가 환관으로 출세한 인물이었다. 그는 명나라 5대 황제인 선종(宣宗)의 총애를 받았다고 한다. 그렇기에 진입이 사신으로 조선에 올 때는 세종도 그를 함부로 대하지 못했다. 심지어 그에게 잘 보이기 위해 부모와 친척들에게 잔치를 베풀어주기도 했다. 당시에 조선에서 건너간 어린 환관이 출세해 명나라의 사신으로 오는 경우가 종종 있었는데 그들의 요구가 만만치 않았다. 이들은 많은 재물 이외에도 친척들의 인사 청탁까지 요구했다. 《세종실록》 세종 17년(1435)에는 다음과 같은 기록이 남아 있다. "중국에 입조(入朝)한 화자(火者, 환관) 윤봉(尹鳳), 이상(李祥), 장봉(張奉) 등이 사명을 받들고 본국에 온 것이 여러 번이었는데 친속(친척)을 청탁해 모두 관직을 받았다. 이때에 이르러 사촌을 제외하고는 모두 파면시켰다." 그러나 사신으로 돌아온 환관들을 단순히 욕심이 많은 자들이었다고 치부하기는 어렵다. 나라에서 그들을 강제로 제물로 바쳤기 때문이다.

내시_ 자연의 법칙을 거슬러 100세 장수를 누린 사람들

"'짐(朕, 명나라 황제)이 안남(安南, 베트남)에서 화자(火者) 3,000을 데려왔으나, 모두 우매하여 쓸 데가 없다. 오직 조선의 화자가 명민하여 일을 맡겨 부릴 만하다. 이리하여 (조선에서) 구하는 것이다. 다만 외교문서 안에 그 숫자를 제한하지 말 것인즉, 만일 짐이 (원하는) 숫자를 정하게 되면, 조선의 왕이 그 수를 채우지 못하면 지성으로 짐을 섬기는 뜻을 상하게 할까 두렵다'고 하였습니다."

임금이 개인적으로 한첩목아(韓帖木兒, 명나라 사신)에게 이르기를, "황제의 뜻은 어떠합니까?" 하니, 한첩목아가, "300∼400명 선에 내려가지 않을 것입니다" 하므로, 임금이, "이것들은 종자가 있는 것도 아닌데, 어떻게 많이 얻을 수 있겠습니까!" 하였다.

—《태종실록》, 태종 7년(1407) 8월 6일

'화자'는 조선에서 명나라로 보내던 열 살 전후부터 스무 살이 안 된 환관 후보자를 말한다. 화자는 거세된 자들로 공녀(貢女)와 함께 조선이 명나라에 조공으로 바친 백성이었다. 고려에서 원나라에 바치던 풍습이 그대로 조선과 명나라로 이어진 셈이다. 조선은 명나라 황제의 명을 받들기 위해 전국에서 화자를 뽑았다. 시기마다 다르지만, 명나라에서 온 사신들은 보통 한 번에 수십 명씩 요구했다. 태종의 한탄처럼 어떻게 조건에 맞는 사람을 시기마다 맞춰서 구했을까?

고자(鼓子)라는 뜻도 함유한 화자는 보통 자연적인 원인으로 거세된 사람을 대상으로 했지만 가난이나 출세욕 등을 이유로 스스로 거세된 삶을 선택한 사람도 있었다고 한다. 그러나 조공으로 바칠 인원이 부족할 경우에는 숫자를 맞추기 위해 강제로 거세된 자도 있었다고 추

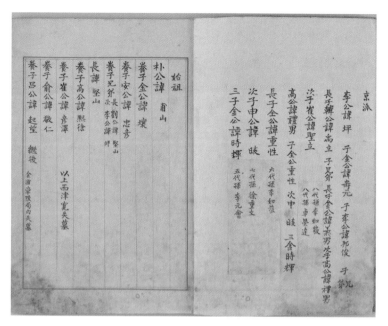

내시 박보산(朴甫山)의 족보 가승(家承). 국립민속박물관 소장.

정된다. 상식적으로 매번 중국의 요구 조건에 맞는 인원이 나타날 리 없었기 때문이다. 조선의 왕들은 각 도의 관찰사에게 화자를 뽑아오라는 어명을 내리거나, 팔도에 인원을 분배해 할당량을 채우라고 지시했다. 단순한 지시였지만 명령을 받는 입장에서는 결코 쉽지 않은 일이었다.

할당량을 채워서 어명을 따르거나, 채우지 못하고 자신의 무능을 입증하거나, 선택은 두 가지 중 하나밖에 없었다. 왕이 화자를 뽑으라고 지시할 때에 '간선(簡選)'이라는 단어를 쓰곤 했다. 이는 여럿 중에서 골라낸다는 의미다. 화자는 황제의 궁에서 업무를 수행해야 하므로 아무나 뽑을 수 없었기에 간선에는 반드시 '합당한'이라는 수식어가 붙었다. 외모와 품행이 비교적 괜찮은 사람 중에 거세된 자를 찾기란 더욱 희박한 일이었다. 성종은 13세에서 20세 이하의 학술(學術)에 능통한 자를 찾으라고 지시했으며, 화자로 뽑혀가서 출세한 자들의 가족에게 군역을 면제하거나 관직을 주기도 했다. 이런 기록으로 보아 화자는 천민뿐만 아니라 일반 양인 중에서도 선발되었음을 알 수 있다.

화자(火者)의 어원은 남자를 강제로 거세하는 마지막 과정에서 불을 사용해 붙여진 이름이라고 한다.* 《조선왕조실록》에는 중종 시기인 1521년까지 어린 화자를 바치라는 명나라의 요구가 지속적으로 나온다. 화자로 지목되어 끌려가는 사람은 나이가 어릴수록 분별력이 없는 상태에서 당한 셈이다. 거세라는 정체성의 혼란과 타국으로 보내진 배신감의 결합 때문일까? 명나라 황제의 신임을 얻어 칙사가 되어 조선으로 돌아온 화자들은 정해진 양보다 많은 공물을 요구하거나, 과도한 뇌물을 받아가는 등의 변형된 복수를 하는 자들이 있었다. 태종 3년의 실록에는 다음과 같은 기록이 남아 있다.

사신 한첩목아가 돌아갔는데, 선발된 화자 35인을 거느리고 경사(京師)로 갔다. 임금이 서교(西郊)에서 전송하니, 화자들이 모두 눈물을 흘리며 울었다.

공납으로 바쳐지는 처녀와 어린 화자들의 행렬을 길에서 보았던 사람들은 눈물을 흘리지 않는 이가 없었다는 기록도 남아 있다.

조선의 환관은 어땠을까? 본래 환관은 내시와는 다른 말이었다. 고려 시대의 내시는 명문 가문에서 똑똑하고 재주가 뛰어나며 용모가

---

* 박상진, 《내시와 궁녀》, 가람기획, 2006, 14쪽.

단정한 자들을 대상으로 삼았다. 그들은 왕을 보필하면서 경전을 강의하거나 왕실의 재정을 관리하는 업무를 맡았다. 오늘날의 대통령 비서실과 흡사한 업무였다. 내시는 생식기의 유무와는 전혀 관계 없는 사람들이었다. 반면 환관은 거세된 자들로 구성되어, 궁궐에서 잡무를 맡았던 사람들이었다. 주임무가 궁궐 청소와 궁녀의 관리 등이었으며, 10여 명에 불과한 소수의 조직이었다. 이렇게 분리되어 유지되던 내시와 환관은 고려 중기 이후 바뀌게 되었다. 원나라의 환관 제도를 고려가 흡수하면서 환관이 내시가 되는 세상이 되었다. 그리고 충렬왕에게 시집왔던 제국대장공주(齊國大長公主)가 고려의 환관을 원나라로 보내면서 황제의 나라에서 능력을 인정받은 자들이 생겨났다. 이후 고려 말로 갈수록 내시와 환관을 혼용해 사용했고, 공민왕은 내상시(內常侍), 내시감(內侍監), 내승직(內乘直) 등의 7개로 나눠져 있던 관직을 내시부(內侍府)로 통합해 관리했다. 내시부는 조선으로 이어지면서 내시와 환관은 완전히 같은 뜻을 지닌 단어로 변모했다. 그리고 거세라는 특징을 가진 자들로 구성되었다. 그렇다면 갖추기 어려운 신체적인 특징이 있어야 하는 환관은 어떻게 유지되었을까?

《고려사》 열전에는 〈환자전(宦者傳)〉이 존재한다. 환자는 환관의 다른 이름이다. 그 서문에는 환관이 되는 과정이 고스란히 담겨 있다. 환관의 계보는 천민이나 노예에서 비롯했다. 고려는 중국과 달리 죄인의 생식기를 없애는 궁형(宮刑)이 없었기에 어린아이 중에서 개에게 고환을 먹인 자가 모두 환관이 되었다고 한다. 그런데 원나라로 건너가 출세한 환관들이 많아지자 분위기가 바뀌었다. 《고려사》는 실상을 이렇게 남겼다.

잔인하면서도 요행을 바라는 무리들이 돌아가며 서로 이를 선망하고 따라

배위, 아버지는 자기 아들의 고환을 제거하고 형은 자기 동생의 고환을 제거하였다. 또한 난폭한 자는 조금이라도 분하거나 원망스러운 일이 있으면 스스로 거세하였으므로, 불과 수십 년 사이에 거세한 무리들이 매우 많아졌다.

조선의 환관 수급도 고려와 실정이 크게 다르지 않았다고 보인다. 조선의 환관들은 출세하거나 재산이 많아지자 자신의 자식을 환관으로 키우며 족보를 만들기도 했다. 이들은 생식 능력이 없기에 양자로 자식을 들였다. 흔히 환관들은 궁궐 안에서만 사는 줄 알지만, 일부는 궁궐에서 생활하고 일부는 궁궐과 가까운 곳에서 집단으로 거주했다. 그들은 일반 관리처럼 처첩을 거느리며 출퇴근했다. 종로의 효자동과 봉익동 등은 환관이 살았던 곳으로 알려져 있다.

조선의 태조 이성계는 고려의 내시부 제도를 이어받아 가다듬었다. 업무를 세분화하고 그들의 권력을 견제하기 위해 품계를 제한했다. 이러한 기조는 고위직을 줄이고 하위직을 늘려 한동안 유지되었다. 그러나 태조 집권기에 121명이었던 내시부는 성종 시기에 140명, 연산군(燕山君) 시기에는 161명으로 조선의 나이와 함께 점차 수가 늘어났다. 중기까지 160여 명을 유지하던 내시부의 인원은 조선 후기로 갈수록 늘어나 보통 300~400여 명의 인원을 유지했다.

기본 자질을 검사해 수습 내시로 선택된 어린아이들은 대략 10년이 지나야 정식 환관이 되었다. 이 기간에는 주로 궁궐 청소나 잔심부름을 하면서 궁궐의 예절을 배우고, 유교 경전을 공부했다. 정식 환관이 되면 교육받은 내용에 대하여 매달 시험을 보고 평가를 받았다. 조선의 법전《경국대전》에는 이들의 수를 140명으로 정했는데, 그중에서 정식 관직은 59개밖에 없었다. 나머지는 일종의 비정규직에 해당되는 셈이다. 한정된 관직을 차지하려면 과거 못지않은 치열한 경쟁에서 살아남아야 했다. 도목정사(都目政事)는 고려, 조선 시대 관리들의 근태, 공과 등을 평가해 인사 조치를 진행하던 제도다. 일반적인 관리의 경우 1년에 두 번 6월과 12월에 임면이나 승진 등을 결정했는데, 환관의 도목정사는 1년에 네 번이었다. 내시부에서 최고의 관직은 종2품인 상선(尚膳)으로 오늘날의 차관급에 해당하는 직급이며, 왕의 음식을 감독하고 내시부 소속의 관리들을 감찰하는 일을 맡았다. 반면 가장 말단직은 종9품의 상원(尙苑)으로 왕실 정원을 관리하는 업무를 맡았다. 내시부는 왕실의 음식, 사무, 재정, 궁문의 수비 등 주로 비서나 집사에 해당하는 일들을 처리했다.

환관들은 비교적 장수했다고 알려져 있다. 환관의 족보인 《양세계보(養世系譜)》에는 그들의 평균수명을 알 수 있는 근거가 들어 있다. 총 777명의 내시 중에서 출생과 사망 연도를 정확하게 확인할 수 있는 81명을 조사한 결과, 평균수명이 약 70세로 역대 왕들의 평균수명인 47세나, 양반의 평균수명이라고 추정되는 50세 초, 중반보다 무려 20여 년을 더 살았다. 심지어 100세를 넘긴 자도 세 명이나 되었다.* 이 남자들은 남성성을 상실해 자연의 법칙에서 어긋난 신체적 특징을 가지고 살았지만, 당시에 일반적이었던 생명의 법칙에서 벗어난 긴 삶을 선물로 받은 셈이었다. 다만, 선물이라는 인식은 이들이 장수를 축복이라고 여겼다는 전제가 필요하다.

현대인들이 알고 있는 환관의 이미지는 매우 단순하다. 매체는 한동안 환관을 호리호리한 체형에 가냘픈 목소리를 지닌 사람으로 묘사

---

* 〈조선 내시, 양반보다 14~19년 더 장수 '남성호르몬이 수명 단축' 학설 뒷받침〉, 《조선일보》 2012. 9. 25. 고려대 이철구 교수, 인하대 민경진 교수, 국사편찬위원회 박한남 연구원은 조선 시대 중·후반의 내시와 양반의 수명을 공동으로 연구해 논문 자료로 삼았다.

하며, 연약하거나 혹은 권력의 줄다리기를 조절하는 영악한 존재로 부각시켰다. 그러나 모든 환관이 그렇지는 않았다. 연산군 재위 말기인 1505년, 왕의 횡포에 많은 사람이 입을 다물고 있을 때 환관이었던 김처선(金處善)은 죽음을 무릅쓰고 간언했다. 그의 이름이 《조선왕조실록》에 등장한 시기가 단종(端宗) 1년(1453)이고 그 후로도 세조, 예종, 성종 시기를 모두 거쳤으니 환관으로만 50년을 넘게 수행한 베테랑이었다.

김처선의 말에 흥분한 연산군은 직접 칼을 들고 그의 팔과 다리를 자르며 활로 쏘아 죽였다. 왕은 김처선의 양자를 죽이고, 처를 포함한 칠촌까지 죄를 물어 처벌하고도 분이 안 풀렸는지 그의 부모 무덤을 뭉개고 난장판으로 만들었다. 또한 김처선의 집을 철거하고 못을 파서 죄명을 돌에 새겨 넣은 후 담을 쌓아 막아놓으라고 지시했다. 이뿐만이 아니었다. 신하 중에서 김처선과 이름이 같은 자가 있으면 모두 고치게 했고, 모든 문서에 김처선의 '처(處)' 자를 쓰지 못하게 했으며, 24절기 중의 하나인 '처서(處暑)'도 '조서(徂暑)'로 고쳤다. 그리고 다음과 같은 시를 남겼다.

백성에게 잔인하고 박한 사람이 내 위로 없었는데,
어찌 간사한 내시가 왕의 가마를 범할 줄 알았겠는가,
부끄럽고 원통하고 분한 감정이 넘쳐,
바닷물로 씻어도 여한이 남으리.

—《연산군일기》, 연산 11년(1505) 4월 3일

도대체 김처선은 무슨 말을 했기에 이토록 연산군을 흥분하게 만들었으며 극악한 처벌을 받았을까? 《조선왕조실록》의 《연산군일기》에는 그저 "술에 몹시 취해서 임금을 꾸짖었다"거나 "바른말을 하다가 죽었다"고만 나와 그 내용을 상세히 알 수 없다. 다만 야사인《연려실기술(燃藜室記述)》에는 그 내용이 비교적 자세히 적혀 있다.

김처선은 종종 연산군에게 정성을 다해 충언을 했다. 그러나 처벌은 안 받았는데, 연산군이 속에 쌓아두고 겉으로 드러내지 않았기 때문이었다. 그러던 어느 날 연산군의 음란함이 도가 지나치다고 생각한 김처선은 큰 결심을 한 뒤 자신의 아내에게 "오늘 반드시 죽임을 당할 것이다"라는 말을 남기고 궁궐에 들어갔다. 그는 왕에게 말했다. "늙은 놈이 네 분 임금을 섬겼고, 경서와 사서를 대강 통하지마는 고금에 전하처럼 행동하는 이는 없었습니다." 이를 듣고 화가 난 왕이 화살을 쏘아 몸에 맞혔으나 그가 죽지 않고 연이어 이렇게 토로했다. "조정의 대신들도 죽음을 두려워하지 않는데 늙은 내시가 어찌 감히 죽음을 아끼겠습니까. 다만 전하께서 오래도록 보위에 계시지 못할 것이 한스러울 뿐입니다." 왕은 다시 화살 하나를 더 쏘아 김처선을 쓰러뜨린 후 다리를 잘랐다. 잘린 다리로 걸으라고 하자 그는 왕에게 다음과 같이 물었다. "전하께서는 다리가 부러져도 다닐 수 있습니까?" 그 말을 들은 연산군은 혀를 자르고 몸소 그의 배를 갈라 창자를 끄집어냈는데 김처선은 죽을 때까지 충언을 그치지 않았다고 한다. 왕은 그의 시신을 호랑이에게 던져주었다. 이 말이 사실이라면, 그는 왕에게 죽기를 각오하고 바른말을 한 것이다.

고려 말에 내시로 입궁해 조선에서 무관과 건축가로 출세한 이도 있었다. 박자청은 천민 출신으로 1품까지 올라선 보기 드문 출세의 주인공이다. 그는 황희석(黃希碩)의 종이었고, 내시 출신이었다. 종이라는 신분과 1품의 벼슬은 땅과 하늘, 물과 기름처럼 결코 섞일 수 없는 존재였으나 박자청은 가능하다는 사실을 입증했다. 황희석이 무신

신분으로 이성계를 도운 개국공신이어서인지 몰라도 그의 종이었던 박자청도 조선에서 무인으로 등용되었다. 그의 성공은 조선 초기 신분제의 유연성을 보여주는 대표적인 사례다.

조선 초기에 박자청은 무관 중랑장(中郞將)의 신분으로 궁문을 지키는 임무를 수행했다. 그는 왕의 이복동생이자 개국 일등 공신인 의안대군 이화의 입궁을 막아 태조의 신임을 얻었다. 박자청이 정당한 절차 없이 궁궐로 못 들어가게 막아서자 화가 난 이화는 그에게 발길질을 했다. 박자청은 얼굴에 상처가 날 정도로 두들겨 맞으면서도 왕명 없이는 들어갈 수 없다며 끝까지 막아섰다. 이 사실을 전해 들은 태조는 그를 정4품 호군(護軍)으로 특진시키며 어전을 호위하는 임무를 부여했다. 이때도 그는 잠시도 자리를 비우지 않고, 초저녁부터 새벽까지 자신의 임무를 충실히 수행해서 높은 신망을 얻게 되었다. 그는 권력에 굽신거리거나 꾀를 부리지 않았다.

박자청은 태조 사후에도 태종, 세종 등에게 연달아 신임을 얻으며 자신의 역할을 다했다. 건축 관리 업무에 뛰어난 자질을 보였던 그는 건설부 장관에 해당하는 공조판서에 임명되어 조선 초기 건축가로서 많은 업적을 남겼다. 창덕궁을 짓고, 태조의 무덤인 건원릉(健元陵)과 태종의 헌릉(獻陵)을 만들었으며, 성균관의 문묘를 세우고, 도성에 행랑을 쌓고, 경복궁을 수리하고 경회루를 완성했다. 현대에 남은 경회루는 고종 시기에 다시 지은 건물이지만, 2층의 거대한 누각으로 다시 지을 수 있는 원형을 제공한 사람이 박자청이었다.

정도전이 설계한 한성은 박자청에 의해 건축학적으로 마무리된 셈이다. 경복궁을 기획한 정도전이 사망 후에 조선의 또 다른 법궁으로 사용되었던 창덕궁을 박자청이 마무리했기 때문이다. 그는 궁궐 이외에도 각종 토목공사를 진행하며 건축가이자 감독관으로 왕들에게 인

1909년 촬영된 태조의 건원릉. 국립중앙박물관 소장.

정받았다. 그러나 박자청의 인생이 순탄하게 올라가기만 한 것은 아니었다. 걸핏하면 몇몇 대신들을 포함해 사헌부와 사간원(司諫院)은 왕에게 그의 탄핵을 요구하거나 벌을 주자고 요청했다. 그들의 탄핵 내용은 거의 비슷했다. 출신이 미천한데 태조 이성계에게 잘 보여 출세했고, 성격이 강하고 사나워 어질지 못하다는 이유였다. 이러한 평은 그가 출세할수록 그치지 않고 지속적으로 따라다녔다. 유연한 사고가 부족한 대신들은 무식한 집안 출신이 잘나가는 현실이 못마땅했다. 집안을 멸시하는 세력은 태종이 요청한 박자청의 진급에 대하여 임명장을 발급하지 않는 꼼수까지 부렸다. 그러나 그는 오로지 실력으로 자신의 자리를 차지한 인물이었다. 그는 자신이 맡은 공사를 최대한 빨리 끝내려고 노력했기 때문에 이를 못마땅하게 생각한 부역자들도 있었다.

요샛말로 돈과 '빽'이 없었던 박자청이 엄청난 질투와 멸시를 이겨내고 성향이 다른 세 명의 임금(태조, 태종, 세종)에게 신뢰를 얻으며 등용될 수 있었던 비결은 실력밖에 없었다. 그는 노비 출신으로 건축과 토목이라는 재능을 소신껏 발휘해 1품까지 오른 입지전적 인물이 되었다. 그러나 박자청을 끌어내리려는 인물들은 험담 이외에 기억될 만한 역사를 남기지 못했다. 태종은 다음과 같이 그를 평가했다. "박자청이 배우지는 못했으나, 다만 부지런하고 곧기만 하다"(《태종실록》). 세종 또한 그를 "자청은 사람됨이 꾸미거나 숨김이 없고 정직하고 근로해 상왕이 그를 신임한 것이다"(《세종실록》)라며 치켜세웠다.

박자청은 공로를 인정받아 사후에 '익위(翼魏)'라는 시호까지 빋았다. 강직하고 위엄이 있으며 민첩하다는 의미였다. 날개 '익(翼)' 자에는 '이루다', '받들다'라는 의미가, 나라 이름 '위(魏)' 자에는 '궁궐'이라는 뜻도 있으니 그의 행적과 어울리는 시호였다. 이 당시 시호는 왕족과 공신에게만 주어졌으니 그의 죽음은 천민의 한계를 넘어섰다는 의미가 담겼다. 그러나 《세종실록》을 작성한 사관들은 그를 탐탁하게 여기지 않았는지 왕들의 평가와 다르게 그의 졸기를 다음과 같이 작성했다.

> 자청의 됨됨이는 가혹하고 각박하며, 은혜와 덕이 적었고, 시기하고 이기려는 것을 좋아했으며, 다른 특이한 재능이 없었으나, 다만 토목의 공역을 관장한 공로로 사졸로부터 나와 1품의 지위에 이르렀다. 향년 67세로 죽었다.
>
> ─《세종실록》, 5년(1423) 11월 9일

강녕전 _ 오복의 전파를 기원하는 왕의 침전

강녕전(康寧殿)에 대하여 말씀드리면, 《서경》 홍범구주(洪範九疇)의 오복(五福) 중에 셋째가 강녕(康寧)입니다. 대체로 임금이 마음을 바루고 덕을 닦아서 황극(皇極)을 세우게 되면, 능히 오복을 향유할 수 있으니, 강녕이란 것은 오복 중의 하나이며 그 중간을 들어서 그 남은 것을 다 차지하려는 것입니다. 그러나 이른바 마음을 바루고 덕을 닦는다는 것은 여러 사람들이 함께 보는 곳에 있는 것이며, 역시 애써야 되는 것입니다. 한가하고 편안하게 혼자 거처할 때에는 너무 안일한 데에 지나쳐, 경계하는 마음이 번번이 게으른 데에 이를 것입니다. 마음이 바르지 못한 바가 있고 덕이 닦이지 못한 바가 있으면, 황극이 세워지지 않고 오복이 이지러질 것입니다. (중략)

대체로 공부를 쌓는 것은 원래가 한가하고 아무도 없는 혼자 있는 데에서 시작되는 것입니다. 원컨대 전하께서는 무공의 시를 본받아 안일한 것을 경계하며 공경하고 두려워하는 마음을 두어서 황극의 복을 누리시면, 성자신손(聖子神孫, 임금의 자손)이 계승되어 천만대를 전하리이다. 그래서 연침(燕寢)을 강녕전이라 했습니다.

—《태조실록》, 태조 4년(1395) 10월 7일

궁궐의 건물은 분해와 조립이 가능해, 다른 곳으로 옮겨 그대로 짓거나 자재로 사용할 수 있다. 주재료가 나무여서 주로 끼워 맞추는 조립 방식을 사용하기 때문이다. 반면 건물이 다닥다닥 붙어 있는 궁궐의 구조상 한 번 불이 나면 옮겨붙어 큰 화재로 이어지기 일쑤였다. 일제강점기인 1917년에 창덕궁에서 화재가 발생하자, '허수아비 왕'이 거처하는 공간을 중건하는 공사가 실시되었다. 이때 겨우 살아남아 있던 경복궁의 주요 건물들이 뜯겨서 자재로 활용되었다. 강녕전

강녕전.

은 창덕궁의 희정당(熙政堂)으로, 교태전은 대조전(大造殿)의 중건에 사용되었다. 현재의 강녕전은 1995년에 되살린 전각이다.

   강녕전은 왕이 잠을 자는 침전(寢殿)이다. 다른 호칭으로 연침(燕寢)이라고도 했다. 그러나 단순히 잠만 자는 공간은 아니었다. 신하들을 만나 정사를 의논하기도 하고, 가르침을 구하는 경연도 진행되었다. 무엇보다 재상들을 불러 술자리를 마련하거나 왕족의 생일을 기념하는 등 연회 장소로 이용되었다. 근정전과 사정전에서 진행하는 모임이 격식을 중요시했다면, 강녕전의 소규모 연회는 다소 힘을 뺀 축하와 위로가 주요 목적이었다.《세종실록》15년(1433)의 기록을 보면 낮고 좁고 어두워서 다시 고쳐 짓고자 하는 왕의 요청이 나온다. 최초의 강녕전은 단순한 침전의 역할에 충실했다면, 세종은 크기를 넓히면서 후대에 복합적인 공간을 선물했다.

   강녕(康寧)이란 말이 나온《서경》의 〈홍범구주(洪範九疇)〉는 중국 하

(夏)나라의 시조 우(禹)왕이 만들었다는 아홉 가지 큰 규범이란 뜻이다. 마지막 아홉 번째가 오복(五福)이며 수(壽), 부(富), 강녕(康寧), 유호덕(攸好德), 고종명(考終命)을 말한다. 이는 다른 말로 간단히 장수, 부유, 건강, 덕성, 호상이다. 근정전과 사정전으로 들어가는 문은 전각의 이름을 따서 각각 근정문과 사정문이지만 강녕전의 경우에는 향오문(嚮五門)으로 건물 이름과 다르다. 이 문의 이름은 오복을 권한다는 의미의 '향용오복(嚮用五福)'에서 따왔는데,《서경》에도 나오지만《천자문》에도 등장한다. 그만큼 위에서 언급된 기준의 오복이란 옛사람들에게 보편적인 개념이었음을 알 수 있다.

우왕은 일반적으로 사람들이 원하는 오래도록, 부유하고, 건강해, 편하게 수명대로 사는 삶에 '덕을 좋아하며 즐겨 해야 한다'는 요소를 추가했다. 덕(德)이란 작게는 타인을 불쌍히 여겨 선을 행한다는 자선(慈善)부터 넓게는 상생을 통한 공존(共存)에 이르며, 의무로서 실천해야 한다는 '노블레스 오블리주(noblesse oblige)'까지 부여하는 말이다. 따라서 〈홍범구주〉에는 오복에 앞서 여섯 번째 항목으로 덕을 세분화해 세 가지로 분류했다. 가장 기본적인 요소인 정직(正直), 굳세고 강직한 강극(剛克), 부드럽고 순한 유극(柔克)이 바로 삼덕(三德)이다. 삼덕의 정치 이념은 강직한 리더십과 유연한 조화를 상황에 따라서 활용하되, 반드시 정직한 바탕이 있어야 한다는 뜻이다. 이렇게 명확한 정치 이념을 세웠던 고대 중국의 하나라는 전설적인 왕조이자, 유학자들에게 이상 사회로 여겨지는 국가다.

정도전은 왕이 개인적인 시간을 보내는 침전마저 나태하지 말라는 뜻을 심어놓았다. 강녕은 〈홍범구주〉에서 따온 건강을 뜻하는 말이지만, 그 뜻을 전하는 의미는 지독한 자기 경계(警戒)다. 강녕이란 말 뜻에는 단순히 몸이 건강하다는 뜻 이외에 마음의 편안한 상태도 포함된다. 그래서 정도전은 왕에게 강녕전이라는 이름을 짓게 된 계기를 설명하면서, 오복 중 가운데 항목인 강녕을 가지면 다른 네 가지 항목을 모두 차지할 수 있다는 논리로 유호덕을 끌어들이고, 왕은 마음이 비뚤어지지 않도록 바르게 덕을 닦아야만 황극(皇極, 왕이 나라를 다스리는 바른 법도)이 서고, 오복을 가질 수 있다고 〈홍범구주〉의 구조를 차용했다. 즉 〈홍범구주〉의 다섯 째가 황극이고, 여섯 번째가 삼덕인 구조를 이용한 것이다. 마지막인 아홉 번째 오복은 덕을 쌓으면 왕이 누릴 수 있다고 제시했지만, 사실은 백성들이 누려야 할 요소다. 백성들이 오복을 맘껏 누리는 시대가 태평성대이고, 태평성대가 이어져야 왕조가 바뀌는 일이 없다. 따라서 〈홍범구주〉에서 덕을 세우는 황극은 왕의 지분이며, 오복은 백성의 몫이다. 그런 의미로 정도전은 왕에게 본분을 잊지 말라는 뜻으로 '황극의 복'을 누리라고 말했다.

성군의 자손이 계승되어 천만대를 전한다는 뜻은 백성들에게 오복이 끊임없이 전해지는 시대를 상징한다. 다른 의미로 백성들이 사는게 힘들어지면 오래 가지 못하고 왕조가 뒤집어질 수 있다는 경고다. 그는 성군으로 황극을 세우려면 '혼자 거처할 때에도 편안함을 공경하고 두려워하는 마음을 가져야 한다'는 전제 조건을 내세웠다. 이 말은 유교에서 가장 무서운 가르침이다. 《대학》 6장에는 다음과 같은 구절이 나온다.

소위 그 뜻이 진실되다는 것은 스스로를 속이지 않는 것이니, 악취를 미워하고 여색을 좋아하는 이치와 같아 스스로 겸손하기 위해 힘써야 한다. 그러므로 군자는 반드시 홀로 있을 때에도 삼가야 한다.

所謂誠其意者 毋自欺也 如惡惡臭 如好好色 此之謂自謙 故 君子 必愼其獨也.

—《대학》 6장

'삼가다'는 '태도와 언행을 조심해야 한다'는 뜻이다. 자신을 속이지 않고(毋自欺), 혼자 있을 때에도 삼가야 한다(愼其獨)는 말처럼 무서운 가르침이 있을까? 사실 유교는 일반적인 의미의 종교와는 거리가 멀고 학문에 가깝기 때문에 유학이라는 호칭이 더 적당하다. 창조주와 같은 신이나 초자연적인 절대자를 숭배하거나 믿지 않으며, 사회와 동떨어져서 구도 행위를 하지 않기 때문이다. 유학은 오로지 현실에서 함께 잘 살기 위한 논리와 가르침이 존재할 뿐이다. 여기서 중요한 단어는 '함께'다. 나 혼자 잘 살게 해달라는 기도나 해탈이 아니다. 그렇기 때문에 공자는 사랑하라는 인(仁)과 관계의 기본인 예(禮)를 가장 중요한 요소로 파악하고 가르쳤다.

유교의 논리 중에서 자신을 수양하는 최고의 방법이 바로 자신을 속이지 않는 무자기(毋自欺)와 홀로 있을 때에도 삼가야 한다는 신기독(愼其獨)이다. 자신을 속이지 않으면 거짓된 말과 행동이 나올 수 없으며, 혼자 있을 때조차 흐트러짐이 없으면 언제나 한결같은 태도를 유지하게 된다. 주자는 《예기(禮記)》라는 책에 들어 있던 〈대학〉과 〈중용〉을 따로 떼어내 단행본으로 전해지던 《논어》, 《맹자》와 함께 묶어 사서(四書)로 만들었다. 유학(儒學)을 유교(儒敎)로 바꾸는 데 필요한 기본 작업이었다. 그는 《대학》과 《중용》이 그만큼 중요한 내용이라고 파악했고, 이후에 모든 유학자들은 사서를 기본 경전으로 삼았다. 두 권의 책에서 공통적으로 등장하는 내용이 바로 신기독이다. 그만큼 신기독이 차지하고 있는 영향력을 무시하고 유교를 말하기 어렵다. 만약 공자만큼이나 주자를 신봉했던 조선의 성리학자들이 신기독의 정신을 서로 경쟁하듯 실천했다면 완고한 건전함이 정착되는 사회를 만들지 않았을까?

조선을 대표하는 퇴계 이황은 간사한 생각이 없다는 사무사(思無邪),

늘 공경한다는 무불경(毋不敬)과 함께 무자기와 신기독을 평생의 좌우명으로 삼았다고 한다. 네 구절의 좌우명으로 그는 노년에도 젊은 학자들의 의견을 무시하지 않고 경청했으며, 평생을 겸손하며 부끄럼이 없는 학자로 살아갈 수 있었다.

정도전은 왕이 휴식을 취하는 공간조차 편히 머무르도록 허용하지 않았다. 혼자 있을 때에도 삼가야 한다는 긴상의 뜻을 녹여 강녕진에 담았다. 완고한 사람이 선물한 무서운 뜻이다. 사람은 누구나 바른말을 할 수 있다. 이완용조차 조선 인민이 다투지 말고 합심해 부강한 나라를 만들자고 대중에게 호소했었다. 그러나 이완용은 일본에 빌붙기 전이나 이러한 연설을 하기 전부터 돈과 관련된 비리가 몸에 덕지덕지 붙어 있었던 사람이었다. 남의 돈을 함부로 가져다 쓰다 보니, 자연히 거짓과 사기로 비리를 덮으려는 수작질이 익숙해졌다. 어쩌면 이완용의 일탈은 거기서부터 시작되었는지도 모른다. 어떤 이들은 작은 이권 개입과 관습화된 위법 행위는 적당히 넘어갈 수 있다고 말한다. 혹은 큰일을 할 사람에게 작은 과오는 별일 아니라는 듯이 평가한다. 그러나 큰일을 할 사람이기에 과오를 더욱 중요하게 살펴보아야 한다. 상습적으로 거짓을 말하거나 편법을 일삼는 사람은 언제든지 잘못된 언행이 습관적으로 튀어나오기 마련이며, 바름을 비웃기 마련이다. 말의 생명은 진정성이다. 바른말을 잘하기는 쉬우나 그대로 실천하는 삶은 쉽지 않다. 잠깐은 속일 수 있을지 모르지만 영원히 포장하기란 쉽지 않다. 정도전의 바른말이 묵직하게 파고드는 이유는 그의 삶과 태도가 밀도 높은 진정성으로 뭉쳐 있기 때문이다.

강녕전은 동쪽에 연생전과 연길당, 서쪽에 경성전과 응지당(膺祉堂)이 영역을 공유한다. 강녕전 영역은 앞에 나열된 다섯 채의 건물이 모두 침전으로 사용되었다고 알려졌으나 2019년에 발간된《국역 경복궁영건일기》를 통해 연길당과 응지당은 퇴선(退膳, 수라간에서 만든 음식을 차리고 물리는 중간 부엌)이었다는 사실이 새롭게 밝혀졌다. 연생전과 경성전이라는 이름은 조선 초기부터 사용되었다. 현재는 강녕전과 네 채의 전각이 모두 떨어져 있으나 조선 후기에는 복도각을 이용해 밖으로 나가지 않고도 다른 건물로 왕래할 수 있었다. 현대에 복원하면서 복도각이 사라졌다.

창호지란 전통 건물의 문에 붙이는 종이를 말하는데, 창호(窓戶)에서 창(窓)이란 창문을, 호(戶)란 문을 뜻하는 말이었다. 강녕전 영역의 전각들을 자세히 보면 외부의 창호 모양이 다르다. 창문 구실을 하던 문과 이동 통로의 입구로 쓰이던 문이 다르게 생겼다. 강녕전의 좌, 우측 끝면과 연생전, 연길당의 모서리 부분은 복도각으로 통하는 문으로 활용되었던 호였고 나머지는 창이었기 때문이다.

강녕전의 방 구조는 독특하다. 밖에서 보면 대청마루를 기준으로 좌우에 있는 방이 꽤 크게 보이지만 막상 실내로 들어가면 왕이 기거하는 공간이 무척 협소하다. 그 이유는 방을 '우물 정(井)' 자와 같은 구조로 나누어, 가운데 공간만 왕이 사용하고 나머지는 기둥과 기둥 사이에 미닫이문을 설치해 궁녀들의 공간으로 두었기 때문이다. 왕이 잠잘 때 궁녀들은 그곳에서 뜬눈으로 지새면서 앉아 있었다. 이들이 지밀(至密) 궁녀인데, 지밀이란 지극하게 비밀스럽다는 뜻으로 왕이 거처하는 대전이나 내전 같은 곳을 지칭하는 말이었다.

궁녀_급여와 근무시간이 보장된 전문직 여성 관리

(왕이) 내수사(內需司, 왕실의 재정 및 노비를 관리하던 관청)에 명하여 양가의 딸을 뽑

아들여 궁녀로 삼게 하였다. 이에 내수사 사람이 여러 날 동안 민간에서 찾아 마지않으니, 여리(閭里, 백성들이 모여 사는 곳)가 소요스럽게 되면서 10세 이상인 자들은 다투어 시집가서 피하였다.

—《효종실록》, 효종 4년(1653) 9월 24일

궁녀(宮女)는 궁중여관(宮中女官)의 줄임말로 궁궐의 여성 관리란 뜻이다. 다른 말로 여관(女官)이나 나인이라고도 불렀다. 나인은 내인(內人)의 옛말이며, 궁궐 밖에 사는 외인(外人)과 구분하기 위한 단어였다. 흔히 궁녀를 잡일을 담당한 사람으로 오해하는 경우가 많지만, 이들은 모두 전문직 종사자였다. 궁녀는 넓은 의미로 궁궐에서 일하는 모든 여성을 뜻하지만, 엄밀히 구분하자면 품계를 받은 상궁(尚宮)과 나인만 해당된다. 청소, 물 긷기, 심부름 같은 잡무를 하는 여자들은 무수리나 각심이라고 불렀다. 이들은 상궁과 나인들이 거느리던 사람들이었다. 정식 궁녀는 근무시간이 정해져 있거나 교대 근무로 일과를 보냈다. 이들의 거처에는 통상 '방자(房子)'라고 부르는 종들이 배속되어 있었다.

상궁과 나인은 양반들처럼 엄연한 품계를 지니고 녹봉을 받는 관리였다. 상궁은 정5품으로 궁녀 중 가장 높은 직급이나 신분을 말하고, 나인은 그 아래로 9품까지 모든 궁녀를 총칭했다. 궁녀의 품계가 정5품이 최고직인 이유는 정1품부터 종4품까지 여성의 품계는 후궁이 차지하기 때문이다. 이렇게 궁궐 안에서 품계를 지닌 여성 관리들을 내명부(內命婦)라고 불렀다. 내명부는 외명부(外命婦)와 함께 조선 시대 여인들의 권력과 서열을 가늠하는 잣대였다. 외명부는 주로 궁궐 밖에 거주하면서 왕비의 어머니나 왕세자의 딸을 비롯한 종친의 처와 관직을 가진 양반의 처들로 구성된 조직이었다.

1922년 영친왕비(英親王妃)와 궁녀들 사진. 국립고궁박물관 소장.

내명부 여인들에 관한 품계가 본격적으로 논의된 시점은 조선 초였던 태조 6년(1397)이었다. 정도전이 조준과 함께 이들의 작호와 품계를 만들자고 건의했기 때문이다. 이는 궁궐의 모든 업무는 조직과 체제에 따라 운영되어야 한다는 정도전의 기본 방침이 반영된 결과였다. 왕의 후궁들에게 서열과 관직을 주어 질서를 부여하고, 궁궐에서 일하는 여인들에게 직급에 맞는 녹봉을 지급하자는 주장이었다. 고려 때까지 일정한 규범이 없던 내명부는 이때 처음으로 공식적인 안건으로 대두되었다. 시간이 경과하면서 직무가 체계화되며,《경국대전》에서 법제화된 후 조선 후기까지 그대로 이어졌다.

궁녀가 되려는 여인들은 보통 네 살부터 10대 초반에 입궁해 오랜 수습 기간을 거쳤다. 국가기관에 속한 여자 종이나 공노비의 딸들이 그 기본 대상이었으나 시대에 따라서는 양인 중에서도 선발했다. 조상 중에 대역 죄인이나 중병을 앓은 자가 없는 가문에서 뽑았다. 그러나 정조 집권 시기에 조선 법전을 통합해 편찬한 《대전통편(大典通編)》을 보면, "양인을 추천하거나 투입한 자는 장 60대를 치고 징역 1년에 처한다"라는 구절이 보이고, 현종 5년(1664)의 실록에는 다음과 같은 구절이 있는 걸로 봐서 양인 중에서 뽑는 일이 일반적인 관행은 아니었음을 알 수 있다. "옛 규정에는 (궁녀를) 각사의 하전(下典. 여자 종)으로 뽑아 들였는데 지금은 양녀(良女)로 뽑습니다. 이후부터는 형조로 하여금 법전에 의해 하전으로 뽑아 들이게 하고, 별감(別監)·궁비(宮婢) 등이 사사로이 여염에 나아가 강제로 뽑아 들이는 일을 일절 금하소서." 일부 궁녀들은 노비를 관리하던 관청 내수사(內需司)를 거치지 않고 자신들이 직접 외부에서 후임을 뽑았다.

15년 동안 수습 나인의 생활을 거치면 성인식에 해당하는 관례(冠禮)를 마치고 정식 나인이 되었다. 나인은 직무에 따라 활동하는 영역이 결정되는데, 자신의 특기나 상전(上典)에 따라 구분되었다. 특기는 의복과 이불을 만들고 수선하는 침방, 자수를 놓는 수방, 목욕과 세수를 담당하는 세수간, 간식을 책임지는 생과방, 식사를 만드는 소주방, 빨래와 난방 등을 책임지는 세답방 등으로 구분했다. 상전은 왕과 왕비를 시작으로 왕세자, 세자빈, 후궁, 왕세손, 세손빈 등으로 나뉘었다. 왕을 곁에서 모시는 지밀은 이들 중에서 가장 신분이 높았으며 그 다음으로 침방과 수방 순이었다. 왕 혹은 왕비와 가까이 있을수록 궁녀의 격도 높아졌다. 수습 나인은 '각시'라고 불렸는데, 지밀, 침방, 수방의 각시만 생각시라는 별칭이 있었다. 이들만 '생'이라는 머리 모양을 할 수 있었기 때문이다. 상전을 모시는 궁녀들은 왕보다 자신의 상전을 더욱 각별하게 생각하는 경향이 있었다고 한다. 상전과 궁녀는 한 배를 탄 운명이었기 때문이다. 궁녀의 숫자는 시대마다 다르지만 조선 중기 이후로 갈수록 많아지는데, 후기에는 대략 500~600여 명으로 추정된다.

정식 나인이 된 후에 또 15년 정도가 지나면 상궁으로 진급할 수 있었다. 상궁도 직무에 따라 지위가 나뉘었다. 제조 상궁은 어명을 받들고 궁녀들의 총책임자 역할을 맡은 최고의 지위였다. 제조 상궁이 되면 두 명 이상의 각심이와 옷을 만드는 침모(針母) 그리고 나인까지 거느렸고, 비용은 모두 국가에서 지급했다.* 녹봉도 고위직이었던 정3품 당상관보다 많았다.** 제조 상궁 밑으로는 창고의 물품을 관리하는 부제조 상궁, 왕의 수발을 드는 지밀 상궁, 왕의 자녀를 양육하는 보모 상궁, 서적과 문서를 관리하고 행사를 담당하는 시녀 상궁, 궁녀들을 감시하며 상벌을 주관하던 감찰 상궁 등이 있었다.

상궁이 아니더라도 궁녀에게는 정해진 녹봉이 지급되었다. 기본급 외에 수시로 상여금이 지급되어 대다수 평민이 농업에 종사하던 것과 비교하면 안정적인 직군의 전문직 공무원이었다. 다만 평생 결혼을 하지 못하고, 자유롭게 궁궐 밖으로 돌아다니지 못한다는 제약이 최대의 단점이었다. 궁녀의 연애는 법으로 철저하게 다스렸다. "궁녀가 외부 사람과 간통했을 경우에는 남녀 모두 부대시참(不待時斬)에 처한다"는 내용이 《대전통편》에 나와 있다. 부대시참이란 바로 사형 집행을 뜻한다. 조선 시대에는 죄인이 사형을 선고받더라도 일반적으로 추분(秋分) 이후에 형 집행을 했다. 그러나 역모 등의 중죄인의 경우는 부대시참으로 진행했는데 궁녀의 연애를 중죄로 취급한 것이다.

궁녀가 정4품 이상 올라가려면 왕의 승은(承恩)을 입는 방법밖에 없

* 박상진, 《내시와 궁녀》, 가람기획, 2006, 168쪽.
** 신명호, 《궁녀》, 시공사, 2012, 209쪽.

었다. 승은을 입으면 나이나 경력에 관계없이 바로 상궁의 위치로 올라가고 궁녀의 업무에서 벗어났다. 이들을 승은 상궁 혹은 특별 상궁이라고 불렀다. 만약 승은 상궁이 왕의 자손을 낳으면 후궁으로 신분이 상승되었다.

이와는 달리 궁녀도 아니고 내명부 소속도 아니었지만 궁궐에서 일하는 천민 출신 여인 중에서 종1품의 품계를 당당하게 받은 사람들도 있었다. 그들을 봉보부인(奉保夫人)이라 불렀는데 바로 왕의 유모였다. 이들은 내수사나 종친의 여종 가운데 선발되었는데 단순히 아이를 돌보는 일뿐 아니라 젖을 먹이며 친자식처럼 왕족을 키우는 역할을 담당했다. 따라서 이들은 모두 산모 출신이었다. 아기가 자라서 말을 하고 글을 익힐 나이가 되면 유모의 역할은 끝났지만, 그전까지는 좋은 음식을 먹으며 늘 왕의 곁을 지켰다. 이들은 자연스레 자신이 키우던 왕족과 특별한 정이 들기 마련이었다. 자신이 키우던 왕족이 왕이 되면, 유모는 품계와 녹봉을 받는 봉보부인이 될 수 있었다. 봉보부인은 관직을 가진 남편을 따라서 품계를 얻는 외명부(外命婦)에 소속되었으며, 가족들은 모두 천민에서 벗어나는 혜택까지 주어졌다. 세종은 처음으로 봉보부인에게 관직을 주었으며, 단종은 노비를, 예종은 집과 토지를, 성종은 말 등을 주며 그들의 노고를 치하했다.

궁녀 출신으로 낳은 아들이 왕이 되어 신분이 급상승한 사람으로는 경종(景宗)을 낳은 희빈 장씨와 영조를 낳은 숙빈 최씨가 대표적이다. 숙빈 최씨는 정1품 빈(嬪)의 자리까지 올랐으며, 희빈 장씨는 궁녀 출신으로 유일하게 후궁을 넘어서서 최고의 자리인 왕비가 되었다. 흥미로운 사실은 두 여인에게 승은을 내린 왕이 동일인이라는 점이다.

조선의 19대 왕이었던 숙종은 희빈 장씨를 왕비로 올리는 파격적인 일을 단행했다. 그는 1689년에 계비였던 인현왕후(仁顯王后)를 폐비하고 희빈 장씨를 정식 왕비로 책봉했는데, 5년 후에 다시 인현왕후를 복위시켰다. 이렇게 변덕스러운 조치로 희빈 장씨는 다시 후궁으로 전락했다. 이 사건의 배후에는 희빈 장씨의 아들을 원자로 책봉하는 문제와 맞물려 인현왕후를 지지하는 서인(西人)과 희빈 장씨를 지지하는 남인(南人)의 정치적인 대결이 있었다. 인현왕후의 복위에는 숙종의 관심이 희빈 장씨에게서 멀어지게 되었다는 점도 일정 부분 있었다고 보인다. 희빈 장씨가 정상까지 올랐다가 추락할 때, 또 다른 후궁 출신 숙빈 최씨는 왕자를 출산하며 차근차근 품계를 올려 정1품에 닿았다. 숙빈 최씨의 성공가도에는 인현왕후를 지지했던 서인, 그중에서도 노론(老論)의 영향력이 있었다. 즉 숙빈 최씨와 인현왕후는 같은 세력이나 마찬가지였다. 인현왕후는 후사를 남기지 못했다. 희빈 장씨와 전혀 관계가 없어 보였던 숙빈 최씨는 1701년에 인현왕후가 죽자 묘한 기류로 얽혔다.

인현왕후의 장례 절차를 논의하는 과정에서 희빈 장씨는 전에 왕비의 신분이었기 때문에 다른 후궁들과 복장이 달라야 한다는 주장이 몇몇 신하들에게서 나왔다. 이러한 논의는 희빈 장씨가 다시 왕비로 복위되는 문제와 연결되기 때문에 신하와 후궁들 사이에서 꽤 예민한 문제였다. 왕비라는 권력의 이동에 따라 수많은 지위가 요동치기 때문이다. 그러나 내심 기대에 차 있던 세력들은 숙빈 최씨의 말 한마디로 모두 주저앉고 말았다. 그녀의 말은 단순한 사건에 그치지 않고 궁궐에 피바람을 몰고 왔다.

숙빈 최씨는 왕에게 다음과 같이 밀고했다. "희빈 장씨가 인현왕후에게 원한을 품고 2년 동안 한 번도 문병을 가지 않았으며, 호칭도 존대하지 않고 비방만했으며, 취선당(就善堂)의 서쪽에 몰래 신당을 설치해 인연왕후가 서둘러 죽기를 기도했습니다. 아울러 희빈 장씨의 궁녀들이 인현왕후의 침전에 함부로 들어와서 창문에 구멍을 뚫어 안을 엿보고, 인현왕후의 병에는 '귀신의 재앙이 있다'는 소문이 돌았지만 희빈 장씨를 무서워해 아무도 왕에게 얘기해주지 않았습니다"(《숙종실록》). 이 밀고로 왕은 직접 희빈 장씨의 측근들을 국문했다. 보름 만에 희빈 장씨에게 자진(自盡)하라는 어명을 내리고, 역모라는 죄명으로 많은 이들의 목을 베며 처벌했다. 숙종은 이 사선 이후로 궁녀는 왕비가 되지 못한다는 제도까지 만들었다.

희빈 장씨가 후궁에서 왕비까지 올라설 수 있었던 현실에는 어떠한 배경 상황이 있었다 하더라도 자신의 역량이 뒷받침되지 못했으면 불가능한 일이었다. 아무리 빼어난 미모를 갖추었더라도 최소한의 자질이 없다면 왕의 마음을 사로잡거나 신하들의 반대를 이겨내기란 쉽지 않은 일이었다. 그런 의미에서 부도덕하고 복위를 위해 수단과 방법을 가리지 않은 여인으로 묘사된 희빈 장씨를 다양한 시선으로 바라볼 필요가 있다. 아울러 왕비를 폐하고, 후궁을 왕비로 올리고, 다시 폐했던 왕비를 복위하고, 후궁으로 전락한 전 왕비를 죽이고, 후궁이 왕비가 되지 못하는 법을 만든 숙종은 과연 이 사건에서 정상적인 판단을 했는지 되짚어봐야 한다.

왕세자였던 희빈 장씨의 아들은 숙종이 죽자 조선의 제20대 왕인 경종이 되었다. 《숙종실록》은 숙빈 최씨의 밀고를, "평상시에 인현왕후가 베푼 은혜로 인해 추모와 통곡하는 마음으로 고했다"고 기록으로 남겼다. 《숙종실록》을 액면 그대로 믿는다면, '의리에 의한 밀고와 복위를 바라는 희빈 장씨의 음모'가 얽힌 사건으로 단순하게 종결된다. 그러나 몇 가지 상황을 사건에 겹쳐보면 다른 그림이 보이기도 한다. 《숙종실록》은 1720년 경종의 집권과 함께 시작되었으나 마무리는 1724년 숙빈 최씨의 아들인 영조가 집권하던 시기로 이어져 1728년에야 끝났다는 점, 서인에서 갈라진 소론(少論)은 왕세자였던 경종을 지지했고, 노론(老論)은 영조를 지지했다는 점, 숙종은 생전에 노론의 대신을 불러 왕세자를 경종에서 영조로 바꾸려고 시도했다가 실패했다는 점, 인현왕후 사망 후 희빈 장씨가 사라지면 다음 서열의 순위는 숙빈 최씨에게 돌아온다는 점, 왕세자의 친모가 사라져야 왕세자가 바뀔 가능성이 높아지며 왕이 되더라도 지위를 이어나갈 동력이 약하다는 점 등이다. 어쨌거나 숙빈 최씨의 밀고로 희빈 장씨가 죽음에 이르렀으니, 그녀의 입장에서 숙빈 최씨는 철천지원수임에 분명했다. 그럼에도 이 두 여인의 신주(神主)는 같은 곳에 안치되었다. 신주는 죽은 사람의 혼을 상징하는 나무패로 제사를 지낼 때 이용된다.

왕과 왕비가 죽으면 그들의 신주는 역대 왕들과 함께 종묘에 안치되었다. 그러나 자식이 왕이 되었어도 자신의 신분이 왕비가 아니면 종묘에 들어가지 못했다. 후궁의 신분으로 왕을 출산한 여인들은 별도로 만든 사당에서 관리했다. 숙빈 최씨와 희빈 장씨의 신주가 함께 놓인 곳은 칠궁(七宮)이다. 칠궁은 경복궁의 북서쪽에 위치한 궁정동에 자리 잡았는데 청와대 영역 안에 있다. 이곳은 왕 혹은 나중에 왕으로 추존된 아들을 낳았던 후궁 일곱 명의 신주를 함께 모신 공간이다. 처음에는 숙빈 최씨의 사당인 숙빈묘〔후에 육상궁(毓祥宮)으로 승격〕만 있었는데, 순종 1년(1908)에 낙원동에 있던 희빈 장씨를 모신 대빈궁(大嬪宮)을 포함해 정원군(定遠君)을 낳은 인빈 김씨(선조 후궁), 효장세자(孝章世子)의 생모 정빈 이씨(영조 후궁), 사도세자(思悼世子)의 생모인 영빈 이씨(영조 후궁), 순조의 생모인 수빈 박씨(정조 후궁)의 사당을 함께 모아 육궁이 되었다. 1929년에는 영친왕의 생모 순비 엄씨(고종 후궁)의 사당이 합쳐지면서 현재의 칠궁으로 바뀌었다. 희빈 장씨는 죽은 지 207년 만에 그녀의 신주가 숙빈 최씨의 공간으로 쳐들어간 셈이다.

숙빈 최씨의 육상궁 삼문. 일제강점기 촬영. 국립중앙박물관 소장.

    희빈 장씨의 아들 경종은 어린 시절에는 총명했으나, 열네 살에 자신의 어머니가 죽은 이후 극심한 내적 고통에 시달렸는데,《경종실록》은 그의 죽음이 가까워지자 다음과 같이 서술했다.

임금이 동궁(東宮)에 있을 때부터 걱정과 두려움이 쌓여 마침내 형용하기 어려운 병을 이루었고, 해를 지낼수록 깊은 고질병이 되었으며, 더운 열기가 위로 올라와서 때로는 혼미(昏迷)한 증상도 있었다

　　　　　　　　　　　　　—《경종실록》, 경종 4년(1724) 8월 2일

건너서기

교태전 _ 백두대간의 기운이 뻗어내린 왕비의 영역

동전(東殿, 왕후)이라는 칭호를 어느 시대부터 부르게 되었는가? 만약에 '중궁(中宮)'이라고 한다면 황후와 비슷하게 되어 참람된 듯하니, 칭호를 고치는 것이 옳겠다. 또 왕비에게 아름다운 칭호를 더하게 되어 덕비(德妃, 덕이 있는 왕비), 숙비(淑妃, 맑은 왕비)와 같은 종류의 이름이 나는 옳지 못하다고 생각한다. 고려에는 왕비가 많아서 6, 7명에 이르렀으므로 각기 아름다운 칭호를 더하여 이를 구별하였는데, 중국의 제도에서는 '황후'라고만 일컫고 아름다운 칭호가 없으니, 우리나라에서도 또한 다만 '왕비(王妃)', '왕세자빈(王世子嬪)'이라고 일컫는 것이 어떻겠는가?

—《세종실록》, 세종 9년(1427) 1월 26일

교태전은 왕비의 공간이다. 왕비는 왕의 정실부인을 말한다. 조선

교태전.

에서 왕비를 공식 명칭으로 사용한 시점은 세종 때부터였다. 이성계에 의해 세워진 조선왕조는 세종 때가 되어서야 기본적인 틀이 잡혔는데, '왕비'와 '세자빈' 같은 용어도 그에 해당되었다. 후궁 제도가 공식적으로 법제화되어 내명부에 자리 잡은 시기도 이때였다. 왕비는 왕의 어머니인 대비나 할머니인 대왕대비를 제외하고는 조선 여성 중에서 가장 서열이 높은 여자였다. 왕비의 부모조차 그녀에게 함부로 대할 수 없었다.

　고려 시대에는 왕의 정실부인을 왕후라고 불렀고, 여러 명을 둘 수 있었다. 반면에 조선은 정실부인을 한 명으로 제한하는 제도를 초기부터 정착시켰다. 정실부인은 한 명이지만 첩에 해당하는 후궁을 두었기 때문에 고려와 비슷하다고 생각할 수 있으나, 조선은 왕비에게만 지위에 맞는 신분과 권력을 보장해주었다. 왕비가 왕자를 낳지 못해 후궁의 아들이 왕위를 이어도 대비(大妃)의 자리는 왕비의 몫이었다. 만약 왕이 후사 없이 죽을 경우에는 왕비나 대비가 다음 왕의 지명 권한을 가지며, 어린 왕을 대신해 수렴청정할 수 있었다. 왕비는 왕과 함께 유일하게 종묘에 신주가 안치되는 존재였다.

왕비는 또한 내명부와 외명부의 수장이었다. 신분이 높다고 하는 일 없이 왕자의 출산에만 신경 쓰며 살지는 않았다. 왕과 같이 막강한 권력이 있는 만큼 그에 따르는 의무가 주어졌다. 물론, 왕조의 국가인 조선에서 왕비의 가장 중요한 역할은 왕자의 출산이었지만 그에 못지 않게 궁궐의 조직인 내명부를 이끄는 관리자의 역할도 막중했다. 내명부의 조직이 후궁을 정1품부터 종4품까지로 정하고 궁녀를 정5품부터 9품까지로 정한 이유도, 문무백관의 정1품부터 종4품까지 대부계(大夫階) 그 아래를 랑계(郎階)로 구분한 관제와 동일하게 맞췄기 때문이다. 대부계는 숭록대부(崇祿大夫), 숭정대부(崇政大夫)처럼 품계명이 대부로 끝나고 랑계는 통덕랑(通德郎), 통선랑(通善郎)처럼 랑으로 구분된다. 일종의 직위를 구분하는 방법 중 하나였다.

교태전은 부부의 이치로 보자면 왕의 처소인 강녕전과 한 쌍인 셈이다. '교태(交泰)'라는 이름은 《주역(周易)》 11장에 나오는 지천태(地天泰)의 천지교태(天地交泰)에서 나온다. 하늘과 땅이 사귀니 '태(泰)' 괘와 같다는 의미다. 태괘는 주역의 64괘 중의 하나로 양과 하늘을 상징하는 건(乾 ☰)괘가 아래에, 음과 땅을 상징하는 곤(坤 ☷)괘가 위에 놓인 괘다. 떠오르려는 하늘의 밝은 성질이 가라앉는 차분한 땅의 기운과 흐트러지지 않고 잘 어우러진다는 의미를 내포한다. 즉 모든 것이 순조롭고 융화된다는 뜻이다. 지천태의 본문을 살펴보면, "하늘과 땅의 사귐은 만물이 통하는 것이며, 위와 아래의 사귐도 같은 뜻이다"*라

---

* 天地交而萬物通也, 上下交而其志同也.

고 되어 있다. 이런 의미를 궁궐에 끌어들이면, 왕은 하늘이 되고 왕비는 땅이 되는 셈이니 서로 잘 화합하기를 기원하거나 혹은 왕과 왕비가 안정적인 조화를 이뤄야 나라가 태평하다는 의미로 확장된다.

왕비를 다른 말로 중전(中殿)이라 한다. 전(殿)은 왕이나 왕비 혹은 대비가 살거나 업무를 보는 가장 격이 높은 공간에 붙이는 이름이다. 사정전, 강녕전, 교태전 등이 모두 전(殿)으로 끝나는 대표석인 선물 이름이다. 따라서 중전은 궁궐의 가운데를 차지하고 있는 중궁전(中宮殿)의 주인을 뜻한다. 마찬가지로 왕을 전하(殿下)라고 부르는 이유도 '전(殿)의 아래(下)에서 우러러보아야 하는 사람'이라는 의미를 지녔다. 이처럼 전통 건물에는 사는 사람의 신분에 따라서 이름을 다르게 붙였는데, 그 순서는 통상 '전당합각재헌루정(殿堂閤閣齋軒樓亭)'이었다. 왕세자를 다른 말로 '동궁마마'라고 부른 이유도 동일하다. 세종 때 왕세자였던 문종(文宗)이 기거하던 곳이 경복궁의 동쪽에 있어서 동궁(東宮)이라 불렀고, 건물 이름에 전(殿)을 쓸 수 없기에 다음 글자인 당(堂)을 붙여 자선당(資善堂)이라고 붙었다. 또한 흥선대원군을 합하(閤下)로 부른 이유도 전하와 같고, 대통령을 각하(閣下)라고 호칭했던 기원도 조선에서 이어진 맥락이었다.

교태전은 경복궁을 처음 만들 당시에는 없었고, 세종의 지시로 추가로 지어진 건물이다. 조선 초에는 현재와 다른 위치에 작게 지어졌으나 고종 때 경복궁의 주요 건물들인 근정전, 사정전, 강녕전과 같은 축에 맞추어 크게 확장되었다. 전각의 크기는 강녕전에 비해 조금 작고 가운데 대청마루와 양쪽에 방이 달린 기본 구조는 같다. 현재의 교태전은 1995년에 강녕전과 함께 다시 지어졌다. 교태전의 독특한 개성은 건물의 앞이 아니라 뒤에 놓여 있다. 보물 제811호로 지정된 아미산 굴뚝이 바로 그 주인공이다.

아미산 굴뚝.

아미산(峨眉山 혹은 峨嵋山)은 중국 쓰촨(四川)성에 있는 높이 3,000미터
가 넘는 명산이다. 현재는 그 산의 이름을 따서 교태전 뒤쪽에 만들어
놓은 작은 후원의 명칭으로 사용한다. 《승정원일기(承政院日記)》나 《경
복궁영건일기》에는 이곳을 '아미사(峨嵋砂)'라고도 기재했다. 아미산
은 경회루 연못을 팔 때 나온 흙으로 만들었다는 얘기가 많이 떠돌지
만, 1875년의 《승정원일기》에는 자연적으로 만들어진 곳이니 함부로
깎을 경우에는 풍수적으로 영향을 받을 수 있다는 기록이 남아 있다.
이러한 논의는 아미사라는 명칭과도 연관되는데, '사(砂)'는 모래나 사
막이라는 뜻 이외에 풍수지리에서 정기가 모인 혈(穴)을 감싸거나 보
호하면서 기운을 전달하는 산(山)의 의미도 지녔다. 즉 풍수지리학적
으로 아미산은 한반도 지형의 기운이 산줄기를 따라 퍼지다가 북악산
자락에서 최종적으로 뻗친 곳이라는 뜻이다. 이를 교태전에 적용하
면, '대지의 풍성함으로 자손을 번창하라는 뜻'이 된다고 한다.*

경복궁을 중건하면서 아미산에는 풀과 꽃과 과일나무를 심었다. 중간중간에는 벽돌로 만들어진 보물 굴뚝이 기다랗게 서 있다. 경복궁의 많은 굴뚝 중에서 자경전(慈慶殿)의 십장생 굴뚝과 함께 보물로 지정된 문화재다. 여인의 단아함이 느껴지는 색상과 독특한 육각 모양이 이채롭다.

각 면의 상단에는 귀신의 얼굴인 귀면(鬼面)과 봉황, 학 등이, 중단에는 사군자와 모란 등이, 하단에는 상상 속의 동물인 불가사리와 박쥐 등이 새겨졌다. 귀면과 불가사리는 잡귀를 물리치는 벽사(辟邪)의 의미를 내포하는데, 불가사리의 경우 쇠나 불을 먹고 산다고 믿었기 때문에 화재가 나지 않기를 바라는 염원으로도 해석된다. 학은 십장생으로 장수를 상징하고, 박쥐는 복(福)을 뜻한다. 복을 박쥐로 표현하는 이유는 한자로 박쥐를 편복(蝙蝠)으로 적는데 '복(福)'자와 발음이 같기 때문이라고 한다.

고종 때 건조된 교태전은 일제강점기에 창덕궁의 화재로 불타버린 건물을 새로 짓기 위해 뜯겨나갔지만, 아미산 굴뚝은 그 영역에서 유일하게 살아남아 제자리를 지키는 유산이다.

세종 때 처음으로 교태전이 지어졌으니, 건물 첫 주인이 된 사람은 세종의 비였던 소헌왕후(昭憲王后)다. 세종은 태종의 셋째 아들로, 본래 왕세자가 아니었다. 그의 형이자 장남으로 왕세자였던 양녕대군(讓寧大君)이 태종의 눈 밖에 나면서 세종이 그의 자리를 물려받고 왕이 되었다. 따라서 그의 아내였던 소헌왕후도 대군의 부인에서 스물네 살에 세자빈이 되고, 바로 왕비가 되는 가파른 신분 상승의 또 다른 주

*   김규순, 박현규, 〈경복궁의 풍수 지형과 풍수 요소에 관한 고찰〉, 《한국지리학회지》 7권 2호, 2018, 207~208쪽.

소헌왕후 금보(金寶). 국립고궁박물관 소장.

인공이었다. 그녀는 안정적인 내조로 왕을 보필했으며, 내명부를 가장 잘 이끌었던 왕비로 평가받는다. 심지어 그녀는 조선의 왕비 중에서 가장 많은 자식을 낳았다. 여덟 명의 왕자에 두 명의 공주까지 더하면 모두 열 명이었다. 이 정도면 과히 완벽에 가까운 성공 스토리처럼 보인다. 그러나 과연 그녀는 부족함이 없는 인생을 살았을까?

　소헌왕후의 인생은 '행복했다'라고 말하기엔 굴곡이 꽤 심한 편이었다. 그녀의 아버지는 딸 덕분에, 그녀가 왕비가 되자마자 바로 영의정이 되었지만, 4개월 만에 사약을 받고 죽었다. 세종의 아버지로 외척을 경계한 태종의 계략이었다. 앞에서 군사에 관한 일을 상왕이었던 태종에게 보고하지 않은 죄로 그의 30년 동지였던 병조참판 강상인과 역모로 엮은 후 배후자로 지목된 영의정 심온을 처형한 일화를 소개한 적이 있는데, 바로 심온이 소헌왕후의 아버지였다. 태종의 계략은 다음과 같이 진행되었다.

세종 즉위년(1418)

8월 23일   한장수(韓長壽)가 명나라로 갈 사신으로 결정되었으나 태종이 담
             당자를 심온으로 교체.

8월 25일   병조참판 강상인이 군사에 관한 일을 상왕(태종)에게 보고하지 않
             은 죄로 갇힘.

9월 3일   태종이 지시하여 심온을 영의정으로 임명.

9월 8일   심온이 사신단을 이끌고 명나라로 떠남.

9월 9일   강상인에게 죄를 물어 공신패와 병조참판 임명장을 빼앗고 사건
             이 일단락됨.

11월 2일   태종이 강상인의 죄를 다시 들추어 조사하라고 지시.

11월 22일   혹독한 고문을 견디다 못한 강상인이 모반죄를 모의한 주모자가
             심온이라고 자백.

11월 25일   사신 업무를 마치고 돌아오는 심온을 명나라가 눈치채지 못하도
             록 비밀리에 잡아오라고 명령함.

11월 26일   몸을 각기 다른 수레에 묶은 후 찢어 죽이는 거열형으로 강상인
             을 처형.

12월 4일   심온의 아내와 딸들을 천민으로 삼고 가산을 몰수.

12월 6일   심온의 측근들 파면.

12월 22일   심온이 잡혀 와서 강상인이 죽은 줄 모르고 대질신문을 요구함.
             매 맞고 압슬형을 당하자 역모죄를 인정함.

12월 23일   태종이 심온에게 사약을 내려 스스로 죽게 함.

4개월에 걸쳐 진행된 사건을 간단히 정리하자면, 별것 아닌 일을

꼬투리 잡은 상왕 태종은 강상인의 실수를 심온과 엮어 모반죄를 만든 후, 당사자들을 비롯한 측근들을 모두 죽이고 가족들은 유배를 보내거나 천민으로 만들었다.

《세종실록》에는 심온이 딸의 영향력으로 젊은 나이에 최고의 자리에 오르자, 전송하러 나온 사람들로 장안이 비었다고 전한다. 《연려실기술》에는 태종이 그 소문을 듣고 기뻐하지 않으니, 한 신하가 고자질해 사건이 커졌다고 쓰여 있다. 정사와 야사는 외척의 기세가 커지는 일을 염려한 조치로 풀어놓았다. 그러나 위에 진행된 상황을 보면 심온을 사신으로 보낼 때부터 미리 작정했다고도 볼 수 있다. 심온이라는 이름이 나올 때까지 강상인을 혹독한 고문으로 괴롭힌 점, 심온에게 대질 심문의 기회를 주지 않은 점, 잡히자마자 중형 고문인 압슬형으로 죄를 인정하게 한 점, 죄를 인정하자마자 바로 사약을 내린점 등으로 미루어보아 태종의 철저한 계략에 의한 사건으로 볼 여지가 충분하다. 명나라 사신이 심온으로 갑자기 교체되고, 다녀온 뒤에역모 사건이 바로 마무리되었다는 배경도 의심스럽다.

태종은 자신을 왕으로 만드는 데 결정적으로 기여한 처남들을 모두죽이고, 자신의 아들과 관계된 외척들을 모두 제거함으로써 왕권에간섭할 여지가 있는 세력을 모두 없애버렸다. 신하들의 목숨을 담보로 한 본보기이자 경고였다. 이러한 살육은 왕권을 강화해 뒷날 세종이 평안하게 안정적인 정치를 펼치는 데 기여한 부분이 인정되지만, 왕비의 입장에서 보면 끔찍한 음모일 수밖에 없었다.

소헌왕후의 가족들은 사건이 발생하고 8년이 지나서야 노비 문서에서 이름이 지워졌다. 심온은 33년이 지나서 문종이 등극하자 안효공(安孝公)이라는 시호를 받고 명예를 회복했다. 강상인은 처형을 받으러 끌려가며 이렇게 외쳤다. "나는 실상 죄가 없는데, 때리는 매를 견디지 못해 죽는다"《세종실록》. 그리고 심온은 자신에게 죄를 묻는 신하들에게 말했다. "이와 같이 (죄를) 억지로 묻는 것은, 나로써 상왕에게 무례한 짓을 행하라고 치는 것이로구나"《세종실록》.

역모 사건이 극에 달했던 11월 29일, 상왕이었던 태종이 왕실의 결혼 등을 담당하는 부서 가례색(嘉禮色)을 세우라고 지시하자, 몇몇 신하들은 소헌왕후까지 끌어내리려는 뜻으로 잘못 넘겨짚고 왕비를 폐하자고 건의했다. 그러나 태종의 지시가 세종의 후궁을 뽑으려는 의도임을 알게 되자, 그들은 이렇게 답했다. "왕비를 폐하고 새로 세우고 하는 일은 경솔히 의논할 수 없으니, 빈과 잉첩을 갖추게 하고자 함이 심히 마땅합니다", "마땅히 두 (명의) 성씨(姓氏)를 맞아들여야 될 것이라 생각합니다"《세종실록》. 그야말로 철학이 없는 신하들의 모범 답안이었다.

왕비 _ 소녀, 지난한 국혼으로 왕족이 되다

"세자빈을 간택함에 있어서 서울과 지방을 막론하고 8세에서 14세에 이르는 처녀의 단자를 아울러 정해진 기일 안에 올리도록 하되, 숨기고 내지 않는 자가 있거든 임금을 속인 죄로써 엄히 다스려 용서하지 않는다."

— 《광해군일기》, 광해 2년(1610) 5월 4일

왕비는 어떠한 과정을 통해서 선발되었을까? 왕의 결혼을 국혼(國婚) 혹은 대혼(大婚)이라고 하는데 통상적으로 가례(嘉禮)라 칭했다. 왕세자의 혼례도 그렇게 불렀다. 조선은 정상적인 경우라면 왕세자 시절에 혼인을 하고, 그가 왕이 되면 세자빈이 왕비가 되었다. 따라서

조선의 마지막 왕비 순정효황후(純貞孝皇后). 서울역사박물관 소장.

왕비를 맞는 가례가 일반적인 경우에서 벗어난 상황이 많았다. 보통
은 왕비가 왕보다 일찍 죽거나 선왕이 일찍 사망해 갑자기 왕위를 물
려받은 경우에 왕의 가례가 진행되었다. 왕비가 사망할 경우에는 보
통 3년이 지나야 다시 혼례를 진행했다. 통계적으로 보면 조선의 왕
은 27명이었는데 반해 왕비는 모두 41명이나 되었다. 또한 장남이 왕
위를 이어받은 경우는 7명뿐이었다. 이 통계는 왕의 장남으로 태어나
더라도 반드시 왕이 된다는 보장이 없으며, 아울러 왕비가 되었다고

해서 반드시 왕과 같은 공동운명체는 아니었다는 증표다.

조선 초기 결혼 풍습에서 흥미로운 사실은 왕실과 민간의 혼인 방식이 달랐다는 점이다. 당시 백성들의 결혼은 고려에서 이어진 방식이었다. 나라의 이름은 바뀌었지만 사람들의 생활 풍습은 쉽게 바뀌지 않았기 때문이다. 신랑이 신부의 집으로 간다는 뜻의 남귀여가혼(男歸女家婚)이 일반적인 풍습이었다. 결혼식을 신부의 집에서 올리고, 신랑은 낳은 아이가 자랄 때까지 처갓집에서 살았다.* 이러한 풍습에서 장인의 집에 살러 간다는 '장가를 간다'는 말이 나왔다. 반면에 왕실의 결혼은 왕세자의 신부인 세자빈이 궁궐로 들어왔으니 시집을 간 셈이다. 이를 친영(親迎)이라고 하는데 고대 중국에서부터 전해지던 결혼의 한 방식으로, 신랑이 처갓집에 가서 신부를 맞이해 오는 결혼을 말한다. 조선을 만든 위정자들은 장가를 가는 민간의 풍속을 바꾸려고 왕실에서부터 모범을 보이며 권장했지만 쉽게 바뀌지는 않았다. 남귀여가혼은 양반 가문에서도 조선 중기까지 계속 이어졌다.

왕실의 결혼은 나라의 가장 큰 경사 중 하나였다. 양갓집 규수들이 신부 후보자였기 때문에 전국적인 화제가 되었다. 그러나 절차가 복잡했다. 보통 왕세자의 결혼이 결정되면 왕은 예조(禮曹)를 통해 금혼령(禁婚令)을 반포했다. 왕세자의 혼인이 성사될 때까지 결혼을 금지한다는 어명이었다. 금혼령은 보통 왕실의 혼인 시기에 집행되지만, 태종과 세종 때에는 명나라에 조공으로 바치는 공녀의 숫자를 채우기 위해 실시한 적도 있었다. 왕실의 금혼령에서 배제되는 사람들도 있었다. 첩의 자식과 천민, 종실의 딸과 이씨 성을 가진 사람, 과부의 딸

---

* 한국학중앙연구원, 《조선의 왕비로 살아가기》, 돌베개, 2012, 54쪽.

등은 후보가 될 수 없었다. 가례를 할 때 왕세자의 나이는 보통 열 살 전후였고, 세자빈은 두세 살 아래에서 네다섯 살 위까지 해당되었다.

《성종실록》에는 다음과 같은 전교가 남아 있다. "세자(世子) 이융(李隆)의 나이가 이미 11세이니, 마땅히 납빈(納嬪, 세자빈을 맞는 일)을 행해야 하겠다. 서울과 외방의 처녀로서 나이 8세로부터 15세에 이르는 자는 모두 혼인을 금하라." 반면에 《광해군일기》를 보면 처녀의 단자(單子)를 정해진 기간 안에 올리고, 숨길 경우에는 임금을 속인 죄로 엄히 다스리겠다는 내용이 보인다. 세자빈의 후보로 딸을 보내지 않기 위해 속이는 일이 종종 있었음을 알 수 있다.

처녀 단자는 인적 사항을 기록한 일종의 '자기 소개서'로 주소, 이름, 사주(四柱, 생년월일시), 사조(四祖, 아버지, 할아버지, 증조할아버지, 외할아버지의 내력) 등의 내용이 들어간다. 금혼령이 떨어지면 각 지방의 관찰사들은 처녀 단자를 바쳐야 했다. 종종 자신의 관할 구역에 마땅한 처녀가 없을 경우, 후보자를 구하는 데 탈이 났으니 용서를 구한다는 의미의 '탈보(頉報) 단자'를 보내기도 했다. 전국에서 거둬들인 처녀 단자는 기껏해야 30장이 되지 않았다.* 세자빈이나 왕비를 뽑기 위한 전국적인 공개 모집임에도 불구하고 후보자로 신청한 사람들이 많은 편은 아니었다. 신데렐라처럼 신분의 급상승을 꿈꾸는 사람들은 조선에 없었다. 일반 양반들은 자신의 딸이 평범한 가문에 시집가기를 선호했다고 추정된다. 더욱이 가난한 집안에서는 왕실 혼례에 대한 비용이 큰 부담이었다. 세자빈도 이런 상황이니 후궁 간택도 쉽지 않았다. 실록에는 세 번째 간택에서 핑계를 대고 안 나오는 사람이 없게 하라는 기

---

* 한국학중앙연구원, 《조선의 왕비로 살아가기》, 돌베개, 2012, 62~63쪽.

록도 있다《광해군일기》.

후보자가 결정되면 이들 중에서 세 번을 추리는 과정의 삼간택(三揀擇)과 결혼을 예법에 맞게 진행하는 육례(六禮)의 절차를 거쳐야 했다. 초간택이 끝나면 혼례를 주관할 가례도감(嘉禮都監)을 설치했다. 이를 다른 말로 가례색(嘉禮色) 또는 가례청(嘉禮廳)이라고 불렀다. 대개 간택은 왕비를 뽑을 경우에는 대비가, 세자빈일 경우일 때는 대비와 왕비가 함께 선택했다. 그러나 간혹 왕들이 직접 뽑는 경우도 있었다. 영조는 자신의 부인이었던 정성왕후(貞聖王后)가 죽자 2년 뒤에 66세가 되었을 때 열다섯 살이 된 정순왕후(貞純王后)를 직접 선택했다. 영조가 42세에 낳은 사도세자보다 열두 살이나 어린 신부였다. 영조는 자신이 조선에서 가장 수명이 긴 왕이 될 줄 알았던 걸까? 뒤늦은 재혼 후에도 그는 83세까지 살았다.

왕비나 세자빈의 선택에서는 가문도 중요했지만 덕행도 무시하지 못할 요소였다. 세종도 자식이었던 문종을 위해 두 번째 세자빈을 직접 간택했다. 첫 번째 세자빈으로 뽑았던 휘빈 김씨(徽嬪 金氏)가 세자와의 관계가 소원해지자 '남자가 좋아하는 여자의 신발을 태워 술에 타서 마시게 하면 사랑받는다'는 등의 술법을 하려다 발각되어 폐출되었기 때문이다. 이런 연유로 두 번째 세자빈을 뽑기 위해 왕이 직접 나섰다. 창덕궁에 후보자들을 모두 불러모아 뽑겠다고 하자 허조(許稠)라는 신하는 후보자들을 한곳에 모아놓으면 오로지 예쁜 사람을 뽑게 되어 덕을 보지 않는다고 경고했지만 세종은 무시했다. "세계(世系, 가문)와 부덕(婦德, 덕행)은 본래부터 중요하나, 혹시 인물이 아름답지 않다면 또한 불가(不可)할 것이다", "잠깐 본 나머지 어찌 곧 그 덕(德)을 알 수 있으리오. 이미 덕으로서 뽑을 수 없다면 또한 용모로서 뽑지 않을 수 있겠는가?"《세종실록》. 세종은 덕은 쉽게 알아보기 어려우니 외모의 아름다움을 추구하겠다고 선언했다. 이렇게 뽑힌 사람이 순빈 봉씨(純嬪 奉氏)였다.

순빈 봉씨는 드센 여인이었다. 세종이 배우라고 지시한 책《열녀전(烈女傳)》을 며칠 만에 뜰에다 집어던졌으며, 술을 좋아해 만취할 때까지 마셨다고 실록은 전한다.《열녀전》은 여인들이 본받기를 바라는 다양한 여성의 삶을 엮어놓은 책이다. 실록의 기록이 모두 사실이라면, 궁녀를 때려서 죽을 지경으로 만들고 거짓으로 임신했다고 말했다가 걸렸으니 보통 여자는 아니었다. 그러나 첫 번째 세자빈을 폐출했던 세종은 순빈 봉씨의 이러한 행동들을 참아 넘겼다. 왕은 첫 번째 세자빈보다 못한 여자가 들어오리라고는 생각하지 못했지만 자신이 직접 큰소리치며 뽑았기에 난감한 입장이었다. 그러나 순빈 봉씨의 거침없는 행동은 되돌릴 수 없는 큰 파국을 초래했다. 그녀가 궁궐의 여종이었던 소쌍과 동성연애를 했다는 소문이 세종에게까지 들어갔다(《세종실록》).

궁녀와 종비(從婢)들의 동성연애를 대식(對食)이라 했는데, 세종은 평상시에 이를 엄하게 다스렸다. 처음 발각되면 곤장 70대, 두 번째는 100대를 집행했다. 곤장 100대는 맞는 형벌로는 최고의 벌이었다. 조선에는 죄의 종류에 따라 다섯 가지로 처벌하는 오형(五刑) 제도가 기본이었다. 징역형이었던 도형(徒刑), 귀양을 보내는 유형(流刑), 죽이는 사형(死刑)을 제외한 나머지 태형(笞刑)과 장형(杖刑)은 매를 맞는 형벌이었다. 태형은 비교적 경범죄에 해당해 작은 몽둥이로 때리는 처벌이었고, 장형은 커다란 장(杖)이라는 도구를 이용하는데 죄질에 따라서 60대부터 100대까지 다섯 등급으로 나눴다. 따라서 세종이 대식을 처벌했던 곤장은 비교적 중형이었으며, 100대는 때리는 형벌 중에서 최고형인 셈이다. 결국 순빈 봉씨도 쫓겨나고 말았다.

그녀는 조선의 입장에서 보면 최고의 난봉꾼 세자빈이었다. 그러나 한 명의 남편을 두고 여러 후궁들과 경쟁(?)을 하고, 세자와 사이가 멀어졌을 경우에는 의지할 사람이 없는 궁궐에서 제약적인 삶을 살아야 하는 여인의 입장만 보면 안타까운 측면이 분명히 존재한다. 다른 시선으로는, 조선 초의 자유분방했던 한 여인의 모습을 보여주는 일화일 수도 있다. 남귀여가혼이 조선 중기까지 이어졌듯이, 고려는 비교적 여성의 활동이 자유로웠던 시대였고 그러한 풍속이 한 번에 바뀔 수는 없었기 때문이다. 그래서 조선 초기에는 남녀 구별 없이 유산을 동등하게 받을 수 있도록 법률로 지정해놓았다.

삼간택의 과정이 끝나고 최종적으로 선발된 여인은 '잘 골라 뽑았다'는 의미로 묘간(妙簡) 또는 묘선(妙選)이라고 불렸고, 별궁(別宮)으로 건너가 살면서 왕실의 예절을 배우고 혼인을 준비했다. 만약 간택에서 뽑히지 못하고 탈락하더라도 다른 양반 자제와 혼인할 수 있었다. 종종 탈락한 여인들이 평생 결혼하지 못하는 신세로 살아야 한다는 이야기가 떠돌지만 모두 근거 없는 낭설이라고 한다.*

혼례는 육례(六禮)로 진행되었다. 육례란 고대 중국의 유교 경전인 《예기》에 나오는 혼례의 여섯 가지 절차다. 일반적으로 납채(納采. 신랑 측의 혼인 요청과 신부 측의 수락), 문명(問名. 신부의 이름을 물음), 납길(納吉. 신부의 이름으로 길흉을 점침), 납징(納徵. 혼인 합의), 청기(請期. 혼인식 날짜 결정), 친영(親迎. 신랑이 신부 집으로 찾아가서 맞이함)으로 진행된다. 조선의 왕실에서는 문명, 납기, 청기를 하나로 묶어 날짜를 정하는 고기(告期)로 바꾸어 진행했다. 따라서 육례는 납채, 납징(納徵. 신랑이 예물을 보냄), 고기, 친영, 동뢰연(同牢

*   한국학중앙연구원, 《조선의 왕비로 살아가기》, 돌베개, 2012, 64쪽.

순종 가례반차도(1906). 국립고궁박물관 소장.

宴, 신부가 궁으로 들어와 서로 절을 하고 술과 음식을 나눠 먹는 의식), 조현례(朝見禮, 신부가 시부모를 처음으로 뵙고 인사를 드리는 예식)로 다듬어졌다. 육례를 진행하는 날짜는 관상감(觀象監)에서 미리 길일을 점쳐서 정했다.

조현례가 끝나면 문무백관이 모여 왕에게 축하의 예를 전달하는 잔치 회례(會禮)가 진행되었다. 그리고 종묘에 가서 조상에게 예를 올리는 묘현례(廟見禮)까지 마쳐야 모든 절차가 마무리되었다. 양반가에서 자랐다고 하더라도 어린 여인이 감당하기에는 쉽지 않은 절차들이었다. 어쩌면 이런 예식은 세자빈이나 왕비가 될 여인에게는 앞으로 감당해야 할 어려움에 대비한 수양의 첫 번째 관문이었을지도 모른다.

묘현례는 숙종 29년(1703)에 처음으로 실행되었다. 조선이 생긴 지 311년이 지난 시점이었다. 사회가 경직되어 갈수록 불필요한 예식이 자리 잡거나 관념의 유연성이 떨어지는 법인데, 조선은 중기 이후 성리학으로 자신을 더욱 단단하게 옭아 묶었다. 정도전을 비롯한 조선의 개국공신들이 새로운 나라의 기본 개념을 성리학으로 삼은 이유는 불교가 지배하던 형이상학적인 관념과 낡고 고착화된 정치 개념을 배제하기 위해서였다. 그들은 극락 대신 현실을 꿈꿨다. 제도나 체제를 새롭게 만들었지만 그 안에 갇히기를 원하지 않았다. 그러나 시간

영친왕 가례 장면(1922). 국립고궁박물관 소장.

이 지날수록 정도전이 꿈꾸던 이념은 희미해지고, 줄에 묶여 벗어나지 못하고 굳어버린 성리학만 남게 되었다. 이러한 과정은 일반적으로 대부분의 종교나 사상이 시간의 흐름에 따라 겪는 과정인데, 조선도 그 틀을 벗어나지 못했다.

경회루_ 24개의 액자로 계절의 경치를 담는 누각

성종 정유년(1477)에 유구국(琉球國) 사신이 서울에 들어와서 역관에게 말하기를, "이번 길에 세 가지의 장관(壯觀)이 있으니, 경회루 돌기둥에 나는 용을 새겼는데, 그 그림자가 푸른 물결과 붉은 연꽃 사이에 거꾸로 비치니 첫 번째 장관이요."

ㅡ《신증동국여지승람(新增東國輿地勝覽)》제1권, 〈경도 상(京都上)〉

경회루.

경회루는 나라에 경사스러운 일이 있을 때 연회를 하거나 외국 사신을 접대하기 위해 지어졌다. 이름 끝에 붙은 '루(樓)'는 전통 건축물에서 누각(樓閣)이라고도 부르는데 2층 이상의 건물을 지칭한다. 우리나라의 루는 대부분 2층 구조다. 경회루도 2층이 주 무대로 쓰이며, 단일 목조건물로는 가장 큰 규모로 국보 제224호다. 조선 초에 경복궁을 처음 건축할 때는 경회루가 없었다. 대신 그 자리에는 서루(西樓)라고 불리는 작은 누각만 있었다.

태종 때 서루가 기울어지며 파손될 지경에 이르자 박자청에게 수리하라고 지시했다. 박자청은 습지였던 땅을 파내어 아예 연못을 만들고, 위치를 서쪽으로 옮겨 이전 건물보다 크게 확장해 다시 지었다. 태종은 완성된 경회루에 가서 건물과 연못의 규모를 보고는 깜짝 놀랐다. 왜 수리하지 않고 더 크게 지었냐고 나무라듯 물었다. 이에 박자청은 나중에 다시 기울고 위태롭게 될 가능성이 높아 그랬다고 답했다. 즉 현재 경회루의 모태가 된 형태와 연못은 박자청의 독자적인 결단과 아이디어로 만들어진 작품인 것이다. 그가 단순히 시키는 일만 감독해 인정받지 않았음을 알려주는 대목이다.

경회(慶會)의 한자 뜻은 모여서(會) 경사를 기뻐한다(慶)는 뜻인데, 태종이 몇 가지 이름을 먼저 제시하고 하륜에게 결정하도록 지시했다. 하륜은 경회(慶會)를 선택하면서 의미를 확장시켰다. 그는 '왕의 정사는 인재 등용이 근본이니, 마땅한 사람을 얻어야 경회에 이를 수 있는데, 이는 왕과 신하가 서로 덕을 통해 만나는 것을 의미한다. 태조가 만든 국가의 본을 태종이 경회해 힘쓰니, 선조의 업적을 이어나감이 성대하다'는 〈경회루기(慶會樓記)〉를 남겼다.

성종 때는 경회루의 돌기둥에 용과 구름 그리고 화초를 새겨 화려하게 장식했다. 현재 일본의 오키나와는 과거에 유구국(琉球國)이라는 독립국이었다. 유구국은 고려 시대부터 우리나라와 교역을 했는데, 조선에 방문해 대접받은 유구국 사신이 경회루 연못에 비친 용을 보고 감탄했다는 기록이 남아 있다. 돌기둥에 새겨놓은 용이 연꽃 사이에서 꿈틀거리듯 비치는 모습이 신비하게 보였던 모양이다. 연못이란 본디 연꽃이 심어진 못이란 말인데, 실제로 경회루 못에는 연꽃이 심어져 있었다고 한다. 연꽃을 못에 심는 풍속은 고려 때 불교의 성행으로 자리 잡아서, 지금까지 물을 담아둔 못을 통상 연못이라고 부르곤 한다. 안타깝게도 용으로 조각된 돌기둥은 소실되어 남아 있지 않다. 중종 때는 경회루에서 사신을 접대하면서 불꽃놀이까지 곁들었다.

경회루는 연회 이외에도 다양하게 활용되었다. 과거 시험을 보기도 했으며, 종친과 무신들의 활쏘기 시합이 열렸고, 태종은 피서 장소로 이용했으며, 그 밖에 대대로 기우제를 지내는 곳이었다. 기우제는 왕들의 연례행사였다. 예부터 우리나라는 농업이 기초산업이었기 때문에 비가 안 오는 시기에는 다양한 종류의 기우제가 열렸다. 성종 때에는 기우제를 12차례에 걸쳐 진행하는 제도를 만들기도 했다. 우스갯소리로 기우제를 하면 반드시 비가 내렸다고 말하는데, 그 이유는 비가 올 때까지 기우제를 계속하기 때문이었다. 기우제는 궁궐에서뿐만 아니라 한성을 포함해 전국에서 지냈다. 국가에서 실시했던 기우제는 삼각산(북한산), 목멱산(남산), 한강 등과 같은 풍수지리적 명당에서 진행하거나 사대문, 종묘와 사직 같은 상징적인 건물에서 시행하기도 했다. 현재 보광동의 우사단이라는 지명은 기우제를 지내던 제단인 우사단(雩祀壇)이 있었던 곳에서 유래했다.

기우제가 경회루에서 진행될 때는 석척동자(蜥蜴童子)들을 이용하기도 했다. 석척(蜥蜴)이란 도마뱀이라는 뜻인데, 비를 주관하는 용을 대신해 비슷하게 생긴 도마뱀을 항아리에 잡아 넣고, 푸른 옷을 입힌 동자들에게 버들가지로 두들기라고 하며 비를 기원했기에 '석척동자'라는 명칭이 붙었다. 이들이 진행하는 기우제를 석척기우제라고 했는데 조선 초부터 고종 때까지 지속적으로 시행되었다. 석척동자는 수십 명씩 동원되었다. 이들은 도마뱀을 향해 '비를 내려주면 돌려보낸다'는 주문을 반복적으로 외치며 기원했다.

경회루는 연못에 있는 건물이기에 안으로 들어가려면 다리를 건너야 한다. 경회루 동쪽에 놓인 다리는 총 세 개가 있고, 그 다리를 건너려면 각각의 문을 통과해야 한다. 궁궐에서 하나의 건축물에 문이 여러 개 있을 경우에는 보통 가운데가 가장 큰 편이다. 주로 왕이 사용하기 때문이다. 그런데 경회루는 다리를 건너기 위한 세 개의 문 중에서 남쪽의 문이 가장 크고, 남쪽의 다리가 폭도 넓다. 왕이 안으로 들어갈 때 사용하던 문은 강녕전과 사정전에서 가까운 남쪽 문이었기 때문이다.

조선 후기에 다시 지어진 경회루는 정학순(丁學洵)이 남긴 〈경회루전도(慶會樓全圖)〉를 통해 건축학적 의미가 고스란히 지금까지 전해진다. 정학순은 평면도에 그림과 글씨를 넣어 쉽게 뜻을 전달했다. 경회루의 2층 나무 바닥은 평평하지 않고 세 개의 단으로 구성되었다. 왕이 차지하는 가운데 공간이 가장 높고, 그다음 가운데를 사각형으로 두른 중간 단이 있으며, 바깥으로 둘러 있는 단이 가장 낮다. 각 단은 기둥과 문으로 구분이 쉽다. 〈경회루전도〉는 세 개의 단을 가운데부터 일중(一重), 이중(二重), 삼중(三重)으로 기재했다. 단의 차이 때문에 가운데에 있어도 넓은 실내를 두루 살필 수 있으며, 밖이 잘 내려다보이는 구조다.

경회루 가장 바깥의 기둥과 기둥 사이에는 낙양각(落陽刻)을 덧붙였다. 낙양각은 덩굴이 뻗어나가는 무늬를 그려 넣은 나무 장식으로, 기둥의 옆과 위에 붙여 화려하게 치장하는 효과를 준다. 직선의 기둥에 붙은 낙양각은 곡선의 형태가 자유로워 뻣뻣하게 보이는 건물을 부드럽게 다듬어주는 시각적 효과를 건넨다. 경회루의 낙양각은 안에서 밖을 볼 때 한층 더 분위기를 살리는데, 무늬가 들어간 테두리는 시선이 닿는 곳마다 사진이나 그림이 담긴 액자 효과를 연출한다. 24개의 바깥 기둥과 낙양각은 24개의 액자를 만들었다. 시선이 시작되는 위치와 계절에 따라서 다양한 경우의 수를 가진 경치를 담은 액자가 눈앞에 펼쳐진다. 비가 온 뒤 경회루에 올라 서쪽의 인왕산을 바라본다면 자신만의 〈인왕제색도(仁王霽色圖)〉가 펼쳐진다.

가운데 공간의 세 칸으로 구성된 영역은 삼재(三才)로 천(天), 지(地), 인(人)을, 둘러싼 기둥 8개는 《주역》의 팔괘[八卦, 건(乾: 하늘 ☰), 태(兌: 못 ☱), 이(離: 불 ☲), 진(震: 우레 ☳), 손(巽: 바람 ☴), 감(坎: 물 ☵), 간(艮: 산 ☶), 곤(坤: 땅 ☷)]를 상징한다. 이중(二重)의 외부 기둥 16개가 가운데를 둘러싸며 만든 12칸

경회루 낙양각.

의 공간은 열두 달을, 삼중(三重)의 외곽 기둥 24개는 24절기를 뜻한
다. 이중(二重)과 삼중(三重)을 구분하는 분합문은 모두 64개로 《주역》
의 64괘를 의미한다. 이 분합문은 두 개를 접어서 위로 올려 고정할
수 있다. 모두 접어서 들어 올리면 사방이 뻥 뚫린 구조가 된다. 반대
로 가장 안쪽의 미닫이문까지 전부 닫으면 공간이 완벽하게 차단된
세 영역으로 나눠진다.

경회루에서 화려한 연회를 즐겼던 대표적인 왕은 연산군이다. 그는
기생들과 사사로이 경회루에서 놀기를 즐겼다. 연못에는 섬을 만들고
배도 띄웠다. 연산군은 미녀와 좋은 말을 채집한다는 채홍준사(採紅駿
使)라는 관직을 만들어 전국으로 파견해 기생을 끌어모았다. 궁중에서
관리하는 서울의 기생은 보통 150여 명으로 구성되었는데, 연산군은
채홍준사 혹은 채홍사라고 명한 이들을 동원해 그 수를 만 명까지 늘

경회루 내부.

렀다. 그는 기생의 호칭을 '태평한 운명'이라는 뜻의 '운평(運平)'이라고 치고, 그중에서 대전으로 들이는 외모와 재능이 뛰어난 기생을 '흥청(興淸)'이라고 명명했다. 흥청은 '사악하고 더러운 것을 없애고 맑음이 일어난다'는 뜻인데 1,000명까지 확대했다. 이들 중에서 연산군의 침소로 들였던 자들은 하늘 같은 등급이라는 의미로 천과흥청(天科興靑)이라고 불렀다.

　연산군은 기생들을 엄격하게 관리했다. 화장하지 않거나 재주를 부지런히 익히지 않는 기생들에게 죄를 물었으며, 교육과 관리를 소홀히 한 관원과 부모들까지 처벌했다. 그러나 재주를 인정받을 경우에는 5품부터 9품까지 품계를 주고 쌀과 면포로 봉록을 지급했다. 흥청에게는 조금 더 특별한 혜택이 주어졌다. 노비를 붙여주었으며, 부모에게 논밭을 주어 생계를 도왔고, 그들이 서울에 올라오면 정부에서 숙식 같은 편의를 제공했다. 하지만 흥청도 그의 마음에 들지 않으면 다시 운평으로 강등되었고, 부모들에게 주었던 혜택도 사라졌다. 연산군이 흥청들과 헤프게 놀았던 고사에서 '흥청망청', '흥청흥청', '흥청거리다'라는 말들이 생겨났다고 한다.

연산군의 폭정이 계속되자 이를 참다못한 신하들은 그를 강제로 끌어내렸다. 조선 최초로 신하들의 힘으로 왕을 쫓아내고 새로운 왕을 세운 반정(反正)이 경복궁에서 벌어졌다. 당시 연산군은 창덕궁에 기거했는데, 반정 세력은 다음 왕위를 이을 중종을 데리고 경복궁으로 들어갔다. 성종의 계비로 대비의 신분이었던 정현왕후(貞顯王后)에게 반정을 고하고 허락을 받기 위해서였다. 연산군의 측근들을 제거한 반정 세력은 창덕궁에서 옥쇄를 받아와 근정전에서 즉위식을 거행했다. 옥쇄를 요청하는 승지와 내관의 요청에 연산군은 다음과 같이 말했다. "내 죄가 중대해 이렇게 될 줄 알았다. 좋을 대로 하라"(《중종실록》). 자신의 미래를 예언했는지, 아니면 아무래도 상관없다는 뜻이었는지 모르겠지만 꽤 덤덤한 답변이었다.

연산군은 사후에 왕에게 주어지는 '조(祖)'나 '종(宗)' 대신 왕족을 지칭하던 군(君)이라는 묘호를 받아서 종묘에 안치되지 못했고, 실록이라는 단어도 쓰지 못해 일기로 남겨졌다. 중종반정의 원인은 분명히 연산군에게 있지만,《연산군일기(燕山君日記)》는 그를 쫓아낸 세력에 의해 작성되었기 때문에 얼마나 사실에 가까운지는 모호하다. 연산 12년(1506) 3월 17일의 일기는 다음과 같다.

경회루 못(池)가에 만세산(萬歲山)을 만들고, 산 위에 월궁(月宮)을 짓고 채색천을 오려 꽃을 만들었는데, 백화가 산중에 난만하여 그 사이가 기괴 만상이었다. 그리고 용주(龍舟, 왕이 타는 배)를 만들어 못 위에 띄워놓고, 채색 비단으로 연꽃을 만들었다. 그리고 산호수(珊瑚樹)도 만들어 못 가운데에 푹 솟게 심었다. 누(樓) 아래에는 붉은 비단 장막을 치고서 흥청, 운평 3,000여 인을 모아 노니, 생황과 노랫소리가 비등하였다.

—《연산군일기》, 연산 12년(1506) 3월 17일

연산군은 기생의 존재를 가장 부각시킨 왕이었다. 자신이 직접 지은 이름에서 비롯된 '흥청망청'이라는 고사성어까지 만들었으니 이보다 더 극적이기는 어렵다. 하지만 기생이라는 존재에 대하여 지나치게 편향된 시선을 갖게 만든 장본인이기도 하다. 과연 기생이란 잔치에서 흥을 돋우는 존재에 불과했을까?

기생_ 조선 최고의 연예인이자 무형문화재, 경기(京妓)

대체로 백공기예(百工技藝, 모든 장인의 재주)의 일은 나날이 단련하고 다달이 연습하지 아니하면 반드시 정묘한 지경에 이를 수가 없사오나, 관습도감(慣習都監, 음악을 담당하는 관아)의 광대와 기생들은 모두 빈궁해서 살아나가기에도 겨를이 없사온데, 심한 추위와 무더위·장마에도 항상 기술을 연습하게 하오면 살아갈 것이 염려되오니, 청하옵건대, 4번(番)으로 나누게 하여 매년 춥고 더운 여섯 달을 제한 외에 2월부터 4월까지, 8월부터 10월까지 날마다 기술을 연습하게 하되, 가르치기를 현금(玄琴)·가야금(伽倻琴)·향비파(鄕琵琶)·장고(杖鼓)·아쟁(牙箏)·해금(奚琴)·필률(觱篥)·대금(大琴)·소금(少琴) 등의 악(樂)으로 하여, 능한 자는 다른 재주를 겸해 가르치고, 능하지 못한 자는 오로지 한 가지 기예만을 가르치게 하소서.

—《세종실록》, 세종 25년(1443) 9월 16일

구한말 관기(官妓). 국립민속박물관 소장.

조선은 주자의 성리학이 고착되면서 점차 신분제가 세분화되었다. 기득권이었던 양반은 자신들의 세력을 유지하거나 늘리는 데만 신경 썼기에 다른 계층의 신분 이동을 탐탁하게 여기지 않았다. 그들은 신분제를 더욱 탄탄하고 세밀하게 붙들었다. 특히 천인(賤人)의 경우, 대를 이어 신분을 세습하기 때문에 좀처럼 굴레에서 벗어날 수 없었다.

천인은 천민과 같은 말이며, 본래는 노예인 노비를 뜻하는 말이었다. 노비(奴婢)란 남자 노예인 노(奴)와 여자 노예인 비(婢)가 합쳐진 말이다. 역사적으로 노예는 다른 부족이나 국가와의 전쟁에서 승리할 경우, 패배한 사람들을 강제로 데려다가 노역이나 잡일을 시키던 관습에서 비롯되었다. 노예는 자유와 권리가 없고, 복종의 의무만 있는 존재다. 점차 이들이 사유화되면서, 개체로서 주인과 종이라는 개념이 생기게 되었고, 종은 물건처럼 사고팔거나 양도되는 존재로 취급되었다. 따라서 노예의 존재는 계급의식의 역사나 마찬가지였다.

조선을 만든 지식인들은 세상을 바꾸려고 노력했지만, 수천 년 동안 이어져온 노비 제도까지 영향력이 닿지 못했다. 그들은 노비 제도를 없앨 수 있다는 생각을 아예 하지 못했다. 강제로 신분이 미천하게 되었거나, 공이 있는 노비들에게 천민의 신분에서 벗어나게 해주는 면천(免賤)이 그 한계였다. 그러나 자신들의 권력에만 집착했던 성리학 신봉자들은 오히려 천인의 기준을 넓혀나갔다. 노비 이외에도 무당이나 광대, 백정, 승려, 상여꾼, 수공업자 등도 천인에 포함시켰다. 천한 일을 한다는 생각과 천한 계급이라고 판단하는 의식은 차이가 크다. 비교적 자유로웠던 고려와 달리 조선의 신분은 점점 경직되었다.

현대의 시각으로 시대를 가로질러 단순한 이유로 양반을 모조리 싸잡아 비판하기는 어렵지만, 그들이 자신들의 정체성을 더욱 확고하게 좁혀나갔다는 사실은 부정할 수 없다. 지금의 기준으로 보면 저들이 하는 일은 천하다고 말할 수 없으며 오히려 전문직 종사자에 가깝다. 아무나 할 수 없는 기술과 내공을 가진 사람들이었다.

천인에는 기생도 포함된다. 기생은 지금과 비교하자면 연예인 혹은 예술가로 분류할 수 있는 기예를 보유하고 국가에 소속된 여인들이었다. 단순하게 평가하자면 모두 인간문화재인 셈이다. 국가가 만든 무형문화재가 그들에 의해 전수되었다. 그녀들의 춤과 노래와 연주는 긴 훈련과 인내를 필요로 했다. 기생들은 어린 시절부터 꾸준히 교육받거나 재능을 보유한 사람들로 구성된 예능 집단이었다.

이렇게 설명하면 많은 사람이 의구심을 품는다. 사람들이 생각하는 기생의 개념과 다르기 때문이다. 보통 기생 하면 떠오르는 이미지는 화려한 옷차림과 양반의 접대부 정도가 고작이다. 짙은 화장과 웃음으로 술을 따르거나, 남자들이 유명세를 떨치는 기생에게 안달하는 장면 등이 익숙하다. 기생에 대하여 말하기 전에 우선 기생이란 어떤 사람을 지칭하는 말이었는지를 살펴볼 필요가 있다.

기생을 말하는 호칭은 정말로 다양하다. 기(妓), 기녀(妓女), 관기(官妓), 여악(女樂), 영기(營妓), 창기(倡妓), 창기(娼妓), 창부(娼婦), 창녀(倡女), 창녀(娼女), 여기(女妓), 가기(家妓), 가기(歌妓), 무기(舞妓), 예기(藝妓), 성기(聲妓), 의기(義妓), 약방기생(藥房妓生), 상방기생(尙方妓生), 지방기(地方妓), 외방기(外方妓), 사기(私妓), 해어화(解語花) 등 그 수를 헤아리기 어렵다. 그러나 가장 흔하고 자주 쓰는 대표 단어는 기생이다. 기생(妓生)은 우리나라에서만 쓰였던 단어다. 단어의 의미로만 살펴보면, 생(生)이 붙은 다른 단어와 비교해 뜻을 짐작해볼 수 있다. 의술을 행하는 의생(醫生), 법률을 배우던 율생(律生), 천문학에 종사하던 관리 천문생(天文生), 유학을 공부하는 서생(書生), 음악을 연주하던 악생(樂生) 등이 기생의 '생'과 같은 개념이다. 생이 붙은 단어에서 공통적으로 느껴지는 체취는 기술자나 전문가다. 앞선 사람이라는 뜻의 선생(先生)과 배우는 사람이라는 학생(學生)도 마찬가지다. 학생은 양반이 벼슬 없이 죽었을 경우, 제사를 지낼 때 지방(紙榜)에 학생부군신위(學生府君神位)라고 쓰며, 그 사람의 지위를 나타내는 용도로도 활용되었다. 즉 '생'이란 단어 자체에는 천하다는 의미가 존재하지 않으며, 다른 글자와 합쳐진 경우에는 전문적인 기술이나 재주를 익히던 사람이나 혹은 그 분야를 업으로 삼는 사람을 뜻한다. 다시 말해 장시간의 노력이 쌓여 자신의 분야에서 경지에 이른 사람들이었다. 그렇다면 기생은 어떤 과정을 거쳐 전문가가 되었을까?

1927년 이능화가 쓴《소선해어화사(朝鮮解語花史)》는 기생을 종합적으로 분석하고, 그 역사를 체계적으로 다룬 첫 책이다. 이 책에서는 기생이 여악(女樂)에서 비롯되었다고 말한다. 여악이란 조선이 고려에서 이어받은 제도로 내연(內宴), 진풍정(進豊呈), 진연(進宴) 같은 궁중의 잔치나 의식을 행할 때 노래와 춤, 악기 등을 익혀 행사에 동원되었던 여인들이다. 내연이란 종친이나 품계를 가진 여성(내빈)들을 위한 잔치고, 진풍정은 의식이 동반된 가장 규모가 큰 궁중 잔치며, 진연은 왕의 생일을 축하하거나 내명부를 위해 열리던 조선 후기의 잔치를 말한다. 이러한 잔치는 단순히 먹고 마시는 자리가 아니라 궁중 행사의 일부로서 종합적인 문화 행사였다. 즉 기생이란 신분이 천한 사람들을 모아 나라에서 교육을 시키고 행사에 이용하면서 발전했다고 보는 견해가 일반적이다.

이능화는 기생과 그 외의 비슷한 부류를 엄격하게 분류했다. 먼저, 기생은 조선 후기에는 일패(一牌)라고 불렀는데, 각 지방의 관에 속한 비(婢) 중에서 선발하고 가르쳐서 여악으로 사용했던 존재들이라고 못 박았다. 기생은 일패에만 해당하는 공식 호칭인 셈이다. 우리가 고정관념으로 생각하는 기생의 이미지는 이패(二牌)라고 불렀던 은근자(殷勤者)나 삼패(三牌)로 분류한 탑앙모리(塔仰謨利)에 속한다. 은근자는 기생의 재주는 있으나 은근히 몸을 파는 여자를 말하고, 탑앙모리는 매음을 전문으로 하는 사람들로 잡가를 부르는 것 이외에 다른 재주가

일제강점기에 기생조합이 설립한 평양기생학교 모습. 서울역사박물관 소장.

없는 사람들을 말한다. 여기서 중요한 점은 삼패도 나중에는 기생이
라고 불렀고, 일제강점기에는 이들을 모아서 신창기생조합 등을 만들
어 영업을 했다는 사실이다. 즉 조선 후기에 수준이 떨어지는 접대부
들이 기생의 호칭을 끌어다 쓰기 시작했고, 일본이 조선을 삼킨 뒤에
는 현재의 싸구려 기생 이미지가 사람들에게 정착된 셈이다.

　기생의 구분에 관해 가장 핵심적인 내용은 그녀들이 국가의 관리를
받는다는 사실이다. 앞에서 언급된 수많은 기생의 다른 표현도 상당
부분 그런 전제 조건이 수반된 단어들이다. 국가 소속의 천인이라는
신분이 중요한 이유는 민간에서 활동이 불가능했다는 뜻이다. 이들은
기안(妓案)이라는 명부에 의해 관리되었으며, 국역에 동원되었기 때문
이다. 정연식의 논문 〈조선 시대 妓役(기역)의 실태〉는 기생을 좀 더 명
확하게 다음과 같이 정리했다.

엄밀한 의미에서 기생은 중앙의 경기(京妓)와 지방의 관기(官妓)로 나뉜다. 지방 관아에서 용모와 재주가 뛰어난 비(婢)를 선발하여 관기로 뽑았고, 관기 중에서 인원을 추려 서울로 보내면 중앙 기생인 경기가 된다. 그녀들은 음악과 무용 등을 담당하던 장악원(掌樂院)에 소속되어 가무와 악기를 배운 후 연회에 동원된다. 관기의 관(官)을 공공기관으로 잘못 해석할 경우, 기생을 나라에 속한 관기와 그에 반대되는 의미로 개인이 소유한 사기(私妓)로 구분하는 오류를 범하게 된다. 그러나 사기란 명사형 단어는 실록에 존재하지 않는다. 민간에서 직업적으로 가무를 배워 매음을 하는 여자들은 유녀(遊女)이다.

— 정연식, 〈조선 시대 기역의 실태〉, 《국사관논총》 107집, 국사편찬위원회, 2005. 8. 10.

위의 논문에 따르면 우리가 흔히 떠올리는 기생 이미지의 실체는 유녀인 셈이다. 유녀는 동아시아에서 오래전부터 매춘부들을 지칭하는 말로 쓰였다.

《세종실록》 9년(1427) 6월 10일의 기록에는 제주도 관리 김위민(金爲民)의 보고서가 등장한다. 그는 제주도에서 장사꾼에게 음란한 행동으로 이익을 챙기는 여자들을 유녀라고 부르며, 이들의 음란한 풍기를 금하기 위해 장부에 이름을 올려 관비로 부린다는 풍속을 왕에게 전했다. 태종 18년(1418)년에는 부산 포구에 거주하는 일본인들 중에서 유녀라 칭하는 자들이 들락이는 사람들과 문란한 행동으로 폐단을 일으켜 거주지를 제한했다는 어명이 나온다. 성문화에 개방적이었던 일본인들의 행동이 조선 초기부터 사회적인 문제로 대두되었던 사건이었다.

일본은 도요토미 히데요시가 1585년 오사카에 공창(公娼)제도를 실시한 이후 20세기까지 그 문화가 이어졌는데, 공창이 허가된 지역을 유곽(遊廓)이라고 불렀다. '유녀'에 쓰이는 유(遊)라는 글자의 뜻을 가

인천 일본인 유곽 모습. 서울역사박물관 소장.

장 확실하게 말해주는 역사적 사건이다. 조선 후기에 일본인들은 부산과 인천 등에도 유곽을 만들었고, 나라의 힘이 약해지자 조선인들도 유곽 사업에 뛰어들었다. 일제강점기에는 조선총독부가 유곽을 법적으로 허용해, 조선에서 유곽이 사방으로 퍼져나갔다. 조선총독부 통계자료에는 1910년에 1,193명이던 기생과 잡부가 1920년에는 3,492명으로 늘어났다고 기록되어 있다.* 10년 사이에 세 배가 넘게 증가한 수치는 유곽 문화가 얼마나 빠르게 조선에 침투했는지 드러내는 지표다. 여기에서 말하는 기생과 잡부가 바로 이패와 삼패로 짐작된다. 그러므로 일제강점기를 거치면서 '기생'이라는 단어는 곧 유흥을 위한 접대부라는 인식이 정착되었다고 추정된다.

*　박현, 〈일제강점기 경성의 유곽에 대하여〉, 《레디앙》, 2019. 11. 4.

유곽이 팽창하자 화류병이라고 불리던 성병이 유행하며 당시에 사회적인 문제로 대두되기도 했다. 민간요법으로 병을 고치려다가 탈이 나는 사람이 많았고, 병을 치료하지 못하거나 부끄러움 때문에 자살하는 사람이 속출했다. 유곽을 다니던 남자들이 부인들에게 병을 옮겼기 때문이다. 일본이 정책적으로 조선 사회를 혼란하게 만들기 위해 유곽의 증설을 허용했다고 비판하는 시각이 많았다. 우리나라의 공창제도는 해방 이후에도 지속되었다가, 1947년 10월이 되어서야 미군정에 의해 공식적으로 폐지되었다. 그러나 일본이 장기간에 걸쳐 심어놓은 사고파는 성문화는 쉽게 사라지지 않았다. 미군에 의해 사라진 공창제도는 6·25전쟁 이후 미군을 상대로 한 사창가로 변질되기도 했으며, 다양한 지역으로 파고들며 집창촌으로 이어졌다.

조선 시대에 기생의 가장 근원적인 존재 이유가 궁궐에서 행해지는 의식이나 잔치에서 춤을 추고 노래를 부르며 악기를 연주하는 행위인 만큼, 진정한 기생의 호칭은 경기와 가장 잘 맞는다. 관기는 경기로 선발할 인원을 마련하기 위한 거점이었다. 서울에 상주하면서 궁중 행사에 동원되던 경기는 임진왜란 후에 사라졌다가 광해군이 즉위해 다시 복구했지만 1623년 인조가 집권하자 없애버렸다. 인조는 쿠데타로 광해군을 강제로 폐하고 왕권을 차지했기에 전 왕이 복구한 문화를 없애는 차원에서 진행된 조치였다. 인조 이후로는 행사가 있을 때만 관기들이 서울에 모여 경기의 역할을 대신했다. 따라서 진정한 의미의 기생은 이때를 기점으로 해체된 셈이다.

기생의 역할은 첫 번째가 궁중의 행사 동원이지만 관기의 경우에는 외국 사신을 지방에서부터 접대하는 데 동원되었고, 국경 지역에는 타지에서 온 군관들의 빨래와 바느질을 돕기 위한 영기(營妓)가 있었다. 그렇다면 우리가 〈춘향전〉 등을 통해 익숙하게 알고 있는 관기들의 수청(守廳)은 없었을까? 수청은 본래 관료들의 심부름을 뜻하는 말이지만 동시에 관기가 고위 관료에게 몸을 바치는 일도 포함되었다. 그러나 엄밀히 말하자면 관기의 수청은 법으로 금지되어 있었다. 명나라의 법률을 따른 관리숙창률(官吏宿娼律)에 근거해 곤장 60대의 처벌이 원칙이었다. 다른 범죄 사실과 함께 드러날 경우, 관직을 박탈하는 처벌도 종종 발생했다. 그러나 《세종실록》만 보더라도, 법은 있으나 실제로 지켜지지 않은 경우가 많았다는 사실을 알 수 있다. 사헌부에서는 세종에게 기생을 첩으로 삼는 관리들의 행태를 비판하며 금지해줄 것을 요청했다.

"《대명률(大明律)》에 이르기를, '관리로서 기생의 집에서 자는 자는 장 60대에 처하고, 관리의 자손으로서 기생의 집에 자는 자도 죄가 같다'고 하였사온데, 본국의 대소 관리가 기생으로 첩을 삼아서 음란하고 더럽고 절개가 없을 뿐만 아니라, 이로 인하여 부부가 반목하고 부자 형제가 서로 어그러져 동떨어지고, 대대로 제사를 지내는 신의나, 쇠나 돌같이 단단하게 교제를 닦아오던 타라도, 서로 시기하고 몰래 중상하는 경우도 있사오며, 또 탐욕이 많고 추잡하여 장물을 범하는 자들은 대개가 여기에서 기인하옵니다. 그 밖에 의리를 저버리고 도덕을 상하게 하는 것은 일일이 들기가 어렵사옵니다. 비옵건대, 지금부터 기생을 첩으로 삼는 자를 일절 금지하게 하소서."

—《세종실록》, 세종 20년(1438) 11월 23일

세종은 사헌부의 요청을 단호히 거절했다. 일반적인 세종의 이미지는 합리적이고 애민 정신이 뛰어난 임금이지만, 그의 결정은 선입견과 달랐다. 흥미로운 사실은 이러한 결정이 19년 전에 처리했던 관기 문제와는 다른 판단이라는 점이다. 세종 1년에 평안도 감사 윤곤(尹坤)

이 기생을 사사로이 이용하는 관리들의 풍속을 지적하며, 법을 바꿔야 한다는 계(啓)를 왕에게 바쳤다.

"우리 동방이 해외의 한 작은 나라로서, 중국과 견주는 것은 특히 예의가 존재하기 때문이온데, 요즘 대소 사신이 명령을 받들고 지방에 나가면, 혹은 관기(官妓)와 사랑에 빠져 직무를 전폐하고 욕심껏 즐기어 못할 짓 없이 다하며, 만약 기생과 만족을 누리지 못하면, 그 수령이 아무리 어질어도 기생의 작은 허물을 들추어 일부러 죄망에 몰아넣고, 명사들끼리나, 한 고을 안에서 서로 좋게 지낸다는 자들도 혹은 기생 하나를 놓고 서로 다투어, 드디어 틈이 벌어져 종신토록 친목하지 않는 일도 있으며, 수령이 법을 받들어 백성을 다스리는 이상, 만약 간음하는 일을 보면, 반드시 의법 처단해야 되는데, 관기에 있어서는 매양 귀객이 오면 강제로 간음하게 하며, 잘 듣지 않는 자에겐 도리어 중한 죄를 더하고, 혹은 모자와 자매가 서로 뒤를 이어 기생이 되어, 한 사람이 다 간음하는 예가 있사오니, 이는 강상을 무너뜨리고 풍속을 어지럽게 하며, 예를 문란하게 하고 의를 훼손하여, 문명의 정치에 누를 끼치는 일인데도, 오래전부터 행하여 왔다 해서, 조금도 해괴하게 여기지 않으며, 또 더구나 먼저 있던 신분이 낮은 관기들도 이제는 모두 천역을 면하여 보충군(補充軍)에 소속되고, 지금의 관기는 다 관비(官婢)에서 뽑았으므로, 관청 내의 모든 사역(使役)에 있어 오히려 부족한 점이 있으니, 그 폐단도 작지 않습니다. 원컨대 이제부터 전일에 관기가 있었던 곳에는 각 관(官)에 흩어져 사는 여자 종 및 먼저 관기의 역할을 하다 보충군에 소속된 자들의 딸자식을 뽑아 올리도록 하고 풍악을 익히게 하여, 그 사신의 행차나 귀빈들이 서로 간음하는 것은 일절 금단하며, 만약 어기는 자 있으면 주객(主客)을 다 죄를 내리도록 하여 주시옵소서"

— 《세종실록》, 세종 1년(1419) 4월 14일

세종은 윤곤의 요청에 대하여 의정부와 육조에 상의하라고 지시했다. 그런데 좌의정 박은(朴訔) 한 명을 제외한 대부분의 관리들은 시행한 지 오래되었으니, 법을 고치지 말자는 의견을 왕에게 전달했다. 그러나 왕은 "그렇게 해온 것이 비록 오래다 하나, 그것이 어찌 아름다운 풍속이며, 더구나 남편 있는 기생이랴. 윤곤의 청함을 따르라"《세종실록》고 지시를 하며 관기의 풍속을 고치자는 요청을 들어주었다. 막 임금이 된 세종의 결정은 일반적인 이미지와 흡사하다.

기생에 관한 두 개의 요청은 비슷한 맥락이나 전자는 서울 지역의 중앙 관료들의 문제로 추정되고, 후자는 지방 관기의 관리 문제였다. 중앙과 지방의 문제여서인지, 기생을 첩으로 삼는 일이 문제되지 않는다고 생각한 것인지 모르겠지만, 남편이 있는 기생의 처지를 애처롭게 생각한 세종이 기생을 첩으로 삼는 문제는 금지시키지 않고 방관했다는 점이 이채롭다. 세종의 형이었던 양녕대군도 기생 문제에 연루되어 있었기 때문에 처리가 곤혹스러웠을 수도 있다. 윤곤이 죽은 뒤에 그의 법을 바꾸어달라는 요청이 있었지만 세종은 자신의 의지를 꺾지 않았다. 사헌부에서 요청한 법도 재차 허용하지 않았다. 그렇다고 세종이 관료들에게 생긴 기생 문제를 모두 너그럽게 생각한 것은 아니었다. 죄가 확실하게 밝혀졌을 경우에는 법에 근거해 곤장을 치고, 관직을 빼앗기도 했다.

위의 두《세종실록》은 당시 사회상을 고스란히 까발렸다. 일부일처제를 근간으로 합법적으로 첩을 둘 수 있었던 고위 관료들의 성 관념이 그대로 드러난 것이다. 조선은 두 명의 부인을 둘 수 없었기 때문에 양반들은 처가 아들을 못 낳았을 경우, 대를 잇기 위해 첩을 들인다는 명분을 내세웠다. 그러나 첩이 낳은 자식을 서자로 분류하는 법 자체가 첩을 두는 목적과 모순이었다. 처는 합당한 이유 없이 이혼이 불가능했지만, 첩을 버리는 행위에 대해서는 제약이 없었다. 《조선왕조실록》은 첩으로 삼은 기생과 함께 처를 구박하거나, 기생 첩을 질투해 아내가 그 어미를 죽이거나, 서로 첩을 차지하기 위해 싸우는 등의 치정 사건을 낱낱이 기록으로 남겼다.

영조는 기생을 첩으로 만드는 일에 강경책을 펼쳤던 보기 드문 왕이었다. 잘못된 문화를 완벽하게 고쳐야겠다는 의지보다는 다분히 즉흥적이었고, 신하들을 길들이는 차원에서 진행된 측면이 있었지만 다른 왕들과는 확연히 다른 처리 방식이었다. 그는 관료뿐만 아니라 학생의 신분이었던 유생(儒生)들마저 몰래 기생을 사유하는 풍속이 늘어나자, 해당자들을 모두 잡아오라고 엄명했다. 수차례에 걸쳐 독촉해 지시를 내리자 머뭇거리던 관원들이 사방에서 관련자들을 잡아들였다. 영조의 어명은 평소에 기생을 데리고 사는 자들을 고발하지 않았던 관원들까지 처벌할 정도로 큰 파장을 일으켰다. 범법자들을 잡아들여야 하는 오부(五部)의 관원들도 관련자들처럼 옥에 갇혔다.

잡혀온 이들은 바로바로 즉결 심판으로 처벌을 받았다. 대부분 곤장을 맞고, 관직을 빼앗기고, 유배를 가는 형벌을 받았다. 왕은 그것으로도 분이 안 풀렸는지, 통행금지 시간에 돌아다니는 사람들을 모두 잡아들이라고 포도청에 명하고, 붙잡지 못한 자들은 군법을 적용해 처리하도록 지시했다. 영조는 삼경(三更. 밤 11시에서 새벽 1시 사이)까지 잠을 자지 않고 직접 잡아온 이들을 처벌했다. 밤에 돌아다니다가 붙잡힌 이들에게도 매를 때리고 귀양을 보냈는데 그 숫자가 매우 많아 줄지어 갔다고 한다. 이 모든 일이 하루 만에 벌어졌다.

다음 날 임금의 자문기관인 홍문관(弘文館)에서는 이득복(李得福) 외 6명이 지난밤의 일처리가 심했고, 처벌도 지나쳤으니 너그럽게 용서하라는 상소를 올렸다. 76세의 영조는 지극히 당연한 처벌이라며 자신의 뜻을 굽히지 않았다. 그런데 여기서 반전이 일어났다. 영조는 상소를 올린 대신들에게 가만히 물었다. "경들도 또한 데리고 사는 기생이 있는가?" 그들은 모두 동일하게 답했다. "있습니다"(《영조실록》).

이틀 뒤에 이들은 모두 유배형에 처해졌고, 왕은 관료들에게 자수를 종용했다. 그리고 더욱 엄정한 조사를 지시했다. 서울시장과 부시장에 해당하는 판윤(判尹) 서명신(徐命臣)과 좌윤(左尹) 김종정(金鍾正)은 조사해 보고하는 일을 지체했다고 유배를 보낼 정도로 다그쳤다. 더욱이 영조가 신하들에게 100명을 채워서 잡아오라고 명하니 분위기는 더욱 냉랭해졌다. 자수한 사람은 10여 명에 불과했는데 이들은 가두지 않고, 자수하지 않은 자들을 잡아 군법을 적용해 형벌을 가하고 군대로 보내버렸다. 이때 사간원의 수장이었던 이의로(李宜老)가 여러 날을 지체하다가 자수했다. 이에 영조는 크게 노해, "네가 금수(禽獸)가 아니라면, 근일의 광경을 보고 이제야 비로소 자수한단 말인가?"(《영조실록》)라고 면박하며 유배를 보냈다.

사간원은 홍문관과 함께 옳고 그름에 대하여 왕에게 간언하며, 정치와 인사 문제를 평가하는 기관이었다. 두 기관은 양심과 소신을 가지고 왕을 대하는 자리이기에 일반 관료들은 최고로 영예로운 자리로 생각했다. 현재의 대통령 비서실과 감사원 그리고 검찰청의 업무를 겸한 곳이었다. 따라서 이곳은 그 어느 직책보다 청렴한 자세와 굳은 의지가 필요한 곳이었다. 이들의 힘이 강하면 왕도 함부로 하지 못했다. 따라서 이들의 부정은 혼탁한 정치를 말해주는 지표나 마찬가지였다. 모범을 보여야 할 관리들이 잘못된 풍속에 빠져 있었으니 영조는 더욱 분노할 수밖에 없었다.

영조의 처벌은 조선을 통틀어 기생을 사사로이 이용한 자들에게 매우 엄격하게 적용한 이례적인 조치였다. 그러나 이 처벌의 바탕에 기생의 인권은 없었다. 영조가 걱정했던 사안은 많은 사람이 기생을 빼가서 일할 사람이 없어지는 공백 사태였다. 그게 여성이자 천민의 신분이었던 기생을 바라보는 그 당시 시선의 수준이었다. 그나마 엄정하게 적용했던 처벌도 1년을 넘기지 못했다. 4월에 발생한 사건으로 형벌을 내렸던 모든 사람에게 11월에는 석방하라는 명을 내렸다. 이것이 그 당시 양반에게 적용되던 처벌의 수준이었다.

조선 초의 개국공신이었던 좌의정 조준은 자신이 한때 사랑했던 기생 국화를 죽이라고 지시했다. 조준에게 버림받은 그녀가 원한을 품고 "조준이 반역할 뜻이 있다"(《태조실록》)고 말한 죄 때문이었다. 그는 스스로 국화를 신문해 죄를 자백받은 후 한강에 빠뜨려 죽이라고 명령했다. 조선 초기의 기생의 운명도 후기와 별반 다르지 않았다.

기생은 궁녀가 아니었기에 결혼이 허가되었다. 그러나 재색이 뛰어난 경기는 종친(왕의 친척)이나 고위 관료들의 손길을 피하기 어려웠고, 때때로 사신에게 바쳐졌다. 관기는 천민이었지만 사사로이 소유할 수 없는 국가의 재산이었음에도, 지배 계층의 검은 욕망 때문에 수청의 그늘에서 벗어나기 어려웠다. 현재의 관점으로 그 당시 기생의 입장을 판단하기는 쉽지 않다. 대다수의 기생들이 예술인으로의 삶과 자존심을 중요시했는지, 아니면 높은 가문의 첩이 되어 호강을 꿈꾸며 천민에서 벗어난 생활을 고대했는지 알 수 없다. 그러나 양반들이 기생의 동의와는 관계없이 그녀들을 강제로 꾀어냈다는 상상과 추론은 그리 어렵지 않다.

유교의 뿌리는 공자이고, 사서(四書)의 완성은 《중용》이다. 공자는 평생을 실천하면서 살아야 하는 한마디의 말을 알려달라는 제자의 물음에 "서(恕)"라고 답했다. 그리고 서(恕)란 "자신이 하고 싶지 않은 일을 타인에게 시키지 않는 것"*이라고 덧붙였다. 또한 《중용》에서는 "군자의 도는 부부에서 시작된다"**고 했다. 공자의 가르침은 지극히 상식적이고, 기본적인 관계와 태도를 중요시했다. 양반이라면 위의 구절이 나온 《논어》와 《중용》을 읽지 않을 수 없다. 유교의 경전이자 과거의 기본 시험 과목이기 때문이다. 이를 알면서도 지키지 않으면 허위고, 몰랐으면 양반의 자격이 없다. 기생은 양반의 가식을 가장 직접적으로 표출시켰던 존재인 셈이다.

모든 기생이 수청을 묵묵히 따르지는 않았다. 천민일지언정 자신의 지조를 굽히지 않은 기생도 있었다. 태종 10년(1410), 나주의 관기였던 명화(名花)는 다른 마을 현령이 나주에 오자 수청을 들라는 지시를 받았다. 그러나 그녀는 수청을 거부했다. 나주 판관이었던 최직지는 그녀가 말을 듣지 않는다며 몹시 때려 죽였다. 명화의 집에서 나라에 원통함을 호소해 최직지는 처벌을 받았지만, 그 처벌은 고작 파면이었다. 인조 15년(1637)에는 청나라 사신이 수청을 들 방기(房妓)를 요청하자 고을의 기생들이 죽음으로 항거했다. 이에 결국 수청을 들라는 요청을 맞춰줄 수 없었다. 기생이 수청을 거부하는 당당함의 담보는 목숨밖에 없었다. 결코 쉬운 선택이 아니었다. 반면에 자신의 능력으로 법과 제도를 뛰어넘는 존재가 되어 조선의 위선을 농락한 기생도 있었다. 왕까지 휘어잡으며 양반들을 발아래 놓았던, 그녀의 이름은 장녹수다.

장녹수는 몹시 가난했다. 먹고살 길이 막막해 유녀의 삶을 선택할 정도였다. 그녀의 아버지는 장한필(張漢弼)로 문과에 급제해 충청도 문

의(文義) 지역을 다스렸던 현령이었다. 아버지가 양반이었는데도 천민으로 생활한 점과 어머니에 대한 정보가 없는 것으로 보아 모계가 천민이라고 추정된다. 몸을 팔아서 생계를 유지하다가 시집을 여러 번 갔는데, 예종의 둘째 아들인 제안대군(齊安大君)의 종과 결혼해 정착하게 되었다. 그 집에서 아들을 하나 낳으며 가무를 익혔는데 그 솜씨가 뛰어나다고 소문이 자자해, 연산군이 전국적으로 운평과 흥청을 모집할 때 궁궐에 입성해 기생이 되었다고 추정된다. 그녀의 재주가 얼마나 뛰어났던지 왕이 듣고는 반해 종4품 후궁인 숙원(淑媛)으로 책봉했다. 여인 중에서 가장 천하게 취급받던 유녀가 자신의 재주로 기생이 되고, 품계를 얻어 정식으로 내명부의 서열이 생긴 유례없는 사건이었다.

일반적인 역사에서 장녹수는 왕을 농간하고 정치를 어지럽힌 부도덕한 여자로 그려진다. 그러나 양반이었던 아버지에게 보살핌을 받지 못했고, 생계를 위해 자신의 몸을 팔아야 했던 여인이 춤과 노래를 배워 최고의 기량을 갖기까지는 쉬운 과정을 겪었을 리가 없다. 남자들에 의해 기록된 역사에서 그들을 뛰어넘었던 여인들은 대부분 편파적인 시선에 갇혔다는 점도 역사를 바라보는 시선에서 늘 경계해야 할 요소 중 하나다.

장녹수는 입술을 움직이지 않고도 맑은 소리를 낼 정도로 노래를 잘했다고 한다. 그녀가 후궁이 될 수 있었던 이유는 연산군이라는 독특한 시대적 배경이 있었기에 가능했다. 하지만 연산군은 기생들을 단순히 자신의 성욕을 채우기 위한 수단으로만 활용하지 않았다. 기생들에게 체계적인 교육을 시키고 예술가로서 자질이 떨어지는 이들과 관리를 소홀하게 한 자에게는 벌을 주었다. 연산군은 그의 악행과는 별도로 예술가적 기질이 충만한 사람이었다. 자신의 예술 취향이 뚜렷했고, 새로운 음악을 만들어 기생들이 익히도록 명했다. 《연산군일기》에는 아무리 사랑하는 흥청일지라도 뜻에 어긋나면 매질을 당하고, 그 부모까지 처벌을 받았다고 기록되어 있다.

얼굴이 중간에도 못 미친다는 사관의 기록이 증명하듯, 장녹수는 외모로 사람들을 휘어잡은 여자가 아니었다. 그녀의 외모적 장점은 30세의 나이에도 16세 정도로 보일 만큼 동안이었다는 것뿐이었다. 예술적 기질 이외에 그녀의 다른 강점은 사람을 파악하고 그 사람을 다루는 능력이었다. 《연산군일기》에서는 그녀의 이런 특기를 다음과 같이 정리했다.

> 왕을 조롱하기를 마치 어린아이같이 하였고, 왕에게 욕하기를 마치 노예처럼 하였다. 왕이 비록 몹시 노했더라도 녹수만 보면 반드시 기뻐하여 웃었으므로, 상 주고 벌주는 일이 모두 그의 입에 달렸으니, 김효손(金孝孫)은 그 형부이므로 현달한 관직에 이를 수 있었다.
>
> ─《연산군일기》, 연산 8년(1502) 11월 25일

장녹수는 왕을 조롱하며 욕할 수 있는 유일한 조선의 여자였다. 사람을 함부로 대하면서도 즐겁게 만들 수 있는 여인이었다. 그녀는 자신의 갈고닦은 기예로 왕에게 가까이 다가갈 수 있었으며, 또한 어린 시절부터 사람들의 비위를 맞추며 생활하면서 쌓인 내공으로 왕의 곁에서 오래 머물 수 있었다. 연산군은 자신과 견해를 달리하는 관료와 정치 세력 중에서 128명의 목을 잘랐다. 숨진 이들 중에는 왕권의 견제를 위해 잘잘못을 판단하고 충언하는 삼사(三司) 관료들도 상당수 포함되었다. 이러한 사건은 조선이 탄생하고 나서 처음으로 발생한 대규모 처형이었다. 사람들은 이러한 대규모의 학살을 선비에게 닥

친 재앙이라는 뜻으로 사화(士禍)라고 불렀다. 조선에는 총 네 번의 사화가 일어났다. 연산군 집권 시절에 처음 시작되었으며, 그에 의해 두 번이나 자행되었다. 그는 조선의 기본적인 정치체제를 무너뜨린 장본인이었다. 만약 태종처럼 대규모 정적의 학살로 강화된 왕권이 바른 정치의 길로 접어들었다면 조선의 쇄신을 정착시켰겠지만, 안타깝게도 연산군은 자신의 개인적인 욕망에 집중해 자멸을 선택했다.

대규모 학살은 어느 정도의 광기 없이는 실행하기 어렵다. 폭정으로 날뛰는 연산군을 달래어 자기 사람으로 만든 장녹수의 내공이 결코 만만치 않았음을 짐작할 수 있는 대목이다. 그녀는 천한 신분 중에서도 맨 밑바닥 같은 존재였지만, 그런 사회를 만든 남자들을 가지고 노는 배짱과 재주가 있었다. 남자들이 기득권을 차지했던 조선은 그녀에 대하여, "교묘하게 남을 속이는 능력과 요사스러운 아양이 견줄 사람이 없었다"(《연산군일기》)라고 표현했다. 그럼에도 양반들은 부끄러운 줄도 모르고 그녀에게 인사 청탁을 했고, 무뢰한들은 그녀에게 빌붙기 위해 친척이라고 말하며 모여들었다. 한쪽은 출세하고 싶어 비굴한 줄 알면서도 자신들이 무시하는 천민에게 엎드리는 방법을 선택한 이들이었고, 다른 한쪽은 그녀를 데리고 놀던 족속들이 포함된 시정잡배였다. 자신의 발 밑에 조아리는 모리배들을 바라보았던 장녹수는 어떤 심정이었을까? 그녀의 아버지 장한필이 과거에 급제한 곳이 경회루였다. 그 경회루에서 잔치가 벌어질 때 장녹수는 왕과 같은 자리에 앉을 수 있었으니 위치상으로 아버지를 뛰어넘은 셈이었다.

연산군의 폭정은 신하들의 쿠데타로 멈추었다. 중종은 쿠데타 세력에 의해 경복궁 근정전에서 즉위식을 갖고 왕좌에 앉았다. 연산군은 강화도 교동에 유배되어 쫓겨난 지 두 달 만에 역질(천연두)로 사망했다. 그는 유언으로 자신과 달리 성품이 후덕했던 폐비 신씨(왕비)가 보고 싶다고 말했다. 열 살이 안 되었던 연산군의 왕세자 이황(李𩇽), 여섯 살이었던 창녕대군(昌寧大君) 이성(李誠), 그리고 아홉 살의 서장자였던 이인(李仁)은 중종반정을 일으킨 재상들의 요구로 모두 사약을 마시고 죽었다. 아무런 죄가 없었던 소년들은 단지 연산군의 자식이라는 이유로 죽음을 강요당했다. 뒷날의 복수를 우려한 재상들의 조치였다. 중종은 나이가 어리고 연약하니 차마 조카들을 못 죽이겠다고 거듭 말했으나 열아홉 살의 왕은 쿠데타를 계획하고 집권한 66세의 영의정 유순(柳洵), 50세의 좌의정 김수동(金壽童), 40세의 우의정 박원종(朴元宗) 등을 포함한 세력들의 요구를 거절할 수 없었다.

연산군의 생모였던 폐비 윤씨[제헌왕후(齊獻王后)]도 일찍이 남편이었던 성종에게 쫓겨난 뒤에 사약을 마시고 죽었다. 그녀가 쫓겨날 때 많은 관료와 관청에서 반대하거나 왕비가 폐위되는 이유를 설명해달라고 했던 사실로 미루어 큰 죄를 지었다고 보여지진 않는다. 성종의 지시는 연산군이 자라서 왕이 될 경우, 자신의 어머니가 폐위된 사실에 불만을 품어 정치적인 혼란이 일어날까 염려해 내린 조치였다. 그러나 생모의 죽음은 오히려 연산군의 폭정을 더욱 증폭시켰으며, 그 결과로 자신의 어린 자식들이 어머니와 같은 방법으로 죽음을 맞게 되는 비극을 낳았다.

장녹수는 연산군의 신임을 얻어 종3품 숙용(淑容)의 품계까지 올랐다. 그러나 꿈과 같았던 삶은 그리 오래가지 못했다. 정상에서 조선의 남자들 위에 우뚝 섰던 그녀는 연산군의 몰락과 함께 추락했다. 중종을 내세워 연산군을 몰아내는 데 성공한 세력은 그녀를 군기시(軍器寺) 앞에서 참수했다. 군기시는 무기와 군수물자를 생산하던 곳으로, 현재는 서울 시청 자리에 해당한다. 시청 지하에 유적 전시실로 군기시가 보존되어 옛 형태를 조금이나마 찾아볼 수 있다.

중종은 왕이 되고 12년 뒤에, 불현듯 살아남은 장녹수의 딸 이영수(李靈水)에게 집 한 채와 노비 15명 그리고 먹고살 수 있는 넉넉한 땅을 주었다. 상식적으로 중종이 장녹수를 가엾게 여길 리는 없었고, 이복형이었던 연산군의 후궁이 낳은 자식을 특별히 대할 이유도 없다. 중종의 선의에 대한 원인은 알 수 없다. 그러나 추정은 가능하다. 이영수에게 은혜를 베푼 1518년은 중종의 장남인 인종(仁宗)이 태어난 지 3년이 되는 때였다. 추정을 극적으로 끌어올려 보면, 이제 막 말을 곧잘 하며 한창 귀여운 자신의 큰아들을 보면서, 자신이 죽이라고 동의했던 어린 조카들이 생각나지 않았을까 싶다. 죽은 그들에게 미안한 감정이 유일하게 살아남은 장녹수의 딸에게 대신 전달되었다고 가정하면 너무 지나친 상상력일까?

3장

소멸하는 조선과
무너지는 사람들

건청궁과 개화(開化)

건청궁 _ 쭈그러든 국운의 근거지

이 궁을 건설하는 데 쓸 비용을 탁지부(度支部)의 재정에서 쓰지 않고 단지 내
탕전(內帑錢)만 쓴 것은 또한 나의 될수록 절약하자는 뜻에서였다.

—《고종실록》, 고종10년(1873) 8월 19일

건청궁은 경복궁의 가장 북쪽에 위치한 건물이다. 경복궁을 중건할
때는 없었다가 나중에 추가되었다. 고종 10년(1873)에 왕은 내탕전(內帑
錢. 왕이 개인적으로 사용하는 돈)으로 건청궁을 지었다. 일제강점기 전인 1909
년에 훼철되었다가 2007년에 복원을 마치고 일반에게 공개되었다.
복원 작업은 2004년 6월부터 시작했으니 3년이 걸린 셈이다.
《고종실록》에 우의정 한계원(韓啓源)은 창덕궁의 주합루(宙合樓)와 서
향각(書香閣)을 모방해 건청궁을 지었다고 말하고 있으나 가옥의 구조

건청궁.

는 당시 일반적인 양반가의 집과 유사하다. 정문으로 곧장 들어가면 안채가 나오고, 정문을 지나 서쪽으로 향하면 사랑채가 나오는 형태다. 건청궁은 경복궁이라는 궁궐 안에 지어진 건물임에도 '궁(宮)' 자가 붙은 독특한 이름을 지녔다. 보통 왕이 기거하는 건물 이름에는 '전(殿)' 자가 붙는데, 이곳은 전통적인 형태와 이름을 따르지 않았다.

'건청'이라는 이름은 자금성에서 따온 것으로 추정된다. 15세기 초 명나라 때 북경에 지어진 자금성에도 건청궁, 곤녕궁(坤寧宮)이라는 이름의 건물이 있기 때문이다. 《조선왕조실록》을 보면, 태종 때부터 수시로 명나라의 건청궁에 대한 언급이 있는 걸로 봐서 조선에서는 오래전부터 건청궁이라는 이름이 알려졌다고 판단된다. 순조 이후에는 〈건청곤녕지곡(乾淸坤寧之曲)〉이라는 잔치 반주 음악이 종종 연주되었다는 사실로 미루어보아 '건청'과 '곤녕'은 왕실과 관련해 흔히 쓰이던 단어로 짐작된다. 자금성의 건청궁은 황제의 침소였고, 곤녕궁은 황후의 공간이었다. 조선의 건청궁도 안채에 해당하는 장소이자 명성황후가 기거하던 공간의 이름이 곤녕합(坤寧閣)이다. 건청과 곤녕이 함께 조화롭게 쓰였다.

건청(乾清)과 곤녕(坤寧)은 하늘이 맑고, 땅이 편안하다는 뜻이다. 넓은 의미로는 태평한 시대를 말하며, 국가에 적용하면 맑은 하늘은 정치를 잘하는 임금을 뜻하고, 편안한 땅은 잘사는 백성을 의미한다. 하늘의 운행이 정상적이어야 땅의 만물이 고르게 성장한다는 자연의 이치가 담겼다.* 건(乾 ☰)과 곤(坤 ☷)은 팔괘의 하나로 하늘과 땅을 상징한다. 팔괘는 음과 양을 통해 우주 만물을 풀이한 기호이자 철학이다. 음양오행(陰陽五行)과 함께 동양 사상의 뿌리에 해당한다. 태극기의 건곤감리도 팔괘에서 끌어온 개념이다.

건청궁에 대한 많은 자료는 건물의 목적으로 고종의 정치적 입지 확보를 꼽는다. 흥선대원군이 경복궁을 지어서 왕권의 확립을 도모했듯이, 고종도 건청궁을 같은 맥락으로 지었다고 해석한다. 열다섯 살에 친정(親政. 직접 정사를 돌봄)을 선포한 고종은 아직 어린 나이였기에 아버지 흥선대원군에게서 완전히 벗어나지 못했다. 중요한 의사 결정은 흥선대원군의 힘에 따른 선택으로 진행되었다. 따라서 스물두 살이 된 고종은 흥선대원군의 섭정에서 벗어나 자주적인 정치 기반을 마련하기 위해 건청궁을 만들었다는 논리다. 그 근거로 건청궁이 신하들 몰래 지어지고, 그들이 건설에 반대적인 입장을 취했고, 고종이 개인 돈으로 건축비를 마련했다고 말한다. 그러나 《고종실록》을 들여다보면, 고종이 건물을 짓는 데 개인 돈을 사용한 이유는 절약의 뜻이라고

---

* 天得一以清 地得一以寧, 《도덕경》 39장.

소신을 밝혔다. 평소 절약에 대한 신하들의 잦은 잔소리 때문인지, 왕은 힘주어 공사비가 자신의 돈이라고 말했다. 또한 신하들은 건축에 완전히 반대하는 입장이 아니라 화려하게 짓지 말라는 충고를 할 뿐이고, 무엇보다 흥선대원군의 조치로 건물이 지어진다고 분명하게 기록하고 있다. 일제강점기에 작성된 《고종실록》을 어디까지 믿어야 할지 모호하지만, 《승정원일기》에도 동일한 기록이 있기 때문에 이 부분의 신빙성은 꽤 높은 편이다. 만약 이 기록들이 사실이라면 건청궁은 의심할 여지없이 대원군의 의지로 만들어진 건물이 된다.

고종은 건청궁이 지어지고 나서 그해에 바로 창덕궁으로 이어(移御, 왕이 거처를 옮김)했다. 경복궁으로 돌아온 시점은 2년이 지난 1875년이었으며, 또다시 2년 뒤에는 창덕궁으로 옮겼다. 만약 건청궁이 젊은 왕의 정치적 입지를 다지기 위해 지은 건물이라면 고종의 이어는 의지와 맞지 않는다. 물론 화재라는 궁궐의 기능성이 마비되는 특수성이 있었지만, 그럼에도 너무 장시간 건청궁은 사용되지 못했다. 고종이 건청궁에서 외국 사신들을 접견하고 업무를 본격적으로 보기 시작한 시점은 1885년이다. 건청궁이 완성되고 12년이나 지난 시점이기 때문에 정치적 입지 확보설은 그 근거가 희박한 주장이라고 판단된다.

자신의 왕위를 위협하는 다양한 사건을 겪은 고종이 건청궁을 근거지로 삼았다는 점은 당시 그의 궁핍한 처지를 그대로 드러내는 결정이었다. 왕은 경복궁의 당당함과 창덕궁의 아늑함을 감당하지 못하는 신세였다. 잔뜩 쪼그러든 국운 때문에 자신의 떳떳한 자리를 찾지 못하는 형국이었다. 건청궁은 일반적인 양반 가문의 집과 비슷한 규모로, 왕이 살고 업무를 보기에는 다소 협소해 보인다. 그러나 그곳은 명성황후가 죽기 전까지 왕과 왕비의 주요 거처로 활용되었다. 정상적인 국정 운영의 마지막 본거지인 셈이었다.

에디슨의 전깃불 _ 동아시아 최초로 조선에 건너온 신상품

'세상에, 동양의 신비한 왕궁에 내가 발명한 전등이 켜지다니… 꿈만 같다!'

—당시 소회를 담은 에디슨의 일기,《경복궁》, 문화재청, 2011, 16쪽

고종이 집권하자 1876년부터 외교사절단이 왕성하게 활동했다. 이들은 정부의 지원으로 세계 각국의 선진 문물을 직접 체험했고 이와 관련된 소식을 발 빠르게 고국으로 퍼뜨렸다. 고종의 개화 정책과 맞물린 이들의 견해는 새로운 문화가 서둘러 조선에 유입되는 시대를 만들었다.

일본에 외교사절로 방문해 근대화 시설을 시찰하고 돌아온 수신사(修信使)와 청나라에 가서 무기 제조법을 포함한 선진 문물을 배워 온 영선사(領選使) 등이 대표적인 사절단이었다. 1883년에 조선 최초로 외교를 위해 미국 땅을 밟았던 보빙사(報聘使)는 고종의 서구식 문물 유입에 가속도를 붙여준 사람들이었다. 보빙사가 돌아와서 추천한 전깃불은 조선의 많은 사람에게 새로운 문명의 맛을 보여주었다.

보빙사의 일원이었던 유길준(俞吉濬)은 전깃불에 반해 다음과 같이 말했다. "조선에도 전등을 설치하고 싶소. 전등이 석유등보다 값싸고 좋다는 걸 당신들이 입증했으니 우리는 실험할 필요도 없소."* 흔들리지 않고 쨍하게 퍼지는 불빛은 시대가 변했다는 인식을 전해준 특별한 선물이었다.

우리나라에 최초로 전깃불이 들어온 곳이 바로 건청궁이다. 미국의

---

*   EBS 역사채널,《역사 e 5: 세상을 깨우는 시대의 기록》, 북하우스, 2016, 318쪽.

토머스 에디슨.

에디슨(Thomas A. Edison)이 발명한 전깃불은 1887년 3월 6일 건청궁에
설치되어 점등되었다. 그가 백열등 시험에 성공한 때가 1879년이고,
이에 대한 특허를 다음 해에 얻었다는 점을 감안하면 꽤 신속한 신문
물의 수용인 셈이다. 이 당시는 미국에서도 전기로 만든 등이 보편화
되기 전이다. 조선의 전깃불은 중국이나 일본의 궁궐에 비해 2년이나
앞선 선택으로 동아시아에서 최초의 시도였다.*

　에디슨은 전깃불이 성공적으로 건청궁에 설치되었다는 소식을 듣
고, 일기에 감회를 적었다. 그도 자신의 발명품이 예상보다 이른 시기
에 다른 세상에 전달된 사실이 놀라웠던 모양이다.

* 〈조선의 전깃불이 켜진 날〉, 《경향신문》 2015. 6. 2.

2015년 문화재청의 흥복전, 영훈당(永薰堂) 발굴조사에 따르면 전기 발전소의 위치는 건청궁 남쪽에 자리 잡은 향원지(香遠池)의 남동쪽이었다. 발전기는 석탄 연료를 이용하고, 증기기관은 향원지의 물을 끌어들여 사용했다. 건청궁에 설치된 백열등의 수량은 모두 750개였다. 전구 하나의 밝기는 양초 16개와 맞먹는 16촉광이었다. 이는 당시 서양에서도 보기 어려운 대규모 장비를 동원한 첨단 시설이었다. 당시 궁궐에서는 밀랍으로 만든 초를 사용해 어둠을 밝히고 있었다. 그러니 750개의 전등이 한꺼번에 켜졌을 때 그 순간을 목격한 사람들의 반응이 어떠했을지 그리 어렵지 않게 짐작된다. 양초로 계산하면 1만 2,000개가 동시에 켜진 셈이었다.

사람들은 전깃불에는 환호했지만 시끄러운 발전기에는 호의를 베풀지 못했다. 신문물에 대한 환희와 낯선 두려움이 공존했다. 발전기에 들어갔던 향원정(香遠亭)의 물이 뜨거워져 되돌아 나오는 바람에 물고기들이 떼죽음을 당하는 사태가 벌어지자 사람들은 이를 불길한 징조로 여겼다.

전깃불에는 다른 명칭도 있었는데, 증기기관에 물이 들어가서 전기를 만들어 불이 켜지는 원리를 잘 모르는 사람들은 '물불'이라고 불렀다. 또한 시설과 장비가 발명된 지 얼마 안 되어, 발전기가 안정적으로 작동하지 못하고 수시로 고장 나는 일이 벌어졌다. 사람들이 보기에는 비싼 돈을 들여 장만한 전깃불이 종종 이유 없이 꺼지기를 반복하자, 하는 일 없이 행패를 부리거나 돈을 빼앗아가는 건달과 닮았다고 해 건달불(乾達火)이라고도 불렀다.

건청궁에서 전깃불 설치를 담당한 사람은 미국인 윌리엄 맥케이(William McKay)였다. 그의 조선 이름은 맥계(麥溪)였고, '에디슨 전등회사' 직원으로 미국에서 파견된 인물이었다. 조선의 전깃불을 밝혀 역사의 현장을 지휘했던 그는 불행히도 임무를 수행한 지 이틀 만인 3월 8일에 총기 오발 사고를 당했다. 이 사고로 멕케이가 사망하자 전깃불도 멈춰버렸다. 이 전등의 운명도 당시 조선 사회처럼 순탄하지 못했다. 건청궁은 새로운 적임자를 임명하기까지 6개월 동안 다시 촛불로 돌아가야 했다.

고종이 전깃불을 재빠르게 수용한 이유는 '선진 문물의 수용'과 함께 '불안한 왕권'이라는 요소가 더해진 결과다. 1882년의 임오군란(壬午軍亂), 1884년의 갑신정변(甲申政變)을 겪으며 고종은 심리적으로 약해질 수밖에 없었다. 궁궐 안까지 파고드는 폭동을 직접 목격하며, 자신도 언제든지 순식간에 고꾸라질 수 있다는 두려움이 생겼기 때문이다. 그래서 고종에겐 꺼지지 않는 불이 존재한다는 소식이 더욱 반갑지 않았을까? 자신의 거처를 환하게 비추어 밤에도 탈이 생기지 않기를 바라는 마음과 자신의 왕권도 전깃불처럼 강력하게 세상을 비추기를 원하는 기대가 맞물려 막대한 자금 투자를 이끌어낸 것이다.

전깃불 이후 선진 과학 문명은 지속적으로 조선에 자리 잡았다. 1897년에는 국내 최초로 전화국이 생겼고, 1898년에는 왕실 주도로 한성전기회사가 탄생했다. 1899년에는 최초의 대중교통이었던 전차가 종로를 누볐다. 1900년에는 길가에 전깃불이 설치되어 누구나 신문명을 마주 보게 되었다. 건청궁에 전등이 설치된 이후 13년 만이었다. 4월 10일, 종로에 세 개의 전기 가로등이 밝혀졌다. 이 가로등을 보기 위해 수많은 사람들이 몰려들었다. 19세기 말부터 조선은 본격적인 전기 시대로 진입하게 되었다.

보빙사_ 뉴욕에서 미국 대통령을 만난 최초의 외교사절단

사신 민영익 홍영식 등은 낮흐로 대아미리가(大 America) 합중국 대백니쇠쳔 덕(大 Chester Alan Arthur)께 아뢰옵나이다. 사신들이 대조선국 대군주 흠명을 받자와 와서 대신으로 대백니쇠쳔덕께서와 및 합중국 모든 인민이 한가지로 안녕함을 누리시기를 청하오며 또는 두 나라 인민이 서로 사귀고 좋아하는 우의에 확실한 뜻을 고하여 피차 돈밀함(도탑고 가까움)을 생각어와 실상으로 서로 지킴을 정하여 길이 무궁한 복이 되기를 바라나이다. 받들어 온 바 국 서 두 봉의 하나는 우리 대군주께옵서 대백니쇠쳔덕께 회답하심이오, 하나 는 사신의 전권(全權) 빙거(憑據, 근거)오니 삼가 받침을 아뢰옵나이다.

—〈보빙사 서신〉,《뉴욕헤럴드(New York Herald)》, 1883. 9. 19.

조선의 전깃불 설치를 고종에게 추천했던 보빙사는 미국의 근대 문 물을 처음으로 접한 공식 인사였다. 보빙사는 특정한 외교 사안에 답 례하기 위한 사절단을 말한다.

1882년 조선은 미국과 조미수호통상조약(朝美修好通商條約)을 맺었다. 이것은 조선이 서구의 나라와 맺은 최초의 외교 조약이었다. 이 조약 으로 1883년 미국 초대 공사가 조선에 주재하게 되었고, 조선은 답례 로 미국을 방문하는 보빙사를 꾸렸다. 보빙사는 민영익(閔泳翊) 전권대 신, 홍영식(洪英植) 부대신의 지휘 아래 총 11명으로 구성해 미국을 방 문했다. 이들은 서양 문물을 처음 접한 최초의 공식 사절단이었다. 보 빙사는 미국의 21대 대통령이었던 체스터 아서(Chester Arthur)를 만나 국 서와 신임장을 전달하고 40여 일간 근대식 시설을 시찰했다.

보빙사 일행은 그들이 도착하기 1년 전에 설치된 뉴욕 거리의 전등 을 보고 감탄을 금치 못했다. 전깃불은 당시 세계에서 가장 주목받는

《일러스트레이티드 뉴스페이퍼》 표지에 나온 보빙사 사절단 그림. 출처: 국사편찬위원회

발명품이었다. 이들은 살아 숨쉬는 문명의 한가운데서 서양의 기술력
과 조우했으며, 돌아와서 가장 최신의 발명품들을 고종에게 추천했

다. 바람이 불어도 꺼지지 않고 휘황찬란한 전깃불은 당시 자신의 안위를 걱정하던 고종에게 꼭 필요한 물건이었다. 고종은 건청궁에 설치된 750개의 전등을 보며, 신기술의 도입이 암울한 시대를 밝게 비춰줄 희망의 단초라고 생각했는지도 모른다.

보빙사 일행은 자신들이 경험한 서양의 기술 문물을 서둘러 조선에 도입하기 위해 노력했다. 그들은 전깃불 이외에 근대 농업기술과 교육에도 큰 영향력을 미쳤다. 미국에서 각종 종자와 가축, 농기구 들을 수입해서 1884년에는 농무목축시험장(農務牧畜試驗場)을 운영했다. 이곳에서 근대적 농법을 실험하고 각 지방으로 수확물의 종자를 전달했다. 또한 1886년에는 우리나라 최초의 근대식 공립 교육기관인 육영공원(育英公院)을 설립하기도 했다.

육영공원은 '영재를 육성하는 공교육기관'이라는 뜻이다. 이곳은 입학 자격을 과거 급제자나 명문가 자제 등의 양반으로 한정하고, 강사를 전부 미국인으로 채용해 영어를 중점적으로 가르쳤다. 육영공원은 비슷한 시기에 자리 잡은 배재학당이나 이화학당 등과 함께 동양의 전통 교육을 탈피해 근대식 수업을 정착시키는 계기를 제공했다. 육영공원이 있었던 곳은 현재 서울시립미술관이 자리 잡은 곳이다. 조선 최초의 공립학교는 혜택받은 소수에게 영어를 중점적으로 가르쳤다는 점에서 한계를 갖지만, 하루빨리 서양 문화를 수용할 수 있는 인재를 양육하고자 했던 보빙사의 간절한 마음이 느껴지는 조치였다.

위의 결과들을 두루 살펴보면, 보빙사는 단순히 서양의 문물을 순방하고 왔다기보다는 그들이 목격한 기술을 조선에 도입하고자 적극적으로 애쓴 집단으로 해석된다. 이러한 기술의 도입은 근대화에 대한 고종의 이해와 맞아떨어진 결과였다. 그러나 서양의 문물이 모두 순조롭게 자리 잡은 것은 아니었다. 정부의 지원으로 운영되는 시설들은 불안한 정치 상황과 맞물려 길게 유지되지 못했고, 이윤이 발생하는 몇몇 사업은 이용만 당하다가 매각되었다.

한성전기회사는 1904년에 미국인 콜브란 보스트윅(Collbran Bostwick)과의 합작회사로 변경되었다가 1909년 일본에 매도되었으며, 농무목축시험장도 적극적으로 관리에 힘썼던 보빙사 최경석(崔景錫)이 1886년에 갑자기 사망하자 이후엔 명맥만 유지하며 뚜렷한 성과를 내지 못했다. 육영공원도 대부분의 학생들이 수업에 열정적이지 못했다. 삶이 풍족하고 변화에 둔감한 양반 자제들은 목표 의식과 간절함이 부족했다. 육영공원은 국가가 주도하는 교육의 환경적 한계를 드러내며, 배재학당이나 이화학당처럼 중고등학교와 대학교 등으로 명맥이 유지되거나 확대되지 못했다. 결국 설립된 지 8년 만인 1894년에 재정난으로 폐교되었다.

보빙사의 일원이었던 유길준은 자신의 저서 《서유견문(西遊見聞)》을 통해 개화를 다음과 같이 정의했다.

개화하는 일은 남의 장기(長技)를 취하는 것에만 있는 것이 아니라, 자신의 훌륭하고 아름다운 것을 보존하는 데에도 있다. 남의 장기를 취하려는 생각도 결국은 자신의 훌륭하고 아름다운 것을 돕기 위한 것이기 때문에, 남의 재주를 취하더라도 실용적으로 이용하기만 하면 자기의 재주가 되는 것이다. 시세와 처지를 잘 헤아려서 이해와 경중을 판단한 뒤에, 앞뒤를 가려서 차례로 시행해야 한다.

그러나 지나친 자는 아무런 분별도 없이 외국의 것이라면 모두 다 좋다고 생각하고, 자기 나라 것이라면 무엇이든지 좋지 않다고 생각한다. 심지어는 외국 모습을 칭찬하는 나머지 자기 나라를 업신여기는 폐단까지도 있다. 이들을 개화당이라고 하지만, 이들이 어찌 개화당(開化黨)이랴. 사실은 개화의 죄인이다.

한편 모자라는 자는 완고한 성품으로 사물을 분별치 못하여, 외국 사람이면 모두 오랑캐라 하고 외국 물건이면 모두 쓸데없는 물건이라 하며, 외국 문자는 천주학이라 하여 가까이 하지도 않는다. 자기 자신만이 천하 제일이라고 여기며, 심지어는 피해 사는 자까지도 있다. 이들을 수구당이라고 하지만, 이들이 어찌 수구당(守舊黨)이랴. 사실은 개화의 원수다.

성인 말씀에 "지나침과 모자람은 같다"라고 하셨지만, 개화하는 데에 있어서는 지나친 자의 폐해가 모자라는 자보다 더 심하다. 그 까닭은 다름이 아니다. 지나친 자는 자기 나라를 빨리 위태롭게 하고, 모자라는 자는 자기 나라를 더디게 위태롭게 하기 때문이다. 그러므로 반드시 중용을 지키는 자가 있어서 지나친 자를 조절하고 모자라는 자를 권면하여, 남의 장기를 취하고 자기의 훌륭한 것을 지켜서, 처지와 시세에 순응한 뒤에 나라를 보전하여 개화의 커다란 공을 거둬야 한다. 입에는 외국 담배를 물고, 가슴에는 외국 시계를 차며, 의자에 걸터앉아서 외국 풍속을 이야기하거나 외국 말을 얼마쯤 지껄이는 자가 어찌 개화인이라고 할 수 있겠는가. 이는 개화의 죄인이 아니, 개화의 원수도 아니다. 개화라는 헛바람에 날려서 마음속에 주견도 없는 한낱 개화의 병신이다.

—유길준, 편집부 편,《서유견문》, 두산동아, 2010, 427쪽

유길준_ 고종의 상투를 자르라고 윽박지른 최초의 국비 유학생

나라의 권리는 정당한 품례(품격과 법식)와 명확한 조리를 스스로 갖추고 있어, 가혹한 대우를 받더라도 손상되지 않고, 억지로 복종을 강요받아도 양심을 품지 않는다. 굳게 지켜서 잃어버리지 말고 신중하게 스스로 지키는 것이

국민의 공동 의무이며 정부의 가장 커다란 직책이다. 이 권리를 한번 잃어버리면 나라라는 이름이 비록 존재하더라도 빈 껍질뿐이어서, 자유로운 행동을 하지 못하여 나라가 나라답게 되는 체모(떳떳한 입장)가 훼손되며, 세계 여러 나라와의 교섭도 저절로 끊어지게 된다. 그러니 완고한 습기(습성이나 버릇)를 벗어버리지 못하고 허망한 의논을 마음대로 지껄이는 자들은 자기 나라와 군주에 대하여 막대한 욕을 끼침으로써 벗어나기 어려운 죄를 저지르는 것이다.

—유길준, 편집부 편, 《서유견문》, 두산동아, 2010, 99쪽

미국에 갔던 보빙사 중에 고국으로 돌아오지 않았던 인물도 있었다. 수행원으로 따라갔던 유길준은 총책임자였던 민영익의 권유로 미국에 남았다. 그는 미국에서 생활하며 그들의 문화를 깊숙하고 진지하게 접할 기회를 얻은 최초의 조선인이었다. 유길준은 선진 문명의 교육을 직접 체험하고, 추후 귀국해서는 백성들의 계몽에 힘쓴 인물이었다.

그는 미국 최초의 사립 기숙학교인 거버너 더머 고등학교(Governor Dummer Academy)를 다녔다. 미국으로 떠나기 2년 전에 일본 게이오 대학(慶應義塾大學, 게이오기주쿠 대학)에서 유학 생활을 했던 그는 조선 최초의 일본 유학생이자, 최초의 미국 유학생, 최초의 국비 유학생이라는 세 가지 기록의 보유자가 되었다. 당시에는 보기 드문 특혜였다. 그가 직접 목격하고 깨달은 지식과 지혜는 조선 사람들을 널리 이롭게 할 사명이 되어야 했다. 그러나 유길준은 자신이 목표로 세웠던 학업을 마치지 못했다. 갑신정변으로 국내의 정치 환경이 급변하면서 국가의 지원이 끊어졌다. 그는 어쩔 수 없이 귀국을 서둘러야 했다. 돌아오는 길에 유럽의 여러 나라를 순방하고 돌아온 그는 자연스레 개화사상가

가 되었다. 일본과 미국의 유학 생활 그리고 유럽의 탐방으로 인해 조선에서는 그 누구보다 선진 문명을 잘 이해하는 사람이 되었다.

유길준은 고국에 돌아와 《서유견문》을 발간했다. 이 책은 지구의 개론부터 각국의 지형, 역사, 문화를 거쳐 교육, 법률, 안보, 기술까지 서술한 종합적인 근대화 개론서였다. 또한 정부의 직분과 국민의 권리까지 폭넓은 의견이 담겨 있다. 그는 조선이 안정적으로 선진 문물을 도입하고 세계적인 문명의 흐름을 따라가길 원했다. 그러나 유길준의 마음은 급했다. 힘도 부족했다. 그와 같이 개화를 원하는 이들의 대다수는 일본의 달콤한 유혹에 쉽게 빠져들었다. 개개인의 역량은 나쁘지 않았지만 현실을 꿰뚫는 안목이 부족했다. 응집되는 철학의 밀도가 낮았다.

일본은 조선 침탈의 전략으로 개화파들을 포섭하고, 친일파로 엮어 꾸준히 정치 일선에 배치했다. 조선의 권력은 야욕을 가진 외세와 내부에서 호응하는 관료들의 선택에 따라 수시로 바뀌었다. 일본의 야심을 거리낌 없이 드러낸 사건의 시작은 갑오개혁(甲午改革)이었다. 그들은 친일 성향의 급진개화파들을 이용해 자신들의 야욕을 개혁이라는 이름으로 포장했다. 1894년 7월 처음으로 시행된 개혁안은 정부 제도에 큰 변화를 요구했다. 왕권은 축소되고, 관료들의 권한은 높아졌다. 포섭된 인사들이 권력을 가져야 식민지화 진행이 수월했기 때문이다. 도량형 통일, 신분제와 연좌제 폐지, 과거제도 폐지까지 200개가 넘는 근대 개혁안들이 쏟아졌다. 개혁안은 조선을 일시에 바꿀 만한 혁신적인 조치들로 충만했다. 그러나 흥선대원군의 섭정과 김홍집(金弘集) 내각으로 대표되는 1차 갑오개혁은 성공할 수 없는 씨앗이었다. 개혁을 진행한 세력에 주체적인 힘이 없었고, 뚜렷한 명분이 부족했다. 수백 년간 지속된 문화가 일시에 바뀌기는 어렵다. 개혁과 정

치는 사람들의 마음을 얻어야 성공할 수 있다. 유길준도 사람들의 반응이 없다면 정책이 성공하기 어렵다는 사실을 잘 알고 있었다. 그는 "사람마다 자기의 권리가 제대로 지켜진 뒤에, 모든 인민의 의기가 모여야 한 나라의 권리가 지켜나가는 것"[*]이라고 말했다. 그러나 생각과 현실의 괴리를 줄이지 못했다. 급진개화파들은 일본 제국의 꼭두각시 노릇에서 벗어나지 못했다. 갑오년의 개혁은 일본군이 경복궁을 점령한 사건을 흐릿하게 만들려는 포장에 불과했다.

갑오개혁의 의의는 개혁이라는 단어를 말하기 앞서, 일본 군대가

---

[*] 유길준, 편집부 편, 《서유견문》, 두산동아, 2010, 109쪽.

조선의 수도를 무력으로 장악했다는 역사적 사실을 먼저 알아야 한다. 일본군은 동학농민운동을 진압하기 위해 청나라군이 조선에 들어오자 이 기회를 놓치지 않았다. 청나라 군대는 조선의 요청에 의해 들어왔지만 일본은 자의적 해석으로 조선의 땅을 밟았다. 조선에 일본군이 다시 들어오기 9년 전인 1885년에 이토 히로부미는 톈진(天津)에서 청나라와 톈진조약을 맺었다. 청나라와 일본은 조선에서 군대를 함께 철수시키며, 만일 군대를 다시 파병하게 될 경우에는 서로 상대방에게 통보해야 한다는 내용이었다. 이에 따라 일본은 1885년 청나라와 함께 조선에서 군대를 철수시켰다가 1894년 청나라의 군대가 건너오자 재빠르게 대응하며 치밀한 각본에 의한 전략을 실행했다. 잔뜩 웅크리고 얌전히 조선의 상황을 주시하던 일본은 조선을 집어삼키기 위한 일생일대의 도박을 감행한다. 바로 청나라와의 전쟁이었다. 섬나라가 꼼수를 이용해 대륙과 한판 붙기를 자청한 것이다. 일본은 전쟁을 위한 첫 단계로 경복궁을 무단 점령했다. 그들은 영추문을 통해 경복궁을 기습했다. 왕을 총칼로 겁박해 청나라와의 외교를 단절시키고, 친일 성향의 급진개화파를 앞으로 내세웠다. 그 과정을 1894년 6월 21일 《고종실록》은 다음과 같이 기록했다.

일본 군사들이 대궐로 들어왔다. 이날 새벽에 일본군 2개 대대가 영추문(迎秋門)으로 들어오자 시위 군사들이 총을 쏘면서 막았으나 상(고종)이 중지하라고 명하였다. 일본 군사들이 마침내 궁문(宮門)을 지키고 오후에는 각영(各營)에 이르러 (조선 군대의) 무기를 회수하였다.

일본은 조선의 제지를 뚫고 수도인 한성에 무단으로 들어왔으며, 무력으로 경복궁을 점령했다. 이것은 명백하게 수도를 약탈한 국가적 침략 행위였다. 우리가 흔히 갑오개혁이나 갑오경장(甲午更張)으로 부르던 개혁운동의 시초는 일본의 침략이 전제된 사건이었다. 이러한 바탕으로 '개혁' 혹은 '경장'(更張 . 고쳐서 새롭게 만듦)이 아닌 '왜란(倭亂)'이라 부르기를 주장하는 학자들도 있다. 총과 칼로 무장한 세력이 경복궁을 점령한 다음 날 일본 공사 오토리 게이스케(大鳥圭介)는 고종에게 다음과 같이 말했다. "이제부터 개화하면 두 나라의 평화로운 관계가 전날에 비해 더욱 돈독해지고 좋아질 것입니다"(《승정원일기》). 면전에 무기를 갖다 놓고 절대로 거절할 수 없는 제안을 들이민 셈이다. 일본 공사의 발언은 개화라는 단어의 시작과 목적지가 어디를 향하고 있는지 분명하게 말해준다.

군국기무처(軍國機務處)는 일본의 지시로 이루어진 '명분 쌓기' 개혁에 주도적인 역할을 맡았던 관청이다. 총재는 김홍집이 맡았고, 대다수의 관직은 친일 성향의 개화파들에게 넘겨졌다. 이들은 모든 입법과 행정 업무를 총괄하며 일본이 제시한 개혁을 이끌었는데, 유길준도 외아문참의(外衙門參議)를 역임하며 통상과 외교에 관계된 업무를 담당했다. 이들의 개혁안은 조선이 구시대를 넘어서기 위해 반드시 필요한 조치였음에도 백성들의 공감을 얻지 못하고 실패했다. 개혁운동이라는 역사적 의미는 일본의 허수아비 노릇에서 비롯되었다는 한계로 인해 빛을 보지 못했다. 자주적인 철학과 힘이 부재한 개혁의 무용성이 그대로 노출된 사건이었다.

1895년 자행된 을미사변 이후 친일 개화파들은 다시 일본이라는 호랑이 등에 올라탔다. 사람들은 갑오개혁에서부터 이어진 이 해의 변혁운동을 을미개혁이라고도 불렀다. 유길준은 3차 김홍집 내각에서 내무대신(內部大臣)으로 지위가 한층 높아졌다. 그의 능력과 열의가 반영된 결정이었다. 내무대신은 지방의 행정 및 사무를 총괄하는 자리였다. 그러나 유길준은 당시 조선의 상황과 일본의 음모를 제대로 파악하지 못했다. 백성들을 강제로 계몽시켜야 할 대상으로만 여겼다. 이러한 인식은 친일 개화파들이 갖고 있던 보편적인 사고였다. 이들에게 백성은 동등한 권리와 의무를 지닌 개체가 아니라, 국가에 종속되어 위정자들에게 통제되는 이분법적으로 나눠진 대상에 불과했다. 이렇듯 낮은 위치에서 바라보지 못하는 신분적 차이와 급박한 마음에 허술해진 추진력으로 뭉쳐진 친일 개화파들은 자신들의 한계를 뛰어넘지 못했다.

유길준은 을미년 개혁의 핵심 정책으로 단발령을 밀어붙였다. 그는 조희연(趙義淵) 군부대신(軍部大臣, 지금의 국방부 장관)과 함께 경복궁 주위에 대포를 설치해달라고 일본에 요청했다. 그리고 궁궐 안에 있는 사람들부터 단발을 하지 않으면 모두 죽이겠다고 협박했다. 처음부터 단발령에 반발하던 고종은 이에 항복해 신하들이 피해를 입지 않도록 농상공부대신(農商工部大臣, 농업부, 상공부 장관) 정병하(鄭秉夏)에게 자신의 머리카락을 자르라고 지시했다. 고종은 자신이 승인하여 탄생한 최초의 국비 유학생 때문에 단발하게 되었다. 유길준은 세자의 머리카락을 직접 자르며 단발령에 대한 강경한 입장을 표명했다.*

단발령은 유길준의 내부 고시(告示, 글로 공표해 백성들에게 알리는 정부의 지침)를 통해 전국에 선포되었다. 경무사(警務使, 현대의 경찰총장)였던 허진(許璡)은 칼을 찬 순검(巡檢, 조선의 경찰)들을 데리고 다니면서 길을 가로막고 사람들의 상투를 잘랐다. 단발령 소식을 접한 사람들은 머리카락을 지키기 위해 집 밖으로 나오지 않았다. 순검들은 집집마다 돌아다

---

* 황현, 임형택 옮김,《역주 매천야록 상》, 문학과지성사, 2005, 474쪽.

272 ❁ 3장 소멸하는 조선과 무너지는 사람들

니며 충실히 임무를 수행했다. 지방에서 올라와 소식을 듣지 못한 사람들은 길에서 무차별적으로 당했다. 이들은 잘려진 상투를 주머니에 챙겨 넣어가면서 통곡했다. 흐트러진 머리를 길게 늘어뜨린 채 거리를 돌아다니는 사람들의 모습은 장발승(長髮僧, 머리를 길게 기른 승려)과 같았다고 한다.[*]

마구잡이로 사람들의 상투를 자르며 돌아다녔던 경무사 허진은 경술국치(한일강제합방) 후에 조선총독부 자문기관이었던 중추원에서 근무했으며, 1912년에는 조선을 강제로 합병하는 데 기여한 공로로 한국병합기념장(韓國倂合記念章)을 받았다. 1915년에는 일본 왕의 즉위를 기념한 다이쇼대례기념장(大正大礼記念章)도 받았다. 기념장은 일본 정부가 주는 일종의 훈장이다.

지방에는 체두관(剃頭官)을 파견해 강제로 상투를 잘랐다. 체두관은 '머리를 깎는 관리'라는 뜻으로 단발령을 전국적으로 확대하려고 급조한 관직이었다. 백성들은 강제적인 단발 조치에 완강하게 반대하는 입장이었지만, 개혁의 형식에만 집착했던 위정자들은 백성의 입장을 감안하지 않았다. 백성들이 단발령을 받아들이지 못한 첫 번째 이유는 유교적인 사상과 관습 때문이었다. 머리털은 신체의 일부이고, 부모에게 받은 신체를 상하지 않게 보존하는 것이 효의 기본이라는 인식이 수백 년간 지속되었던 것이다. 유교의 영향이 아니더라도 긴 머리카락은 수천 년 동안 이어진 관습이었기 때문에 이를 쉽게 받아들일 수 없었다. 두 번째 이유는 일본이었다. 단발령의 강압적인 시행은 일본의 지시라는 소문이 돌았다. 을미사변에 대한 풍문이 한참 고조

[*]   황현, 임형택 옮김, 《역주 매천야록 상》, 문화과지성사, 2005, 474쪽.

되던 시기였다. 일본이 조선을 뒤흔들고 있다는 소문은 사람들의 울분을 치밀게 만들었다.

　나라 곳곳에서는 참다못한 백성들이 일본에 대항하는 의병을 조직해서 일어났다. 을미사변에 더해진 단발령은 전국적인 반(反)일본 세력을 탄생시켰다. 이들 조직은 전국에서 동시다발적으로 만들어졌다. 동학농민운동이 농민들의 항거라면, 을미의병(乙未義兵)은 유생(儒生)들이 주축이었다. 그들의 목적은 일본 타도였다. 을미의병은 임진왜란 이후 처음으로 일본군에 대항하기 위해 순수한 목적으로 전국에서 봉기한 민간 부대였다. 이들은 지역별로 들불처럼 일어나 급기야 수만 명으로 확대되었지만, 군사훈련을 제대로 받지 못했기 때문에 의지만큼 실력이 받쳐주지는 못했다.

　안동에서 의병을 일으켰던 이만도(李晩燾)는 을미사변 소식을 접하자 54세의 나이로 분연히 일어나 사람들을 규합했다. 그는 1910년에 일본이 나라를 완전하게 빼앗자 단식해 자결했다. 일본 경찰은 이 소식을 듣고 소란이 일어날지도 모른다고 여겨, 그가 죽기 전에 강제로 음식을 먹이려고 했다. 이에 이만도는 오히려 그들을 호되게 꾸짖었다. 그리고 자신의 뜻을 굽히지 않고 24일 동안 단식 끝에 숨을 거두었다. 을미의병은 동학농민운동과 함께 추후에 독립군으로 그 명맥이 이어지는 중요한 구심점이 되었다. 아울러 의병은 일본이 포위한 경복궁에서 고종이 빠져나가는 계기를 마련해주었다.

　을미의병이 전국을 뒤흔들자 이를 진압하기 위해 중앙의 군대까지 동원되었다. 경복궁의 경계가 느슨해진 틈을 타 친러파였던 이범진(李範晉)은 이윤용(李允用), 이완용 형제와 협의해 고종을 러시아 공사관으로 피신시켰다. 아관파천 혹은 아관망명이라고 부르는 이 사건을 계기로 친일 개화파 내각은 경복궁에서 쫓겨났다. 고종은 러시아 공사

만 엔 지폐 인물 후쿠자와 유키치.

관에 닿자마자 김홍집 내각의 파면을 지시하고, 그로 인해 주춤거렸던 친미, 친러 세력을 다시 끌어들였다.

갑오개혁의 우두머리였던 김홍집은 바로 죽임을 당했다. 그의 시체는 종로에서 격분한 백성에 의해 사지가 갈기갈기 찢겨졌으며 심지어 살을 베어 날로 먹는 이도 있었다고 한다. 유길준은 순검에게 잡혀가다가 광화문 앞에서 마주친 일본 병사에게 구해달라고 애걸했다. 일본 병사가 강제로 순검에게서 빼내어 유길준은 목숨을 보존할 수 있었다. 그는 살기 위해 일본으로 도망갔다. 그의 목에는 거액의 현상금이 걸려 있었기 때문에 자객을 피해 다니는 고단한 망명 생활을 이어갔다.

유길준은 일본 유학 시절부터 일본의 계몽사상가였던 후쿠자와 유키치(福澤諭吉)에게 많은 도움과 영향을 받았다. 후쿠자와 유키치는 부국강병을 주장하며 일본의 근대화에 앞장선 인물이었다. 그는 미일조약의 사절단으로 유길준이 소속되었던 보빙사보다 23년 먼저 미국을 다녀갔다. 유길준이 일본에서 다녔던 게이오 대학도 그가 세운 학교였다. 《서유견문》을 쓰게 된 계기와 내용도 후쿠자와 유키치가 쓴 《서양사정(西洋事情)》의 영향 때문이었다. 그는 유길준의 스승이자 구원자였다. 그래서였을까, 유길준은 일본의 힘에서 벗어나지 못했다. 1900년 일본에서 유길준은 사관학교를 졸업한 조선인들과 함께 고종과 황태자 순종을 폐위하고 고종의 다섯 째 아들 의친왕(義親王) 이강(李堈)을 왕으로 삼으려는 쿠데타를 모의했다가 발각되기도 했다. 11년간의 도피 생활은 1907년이 되어서야 끝났다. 그는 고종이 강제로 폐위되자 고국으로 돌아올 수 있었다. 일본이 대한제국의 목을 단단히 움켜쥐고 정치적 도피자들의 죄를 모두 사해주었기 때문이다.

귀국 후에 유길준은 조선의 백성들에게 '일본을 믿고 협력하며, 개혁을 통해 독립하자'는 취지의 '평화극복책'을 주장했다. 반일 투쟁을 벌이는 의병들과 헤이그 특사 사건 등도 비판했다. 그는 나라를 완전하게 빼앗기기 전까지 일본을 신뢰하고 있었다. 일본과 친하게 지내면서 자주적인 독립을 도모해야 한다는 믿음을 버리지 않았다. 심지어 일본에서 열린 이토 히로부미의 장례식에도 민간 대표 자격으로 참석했다. 이렇게 보면 그는 전형적인 친일파의 행로를 걸었던 듯 보이지만, 식민지화에는 반대 입장을 표명했고, 사람들에게 꾸준히 교육과 계몽의 중요성을 설파하며 다녔다. 경술국치 이후에 일본 정부에서 수여한 남작의 작위도 거부했다. 귀족의 작위 수여는 그만큼의 기여가 인정된다는 뜻이다. 과연 유길준은 어떤 인물이었을까?

조선 후기는 그 어느 때보다 다양한 내부 세력이 충돌하던 시기였다. 왕족은 권위를 그대로 유지하고 강화하려는 입장이었고, 보수적인 수구파들은 바싹 메말라버린 성리학에서 떨어지지 못하며 신분제를 벗어던지지 못했다. 선진 문물을 목격한 개화파들도 자신들의 한정된 입장과 관계에서 벗어나지 못했다.

개화파들은 너무 조급하거나 순진했다. 무엇보다 그들이 꿈꾸었던 개혁에는 자주적인 힘과 철학이 부족했다. 그런 의미에서 유길준의 행보는 당시 지식인의 한계를 보여주는 대표적인 사례다. 일본에 의지했던 개화파들은 백성들의 마음을 얻어야 한다는 개혁의 기본적인 요소를 제대로 실천하지 못했다. 그는 쓸쓸한 귀국 후 경술국치 이전까지 몽매하다고 생각했던 백성들을 가르치는 일에 주력했다. 유길준이 주도해 만든 교육기관 중에서 아직까지 남아 있는 것이 바로 서울 동작구에 위치한 은로초등학교다.

유길준의 자식을 보면 그가 친일적인 성향에서 완전히 돌아섰다고 보기도 어렵다. 그는 교육의 중요성과 책임 의식을 누구보다 강조했고, 다수에게 전파하기 위해 노력했다. 양육의 모든 책임은 아버지에게 있으니, 아내와 자식들을 교육하는 데 정성을 기울여야 한다고 말했다. 또한 다음과 같이 말하며 덕(德)에 대한 중요성을 강조했다. "교육을 받아 지식이 넉넉한 사람이라도 그 교양이나 지식에 어울리게 덕을 닦기가 아주 어렵기 때문에, 예부터 총명하고 영특한 사람 가운데서 극악무도한 죄를 저지르는 자들이 많았다."*

그의 두 아들 유만겸(兪萬兼)과 유억겸(兪億兼)은 동경제국대학을 졸업하고 엘리트로 성장했다. 아버지의 영향력을 얼만큼 받았는지 세세히 알기도 어렵고, 그들의 선택이 얼마나 자발적인지도 알 수 없지만 그들은 각각 조선총독부 관료와 연희전문학교(연세대학교) 교수를 역임하면서 '친일반민족행위자'로 분류되어 《친일인명사전》에 이름이 올라 있다. 유만겸은 친일 공로로 일본에서 훈장을 받았으며, 유억겸은 조선의 학생들이 일본 군인이 되어야 한다고 적극 권장했다. 이들의

---

* 유길준, 편집부 편, 《서유견문》, 두산동아, 2010, 111쪽.

사촌 형 유빈겸, 작은아버지 유성준과 딸 유각경, 고모부 유정수는 모두 친일 행각으로 이름을 떨쳤다. 유길준은 자신이 내뱉었던 말과 다른 행보를 남겼으며, 그의 가문은 대표적인 친일파 집단이 되었다.

건춘문 그리고 친미, 친러, 친일

건춘문__ 궁녀로 변장하고 경복궁을 빠져나간 고종과 세자

2월 11일(음력 12월 28일) 새벽, 임금이 궁녀의 교자를 타고 몰래 건춘문을 나와 러시아 공사관으로 옮겨 거처했다.

—정교, 《대한계년사 2》, 소명출판, 2004, 156쪽

건춘문(建春門)은 경복궁의 동쪽 문이다. '봄을 세우다', 또는 '봄의 기운이 일어난다'는 의미가 담겼다. '가을을 맞는다'는 의미의 서쪽 문인 영추문(迎秋門)과 대조를 이루는 경복궁의 측문이다. 동쪽과 서쪽에 자리 잡은 두 문은 경복궁에 출입하는 사람들이 일상적으로 이용하던 문이었다. 보통 궁궐의 서쪽 문으로는 관리들이 출입했고, 동쪽 문은 왕실의 종친이나 궁녀들이 주로 이용했다. 그런 연유로 짐작되는데, 건춘문 밖에는 종친들을 관리하던 종친부(宗親府)가 있었다. 종

건춘문.

친부는 역대 왕들의 초상화와 계보를 보관하고 왕과 왕비의 의복을 관장하며, 종친의 관혼상제, 인사 및 다툼 문제를 관리했다. 1864년에 종친의 비리와 위법 행위를 감시하는 종부시(宗簿寺)와 합쳐져 건춘문 밖에 자리 잡았다. 지금은 종친부의 일부 건물인 경근당(敬近堂)과 옥첩당(玉牒堂)이 국립현대미술관 서울관의 동쪽에 서울시 유형문화재 제9호로 지정되어 남아 있다.

건춘문도 조선 초에 지어졌다가 임진왜란 때 사라졌는데, 고종 때 재건되었다. 세종 9년(1427)에는 명나라에 공녀로 바쳐지던 처녀들이 이곳을 통해 길을 떠나 여인들의 부모와 친척들이 울음바다를 만들기도 했다. 세조 9년(1463년) 전까지는 궁녀와 부인들이 말을 타고 건춘문을 통해 경복궁으로 드나들곤 했다. 광화문이 왕의 출입을 상징하는 문이라면, 건춘문은 경복궁에서 일하는 사람들이 수시로 드나들던 실용적인 문인 셈이다. 하지만 고종은 경복궁의 생활을 정리하고 떠날 때 건춘문을 이용해 급박하게 도망치듯 나갔다.

을미사변 이후 고종은 친일 개화파 관료들에게 갇혀 있었다. 일본의 칼과 대포가 친일파들에게 힘을 실어주었다. 친일파에게 배제된 관료들은 고종을 경복궁에서 빼내려고 모의했다. 정교(鄭喬)가 저술한 《대한계년사(大韓季年史)》에는 일본의 손아귀에서 벗어나고 싶었던 고종이 사전에 빼내달라는 칙명을 전달했다고 쓰여 있다. 그들의 의도가 포위된 왕을 빼내어 다시 새로운 정치를 실현하려는 건전함이었는지 아니면 자신들의 권력을 되찾으려는 사사로움 때문이었는지는 분명하지 않다. 그러나 그들은 목숨을 걸고 작전을 실행했다. 이른바 '춘생문(春生門) 사건'이었다.

춘생문 사건은 고종을 구출하려는 1차 시도였다. 그러나 준비가 소홀했다. 일본과 친일파에 대한 악감정은 극에 달했지만 치밀하지 못했다. 일행은 비밀리에 군대를 이끌고 경복궁으로 몰려갔지만 궁궐의 수비를 담당하는 친위대 대대장 이진호(李軫鎬)가 배신했다. 안에서 열어주기로 했던 건춘문이 열릴 기미가 안 보이자 일행은 북동쪽에 위치한 춘생문까지 올라가서 잠입을 시도했다. 그러나 경복궁 안에서 호응은 없었고, 밀고에 의한 반격만 이들을 맞았다. 성문을 열고 들어가자 총알이 매섭게 날아들었다. 결국 고종을 미국 공사관으로 피신시키고 친일 개화파 관료들을 처단하려던 계획은 수포로 돌아가고 말았다. 주도적으로 나섰던 임최수(林最洙)와 이도철(李道徹)은 붙잡혀 사형을 당했고, 나머지는 유배형과 징역형을 받았다. 춘생문은 현재 남아 있지 않다. 경복궁의 가장 북동쪽에 있었다고 전해진다.

붙잡히지 않은 세력들은 다음 해에 다시 2차 시도를 벌였다. 이들은 러시아와 결탁해 고종과 왕세자를 궁녀의 가마에 태워서 건춘문을 통해 몰래 경복궁을 빠져나갔다. 일명 아관파천이었다.《고종실록》은 이날에 왕이 왕세자와 함께 러시아 공사관으로 이어했고, 대비와 세자빈은 경운궁으로 갔다고 간략하게 기록을 남겼다.《대한계년사》에 따르면, 궁녀들은 교자(轎子)를 타고 자주 건춘문을 통해 드나들었기 때문에 문을 지키던 장교와 순검은 의심조차 하지 못했다. 이 말이 사실이라면, 교자는 일반적으로 뚜껑이 없는 작은 가마를 뜻하므로 고종과 왕세자는 궁녀처럼 여장을 했다는 말이 된다. 혹여 휘장이나 가림막이 있었다 하더라도 여자인 척 빠져나갔으니, 체면을 내팽개치고 살아남으려는 왕의 쓸쓸한 탈출인 셈이다. 러시아 공사관으로 이어하고 5일이 지나자 고종은 어수선한 시국을 안정시키기 위해 다음과 같은 조령(詔令, 왕의 명령)을 내렸다.

"짐이 왕조의 500년에 한 번 변하는 때를 당하고 우내만방(宇內萬邦, 세상의 모든 나라들)의 개명하는 시운을 만나 짐이 정력을 가다듬고 정사를 도모하여 부강하게 할 대책을 강구한 지가 몇 해 되었으나 국가가 다난하여 그 효과가 없다. 이제부터 나라에 이롭고 백성들을 편하게 할 방도를 더욱더 강구하여 나의 백성들과 함께 문명(文明)한 경지에 올라 태평한 복을 누릴 것이니, 모든 나의 신료와 백성들은 짐의 뜻을 잘 본받고 짐의 사업을 도와 완성하라. 전날 며칠 안으로 대궐에 돌아갈 뜻을 선시(宣示, 널리 알림)하였으나 경운궁(慶運宮)과 경복궁(景福宮)을 수리하도록 이미 유사(有司, 담당 관아)에 명령하였다. 그 공사가 우선 끝나는 대로 돌아가든지 거처를 옮기든지 확정할 것이니, 너희들 백성들은 그리 알라."

—《고종실록》, 고종 33년(1896) 2월 16일(양력)

조령은 반포되었지만, 왕은 경복궁으로 돌아오지 않았다. 신하들은 서둘러 궁궐로 돌아오라고 요청했지만, 고종은 아무도 믿을 수 없었다. 경운궁(덕수궁)을 선택했으나 그마저도 복귀까지 1년이라는 시간이 걸렸다. 정상적인 국정 운영 장소로 활용되던 경복궁은 고종이 건춘문으로 탈출한 이후 주인을 잃은 공간이 되었다.

왕이 사라진 경복궁은 가끔씩 행사 장소로 활용되었다. 고종과 순종은 종종 서양식 파티를 열었다. 원유회(園遊會)라고 불렸던 파티는 1,000여 명 이상이 참여하는 대규모 연회였다. 경복궁에서는 주로 후원이나 경회루에서 진행되었다. 와인과 위스키 등의 주류를 포함한 다양한 음식과 요리가 준비되고 공연도 펼쳐졌는데, 친일파가 되고 싶은 자들의 로비가 활발하게 이루어졌다고 한다. 고종은 명성황후의 원혼이 떠도는 장소에서 파티를 벌이며 어떤 생각을 했을까?

아관파천 _ 자결을 선택한 이범진과 훈장을 선택한 이윤용

> 황제 폐하께
>
> 우리 대한제국은 패망했습니다. 폐하께서는 모든 권력을 잃었습니다. 신은 적을 토벌할 수도, 복수할 수도 없어서 깊은 절망에 빠져 있습니다. 국권을 회복할 방책이 없다면 더 이상 살아야 할 이유도 없습니다. 자결 외에 제가 할 수 있는 일은 아무것도 없습니다. 신은 격분의 정을 이겨낼 수 없기에 오늘 목숨을 끊습니다.
>
> — '이범진의 유서', 이승우, 《시베리아의 별, 이위종》, 김영사, 2019, 31쪽

아관파천을 주도했던 인물 중에서 이범진과 이윤용은 친러파였고 이완용은 당시 친미파 관료였다. 고종이 러시아 공사관에 무사히 도

이범진 사진. 국가기록원 소장.

착하자, 일본에 주도권을 빼앗겼던 러시아는 조선에 대한 영향력을 끌어안게 되었다. 고종은 일본의 거센 야욕을 뿌리치기 위한 임시방편으로 러시아를 선택했지만, 사실 러시아를 포함한 그 어느 나라도 정의의 사도는 아니었다. 조선에는 뽑아낼 이익을 계산하고, 자신들의 세력을 키워 안정적이고 지속적인 영리를 추구하려는 국가들만 난무했다.

선한 나라들은 대부분 힘이 없었고, 힘이 강한 나라들은 대부분 선하지 않았다. 국가도 사람처럼 힘이 강해질수록 더 큰 영토와 더 큰 이익을 탐했다. 명분은 그저 가면이었다. 러시아는 고종을 손아귀에 넣자 삼림채벌권, 광산채굴권, 전선설치권, 석탄저장소설치권 등을 손쉽게 거머쥐었다. 인천 월미도에서 압록강 연안, 함경도 경원과 종성을 거쳐 울릉도까지 러시아인들의 발자국은 나라 곳곳을 들쑤셨다.

친러파와 친미파 대신들은 명성황후 암살 사건 이후 친일파에게 권력을 넘겨주었다가 아관파천 직후 다시 정권을 획득했다. 외세에 의존적 성향을 지닌 관리나 세력들은 비단 일본이 아니더라도 포섭 공세로부터 의연하기가 쉽지 않았다. 대세를 가늠한 선택의 결과에 따라서 타력(他力)에 의한 권력과 명예가 주어졌기 때문이다. 처음부터 일본과 거리를 두며 아관파천을 이끌었던 이들의 행로 역시 당시 위정자이자 지식인이 가진 다른 단면으로, 역사적 교훈을 남긴다. 황현 (黃玹)이 지은 《매천야록(梅泉野錄)》은 고종을 빼내었던 거사가 충의를 위해서 실행되지 않았고, 러시아를 후대하거나 일본을 박대하려는 것도 아니었고, 오로지 관료들 개개인의 권력을 지향한 처사였다고 못 박았다.

이범진은 아관파천 후 미국을 포함한 오스트리아, 독일, 러시아, 프랑스 등의 주재 공사로 세계 곳곳을 돌아다녔다. 1901년 이후에는 주 러시아 공사의 역할을 일임해 고종과 러시아 황제의 서신을 전달하는 소식통으로 활약했다. 고종은 일본의 야욕을 견제하려고 지속적으로 러시아를 활용했기에 이범진의 임무는 막중했다.

이범진은 조국과 타국의 구별이 분명한 사람이었다. 그는 친러파였음에도 자국의 이익을 침해하거나 위협하는 러시아의 행위에는 반발했다. 심지어 대한제국에서 승인한 일조차 자신이 부당하다고 생각하면 일이 진행되지 못하게 중간에서 막았다. 러시아는 삼림 채벌을 핑계로 압록강 지역의 용암포를 조차(租借, 다른 나라의 영토를 빌려 통치하는 행위) 하려고 시도했다. 조차는 강대국이 타국을 침범하려는 전략적 초석으로 종종 활용되었다. 대한제국은 이를 승인했지만, 이범진은 조국의 공문을 러시아 정부에 전달하지 않아서 파면되기도 했다. 그는 을미사변을 철저히 조사하고자 했고, 을사늑약(을사조약)에는 외교권 회복을 위해 노력했으며, 일본의 부당한 정치 외교적 행위에 불응했다.

고종이 을사늑약의 불법성을 세계에 알리고 도움을 요청하기 위해 네덜란드 헤이그에서 열리는 '만국평화회의'에 특사를 보내기로 결정할 때도 이범진의 역할이 컸다. 그는 특사들을 미리 만나 현지에서 펼칠 행동을 계획하고 문건을 작성하는 데 도움을 주었다. 또한 외국어를 잘했던 아들 이위종(李瑋鍾)을 이준(李儁), 이상설(李相卨)과 함께 헤이그로 보냈다. 이들이 바로 일본의 부당한 침략을 세계에 알리고자 노력했던 헤이그 특사였다. 훗날 이위종은 그의 아버지를 본받아 모스크바에서 항일운동을 하고, 미국에서 항일 무장투쟁을 위한 무기를 구입하는 등 반일적인 애국 행동을 이어나갔다.

러시아에서 경술국치 소식을 들은 이범진은 큰 충격에 빠졌다. 사주적인 독립의 꿈이 모두 사라졌다고 느꼈다. 그는 결국 분노와 상실감을 주체할 수 없어서 자살을 택했다. 그는 고종과 러시아 황제인 니콜라이 2세 그리고 아들에게 자신의 죽음을 알리는 유서를 썼다. 그리고 경찰서장인 쿠즈네초프에게도 자신의 자살은 즉흥적인 선택이 아니라는 유언을 남겼다.

> 나에게는 한국의 국권을 침탈한 적에게 복수할 방법이 없으므로 목숨을 보전해야 할 이유가 없고 살아갈 희망도 없습니다. 따라서 자결하기로 결심했으며 나는 건강한 의지를 가지고 지극히 이성적인 판단 아래 이 일을 결행합니다.
>
> —'이범진의 유서', 이승우, 《시베리아의 별, 이위종》, 김영사, 2019, 32쪽

평소에도 독립군에게 자금을 후원해왔던 그는 자결하기 전에 자신의 재산이 조국의 독립과 관련된 곳에 쓰이기를 희망했다. 이범진이 남긴 유산은 안중근(安重根) 유가족을 비롯한 독립운동 지도자들과 미

경회루의 이토 히로부미. 이윤용(세 번째 줄 오른쪽에서 네 번째). 이완용(두 번째 줄 왼쪽에서 두 번째). 국립중앙박물관 소장.

국 및 연해주의 신문사, 무관학교, 국민회 등으로 분급되었으며, 블라디보스토크의 한인 학교 건립 자금으로 활용되었다.

반면 이윤용과 이완용은 러일전쟁에서 일본이 승기를 잡자 재빠르게 일본에 붙었다. 이윤용과 이완용은 형제였다. 두 명 모두 이호준(李鎬俊)의 아들이었으나 형 이윤용은 서자였고, 동생 이완용은 양자였다. 이호준은 서울시장에 해당하는 한성부 판윤(判尹)을 비롯해 각종 장관을 두루 역임하고 정1품까지 오른 인물이었다. 그의 아들 형제는 이범진과 다른 행보를 걸었다. 형은 친러파였고, 동생은 친미파였지만 정세가 불리해지자 일본을 향해 뛰어들었다.

이윤용은 서자의 신분이었지만 아버지 이호준의 막강한 영향력 때문인지 열네 살 때부터 종8품직의 관리가 되어 두루 요직을 거쳤다. 그는 1909년에 대한제국이 자립할 능력을 상실해서 일본에 편입되어야 한다고 주장한 단체 국시유세단(國是遊說團)의 단장을 지냈다. 국시 유세단은 일본이 대한제국을 완전하게 통치해야 한다고 전 국민을 상 대로 홍보했다. 가장 친일에 앞장섰던 민간단체 일진회(一進會)와 더불 어 경쟁적으로 사람들을 현혹하고 끌어들였다. 대한제국이 완전한 식 민지가 되어야 더 잘사는 세상이 찾아온다는 주장이었다.《대한매일 신보》1909년 8월 6일자에는 다음과 같은 기사가 실렸다.

> (국시유세단의) 두령 되는 자는 당연히 나라에 해가 되는지 알며, 원수 되는지 알고도 이 일을 하니 그 죄를 반드시 치를 것이나, 우리가 애석하게 여기는 바는 어리석은 백성들은 (중략) 구라파가 어디인지 아시아가 어디인지 알지 못하며, 황인종이 무엇인지 백인종이 무엇인지 알지 못하고, 나라가 흥하면 무슨 이익이 있는지 나라가 망하면 무슨 해가 있는지 알지 못하는 자들인데 다만 너희들이 꾀이고 위협하는데 떨어져서 장차 이 나라를 파는 단에 투입 하는 것을 슬퍼하노라.

대한제국이 일본에 완전하게 넘어가기 전에 친일 관료와 친일 세력 들은 강제 합방의 유용성을 사람들에게 선전했다. 을사늑약과 경술국 치는 소수의 정신 나간 관료들에 의해 진행된 사건이 아니었다. 자신 들의 기득권 선점을 위해 소수는 다수를 포섭해 조직과 세력을 만들 었다. 안중근이 이토 히로부미를 저격하자, 그들은 일본에서 열리는 장례식에 조문단을 보내고 국내에서 추모행사를 벌였다. 일본에 사죄 해야 한다는 사회적인 분위기를 조성하며, 하루라도 빨리 대한제국을 삼켜달라고 애원했다. 그런 의미에서 국시유세단과 일진회는 자신의 이익을 위해서 나선 소수가 어떻게 다수를 병들게 만드는지 보여주는 대표적인 역사다. 그들은 내부의 적이 더욱 모질고 악독하다는 사실을 언행으로 보여주었지만, 우리의 역사는 좀처럼 이들의 반면교사를 널리 활용하지 못했다. 광복 이후로 지금까지 친일파들은 제대로 처벌받거나 일본에서 받은 재산을 완벽하게 몰수당한 적이 없었다. 일본이 물러간 후 내부의 적을 깔끔하게 정리하지 못한 역사는 지금까지 우리나라를 뒤뚱거리게 하고 있다. 직접 비교하기는 어렵지만 독일은 전쟁을 일으키고 동조한 자들을 깐깐하게 처리했다. 전범수사본부는 전쟁 범죄자의 처벌에는 공소시효가 없다는 원칙을 적용하며 현재까지 활동 중이다. 그들은 2차 세계대전 당시에 17세로 9개월간 포로수용소에서 경비원으로 근무한 사람도 90세가 넘은 고령이었지만 기소했다. 심지어 직접적인 살인이나 가혹 행위가 없더라도 학살을 묵인한 죄를 적용해 징역을 선고했다.

　이윤용은 경술국치 후 일본에서 남작의 직위와 한국병합기념장을 받았다. 현재 가치로 수억 원에 해당하는 돈도 받았다. 말 그대로 나라를 파는 데 앞장선 대가였다. 그는 이완용처럼 자식들에게 일본으로부터 받은 귀족의 작위를 물려주며 자신의 가문이 친일파로 번성하도록 독려했다.

친이파(親利派)__최초의 친미파에서 최고의 친일파가 된 이완용

독립을 하면 나라가 미국과 같이 세계에 부강한 나라가 될 터이오. 만일 조선 인민이 합심을 못하여 서로 싸우고 서로 해하려고 할 지경이면 구라파에 있는 펼낸(폴란드)이란 나라 모양으로 모두 찢겨 남의 종이 될 터이라. 세계 사기에 두 본보기가 있으니 조선 사람은 둘 중에 하나를 뽑아 미국같이 독립이 되어 세계에 제일 부강한 나라가 되든지, 펼낸같이 망하든지 좌우간에 사람 하기에 있는지라. 조선 사람들은 미국같이 되기를 바라노라.

— '이완용의 연설', 《독립신문》, 1896. 11. 24.

아관파천 당시에 고종이 건춘문을 통해 밖으로 빠져나올 때, 만약 이완용이 맞은편에서 숨죽여 기다리고 있었다면 그는 과연 어떤 심정이었을까? 혹은 눈에 띄지 않기 위해 다른 곳에서 힘을 보태고 있었다면, 동료들과 무슨 이야기를 나누며 초조함을 달랬을까?

이완용은 독보적인 친일파다. 그 이름을 모르는 사람이 없을 정도다. 하지만 '최고의 매국노'라는 '명성'에 비해 그가 어떤 인물이었는지 알려진 바가 별로 없다. 대한민국이 수난의 역사에 다시 빠지지 않으려면 이런 인물을 깊이 알고 널리 알려야 한다. 이완용은 잘 알려진 바와 같이 급변하는 역사의 파도를 타고 을사늑약에 앞장서서 나라의 외교권을 넘겨 일본의 신임을 받았으며, 2년 뒤에는 고종 퇴위와 함께 모든 정치적 결정은 일본 통감의 허가를 받아야 한다는 정미칠늑약(丁未七勒約, 한일신협약)*을 이끌었다. 그리고 1910년 8월 29일에는 총리대신의 자격으로 데라우치(寺內正毅) 통감과 경술국치(한일강제합방조약)를 체결했다. 대한제국을 고꾸라뜨리는 세 번의 조약에서 주도적인 역할로 일본에 충성을 다했던 이가 바로 이완용이었다.

대부분의 사람들은 이완용이 처음부터 뼛속까지 친일로 가득 찼던 사람으로 알고 있지만 사실은 그렇지 않다. 처음에 그가 관료가 되었을 당시에는 급진적인 개화에 반대하는 수구파의 입장이었다. 그리고 영어를 배우고 나서 대표적인 친미파로 성장했다. 아관파천을 모의할

---

* 일반적으로 '정미칠조약' 혹은 '한일신협약'이라고 부르는데, 을사늑약과 마찬가지로 일본의 강압에 의해 이루어졌기에 '정미칠늑약'이라고 표기했다.

1910년대 독립문 모습. 서울역사박물관 소장.

때에는 잠시 러시아에 기대었다가, 러시아를 쓰러뜨리는 일본을 본 후에는 누구도 넘보기 어려운 친일파의 거두로 자리 잡았다. 그러니 나라가 일본에 넘어가기 전까지는 친일파로 행동한 시간이 다른 사람에 비해 그리 길지 않은 편이었다. 아관파천에서 이범진과 목숨을 걸고 고종과 왕세자를 경복궁에서 탈출시킨 이완용은 왜 변절을 선택했을까? 이완용을 자세히 들여다보면 친일 매국 위정자들의 속내가 투명하게 드러난다. 과연 그는 정말로 변했을까? 아니면 변했다고 알려졌을 뿐일까?

이완용은 몰락해 가난했던 양반 가문에서 태어났다. 일반 백성들처럼 먹고살 일을 걱정하는 처지였다. 그러나 열 살 때 먼 친척이자 명문가였던 이호준이 양아들로 그를 선택했다. 이호준에게 아들은 첩에게 얻은 이윤용밖에 없었기 때문이다. 그에겐 가문을 이어주고 제사를 지내줄 아들이 필요했다. 명문가의 양자는 이완용의 인생에 첫 번째 전환점이었다. 불투명하던 미래가 환한 빛으로 바뀐 순간이었다.

보수적인 환경에서 성장한 이완용은 전통적인 유학을 착실히 이수하며 25세 때 문과에 급제했다. 급제 이후에는 고속 승진을 거듭했다.

어려서부터 총명하다는 소리를 들었다고 하는데, 그의 승진이 능력 때문인지 아니면 고위직에 있었던 아버지의 영향력 때문이었는지는 불분명하다. 관직에 오른 지 6년 만에 정3품 당상관인 이조참의(吏曹參議)가 되었다. 이조(吏曹)는 조선에서 관리의 선발, 공훈 등을 맡았던 기관으로 육조(六曹) 중에서 가장 서열이 높게 평가받는 곳이었다. 관리에 대한 평가가 이루어지고 반영되는 곳이기 때문이다. 참의는 판서와 참판 다음의 서열로 현재로 비교하면 장관과 차관 아래의 차관보 정도에 해당하는 직책이다. 한마디로 고속 승진에 어울리는 끗발 있는 보직이었다.

이완용이 개화에 별 관심이 없던 중앙 관료로서 정해진 길만 계속 따라갔다면 그 이름의 유명세는 지금과 달라졌을지도 모른다. 그는 스물아홉 살에 시대의 흐름에 뛰어드는 커다란 변곡점을 만났다. 이때부터 그는 새로운 세상에 눈을 뜨게 되었다. 그 변곡점의 시작은 바로 육영공원이고 정점은 미국이었다. 보빙사의 권유로 만들어진 최초의 공립학교이자 영재학교인 육영공원에 입학해 영어를 배우면서 그의 인생은 다시 한 번 크게 요동친다. 영어는 그를 새로운 세계로 이끌어준 날개였다. 영어를 할 줄 안다는 이유로 서른 살에 주재 외교관이 되어 미국을 들락이고 추후에는 대리공사까지 역임했다. 실제로 이완용이 국내에서 영어를 배운 기간은 1년도 안 되었다. 따라서 그의 영어 실력은 외교관으로 미국에 가 있는 동안 완성되었다고 추정된다.

과거 급제 후 5년간 관료로 일하다가 만난 미국은 그의 모든 인식을 바꿔준 계기가 되었다. 미국은 새로운 나라를 뛰어넘은 새로운 세상이었다. 그는 새로운 세상에 거주하며 풍요와 발전의 혜택을 누리고 시야를 넓혔다. 고국으로 돌아온 뒤에는 독립협회의 창립을 지원했다. 이완용은 대표적인 친미파이자 정부의 인사로 후원을 아끼지 않았다. 초대 위원장이었던 그는 단순히 독립협회를 지원하는 수준을 넘어서서 본인이 직접 2대 회장을 맡을 정도로 열성적이었다. 독립문 건립에도 이완용은 이윤용과 함께 가장 많은 기부금을 냈다. 다른 발기인들이 30~40원씩 기부할 때 이들이 각각 100원씩 냈으니 꽤 호의적인 금액이었다.

독립문의 정초식(定礎式, 공사 착수를 기념하는 행사)에서 이완용은 백성이 힘을 모아 독립해 부강한 나라를 만들자는 연설을 했다. 아주 단순한 내용이지만 조선에 꼭 필요한 조언이었다. 당시에 그는 조국의 앞날을 긍정적으로 계산했을까? 순수한 애국정신으로 독립을 간절히 원했을까? 계몽된 백성과 깨어 있는 지식인들의 힘이 진정 하나로 모아질 수 있다고 생각했을까? 그가 순수한 열정을 가지고 독립협회의 임원이 되었는지, 아니면 바뀌는 시대의 권력을 잡기 위한 욕망의 꿈틀거림이었는지 그건 알 수 없다. 하지만 이 시기에 이완용은 분명히 외부적으로는 자주적인 독립운동에 앞장섰던 사람이었다는 사실을 부인할 수 없다. 그러나 한 가지 분명하게 인지해야 하는 중요한 사실이 있다. 독립협회에서 말하는 독립이란 일본에 대항하기 위한 단어가 아니었다. 이들의 독립은 청나라와 수구파의 영향력으로부터 벗어나자는 의미였다.

독립문 건립에 가장 많은 기부금을 내고, 부유한 나라를 만들자고 외치던 이완용은 불과 10년도 지나지 않아서 나라를 일본에 넘기는 데 앞장섰다. 과연 이완용은 어떤 사람이었을까? 대표적인 매국노라 불리는 이완용은 자세히 살펴보아야 하는 인물이다. 그의 행적으로 당시 지식인들의 얄팍한 의식을 적나라하게 들여다볼 수 있고, 오늘날에도 그와 같은 태도를 가진 사람들이 넘쳐나기 때문이다. 기본적인 옳고 그름의 개념이 이익의 잣대로 결정되고, 함께 사는 사회라는 인식과 공감대가 없으면 결국 나라는 작살나고 모두가 살기 어려운 시대로 이어진다. 그래서 공자는 이렇게 말했다. "군자는 의로움에 밝고, 소인은 이로움에 밝다."*

사람들의 평가와 사건 보도 그리고 그의 언행을 통해 이완용을 면밀히 들여다보자. 먼저 조선에 머물렀던 외교관들의 몇몇 평가는 다음과 같다. 알렉세이 스페에르(Alexey Shpeyer) 러시아 공사는 자신이 아는 사람 중에 이완용이 가장 나쁜 사람이고, 친미 그룹의 우두머리라고 평가했다. 그가 얼마나 이완용을 싫어했는지 자신이 머무는 동안 절대 벼슬을 얻지 못하게 할 것이라고도 말했다. 반면에 미국과 일본은 사뭇 다른 입장이었다.

미국 공사였던 호러스 알렌(Horace Allen)은 "일관성 있는 인물로 아무런 두려움 없이 임무를 수행하며, 필요한 경우에 '아니오'라는 말로 용감하게 맞설 수 있다. 이러한 자질은 조선의 다른 정치가들이 거의 구비하지 못한 것이다"**라고 했으며, 이토 히로부미는 "나는 비로소 일당(이완용)이 탁견과 용기를 갖춘 비범한 인물임을 알게 되었다"***라고 말했다. 러시아는 자국의 군사 교관을 파견하는 일에 반대했던 이완용을 나쁜 사람으로 평가했으며, 친미파의 동지였던 알렌은 압도적인 지지 입장을, 을사늑약에서 외교권 박탈에 찬성 소신을 밝혔던 이완용을 본 이토 히로부미는 꽤 후한 점수를 주었다. 즉 위의 발언들

---

* 君子喻於義, 小人喻於利. 《논어》〈이인〉편.
** 김윤희, 《이완용 평전》, 한겨레출판, 2011, 144쪽.
*** '독립협회장 이완용 그는 왜 매국노가 되었나', 다큐멘터리 〈KBS 역사저널 그날〉에서 인용한 《일당기사(一堂紀事)》 재인용.

은 모두 자신의 편일 때는 긍정적인 입장이고, 반대편에 섰을 때는 부정적 견해이니 객관적인 평이라고 보기 어렵다. 다만, 위의 세 평가를 겹쳐 놓으면 볼록하게 드러나는 교집합이 있다. 그것은 옳은 일이든지 아니든지 자신의 견해가 정해지면 완고하게 밀고 나가는 그의 성향이다. 이완용은 주변 여론에 신경 쓰지 않고 자신의 판단력을 절대적으로 신봉하는 사람이었다.

그렇다면 세간의 평가는 어떨까? 윤효정(尹孝定)이 쓴 《풍운한말비사》에는 이완용에 대한 백성들의 소문이 담겨 있다.

> 애초에는 사대당 일파인 양부 밑에서 자라 자연히 사대당이 되었고, 친러 내각이 들어섰을 때는 친러파의 우두머리가 되어 그의 서형인 이윤용, 이정진 등과 함께 '친러삼이'로 불렸다. 또한 을사년(1905)에 박제순의 친일 내각이 들어설 때는 친일의 깃발을 높이 들고 학부대신으로 입각하니, 세상 사람들이 '시류를 좇아가기는 이완용보다 뛰어난 자가 없다'고 했다.
>
> ─윤효정, 박광희 편역, 《대한제국아 망해라》, 다산초당, 2010, 336쪽

이완용과 함께 독립협회를 이끌었던 윤치호(尹致昊)는 1896년 1월 21일 아래와 같은 일기를 남겼다.

> 나는 이완용이 정말 싫다. 그의 특권 의식과 저질스러운 교활함이, 족제비 같은 뒷거래를 좋아하는 그가, 평범하거나 하류층에 속하는 사람에게 대하는 노새 같은 완고함이 싫다. 그러면서도 그는 권력층 앞에서는 강아지처럼 알랑거리며 순종한다. 이런 온갖 행위가 나도 모르게 그에게 적대감을 일으키게 한다.
>
> ─윤경남, 《민영환과 윤치호, 러시아에 가다》, 신앙과지성사, 2014, 32쪽

윤치호가 남긴 일기는 주관적 관점에서 개인을 평가했다는 한계가 있지만, 일기라는 특수성이 가진 성격을 고려했을 때 가장 솔직한 고백이 될 수 있다는 점에서 흥미롭다. 두 기록의 공통점은 처세술이다. 이완용을 간사한 처세술의 정점에 선 사람으로 분류했다.

개인에 대한 평가는 소문이나 친분 그리고 성향에 따라 달라질 수 있지만 사건에 대한 기록은 좀 더 객관적으로 그 사람을 평가하는 데 도움이 되기도 한다. 1898년 11월 17일 《황성신문》에는 전라북도 관찰사 이완용씨가 기생 네 명과 수행원 수십 명을 동원하고 다섯 고장을 유람하는데, 유독 부안군에 이르러 연일 낮밤으로 머무르며 떠나지 않았다고 전한다. 이에 대접하는 비용이 4,000냥가량 들고 나졸들의 행패가 허다해서 사람들의 원성이 떠들썩하다는 기사가 '장재사유(壯哉斯遊)'란 제목으로 실렸다.

1910년 5월 26일 《대한매일신보》는 '무법무엄한 놈'이라는 제목의 기사로 이완용, 이윤용 형제가 가담한 공금횡령 사건의 전모를 밝혔다. 미국인 콜브란이 한성에 전기 철도 회사를 경영할 때에 이완용과 이윤용, 조남승(趙南升)이 서로 모의해 한미 합자라 했으나 실상은 고종의 돈을 착복하려는 수단으로 이용했다. 고종이 지원금으로 건네준 100만 원 중에서 60만 원만 회사에 지급하고 나머지 40만 원은 네 사람이 나눠 가졌고, 콜브란이 회사를 매각할 때에도 고종이 투자한 원금을 이씨가 착복했다는 기사다. 투자금의 환급을 거듭 요청하는 고종에게 콜브란은 이미 환급해주고 받은 영수증을 보여주었는데, 이는 가짜였다. 중간에서 돈을 가로챈 이씨 형제들이 위조한 옥쇄를 사용해 발행한 영수증이었다. 이들이 착복한 금액을 요즘 쌀값으로 환산하면 220억 원에 가깝다. 횡령 금액과 사건의 주동자가 확정적으로 기록되어 제법 객관적인 기사로 판단된다.

개인적인 기록이지만 윤치호의 일기에도 위와 비슷한 이완용의 사기 행각이 남아 있다.

이완용 때문에 나는 기절초풍할 일이 생겼다. 그는 학부대신 재임 시에 알렌 박사가 학부에 위탁한 돈 4,000불을 다른 사람도 아닌 그 자신이 착복했다. 그리고는 내게 알렌 박사에게 보낼 공식 영수증을 만들어달라는 것이다. 돈은 자기가 다 써버리고 지금 와서 영수증이 무슨 소용이 있나. 나는 그에게 정중히 사절할 수밖에 없었다.

—윤경남, 《민영환과 윤치호, 러시아에 가다》, 신앙과지성사, 2014, 53쪽

가짜 영수증 요청은 1896년 2월 12일의 일기다. 한성의 전차 사업은 1898년에서 1899년까지 진행되었다. 만약 위의 기사와 일기가 모두 사실이라면, 친미파 시절부터 독립협회 활동을 이어나가는 시기에, 친일파가 되기 전까지 이완용은 꽤 민망하고 뻔뻔하게 자신의 주머니를 채우던 소인배였던 것이다.

이완용의 처조카이자 비서였던 김명수(金明秀)는 이완용 사후 1주기에 맞춰 추모집 성격의 《일당기사(一堂紀事)》를 펴냈다. 일당(一堂)은 이완용의 호다. 거기에는 다음과 같은 기록이 남아 있다. "이완용이 재물을 좋아하지 않았다면 동양 제일의 정치가가 되었을 것이다." 그의 측근이 그를 추모하기 위해 펴낸 책에서까지 재물을 탐했던 사실을 인정했다면, 위의 문장은 이완용의 재물욕을 증빙하는 완벽한 자료가 되는 셈이다.

1900년 7월 백성을 착취하고 괴롭힌다는 이유로 파직되었던 이완용은 다음 해에 징계를 면제받았으나 양부 이호준의 3년상으로 정치를 잠시 떠났다. 1904년 일본은 조선 점령의 마지막 걸림돌이었던 러

시아를 상대로 전쟁을 일으켰다. 이 전쟁이 승리한다면 조선을 식민지로 만들고 대륙을 장악한다는 두 가지 목표를 한꺼번에 얻을 수 있기 때문에 일본 제국은 사활을 걸었다.

전세가 일본에 유리하게 돌아가는 11월 9일에 이완용은 궁내부 특진관으로 정치에 복귀했다. 특진관은 왕의 의식이나 사무를 돕고 자문을 하는 자리인데, 이때 그는 직책 중 가장 높은 등급에 해당하는 일등 칙임관(勅任官)으로 발령을 받았다. 고종은 일본의 야욕과 내정간섭이 점점 심해지자 최후의 도피처로 미국 공사관을 생각했다. 그래서 친미파였던 이완용의 역량을 빌려 미국의 도움을 얻으려고 했다. 그러나 고종은 결과론적으로 최악의 카드를 선택했다. 이완용은 미국의 힘이 아닌 일본의 힘을 더욱 빨리 끌어당겼다. 고종은 미국으로부터 어떤 도움도 얻지 못했다.

미국은 일본의 편이었다. 러시아가 만주 일대를 지배해 막강한 영토를 확보하게 될 경우를 대비해 미국과 영국은 일본에 전쟁 비용을 빌려주었다. 미국은 자국이 필리핀을 점령하고 일본이 조선을 차지하는 데 양국이 동의하고 간섭하지 않는다는 내용의 이른바 가쓰라·태프트협정(Katsura-Taft協定)을 체결했다. 영국도 자국은 인도를 얻고, 일본은 조선을 지배한다는 제2차 영일동맹을 맺었다. 결국 러일전쟁에서 패한 러시아가 발길을 돌리고, 일본 뒤에 미국과 영국이 팔짱을 끼고 서서 다른 나라들의 간섭을 막자 대한제국은 국제적인 미아가 되었다. 그리고 제국주의의 그림자에 갇혀 빛을 잃어버렸다.

이완용은 정치에 복귀한 지 10개월 만에 학부대신을 꿰찼다. 학부대신은 지금의 교육부 장관에 해당한다. 이완용은 고종이 기대한 미국과의 관계를 만들지 못했는데도 빠르게 대신 자리를 차지했다. 그리고 8명의 장관 중 한 명의 자격으로 을사늑약의 체결을 주도했다.

한 달 뒤인 12월 13일에는 의정부 의정대신(국무총리에 해당)과 외부대신 (외교부 장관)의 임시 서리를 겸임하며 자신의 권력을 쌓아갔다. 일본을 향한 그의 뛰어난 처세술이 돋보이는 시기였다. 이완용이 3년이라는 공백기에도 불구하고 복귀해서 빠르게 권력의 정점을 향해 다시 나아갈 수 있었던 배경에는 일본이 있었다고 추정된다. 일본은 이완용이 다시 등용되기 이전부터 '한일의정서(韓日議定書)'를 통해 대한제국의 숨통을 조이고 있었기 때문에 충분히 가능한 상상이다. 일본은 자신들의 입장을 대변하거나 한 발 앞서서 나서주는 관료들이 필요했는데, 이완용은 이에 완벽한 적임자였다.

2년 뒤, 대한제국의 모든 권력이 일본 통감의 지휘 하에 들어가는 정미칠늑약의 과정도 을사늑약과 동일했다. 이완용은 조약이 체결되기 한 달 전에 관료 서열 1위인 내각 총리대신에 임명되었다. 그리고 이토 히로부미와 조약을 체결하는 서명을 주고받았다. 일본의 뜻을 미리 알아채는 현명한 총리대신은 이토 히로부미를 스승처럼 따르며 거침없이 나라를 떠넘기는 조약마다 앞장섰다. 그리고 막대한 은사금(恩賜金)을 챙겼다. '은혜롭게 베풀어준 돈'이라는 뜻의 은사금은 조선 침략에 협조한 대가로 일본이 친일파에게 쥐어준 보수였다. 본래는 자국의 왕이 공로가 인정된 신하에게 내려주는 돈이었지만, 조국을 파는 데 앞장선 이들에게 일본은 돈과 함께 귀족의 지위까지 보장해주었다.

경술국치에 대한 공로로 그가 받은 은사금은 15만 엔으로, 2010년 친일재산조사위원회가 당시의 가치를 바탕으로 환산한 금액은 30억 원에 해당한다. 이완용은 재빠른 선택과 집중으로 권력과 부를 동시에 거머쥐었다. 사람들의 말처럼 그에게는 시류를 좇는 비상한 능력이 있었다. 을사늑약 이후 많은 사람이 조약 체결에 찬성한 을사오적

(乙巳五賊)을 처벌하라는 상소를 올렸다. 그런 와중에도 이완용은 교육에 관한 정사에 부지런히 힘써 영재가 많아졌다는 공로를 인정받아 훈 2등 훈장을 고종에게 받았다.* 실로 놀라운 재주다.

마지막으로 이완용의 말을 통해 다시 한 번 그를 알아보자. 을사늑약 한 달 뒤 을사오적은 이완용을 주축으로 상소를 올렸다. 전국의 지사들이 이들의 처형을 반복적으로 요청하자, 그에 대한 반발의 뜻이었다.

신들이 묘당(廟堂, 조정)에 편안히 자리 잡고 앉아 있는 것은 부끄러움이 없어서가 아닙니다. 가만히 시국(時局)을 보건대 또한 그럴 수밖에 없는 형편입니다. 신들이 근래 소장을 가져다 보니 저들이 탄핵하여 죄를 논열한 것이 신들이 스스로 책망하는 것과 크게 다른데 이는 어째서입니까. 저들은 국가가 이미 망했고 종묘사직이 이미 사라졌으며 백성들은 노예가 되고 강토는 남의 땅이 되었다고 생각하고 있습니다. 이렇게 이치에 닿지도 않은 말이 한두 가지가 아니니, 저들이 과연 새 조약의 귀추를 이해할 수 있겠습니까. 신들은, 이것은 모두 어리석은 사람이 아무렇게나 떠드는 말로서 상대할 것도 없다고 생각하지만, 그래도 나라가 이미 망했고 종묘사직이 사라졌다고까지 말하였으니 끝까지 힘써 분변하지 않을 수 없습니다.

새 조약의 주된 취지에 대해 말하자면, 독립이라는 칭호가 바뀌지 않았고 제국이라는 명칭도 그대로이며 종묘사직은 안녕하고 황실도 존엄합니다. 다만 외교상의 한 가지 문제만 잠시 이웃 나라에 맡긴 것인데 우리가 부강해지

---

* 학부대신(學部大臣) 이완용(李完用)은 교육에 관한 정사에 부지런히 힘써 영재(英材)가 한창 많아졌으니 특별히 훈 2등에 서훈(敍勳)하고, 英材方蔚, 特敍勳二等, 《고종실록》, 고종 43년 (1906) 8월 28일.

면 되찾을 날이 있을 것입니다. 더구나 이것은 오늘날 처음 이루어진 조약이 아니지 않습니까. 그 연원은 작년에 이루어진 의정서 및 협정서에 있고 이번에는 다만 그것들을 완성하고 결론을 맺은 것일 뿐입니다. 가령 저들처럼 충성스럽고 의로운 자들이 나라 안에 있었다면 그때에 쟁집(爭執, 의견을 고집하여 다툼)했어야 하고 쟁집해도 안 되면 들고 일어났어야 하고 들고 일어나도 안 되면 죽었어야 합니다. 그런데 전에 한 사람도 이러한 의거를 일으킨 자를 보지 못하였는데 어찌하여 오늘날 대사가 이미 지나간 뒤에 갑자기 정신을 차려 후회하면서 새 조약을 파기할 수 있고 옛 국권을 되찾을 수 있다고 여긴단 말입니까. 일이 성사되지 못할 것은 논할 겨를도 없거니와 종당에는 국가 간의 외교 문제에서 감정이 야기되는 일이 없을 수 없다는 것은 어찌 염려하지 않는단 말입니까.

—《승정원일기》, 고종 42년(1905) 12월 16일

위의 내용을 요약하자면 '현재 일본과 당면한 사태는 어쩔 수 없는 경우이고, 잠시 외교권만 빼앗겼으므로 나라가 부강해지면 다시 찾아올 수 있는데, 조약을 제대로 알지 못하는 무지한 백성들이 나라가 망하는 것처럼 떠들고 있다'는 것이다. 이 상소에는 을사오적이 큰 죄가 없는데 자신들만 탓한다는 투정도 들어 있다. 고종의 안일한 대처와 함께 그에 걸맞은 참으로 뻔뻔한 용기다.

1909년 이토 히로부미가 조선 통감을 그만두고 천왕의 최고 자문 기관인 추밀원(樞密院)의 원장이 되어 일본으로 돌아갈 때, 경운궁에서 송별회가 열렸다. 이때 이토와 비서관 모리 오노리(森大來), 새 통감 소네 아라스케(曾禰荒助), 이완용이 한 연씩 글을 지어 한 편의 시를 만들었다. 이 시는 1935년에 비석에 새겨 함녕전(咸寧殿) 뒤편에 세워졌다.

함녕전 후정의 시비. 국립중앙박물관
소장.

甘雨初來霑萬人   단비 처음 내리니 만인을 적시네 (이토)

咸寧殿上露華新   함녕전 위의 은혜가 찬란하고 새로워라 (모리)

扶桑槿域何論態   부상(일본)과 근역(조선)*이 어찌 다른 모양을 논하리오 (소네)

兩地一家天下春   두 곳(일본과 조선)이 한집을 이루니 천하가 봄이로다 (이완용)

송별회는 고종이 준비한 행사였다. 이토 히로부미의 후임으로 조
선의 제2대 통감이 된 소네 아라스케는 시를 통해 조선의 식민지화가
이미 벗어날 수 없는 상황이라고 비유했다. 이완용은 그들의 의중에

---

*   扶桑(부상): 해가 뜨는 동쪽 바다의 신성한 나무가 있는 곳. 槿域(근역): 무궁화가 많은 땅.

한술 더 떠서 식민지 시대가 바로 봄이라고 노래했다. 이완용은 일본의 입장에서 참으로 기특한 자였다.

일본에 대한 이완용의 애정은 1919년에 만개했다. 이완용은 3·1운동이 일어나자 온 백성을 상대로 경고문을 작성했다. 그는 조선총독부의 기관지였던 《매일신보》에 경고문을 발표해 백성의 평화적 저항을 규탄하고 자제를 촉구하며, 시위 제압의 정당성을 한껏 부풀렸다. 일본과 친일파는 만세운동에 무척 긴장했다. 비폭력을 내세운 3·1운동이 전국민적인 독립운동으로 확산되었기 때문이다. 일본은 자체적인 조사로 3월 1일부터 시작된 만세운동이 4월 29일까지 이어졌고, 전국적으로 110만 명의 백성이 참여했다고 분석했다. 박은식은 《한국독립운동지혈사》를 통해 3·1운동에 참여한 사람 중에 부상자가 1만 5,900명이고 사망자는 7,500여 명이었다고 밝혔다. 2019년에 공개된 국사편찬위원회의 3·1운동 데이터베이스*에도 시위는 총 1,798건이 일어났고, 실제 참가자는 최소 106만여 명이며, 사망자는 800~1,100여 명으로 파악하고 있다.

이완용의 경고문은 총 세 차례에 걸쳐 발표되었다. 4월 5일 1차 경고문의 내용은 다음과 같다. "독립운동은 헛된 말이고 망령된 행동이다. 무지몰각한 이들이 선동하고 각 지방에서 소문을 듣고 나서는 형국인데, 잘 알아듣도록 타이르니 이를 듣지 않을 경우 책임을 묻고 회초리로 때리는 수밖에 없다. 망동된 행동을 따라 하면 뜻밖의 재난으로 죽고 다치니 나의 말을 잘 듣고 후회하지 말아라." 철부지 아이들을 타이르는 논조였다. 4월 9일 2차 경고문에서는 "나라를 팔아먹은

---

* http://db.history.go.kr/samil.

역적이라고 나에게 가하는 위협에도 불구하고, 생명의 다수를 구하기 위해 다시 경고문을 발표하며, 나의 진심은 동포들이 안심하고 진정해 화를 피하는 것이다"라고 했다. 1차에 비해 다급하고 진지해졌다. 다음은 5월 30일의 3차 경고문 도입부다.

대체로 조선과 일본은 상고 이래로 같은 조상, 같은 겨레이고(同宗同族) 같은 종족, 같은 뿌리(同種同根)임은 역사에 있는 바이라. 그런즉 일한병합으로 말하자면 당시에 안으로는 구한국의 일이 되어가는 형세와 밖으로는 국제관계로 여러 가지로 헤아려 생각할 때 역사적으로 당연한 운명과 세계적 대세에 순조로운 동양 평화가 확보되는 것이 유일한 활로이자 단행됨이오.

—《매일신보》, 1919. 5. 30.

3차 경고문의 주요 내용은, '일본과 조선은 본래 하나였고, 조선은 동양의 평화를 위해서 나선 적이 없지만 일본의 노력 덕분에 복지를 누리는 호강을 맛보고 있다. 하늘도 공동의 이해를 위해, 땅의 분립을 불허하니 일한병합의 정신과 의의를 유효하도록 노력해 행복을 도모하자. 혹 다음에 불의의 사태가 발생하더라도 이번 일을 되돌아보고 나서지 말아라'였다. 즉 다시는 하늘을 거스르는 일을 벌이지 말라는 다독거림이었다. 이보다 더 완벽하게 일본의 입장을 대변할 수는 없다. 아니 일본의 입장보다 한 수 위의 태도였는지도 모른다. 이러한 공로를 인정받아서 이듬해에 이완용은 백작이었던 귀족의 등급이 후작으로 높아졌다. 그는 생존했을 때 일본에 협조한 공로로 네 차례 훈장을 받았고, 사망한 후에는 일본이 수여할 수 있는 최고 등급의 훈장 '대훈위국화대수장(大勳位菊花大綬章)'이 추서되었다. 이보다 높은 등급은 타국의 왕에게 수여하는 훈장이 있을 뿐이었고, 이 훈장을 받은 조선 사람은 왕족 이외에 일반인 중에서는 이완용이 유일했다.

을사늑약 체결에 찬성한 다섯 명의 관료를 '을사오적'이라 하고, 정미칠늑약에 찬성한 일곱 명을 '정미칠적'이라 하며, 경술국치에 협조한 이들을 '경술국적'이라 하는데, 이 모든 조약에 참여한 사람은 이완용이 유일하다. 그는 단순한 참가자가 아니라 실제로 주도적인 역할을 해냈다. 친일 단체인 일진회를 이끌던 송병준(宋秉畯), 이용구(李容九)가 일본에 나라를 넘겨주는 일로 이완용과 경쟁적으로 다툰 사실은 널리 알려져 있다. 이완용은 경술국치 때도 당시 비서였던 이인직(李人植)을 시켜서 일본 통감부 외사국장 고마쓰 미도리(小松綠)에게 보상을 꼼꼼하게 확답 받은 뒤에 본격적으로 조약을 진행했다. 그리고 조선에서 손꼽히는 부자가 되었다.

1920년대 경성부의 조사 자료를 기재한 월간지 《개벽》에는 이완용이 당시 조선에서 제2의 갑부라는 내용이 실렸다. 2006년부터 2010년까지 활동했던 친일재산조사위원회가 파악한 그의 자산 규모는 경술국치의 대가로 받은 은사금 15만 엔(30억 원 상당)을 포함해 약 300만 원으로 2010년 기준으로 환산하면 600억 원에 해당하는 돈이라고 한다. 이외에도 2017년에 SBS 뉴스 취재팀은 이완용의 부동산이 801필지, 676만 평에 달해 여의도 면적의 7.7배 크기였다는 사실을 밝혀냈다. 친일파 중 가장 넓은 면적이었다. 그러나 친일재산조사위원회에 의해 2007년 환수 조치가 결정된 이완용의 땅은 1만 928제곱미터로, 당시 공시지가 기준으로 7,000만 원 수준이었다.

이완용은 머리 좋고 처세술이 뛰어난 사람이었다. 다만, 그는 재능을 오로지 자신의 영달을 위해서만 사용했다. 타인의 입장과 처지는 신경 쓰지 않았다. 그가 타인을 고려한 시기는 오로지 자신의 입지가 위협받을 때뿐이었다. 그것이 바로 이완용의 가장 큰 죄다. 그는 조선과 대한제국의 관료였기 때문이다. 그에게 친미파나 친일파 같은 테두리를 적용하는 논리는 옳지 않다. 이완용은 그저 '사익 추구파'일 뿐이다. 또한 우리가 흔히 사용하는 '친일파'라는 용어는 너무 점잖은 표현이다. 자신의 부귀영화를 위해서 조국과 백성을 타국에 내어준 사람들에게 붙인 '친하다'는 표현은 그들의 악행을 드러내는 데에 턱없이 부족해 보인다. 이완용은 자신에게 유익한 시류를 찾아서 좇는 철새였다. 그저 개인의 욕망만 가득한 존재였다. 우리는 이완용을 통해 현명한 관료와 정치인이 자신의 배만 채우려는 수단으로 정치를 이용했을 때 어떠한 결과가 만들어지는지 똑똑히 배워야 한다. 그들의 교묘하고 혼란한 주장과 탐욕은 현재를 관통하며 앞으로도 영원히 사라지지 않고 반복될 예정이기 때문이다.

현대의 일부 사람들은 이완용을 현실주의와 실용주의로 포장한다. 이완용은 탐욕이 아닌 현실을 인정하고 합리적인 실리를 추구한 인물이었다고 평한다. 친일을 어쩔 수 없는 선택으로 보기도 한다. 그러나 합리주의나 실용성은 타인에게 피해를 입히지 않는다는 전제 조건에서 그 가치가 발생한다. 어쩔 수 없는 선택이라는 가면은 정치인과 같은 공인에게는 핑계가 될 수 없다. 잘못된 선택으로 인한 폐해의 대가가 너무 크기 때문이다. 정치인에겐 흔들리지 않는 명분과 가치가 있어야 한다. 또한 이완용이 평상시 술과 여자를 가까이 하지 않았고 도시락을 싸 가지고 다녔다는 이유로 사치와 향락을 모르는 검소한 사람으로 분류하기도 한다. 조선 땅에서 제2의 갑부가 된 매국노가 어찌 탐욕적이지 않겠는가? 합리적이거나 실리적이라는 시선은 1898년 11월의 《황성신문》 기사와도 어긋나는 오류다. 마치 악당은 전부 흉악하게 생기고 과격한 행동을 일삼으며, 자극적인 향락에 빠진 자들이어야 한다는, 유치한 상상력을 벗어나지 못하는 이분법적 관점이다. 아무리 단순하게 보일지라도 사람은 이분법적 계산으로 측정되는 존재가 아니다. 사기꾼이 사기꾼처럼 보이면 사기 사건은 일어날 수 없다.

'3·1운동 경고문'에서 나타나듯 이완용은 사람들이 자신을 매국노라고 흘기는 현실을 잘 알고 있었다. 더욱이 그는 1909년 12월 22일 종현천주교당(명동성당) 앞에서 이재명(李在明)이 찌른 칼에 죽을 뻔한 일을 겪었다. 이재명은 자신의 칼에 이완용이 죽은 줄 알고 통쾌하다며 만세를 외쳤고, 심지어 근처에 있던 사람에게 담배를 빌려 피우기도 했다. 그러나 이완용은 기적적으로 살아나고, 이재명은 체포되어 1년 뒤에 처형되었다. 이 사건 이후 이완용은 자신의 목숨을 노리는 사람이 언제든 나타날 수 있다는 불안감을 떨쳐내기 어려운 신세가 되었다. 나라가 뒤숭숭한 1898년에 전라북도 관찰사로 기생을 동원해 수일간 유흥비를 지방에서 착복하며 즐기던 이완용이 언젠가부터 절제된 생활을 했다면 그것은 순전히 암살로부터 자신의 생명을 보호하려는 근면성이라고 판단하면 지나친 편견일까?

이완용은 자신의 목숨을 걸고 아관파천과 친일파를 선택했다. 당시 벌어진 그의 사기 행각을 염두에 두고 바라보면, 아관파천도 결국 시류를 놓치지 않으려는 모험일 뿐이었다. "시류를 좇아가기는 이완용보다 뛰어난 자가 없다"는 《풍운한말비사》에 언급된 사람들의 평가는 너무나 적확한 분석이다.

1935년 조선총독부에서 펴낸 조선 공로자 명단에는 이완용을 '동양의 인걸(人傑), 불세출의 인인(仁人)'으로 기재했다. 그러나 3·1운동 전후에 일본 고등경찰이 작성한 극비 문서 '조선인 동향 보고서'에 이완용의 이름이 올라 있다. 겉으로는 일본에 충성을 다한 공로자로 인정하면서도 비밀리에 그의 행동을 감시하고 있었던 것이다. 이것은 일본 정부도 그를 온전히 믿지 못하고 사찰했다는 공식 기록이다. 이 기록은 절대적인 충성을 약속한 이완용이 영원한 친일파가 아니라, 언제든지 자신의 이익에 따라 변절할 수 있는 대상으로 파악했다는 일본 제국의 객관적 자료가 아닐까?《일당기사》에 나온 다음과 같은 이완용의 발언은 그의 가치가 어디에 있는지 분명하게 밝혀준다. "무릇 천도(天道)에 춘하추동이 있으니 이를 변역(變易)이라 한다. 인사(人事)에 동서남북이 있으니 이것 역시 변역이라 한다. 천도, 인사가 때에 따라 변역하지 않으면 실리를 잃고 끝내 성취하는 바가 없게 될 것이다." 이완용의 뚝심은 자신의 결정이 최선이었다는 믿음이었다.

사실, 경술국치는 일본에 의해 관리가 된 사람들이, 고용주가 원하는 조약을 체결해준 셈이니 일본이 혼자 북 치고 장구 쳐서 만든 조약이나 다름없다. 조선총독부가 경술국치 이후 귀족의 작위를 주고 은사금을 지급한 대표적인 매국 친일파 76명은 크게 두 부류인데, 한 부류는 왕실 인사이고 다른 부류는 집권 세력이었던 노론 계열의 일파가 대다수였다고 한다.* 이들이 모두 다른 형태의 이완용임을 부정하기 어렵다. 백성을 버리고 이익을 따르는 각자도생(各自圖生)을 선택한 셈이다.

1905년 11월 25일, 법부주사(法部主事, 법무부 공무원)였던 안병찬(安炳瓚)의 상소는 가슴이 시리다. 그는 이 상소를 올리고 나서 곧 체포되었다. 안병찬은 나중에 안중근을 직접 변호하기 위해 여순의 형무소를 찾아갔고, 이완용을 죽이기 위해 칼을 휘둘렀던 스물세 살의 청년 이재명의 변호사가 되었다. 그는 상소에서 지극히 상식적인 백성의 뜻

---

* 〈'500년 조선'을 파는 매국 협상, 30분 만에 상황 종료〉, 《중앙선데이》, 2011. 6. 19.

창덕궁 인정전 앞의 순종(가운데)과 왼쪽으로 이토 히로부미, 이완용, 친일 관료들. 국립고궁박물관 소장.

을 전달했다.

폐하가 10여 년 동안이나 이 무리들을 각별히 기른 보람이 이 지경으로 나타났으니 아! 폐하도 이에 대해 뉘우치는 마음이 있어야 하지 않겠습니까? 의당 빨리 그들의 머리를 베어서 조종(祖宗)에 사죄하고 인민(人民)들에게 사죄하기에 겨를이 없어야 함에도 불구하고 너그러운 마음으로 참고 관대하게 용납하여 그들이 뜻을 굽히고 거짓을 꾸며 올린 상소문에 다시 비답을 내려 사임하지 말고 공무를 보라고 권면하였습니다. 그러니 폐하가 이 무리들을 시켜서 4,000년 우리나라를 망하게 만든 셈입니다. 그러고도 다시 무엇이 미진하여 그들이 혹 벼슬에서 떠날까 두려워하는 것입니까?

하지만 신도 폐하가 진짜로 이 무리들을 충성스럽게 여기는 것이 아니라 단지 이들이 끼고 있는 위세가 두려워서 감히 그 죄를 성토하지 못한다는 것을 알고 있습니다. 그러나 폐하가 임금의 자리에 있지 않다면 몰라도 아직 그 자리를 내놓지 않은 이상 법이 아직 다 없어지지 않았고 권한도 아직 다 없어지지 않았습니다. 그리하여 임금이 밝게 살피는 곳에서는 역적들이 죄에서 벗어날 도리가 없으니 이 무리들은 곧 한 하늘을 이고 살 수 없는 폐하의 원수입니다. 그리하여 온 나라의 신민(臣民)들은 그들의 몸을 씹으려고 하는데 어째서 폐하는 유약하게 참는 것이 이렇게 심한 지경에 이르렀습니까?

또한 저 외국인들도 우리의 역적들이 쉽게 제어당하리라는 것을 알았기 때문에 몇 시간이 안 되어 저들이 바라던 바를 성취할 수 있었습니다. 그러나 한 나라의 존망이 달려 있는 중대한 시기이니 비록 폐하라 할지라도 마음대로 허가하는 것이 부당하다는 사실이 분명합니다. 더구나 폐하가 불가하다고 했고 정부의 수석 대신이 불가하다고 했으며 온 나라 백성들도 몽땅 불가하다고 하였으니 저들이 얻은 것이란 어린애를 꼬여내어 가산(家産)을 빼앗은 것과 다름없습니다. 수많은 사람의 눈으로 본 것을 어찌 타고 앉아 옳다고 여기면서 스스로 저들의 물건이라고 인정할 수 있겠습니까?

오늘날을 위한 계책은 오로지 박제순 이하 5적의 머리를 빨리 잘라서 거리에 달아맴으로써 온 나라를 크게 각성시키는 데 있습니다. 또한 각국에 공문을 보내어 일본인들이 역적들과 함께 나라를 기만하여 약탈한 죄를 폭로하고 사람들을 크게 모아서 회의하여 억지로 만들어낸 가짜 조약문을 도로 가져다가 불속에 처넣어 우리 한국의 독립 자주권을 거듭 명백히 밝혀서 다시는 침해하는 폐단이 없게 만든 다음에야 법이 시행되고 권한이 서서 국내 정사와 외교에 비로소 두서가 잡힐 것입니다.

— '안병찬의 상소', 《고종실록》, 42년(1905) 11월 25일(양력)

일본에 붙었던 위선자들을 제외하고 대부분의 조선 백성은 사태를 어떻게 수습해야 할지 명백히 알고 있었다. 그러나 위약한 왕은 강단 있는 모습을 백성들에게 보여주지 못했다. 국권을 빼앗긴 역사적 과정을 친일파의 소행으로만 단정지을 수 없는 이유다. 최종 결정권자였던 고종의 우유부단한 정치적 행로는 조선의 가장 큰 약점이었다.

'조선의 본격적인 근대화는 일본의 식민지 하에서 이루어졌다', 고로 '일본의 강제합병은 한반도를 봉건적 문명에서 벗어나게 해준 장점도 있다'고 주장하는 사람들이 여전히 존재한다. 그러나 이와 같은 주장은 비판할 가치조차 없다. 주권과 영토에 대하여 강제적 침탈이라는 기본 전제를 전혀 고려하지 않은 의견이나 논리이기 때문이다. 조선은 나름대로 근대화를 향해 나아가고 있었다. 다른 나라가 발전의 속도가 느리거나 더디다고 해서, 그 나라를 식민지로 삼을 수 있다는 논리는 정당화될 수 없다. 근대화에 앞장섰다고 자부하는 나라들이 무슨 이유를 대건, 다른 나라를 점령하는 사태는 그저 강도 행위에 불과하다. 총칼로 위협하며 하나의 문명을 파괴하는 행위일 뿐이다. 정말 선의의 뜻을 가졌다면 신뢰로써 그냥 도와주면 되는 것이다. 한 가정에 낯선 사람이 들어와 잘살게 만들어준다며 총칼로 자유를 억압하고, 물건들을 마음대로 사용하며 가족을 위험한 일에 동원시킨다면 그 누가 받아들일 수 있을까? 유길준도 《서유견문》에서 다음과 같이 말했다. "한 나라를 비유하자면 한 집과도 같다. 그 집의 일은 그 집이 자주적으로 처리해 다른 집이 간섭하는 것을 허락하지 않는다. 또한 나라를 비유하자면 한 사람과도 같다. 그 사람의 행동거지는 그 사람의 자유이며, 다른 사람의 지휘를 받지 않는 것과 마찬가지다. 한 나라의 권리도 또한 이와 같다."[*] 보편적 진리는 단순하다. 진리를 복잡하게 설명하는 사람일수록 의심해봐야 한다.

서양의 제국주의는 힘과 돈이 곧 정의라는 원칙을 세웠다. 이 원칙은 아직까지 세계를 움직이는 거대한 논리로 작용한다. 부와 권력을

[*]　유길준, 편집부 편, 《서유견문》, 두산동아, 2010, 91쪽.

중요하게 여겼던 제국들은 결국 세계대전을 일으키고 말았다. 삐뚫어진 욕망에 휩쓸려 세력을 확장하려는 깡패들의 패싸움과 다를 바가 없다.

조선은 나름대로 선진 문물을 받아들이고 도입하려는 태도가 확연했다. 그러나 우리는 스스로 한계를 인정하고 긍정적인 발전을 도모하기엔 내부적 갈등이 잦았고 시간이 촉박했다. 외세는 그 약점을 잘 알기에 잠시도 틈을 주지 않았다. 그들은 오직 자신들의 이익을 위해 조선을 이용했다. 외세는 전부 '개화'라는 탈을 쓴 늑대에 불과했다. 일본과 중국(청나라) 그리고 서구의 나라들은 모두 비슷한 잇속을 감추고 있었을 뿐이다. 결과적으로 일본이 조선을 삼켰기 때문에 원망하는 힘이 한쪽으로 쏠렸지만, 사실 다른 나라들도 일본과 크게 다르지 않았다. 많은 나라 중에서 일본이 더욱 집요하고 치밀했을 뿐이다.

독립협회와 《독립신문》_ 친일을 다독이고 조장한 독립의 기준

황인종의 모든 나라는 일본 형제의 분발한 기개와 떨쳐 일어난 정략(政略)을 본받아 독립국의 대등권을 회복들 할지어다. 오늘날의 일본은 곧 동양에 황인종의 앞으로 나아갈 움싹(새싹)이며, 안으로 정치와 법률을 바르게 할 거울이며, 바깥 도적을 물리칠 장성이니, 구미 각국과 조약을 고쳐 정하여 실시한 일본사를 들은 황인종 형제의 모든 나라를 권고하고 인도하되 작은 이끗을 탐하지 말며, 작은 분에 충격하지 말고, 한 가지인 종자를 서로 보호할 큰 계책을 세워 동양 큰 판에 평화함을 유지(維持)하게 하는 것이 이것이 그 하나님께서 정하여주신 직분의 당연한 의무라 하노라.

—《독립신문》 논설, 1899. 11. 9.

《독립신문》. 국립중앙박물관 소장.

1896년에서 1898년까지 조선에는 독립이라는 말이 들불처럼 번져 나갔다. 그 소용돌이의 중심에는 독립협회가 있었다. 독립협회는 우리나라 최초로 만들어진 근대식 정치 사회단체였다. 이들은《독립신문》으로 자신들의 소견을 피력하고, 독립문 설립 운동으로 사람들의 이목을 끌었다. 독립협회는 자주적인 국권과 자유로운 민권을 주장하며 나라의 근대화와 민중의 계몽에 앞장섰다. 이들은 평민의 참정권과 인권에 대한 개념을 사람들에게 전파했다. 민주주의의 기본적인 원칙들은 변화를 원하는 조선인들을 흥분시켰다.

독립은 조선인의 영혼을 일깨우는 단어였다. 그런데 현재를 기준으로 가만히 생각해보면 그 당시의 독립은 애매한 구석이 있다. 대한제국의 외교권과 주권이 아직 일본에 빼앗기기 전이었기 때문이다. 조선은 청나라에 고개를 숙이며 사대했지만, 엄연한 자주국이었다. 물론 조선 후기는 열강들의 야욕으로 혼란스러운 상황이었으나, 일본이

노골적인 외교적 압박과 조약으로 조선의 주권이 본격적으로 가격당한 시기는 1904년이었다. 일본은 2월 23일 강압적으로 한일의정서를 체결했다. 조약의 내용은 '동양의 평화를 위해 대한제국은 일본의 내정간섭을 받아들여야 하며(제1조), 일본은 대한제국의 안전을 책임지니(제2조, 3조), 이를 위해서는 일본의 군대가 언제든지 대한제국의 영토를 전략적으로 이용할 수 있다(제4조)'는 것이다. 독립협회가 생기기 8년 전이었다.

지금의 선입견과 달리 일본에 나라를 빼앗기지 않은 19세기 말에 독립이란 말이 왜 필요했을까? 현대인들은 독립의 전제를 일본으로 여기지만, 그당시 《독립신문》이 말하는 독립은 중국의 속국에서 벗어나자는 의미였다. 그로 인해 독립문의 위치는 중국 사신을 영접하던 영은문(迎恩門)의 자리로 결정되었다. 독립문은 이제 더 이상 청나라를 떠받들지 않는다는 상징성을 기반으로 건설되었다. 이때 독립문을 건립하기 위해 전국적으로 모금 운동이 벌어졌다. 《독립신문》을 통해 번져나간 홍보와 권유로 백성들은 소중한 쌈짓돈을 기부했다. 이 운동은 1986년에 실시된 '평화의 댐' 성금 모으기 운동과 비슷했다. 당시 전두환 정권은 북한이 서울을 물바다로 만들 수 있기에 댐 건설이 필요하다고 전 국민을 상대로 모금 운동을 실시했었다.

1895년 일본이 청일전쟁에서 승리한 뒤, 청나라와 맺은 시모노세키조약의 첫 번째 조항은 '청나라가 조선을 완전한 자주독립국가로 인정한다'는 내용이었다. 일본이 청나라에게 요청한 조선의 독립은 독립협회가 주장하는 독립과 완전히 같은 내용이었다. 일본이 조선의 독립을 간절하게 원했던 이유는 조선이 독립국이어야 그들의 침략에 대하여 청나라의 간섭을 피할 수 있기 때문이었다. 그리고 독립협회는 청나라에 의존적이던 구시대적인 정치와 세력의 청산을 목표로 했기 때문에 일본과 교집합이 만들어지게 되었다.

독립협회 창립과 독립문 건립을 실질적으로 이끈 서재필(徐載弼)은 그의 자서전에서 자신이 꿈꾸던 개혁과 자주독립은 청나라의 간섭에서 벗어나고 친청파였던 수구세력을 몰아내는 일이라고 밝혔다. 그러나 1894년 여름에서 1896년 봄까지 일본군의 경복궁과 한성 점령, 명성황후 암살과 단발령 등의 사건으로 백성들은 일본에 대한 감정이 좋지 않았다. 따라서 《독립신문》은 반일을 우선적으로 언급해야 했지만 오히려 친일을 다독였다. 정부의 도움으로 만들어진 독립협회와 《독립신문》이 정치 개혁과 백성의 계몽이라는 원칙을 내세웠음에도 주도자였던 서재필이 3년을 못 견디고 미국으로 돌아간 이유는 독립이라는 이름의 순수성 때문이었다. 《독립신문》은 창간한 1896년 4월부터 일본과 친하게 지내야 한다고 주장했다.

조선과 일본은 이웃 나라이니 장사에도 관계가 많이 있고 정치상에도 일이 많이 있으니 우리가 바라기를 양국 정부와 인민이 서로 친밀히 지내고 서로 도와주어야 피차에 유익한 일이 많이 있을지라. 조그마한 이득을 취하여 서로 속이든지, 업신여기든지, 미워하든지, 의심하든지, 각박히 하든지 하면 그 해로움이 다만 한 사람에게만 미칠 뿐 아니라 양국 인민에게 다 있을 터이요. 만일 양국 정부에 교제가 친밀하지 못하면 양국 인민이 서로 좋아 못할 터이니 그리한즉 양국 간 장사하는 일에 해가 대단히 있을 터이요, 동양 각국 정치상에도 유익함이 없을지라.

　　—〈일본 판리 공사 쇼촌씨는 근일에 전권 공사가 되야다니〉, 《독립신문》, 1896. 4. 18.

이때는 아관파천으로 인해 친일파들이 정권의 핵심부에서 쫓겨나고 친미파와 친러파가 득세하던 시기였다. 아울러 명성황후 암살 사건과 단발령의 영향으로 일본에 대항하고자 일어난 을미의병이 정부의 회유로 분산되던 무렵이었다. 따라서 위에서 언급된 《독립신문》의 논조는 한참 일어난 반일 감정을 쇠퇴시키려는 일본의 이해와 정확히 맞아떨어진다. 1898년 8월 20일자 '후작 이등박문씨 유람'이란 제목의 기사는 더욱 노골적이었다.

일본 유명한 후작 이등박문씨(이토 히로부미)가 이달 이십삼일쯤 입성한다 하니 이등박문씨는 지금 세계에서 유명한 정치가요. 또 우리 대한독립한 사업에 대공이 있는 사람이라 이번에 유람하러 오니 정부와 인민이 각별히 후대하기를 바라노라.

서재필이 조선에서 《독립신문》을 창간하기까지는 친일파 관료였던 유길준의 요청과 협조가 있었다. 독립협회는 이완용과 안경수(安駉壽) 같은 관료들의 도움으로 창립되었고, 독립문과 《독립신문》은 고종의 후원으로 탄생했다. 만약 고종의 후원이나 협조가 없었다면 독립협회나 《독립신문》은 세상의 빛을 보기 어려웠다. 서재필과 고종은 각기 다른 목적으로 독립을 표면에 내세웠고, 그 다름이 틀어지자 '독립'이란 단어는 차츰 소멸되었다.

서재필은 일본의 도움으로 갑신정변을 주도했던 세력 중 한 명이었고, 유길준과 마찬가지로 경술국치 이전에 일본과 아주 친밀한 인사였다. 그리고 독립협회의 회장이었던 안경수, 이완용, 윤치호는 친일파였거나 추후에 남다른 친일파가 되었다는 점도 묘한 공통점이다. 따라서 독립협회와 독립문 그리고 《독립신문》이 탄생하고 퍼져나가던 시기에, 그들이 말하던 독립은 일본과는 거리가 아주 멀 수밖에 없었다. 독립이란 단어와 일제강점기의 연관성 때문에 반일의 상징이라고 혼돈하기 쉬운 사례다. 물론 독립협회와《독립신문》은 백성들의 계몽이나 정치 참여에 기여한 긍정적인 공로가 분명히 있었다. 그러나 조직과 매체의 순수성은 분명 의심스러운 부분이 존재한다. 1924년 7월 15일자《동아일보》는 독립문 위에 새겨진 '독립문'이라는 글자를 이완용이 썼다고 밝혔다.

고종과 명성황후

명성황후 __ 아버지 없는 소녀 신데렐라의 재림

> 대왕대비가 빈청(賓廳, 재상들의 집무실)에 전교하기를, "대혼(大婚, 왕의 결혼)을 첨
> 정(僉正, 종4품 벼슬) 민치록의 딸로 정하려 하는데 경들의 생각은 어떠한가?"
> 하니, (중략) "삼가 자전의 하교를 받드니 실로 신령과 사람의 바람에 딱 들어
> 맞습니다. 이는 종묘사직과 신민들의 무궁한 복이니, 신들은 기쁨에 겨워 경
> 하드리는 정성을 금치 못하겠습니다" 하였다.
>
> —《고종실록》, 고종 3년(1866) 3월 6일

건청궁의 곤녕합은 명성황후의 공간이었다. 건청궁은 일반 양반 가
문의 집과 같은 형태로 지어졌기 때문에 장안당(長安堂)이 사랑채로 남
자(왕)의 공간이라면 곤녕합은 안채에 해당한다. 장안당과 곤녕합은
복도각으로 연결되어 있어 밖으로 나가지 않아도 왕래가 가능하다.

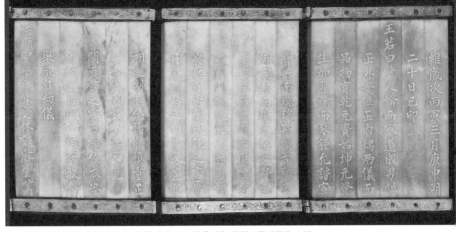

명성황후 왕비 책봉 옥책(옥으로 된 책에 금으로 글을 씀). 국립고궁박물관 소장.

명성황후는 말년에 고종과 비교적 소박한 공간인 장안당과 곤녕합에
서 업무를 보고 생활을 했다.

협소한 건청궁을 주요 활동 무대로 선택한 이유는 신변 보호를 위
한 조치로 여겨진다. 장안당과 곤녕합의 뒤편에는 1888년에 지어진
근대식 2층 건물인 관문각(觀文閣)이 있었다. 이곳의 건축 목적은 불분
명하나 확실한 쓰임새 중의 하나는 국왕의 호위 부대였던 시위대의
대장과 부대장 등이 당직을 섰던 장소였다. 심리적으로 불안한 나날
을 보내던 고종과 명성황후는 자신들의 신변 보호를 위해 시위대를
만들고 교관으로 미국인 다이(Dye) 장군, 닌스테드(Nienstead) 부대장 그
리고 러시아인 보좌관 사바틴을 고용했다. 이들은 교대로 두 명씩 관
문각에 머물며 국왕과 왕비를 지키는 시위대의 총책임자였다.

명성황후는 고종 3년에 왕비로 책봉되었다. 창덕궁 중희당(重熙堂)에
서 삼간택과 동뢰연을 마치고 왕비가 되었다. 보통 왕의 첫 공식 결혼
식은 왕세자 시절에 이루어지지만, 고종은 세자의 단계를 거치지 않
고 바로 왕으로 책봉되었기 때문에 명성황후도 바로 왕비가 되었다.
1866년 3월 21일에 열다섯 살의 신랑 이명복(李命福. 고종의 아명)과 열여

섯 살의 신부 민자영(명성황후의 본명)은 결혼식을 마치고 부부가 되었다.

명성황후는 여흥 민씨(驪興 閔氏)다. 태종비였던 원경왕후(元敬王后)와 숙종비였던 인현왕후를 배출했던 집안에서 태어났다. 아버지 민치록(閔致祿)은 첫 부인이 요절해 두 번째 부인 한산 이씨에게서 1남 3녀를 두었는데 모두 어린 나이에 죽고 남은 딸이 민자영이었다. 그녀의 아버지는 60세에 죽었는데, 그때 명성황후의 나이는 여덟 살이었다. 따라서 친가족은 어머니뿐이었던 그녀의 삶은 유년기부터 순탄하지 않았다. 여자밖에 없었던 그녀의 집안은 양아들을 들였다. 그 사람이 바로 흥선대원군 부인의 동생 민승호(閔升鎬)였다.

민승호가 민치록 집안의 양자로 간 사실로 미루어보면, 명성황후 집안이 아버지는 일찍 여의었지만 궁핍한 환경은 아니었다고 추측된다. 물려받을 만한 재산이 없는 집안으로 제사만 지내주려고 먼 친척이 양자로 들어가는 일은 흔하지 않다. 더군다나 민치록은 인현왕후의 아버지인 민유중(閔維重)의 5대 장손이다. 그리고 민치록의 아버지 민기현(閔耆顯)은 종2품의 이조참판과 개성부 유수(留守, 일종의 직할시장)를 지냈다. 안동 김씨가 득세하던 시절, 열세 살에 아버지를 여읜 민치록이 과거시험 없이 음서로 종4품의 관직을 얻었다는 사실도, 명성황후의 집안이 완전히 몰락하지 않았다는 사실을 반증한다.

고종이 1863년 12월에 왕이 되자, 외숙부이자 형님인 민승호는 다음 해에 바로 관료 생활을 시작했다. 그는 고종의 즉위를 기념하기 위해 특별하게 치러진 증광문과에서 병과에 합격하자마자 정5품 홍문관 교리가 되었다. 보통 과거시험의 최종 합격자는 33명으로 갑과 3인, 을과 7인, 병과 23인을 성적순으로 나누고, 갑과의 1등인 장원급 제자가 종6품이 되며, 병과는 일반적으로 종9품을 받는 절차로 볼 때 민승호의 관직은 대단히 파격적인 처사였다. 일반 합격자가 장원급제자보다 높은 벼슬을 얻은 셈이었다. 《고종실록》에는 중비(中批. 시험 없이 임금의 특별한 명령으로 벼슬을 시키는 일)로 제수했다고 기록되었다. 다음 해에는 홍문관 전한(典翰. 유학의 경전을 관리하고 임금의 물음에 응하는 직책)으로 진급해 종3품의 관직을 얻었고, 1년 뒤에 명성황후가 혼례를 마치자 정3품 당상관인 성균관 대사성(大司成. 총책임자)까지 지위가 올라갔다. 과히 척족(戚族)의 '백(back)'이 무엇인지 보여주는 대표적 사례다.

많은 사람이 명성황후가 궁궐에 들어가자마자 민씨들을 대거 등용해 자신의 정치적 기반을 쌓았다고 생각하나 사실은 그렇지 않다. 부대부인(府大夫人. 즉 흥선대원군의 부인)의 동생이었던 민승호는 명성황후의 오빠여서가 아니라 흥선대원군의 처남이었기 때문에 중앙 관료로 이른 출세를 했다. 그가 종3품에 올라선 시점은 고종의 혼인을 추진하기 7개월 전이었다.

흥선대원군의 장인이었던 민치구도 고종 1년에 공조판서가 되었다. 이외에도 경복궁이 훼손될 당시 궁내부의 총책임자였던 민병석의 양부 민영위(閔泳緯), 보빙사의 총책임자였던 민영익의 작은 아버지 민규호(閔奎鎬)는 명성황후의 결혼 전후로 이조참판과 이조참의 등의 고위직에 빠르게 포진되었고, 민승호의 아우인 민겸호(閔謙鎬)와 민영익의 친부 민태호(閔台鎬) 등도 조류를 타고 훨훨 날기 시작했다. 여흥 민씨들은 무시하지 못할 세력으로 급속하게 자리 잡았다.

즉 조선 후기 안동 김씨들로 대표되던 척신의 자리를 여흥 민씨들이 빠르게 장악한 이유는 흥선대원군의 부인이 민씨였기 때문이다. 민씨들이 대거 등용되거나 고위직을 차지할 당시에 명성황후는 그저 10대 중반의 소녀였을 뿐이다. 그녀는 그들을 등용하고 승진시킬 만한 능력이 없었다.

흥선대원군이 앞으로 있을지도 모르는 왕비의 세도정치를 견제하고자 고아나 다름없는 명성황후를 선택했다는 이야기가 널리 알려져 있지만 현실성이 떨어진다. 그녀에게 아버지와 친가족이 없었다는 점에서는 수긍이 가나 홍선대원군의 처남이 왕비의 오빠라는 점에서는 납득되지 않는다. 왕비를 선택하기 전에 이미 홍선대원군의 손으로 여흥 민씨들을 요직에 놓거나 빠르게 승진시켰기 때문이다.

민자영이라는 소녀를 왕비로 선택한 결정적 이유는 홍선대원군의 심중이라기보다 부대부인과 민승호가 주축이 된 여흥 민씨들의 작품이라는 판단이 좀 더 합리적이다. 심지어 민승호는 고종의 혼인을 위해 구성된 가례도감에서도 부제조(副提調)의 신분이었다.

가례도감은 왕이나 세자의 혼인식이나 즉위식 등을 위한 임시 기구였다. 이때 가례도감의 젊은 관료들은 홍선대원군의 조카와 큰 아들, 신정왕후의 조카 등이 차지했고 고위 관료들은 홍선대원군의 세력이었다. 만약 부대부인이 홍선대원군과 미리 약조하고 민승호가 가례도감을 장악했다면, 고종의 신부는 미리 내정된 상태나 마찬가지였다. 부대부인과 민씨 일가들은 자신들의 호가호위를 위해 홍선대원군으로 하여금 민자영을 선택하도록 유도했고, 명성황후는 권력 쟁탈전이라는 배경을 업고 졸지에 신데렐라가 되었다고 추정된다. 홀어머니 밑에서 자란 여성은 왕비가 되기엔 쉽지 않은 조건이었다.

명성황후의 결혼 생활은 시작부터 순탄하지 않았다. 고종에게는 이미 다른 여자가 있었기 때문이다. 고종은 정식으로 결혼하기 전에 이미 후궁이 있었다. 영보당(永保堂) 귀인 이씨는 명성황후가 궁에 들어온 다음 해에 임신하고 이듬해에는 출산했다. 후궁이 출산한 완화군(完和君)은 비록 서자였지만 왕이 낳은 첫아들이었기 때문에 사람들의 주목을 끌기에 충분했다. 후세 사람들은 홍선대원군이 완화군을 왕세자로 책봉하려다가 명성황후와 사이가 멀어지는 계기가 되었다고 말하지만 이 또한 근거가 희박하다. 완화군이 태어났을 때 명성황후는 아직 10대였기에 섣불리 왕세자를 정실부인이 아닌 후궁에게 의탁한다는 사실도 설득력이 부족하다. 따라서 완화군의 세자 책봉 문제로 흥선대원군과 명성황후의 관계가 악화되었다는 주장은 지나친 상상력이 만들어낸 허구이거나 악의적인 의도가 숨겨진 소문으로 추정된다. 《매천야록》에는 오히려 열일곱 살의 고종이 완화군을 원자로 삼으려 하자, 흥선대원군이 이를 만류하는 이야기가 실려 있다. 왕비에게서 아들이 태어나면 어떻게 하겠느냐는 논리였다.[*] 어리고 철없는 아들을 순리에 맞게 아버지가 다독이는 상황이다. 만약 10대의 고종이 첫사랑인 귀인 이씨에게 푹 빠져 있었다면 《매천야록》에 실린 이야기가 오히려 설득력 있게 들린다.

위의 내용을 어느 정도 사실로 받아들일 경우, 명성황후의 결혼 초기는 낭만과 행복이 결핍된 생활이었다. 단순한 남녀 관계라는 관점에서 볼 때 이미 남편이 정을 주는 여인이 있었다는 점 그리고 왕실의 입장에서도 자신보다 먼저 아들을 출산한 여자가 있다는 점은 명백한 사실이었다. 이 두 가지는 매우 부담스러운 현실이었다. 혼인은 한 사람의 인생 향방이 결정되는 중요한 변곡점이다. 왕비가 되었다는 현실은 아버지 없이 자란 여인이 넘보기 힘든 최고의 자리였으나 열여섯 살 소녀에게는 기쁨이 자리 잡을 틈이 없었다. 아마도 이러한 환경적 요인이 뒷날 정치에 직접적으로 관여하게 된 계기가 아닐까 추측해본다. 그녀가 살아남기 위해서는 자신의 입지를 스스로 단단히 쌓아가야 했기 때문이다. 다만 명성황후가 어느 정도 연륜을 쌓기 전까

---

[*] 황현, 임형택 옮김, 《역주 매천야록 상》, 문학과지성사, 2005, 31쪽.

지는 부대부인과 민승호의 입김이 그녀의 주위에서 세차게 맴돌았다고 보는 편이 상식적이다.

고종 _ 열두 살에 왕이 된 소년, 스물두 살에 조선을 떠안다

최근의 일들을 보면 정사에서는 옛날 법을 변경하고 인재를 취하는 데에는 나약한 사람만을 채용하고 있습니다. 대신과 육경(六卿, 6조의 장관들)들은 아뢰는 의견이 없고 대간(臺諫, 왕의 잘못을 지적하는 관리들)과 시종들은 일을 벌이기 좋아한다는 비난을 회피하고 있습니다. 그리하여 조정에서는 속된 논의가 마구 떠돌고 정당한 논의는 사라지고 있으며, 아첨하는 사람들이 뜻을 펴고 정직한 선비들은 숨어버렸습니다. 그칠 새 없이 받아내는 각종 세금 때문에 백성들은 도탄에 빠지고 있으며 떳떳한 의리와 윤리는 파괴되고 선비의 기풍은 없어지고 있습니다. 나라를 위해 일하는 사람은 괴벽스럽다고 하고 개인을 섬기는 사람은 처신을 잘한다고 하고 있습니다. 그리하여 염치없는 사람은 버젓이 때를 얻고 지조 있는 사람은 맥없이 죽음에 다다르게 됩니다.

—'최익현의 상소', 《고종실록》, 고종 10년(1873) 10월 25일

신정왕후는 수렴청정을 3년 만에 끝냈다. 열두 살에 왕이 된 고종은 열다섯 살에 친정을 시작하게 되었다. 그러나 소년 왕은 아버지의 영향력에서 벗어나지 못했다. 대부분의 권력은 흥선대원군으로부터 나왔다. 소년 왕은 청년이 되어서야 왕권을 되찾았다. 흥선대원군의 정치가 10년이 되는 시점이었다. 스물두 살의 왕은 더 이상 어린 소년이 아니었다. 그런데 문제가 발생했다. 흥선대원군이 쉽게 물러나려 하지 않았다. 자신이 꿈꾸던 개혁을 아직 끝마치지 못했다고 생각했

고종의 젊은 시절 모습. 서울역사박물관 소장.

는지, 권력의 욕망에 갇혀 영원히 왕의 대리인이 되고 싶었는지 혹은
아들이 아직 어리거나 감당하기 벅차다고 여겼는지는 알 수 없다. 그
러나 강력한 개혁과 권력의 독점 반대편에는 언제나 불만을 품은 세
력이 존재하기 마련이다. 이 세력들이 구심점만 제대로 갖추면 변화
는 순식간에 만들어지게 마련이다.

부자는 권력의 주도권 때문에 묘한 대립 관계가 형성되었다. 대립
의 가장 큰 원인은 아버지였다. 흥선대원군은 권력을 내려놓지 않았
다. 고종이 자신의 왕권을 찾으려는 속내를 보였을 때 가장 난처한 사

람들은 현직 관료였다. 자신들의 자리 보존이 갈림길에 들어섰기 때문이다. 사실 아버지와 아들의 대립 결과는 뻔했다. 성년이 된 아들에게는 용이 그려진 곤룡포가 있었지만, 아버지는 곤룡포를 입을 수 없었다. 왕이라는 명분은 해와 같았다. 오직 하나만 존재해야 했다.

홍선대원군이 권력에서 멀어진 이유는 일반적으로 최익현(崔益鉉)의 상소 때문이라고 알려져 있다. 홍선대원군의 독단적인 정치를 비판한 상소가 여론을 움직여 대원군이 물러났다는 논리였다. 그러나 홍선대원군은 그리 만만한 사람이 아니었다. 상소 하나에 꿈쩍할 위인이 아니었다. 최익현의 비판 상소는 5년 전에도 있었다. 그 상소에는 오히려 백성들이 공감하는 현실적인 문제들이 적나라하게 들어 있었다. 경복궁의 재건, 문세(門稅)를 포함한 세금, 당백전으로 인한 통화의 폐해가 고스란히 들어가 누구라도 공감하는 내용이었다. 최익현이 지적한 모든 일은 홍선대원군이 주도한 작업이었다. 만약 상소로 인해 권력에서 내려와야 했다면 시기적으로 그때가 더 옳았다. 그런데 정4품이던 최익현은 이 상소를 올리고 8일 뒤에 정3품으로 승진했다. 왕의 뜻이었는지는 모르겠으나 당시 상황은 홍선대원군의 동의 없이는 불가능한 일이었다. 최익현의 뜻이 권력의 의도를 거스르긴 했지만 진실로 나라를 사랑하는 정성에서 나왔다고 인정한 셈이었다. 고로 홍선대원군의 몰락을 상소 때문이라고 단순하게 단정짓기에는 허술한 점이 있다.

고종의 왕권은 스스로 만들어낸 전략의 결과로 보는 편이 옳다. 고종 5년(1868)의 상소와 고종 10년(1873)의 상소에서 다른 배경은 고종의 나이이다. 열일곱 살과 스물두 살의 나이 차이는 컸다. 왕은 자신의 권리를 주장하고 사람들을 대하는 능력에 눈을 떴다. 자신의 뜻을 펴는 데 가장 어려운 상대는 고위 관료들이었다. 그들은 대부분 홍선대원군의 사람이었기 때문이다. 고종은 최익현의 상소를 이용해 흥선대원군 세력의 목을 움켜쥐었다. 그리고는 다양한 방법으로 이들의 권위를 약하게 만들었다. 이 사건은 고종이 얼만큼 성장했는지 보여주는 척도가 된다. 최익현은 1873년 10월 25일과 11월 3일 두 차례에 걸쳐 상소를 올렸다. 두 상소는 흥선대원군을 직접적으로 겨냥했다기보다 현재의 집권 세력과 정치를 싸잡아 비난했다. 따라서 현직에 몸담은 관리들의 위상과 명분을 끌어내리는 도구로 안성맞춤이었다. 첫 상소를 본 고종은 최익현에게 벌을 주지 않고 오히려 그의 관직을 한 등급 올려 종2품 호조참판(戶曹參判, 경제부 차관)으로 명했다. 두 번째 상소에 흥선대원군의 세력들은 강력하게 그를 처형해야 한다고 목소리를 높였지만, 고종은 다수의 주장을 무시하고 제주도에 귀향 보내는 것으로 마무리했다.

최익현의 상소 논쟁은 1873년 10월 25일부터 1875년 2월 9일까지 3년간이나 지루하게 이어졌다. 첫 상소가 나오고 신하들은 이틀 동안 사직하거나 자신을 규탄하면서 죄를 물어달라고 예의상 고했다. 그러나 사흘째부터 슬슬 분위기가 바뀌었다. 형조참의(刑曹參議, 법무부 차관보) 안기영(安驥泳)이 최익현에게 음흉한 음모가 있으니 국문해야 한다는 상소를 올리자, 움츠렸던 세력들이 이에 동조해 거세게 일어났다. 성균관 유생들까지 합류했다. 두 번째 상소부터는 자신들의 죄를 탓하던 관료들까지 합세해 고종을 압박했다. 기존 권력은 끈질기게 고종의 말꼬리를 잡고 늘어지면서 최익현에게 엄벌을 내릴 것을 거듭 요청했다. 그러나 고종은 유연하게 그들을 물리쳤다. 파직과 복직, 위로와 견책으로 신하들을 길들이며 자신의 자리를 찾아나갔다. 최익현이 '시골 사람이라 사리를 모르고 분수를 망각해서 그렇게 한 것'이라고 못 박고 모든 상소를 물리쳤다. 상소 논쟁 기간에 고종을 압박하는 요청은 26번이었던 데 반해 최익현을 두둔하는 내용은 4번밖에 없었다. 신하들 대부분이 고종의 편이 아니었다는 객관적인 증거다. 고종은 흥선대원군의 입궐을 막고, 그의 세력들을 거의 홀로 상대한 셈이다.

박은식이 저술한 《한국통사(韓國痛史)》에는 명성황후가 왕비로 올라서자 친척을 요직에 앉히며 가문의 세력을 키우려 노력했고, 민규호, 조영하(趙寧夏) 등이 흥선대원군의 큰아들 이재면(李載冕)과 모의해 고종에게 친정할 것을 권고했다고 나온다. 이후 민규호가 주도적으로 고종을 끌어들여 대원군을 물러나게 한 뒤에 신하들의 권력 다툼과 기강 문란이 생겼다고 한다. 그 여파로 조정에 뇌물과 아첨이 끊이지 않아 나라의 운명이 기울어진 것이라고 되어 있다. 《매천야록》은 고종이 나이가 들어가자 대원군의 독점적인 정치에 불평불만이 많아졌고, 이재면 등이 이것을 자극해 더욱 키워나갔다고 기록했다. 야사가 맞는다면 고종의 왕권 되찾기는 세력들에 의한 작전으로 귀결된다.

야사가 진실에 가까울 수도 있다. 그러나 위에 언급된 인물들은 최익현의 상소로 혼란스러웠던 시기에 고종을 두둔했던 활약이 《조선왕조실록》에 등장하지 않는다. 또한 민규호와 이재면 등은 상소 사건이 마무리되는 직후에 관직의 변동이 크게 없었다. 이조참의를 역임했던 민규호는 이조참판으로 한 등급 관직이 올랐지만, 이재면은 4년이 지난 뒤에서야 관직이 한 등급 올라가게 된다. 일반적으로 왕권의 확립에 공로가 인정되거나 시기적으로 왕과 친밀한 관계가 되었을 때 관직이 크게 올라가는 상황과 달랐다. 오히려 이재면은 흥선대원군이 다시 권력을 쥐었던 임오군란 때 단 사흘 만에 무위대장, 호조판서(戶曹判書, 경제부 장관), 판종정경(判宗正卿, 종1품의 종친부 관직) 등의 최고위직에 임명된다.

《한국통사》와 《매천야록》에는 고종의 친정에 중요한 역할을 한 인물로 고종의 형인 이재면을 거론했지만 직책의 변화를 보면 그 말에 동의하기가 쉽지 않다. 만약 이재면이 흥선대원군의 몰락을 부추긴 핵심 인물이라면, 흥선대원군이 권력을 되찾자마자 가장 중요한 직책을 이재면에게 줄 리 없다. 흥선대원군이 바보가 아닌 이상 불가능한 일이었다. 고로 몇몇 관료들이 고종의 친정을 부추기거나 혹은 그에 대한 소소한 공로가 있다 하더라고 모든 판단과 진행은 고종 스스로 했다고 보는 편이 상황에 맞는다.

권력 쟁탈전에서 왕비의 기여도가 얼마나 되는지는 미지수다. 자료가 미비하고 대부분 소문에 근거한 내용이다. 그러나 한 가지 확실한 점은, 고종의 친정을 원하는 왕비와 그녀의 관료 세력이 흥선대원군 축출에 지대한 공이 있을수록 고종은 미약한 존재가 된다. 고종이 무능했다고 평가되길 원하는 사람들은 왕비와 관료들의 위세를 높이 평가하기 마련이다.

만약 고종의 친정이 왕비의 작품이라고 가정하더라도 쉽게 납득되지 않는 부분이 있다. 일설에는 현명한 왕비가 흥선대원군의 세력을 모두 포섭해 왕권을 찾는 데 주도적인 역할을 했다고 말한다. 그러나 아무리 뛰어난 인재라도 20대 초반의 사회 경험이 부족한 왕비가 연륜이 꽉 들어찬 정치 세력을 휘어잡기란 쉽지 않다. 명분을 내세운 정치 싸움에서 승리를 잡으려면 무엇보다 실전 경험이 필요하다. 밀고 당기는 상황 판단은 책으로 배울 수 없다. 왕비는 흥선대원군의 집권 시기에 그 실전 경험을 쌓을 만한 충분한 시간적 여유가 없었기에 혼자 힘으로 사람들을 끌어들여 흥선대원군과 그 세력을 몰아냈다고 보기엔 아무래도 어렵다. 이 시기에 왕비의 활약이 있었다면 왕의 상담자나 후원자 정도가 아니었을까?

앞서 이야기한 것처럼 명성황후가 왕비로 올라선 전후에 다수의 민씨들을 끌어들이고 고용한 사람은 바로 흥선대원군이었다. 자신의 처가 사람들이었기 때문이다. 이제 막 결혼한 10대 소녀인 왕비가 강력한 카리스마로 정권을 쥔 시아버지를 상대로 세력을 만들기에는 내공이 부족한 시기였다. 따라서 명성황후가 주도적으로 민씨들을 고용했다기보다는 고종 친정 이후에 흥선대원군의 사람들을 포섭하는 과정에서 자연스레 민씨들이 중심 세력으로 자리 잡았다고 보인다. 그들은 이미 부대부인과 왕비의 형제이자 친척으로 얽혀 있었다.

왕비와 민씨들의 결탁은 한쪽의 일방적인 선택이 아니라 서로 필요에 의한 응집이었다. 민씨들을 거두어준 사람은 흥선대원군이었지만 어차피 길게 갈 사람은 고종이었다. 그러니 자연스레 신하들의 눈은 왕과 왕비로 향하게 되었다. 만약 왕비가 민씨들을 이용해 세력을 구축했다는 말이 사실이라면 그것은 고종의 친정 이후의 시점이 시의적절하다. 또 반대의 입장에서 보자면, 민씨들이 세력을 확장해 역으로 왕비를 이용했을 가능성도 무시할 수 없다. 어쨌든 민씨 관리들이 많아지자 사람들의 불만이 커졌다. 아래와 같은 내용이 다수의 야사에 공통적으로 등장한다.

> 민씨들이 정권을 잡은 뒤 백성들은 가렴주구를 견디지 못하여 종종 한숨을 쉬며 도리어 운현(흥선대원군)의 정치를 그리워하였다.
>
> —황현, 임형택 옮김, 《역주 매천야록 상》, 문학과지성사, 2005, 75쪽

임오군란 _ 고종의 정치에 대한 민중의 심판

신이 요사이 국가의 정세를 보니 부고(府庫, 문서와 재물을 보관하는 곳간)와 창름

(倉廩, 곡물과 쌀을 관리하는 곳간)이 텅 비어 백관의 반록(頒祿, 녹봉)을 이어가기 어렵고 군병들의 방료(放料, 급료)도 주지 못하는 때가 많으며 공인(貢人, 관수품 납품업자)의 공물 값을 주지 못하고 원역(員役, 말단 관리)의 삭하(朔下, 급료)를 지급하지 못하는 등 경황이 없고 다급하여 아침저녁도 보전하지 못할 것만 같습니다. 무릇 축적이란 국가의 대명(大命)입니다. 진실로 곡식이 많고 재물이 넉넉하다면 나라를 다스리는 데 무슨 어려움이 있겠습니까? 지금은 그 해를 견뎌낼 비축도 없어 이렇게 전에 없던 참상을 부르고 말았으니, 이는 오로지 저축함이 없이 경비를 무절제하게 써댔기 때문입니다.

— '권종록의 상소', 《승정원일기》, 고종 16년(1879) 1월 24일

1882년에 일어난 임오군란은 고종의 집권 당시 정부의 무능과 부패를 보여주는 대표적인 사건이다. 일반적으로 권력을 얻게 되면 초기에는 누구나 자신의 입지를 강화하고자 다양한 정책으로 성과를 내기 위해 노력한다. 그러나 고종은 친정하고 4년 후인 1877년부터 군인들이 제대로 급료를 받지 못하고 있다는 보고를 받게 된다. 이들은 자신들의 억울한 처지를 알리기 위해 방(榜)을 붙여 사람들에게 전파했다. 그나마 다행히 고종은 악독하지 않았다. 방을 붙인 이들을 효수해 본보기로 삼아야 한다는 신하들의 요청을 거절했다. 곤장을 치고 귀양을 보내며 사건을 일단락 지었다.

그로부터 5년 뒤인 1882년, 군인들이 13개월 만에 급료로 쌀을 받았지만 좋아할 수 없는 상황이었다. 정해진 것보다 턱없이 부족한 양이었기 때문이다. 누군가 군인들에게 급료로 주기 전에 중간에서 양을 속이고 가로챘다. 한두 명이 아닌 군인들의 전체 급료를 가로챈 행위는 말단 관리가 벌일 수 있는 일이 아니었다. 《매천야록》은 급료를 담당했던 선혜청(宣惠廳)의 총관리자였던 민겸호를 범인으로 지목

일본이 제작한 임오군란 판화. 국립민속박물관 소장.

했다. 민겸호는 흥선대원군의 둘째 처남이자, 왕비의 양오빠인 민승호의 친동생이었다. 무엇보다 군인들을 더욱 화나게 했던 상황은 1년 전에 창설된 별기군(別技軍)과의 차별 대우였다.

별기군은 조선 최초의 신식 군대로 소총 같은 근대식 무기를 지급받았다. 80여 명으로 구성된 별기군은 일본 군인을 교관으로 두고 서양식 훈련을 받았으며, 급료도 밀리지 않았고 보급품의 질도 높았다. 이러한 차별에 화가 난 군인들은 창고 관리자를 구타했다. 그러나 관료들은 문제를 사소하게 생각했는지 군인들을 제대로 달래지도 않았고, 사건을 원만하게 해결하지 못했다. 주동자들을 포도청에 가두고 죽이겠다고 선언했다. 흥분한 군인들은 자신들의 권리를 주장하며 폭도가 되었다. 일명 '도봉소(都捧所) 사건'이다.

군인들은 자신들의 정당한 요구가 수용될 기미가 없자 사법기관인 의금부(義禁府)를 부수고, 부패한 관리들의 집을 불태우고, 일본 공사관으로 쳐들어가 일본인들과 교관을 살해했다. 무기까지 탈취한 이들은 급기야 창덕궁으로 돌진했다. 궁궐에 침입해서는 사건의 책임자로 지목된 민겸호와 전 책임자였던 김보현(金輔鉉)을 살해하기에 이르렀다. 이것이 임오군란이다.

즉 임오군란은 도봉소 사건이 발단이지만, 장기간 급료를 제대로 지급받지 못한 군인들의 불만이 누적되어 벌어진 참사였다.

군인들의 폭동은 예고된 재앙이었다. 맨 처음 군인들이 급료를 못 받았다고 방을 붙였을 때 입은 상처와 분노가 치유되지 못한 채 썩어가고 있었던 것이다. 상처 안에는 고름으로 가득했다. 1880년 1월과 9월에도 여러 달 동안 군인들의 급료를 주지 못했다는 사실이 왕에게 보고되었다. 그리고 1881년 11월, 임오군란이 일어나기 3개월 전에도 창고가 텅텅 비어 군인들의 녹봉을 지급할 수 없다는 상소가 올라왔다. 이처럼 수차례 보고가 있었는데도 경시한 것에 대한 울분이 쌓이고 쌓여 결국 터지게 된 사건이 바로 임오군란이었다.

영의정 홍순목(洪淳穆)은 도봉소 사건이 발생한 6월 5일, 이 사건에 대하여 고종에게 상세히 보고했다. 요점은 두 가지였다. 급료를 장기간 지급받지 못해 생긴 불만을 부패한 관리들이 제대로 처리하지 못했고, 별기군과의 차별로 감정이 더욱 격해졌다는 내용이었다. 보고를 받은 고종은 조사를 명하지만 신중하게 대처하지 못했다. 군인들이 6월 10일에 궁궐로 쳐들어오자 왕은 겁에 질려 급여가 몇 달치 밀렸는지를 재차 물었다. 고종의 안일한 정치력이 노출된 대표적인 사례다.

당시 가장 큰 문제는 개선되지 않는 조세와 재정 정책을 질질 끌고 온 관료들이었다. 시간이 지날수록 나아질 기미는 없고 점점 악화되는 듯 보였다. 하지만 관료들만 탓할 수는 없었다. 조선의 대표는 엄연히 왕이었다. 왕권은 상징적인 힘이 아니었다. 자신의 의지에 따라 언제든지 매섭게 썩은 부위를 도려낼 수 있었다. 그런 점에서 사람들은 홍선대원군과 고종의 집권 시기를 비교했다. 홍선대원군이 집권하던 시기가 오히려 살기 좋았다는 말들이 퍼져나갔다. 결국 임오군란은 흥선대원군을 밀어내고 1873년 말부터 시작된 고종의 친정이 엉망이었다는 사실을 입증한 사건이었다.

군대와 군인은 나라의 기강을 보여주는 기본적인 요소다. 외세에 의해 나라가 혼란할수록 국방력이 강해야 한다는 사실은 배울 필요도 없는 기초 상식이다. 그런데 그들에게 장기간 급료를 주지 않았다는 사실은 국방에 전혀 신경 쓰지 않았다는 증거다. 중앙군 이외에 지방 군인에게도 급료를 제때 지급하지 못한 사례가 많아 다른 관청에서 충당하기 일쑤였다. 군인들에게 줄 돈이 없을 만큼 재정이 엉망이었다면 과연 국가의 자금은 어디에 사용되었을까?

국가나 기업이나 가정이나 돈이 없는 이유는 크게 둘 중 하나다. 수입이 없거나 수입에 비해 지출이 컸을 경우다. 영의정 홍순목은 흥분한 군졸들이 궁궐로 침입하자 떨고 있는 고종에게 다음과 같이 말했다. "지금의 방도로는 검소함을 숭상하고 재용을 절약해 인심을 수습하는 것보다 먼저 할 일이 없으니, 그렇게 되면 나라가 반석같이 안정될 것입니다"(《승정원일기》). 사건이 발생하기 7개월 전에 왕세자의 교육을 담당했던 찬선(贊善) 송병선(宋秉璿)은 자금이 없어 관청에서 일하는 일꾼들에게 수개월씩 급료를 주지 못하는 현실을 개탄하면서 고종에게 다음과 같이 간언했다.

생각하건대, 나라의 저축이 텅 비어 있는 것은 매우 절박한 근심입니다. 그 원인을 따져보면 씀씀이가 지나치게 사치스럽기 때문입니다. (중략) 지금은 각 관청의 저축을 다 써버려서 지방(支放, 관아의 일꾼에게 봉급을 내어주는 일)을 걸핏하면 수개월씩 주지 않아 군졸들이 원망하고 있습니다. 심지어는 큰 제향의 어공(御供, 왕에게 물건을 바침)도 간혹 기인(其人, 지방 출신의 행정 고문)들이 사사로이 거두어들이는 것에서 나오기도 하였습니다. 나라 경제가 이 지경에까지 이르렀으니 어찌 한심하지 않겠습니까? 대궐 안의 일을 전해들은 것에 의하면 진기하고 교묘한 서양 물건과 왜국 물건들을 의복과 노리갯감으로 삼는다고 합니다. 윗사람이 행하면 아랫사람이 본받는 것은 그림자나 메아리보다 빠르니 경계하지 않을 수 있겠습니까? 어리석은 소신은 우선 전하부터 검소한 덕을 밝히는 데 힘써서 사치스럽고 화려한 것을 배격하고 궁중을 거듭 단속하면 조정과 여항(閭巷, 백성들이 모여 사는 곳)에는 명을 내리지 않아도 저절로 행해질 것이라고 생각합니다.

—《고종실록》, 고종 18년(1881) 11월 30일

재정에 대한 간언의 공통점은 검소함이다. 1879년 권종록(權鍾祿)의 간언도 크게 다르지 않다. 《고종실록》, 《승정원일기》를 살펴보면, 고종이 왕이 되고 친정을 하기 전까지 신하들이 강조한 검소함은, '성인의 덕목이자 백성을 사랑하는 근본'이라는 교육 겸 충언의 말이었다. 이는 백성에게 모범을 보여야 하는 군주에게는 당연한 조언이다. 그런데 고종이 친정을 시작하면서부터 시작되는 검소함에 대한 조언은 분위기가 달랐다. 백성들의 삶이 곤궁하니, 제발 왕부터 검소함을 실천해야 한다고 꼬집었다. 그리고 으레 강학(講學, 학문을 닦고 연구함)에 힘쓰라는 말이 함께 나왔다. 충직한 신하들의 조언을 직설적으로 말하자면, 강학과 검소함을 동시에 강조하는 상소는 모두 '헤프게 놀지 말고 부지런히 공부하며 정치에 힘쓰라'는 말이었다.

1875년부터 수시로 세곡(稅穀, 나라에 조세로 바치는 곡식) 문제를 보고했던 영의정 이최응(李最應)은 1877년 10월 다시 한 번 왕에게 간곡하게 요청했다. 그는 "지금처럼 재정이 텅텅 빈 적이 없었다. 세곡이 지연되는 폐단에 대하여 여러 차례 보고를 올렸고 왕도 신중히 생각했지만 고쳐지지 않는다. 이것은 수령들이 허송세월을 보내고 아전들이 중간에서 횡령하고 농간을 부리기 때문이다. 그러니 특별하게 단속하고 엄하게 경고해 잘못된 폐해를 제거해야 한다"(《고종실록》)고 말했다. 결국 재정에 대한 문제 인식은 고종이 왕권을 되찾고 나서 여러 차례 반복적으로 지적되었지만 고치지 못한 셈이다.

보고에 대한 고종의 태도는 부정적이지 않았다. 간언을 비교적 잘 받아들였다. 그러나 수시로 지불하지 못하는 급료 문제와 바닥난 재정 문제가 튀어나왔다. 문제가 원만하게 해결되지 못했다는 비참한 현실의 기록이다. 순조가 집권하던 1800년부터 고종 전의 왕이었던 철종 때까지 이렇게 장기간에 걸쳐 재정과 급료 문제가 수시로 대두된 적은 없었다. 조선 역사 전반적으로도 찾아보기 어려운 기록이다.

반복되는 충직한 간언들을 최종적으로 종합해보면, 고종은 장기간 조세 확보에 크게 신경 쓰지 않았고, 관리들에게 급료를 지급하지 못할 정도로 재정 자립에 실패했으며, 소비가 검소하지도 못했다. 관리들의 부패 또한 척결하지 못했다. 만약 일제강점기에 쓰인 《고종실록》이 모두 사실이고 《승정원일기》도 가감되지 않았다면, 조선 후기에 가장 최악의 재정적 실패를 기록한 왕은 고종이 되는 셈이다. 임오군란 이후에도 고종 주위에는 현명하지 못한 신하들로 채워졌다. 좌의정 김병국(金炳國)과 우의정 김병덕(金炳德)은 1883년 7월, 임오군란이 원만하게 해결된 지 1주년이 되었으니 마땅히 크고 성대한 행사를 벌여야 한다고 고종에게 건의했다(《고종실록》).

홍선대원군은 임오군란이 일어나자 군인들의 힘을 빌어 다시 왕의 권력을 움켜쥐었다. 군인들은 소란을 일으킨 자신들의 죄를 무마시켜줄 존재가 필요했고, 홍선대원군은 권력을 뒷받침해줄 지원군을 얻었다. 존재와 세력의 의도적 결합이었다. 폭동을 진압하지 못한 고종은 군인들을 호령하는 흥선대원군을 궁궐로 불러들였다. 왕 스스로 자신의 무덤을 판 셈이다.

군인들이 궁궐까지 침입한 사태 뒤에는 흥선대원군이 있었다. 그들은 흥선대원군을 믿고 자신들이 가진 담력을 넘어서는 행위를 벌였다. 흥선대원군은 곧바로 궁궐로 들어와 서둘러 정리 작업을 진행했다. 자신의 세력을 등용하고, 기존 세력을 죄인으로 몰아 유배 보냈다. 만약 명성황후 휘하의 민씨들이 당시에 핵심적인 정치 세력이었고, 9년 전 흥선대원군의 축출에 앞장섰다면, 이들은 권력이 뒤바뀌는 시점에서 모두 숙청 대상일 뿐이다. 그런데 이러한 상식에서 보면 도저히 이해가 안 가는 인사 처리가 진행된다.

흥선대원군이 오히려 대표적인 민씨 세력인 민영목(閔泳穆), 민두호(閔斗鎬), 민영준(閔泳駿), 민영소(閔泳韶) 등을 기용했다. 이들은 임오군란 사흘 뒤에 대규모로 진행된 종척집사(宗戚執事, 국상 시기에 종척에게 시키던 임시 벼슬)에 포함되었다. 만약 이들이 흥선대원군의 반대 세력이었다면 등용될 리 없었다. 이틀 뒤 민영위는 수도의 행정과 사법 업무를 총괄하는 한성부 판윤(서울시장)으로 임명되었다. 고로, 임오군란 이전에 왕비와 모든 민씨들이 단일 집단으로 합세해 횡포를 일삼았고, 그들의 정치에 화가 난 민심이 구심점이었던 명성황후를 죽이려 했다는 논리도 위의 직책 임명과 어울리지 않는다. 이때 살해된 관리는 민겸호, 김보현, 이최응 등인데, 민겸호와 같은 몇몇 인물들에 대한 증오가 있었다고 보는 편이 옳다. 마찬가지로 살해된 민창식(閔昌植)이나 도망간 민영익을 포함한 몇몇 민씨들도 타도 대상에 포함되었을 뿐이다.

군인들은 궁궐에 침입해 왕비를 찾아 나섰다. 만약 이들이 순수한 애국심으로 광폭해져 나라에 해악이 되는 왕조를 처단하려 했다면 고종도 무사하긴 힘들었다. 그러나 왕비만 노렸다는 사실로 보아 흥선

일본이 제작한 임오군란 때 명성황후와 흥선대원군의 모습을 담은 판화. 국립고궁박물관 소장.

대원군의 별도 지시가 있었다고 여겨진다. 고종의 가장 가까운 협력자를 제거하기 위한 방편이라고 짐작되는데, 반드시 죽이라고 명령했을지는 알 수 없다. 아마 대부분의 야사들의 기록과 달리 흥선대원군과 명성황후의 갈등은 임오군란 때가 본격적인 시작으로 보인다. 흥선대원군의 입장에서는 고종의 최측근으로 조언자 역할을 하는 왕비를 제거해야만 자신이 다시 권력을 되찾을 수 있다고 판단했는지도 모른다.

흥선대원군은 군인들이 궁궐에 침입한 바로 그날에 왕비의 국상을 발표했다. 시체도 확인하지 않고 성급하게 진행한 국상은 매우 수상한 조치다. 왕비가 다시 돌아올 수 없는 환경을 조성한 셈이다. 《매천야록》을 보면, 부대부인이 왕비를 숨겨서 몰래 궁 밖으로 데리고 나갔다고 나오는데 이것도 꽤 의심스러운 행보다. 왕비를 죽이지 않고 권력을 움켜쥐려는 수작이었을까? 혹은 시아버지의 음모를 알아챈 시어머니의 배려였을까? 그러나 흥선대원군의 정치 복귀는 오래가지 못했다. 청나라 군대의 개입으로 한 달여 만에 막을 내렸다. 힘이 없었던 고종과 명성황후의 세력들은 청나라에 도움을 요청했다. 청군은 흥선대원군을 납치해 배에 실어 청나라로 끌고 갔다. 권력은 다시 고종에게 돌아갔지만 왕의 검소하지 못한 생활은 계속되었다. 심지어 그는 궁궐에서 활개치는 무당을 용인해 세간의 웃음거리가 되었다.

친필 편지_ 명성황후의 인사 청탁에 관한 완벽한 증거

명성황후는 총명하고 영리하며 기억력이 좋아 조장(朝章, 조정의 표식이나 법도), 전고(典故, 법의 근거가 되는 사례와 옛일)나 당색의 근원과 파벌, 문벌의 높고 낮음에 대하여 모두 암기하였다.

—황현, 임형택 옮김, 《역주 매천야록 상》, 문학과지성사, 2005, 138쪽

명성황후에 대한 평가는 지나치게 극과 극으로 나뉜다. 엇갈리는 평가를 단순하게 구분하면, 하나는 씀씀이가 헤프고 정치에 간여해서 나라가 기우는 데 한몫했다는 견해고, 다른 하나는 현명하고 중립적인 외교로 외세에 맞서는 정치 내조자였다는 의견이다. 전자는 일본의 식민 통치 과정을 정당화하려는 날조된 역사라는 의식이 스며 있고, 후자는 느슨한 경계를 바탕으로 과도하게 부풀려진 민족주의라는 소견이 존재한다. 그녀를 직접 봤던 외국인들은 명성황후를 긍정적으로 평가하는 데 반해, 야사를 남긴 조선 양반들의 관점은 매우 부정적인 공통점을 지녔다. 하지만 대부분의 사람들이 큰 이견 없이 동일하게 인정하는 부분이 있다. 그것은 그녀가 매우 영리한 사람이었다는 평가다.

《매천야록》은 명성황후에 대한 각종 부정적인 소문을 가차 없이 서

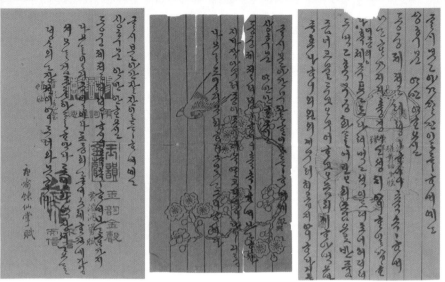
명성황후의 친필 편지. 국립고궁박물관 소장.

술했지만, 그녀가 총명하고 영리하다는 사실에는 이견을 달지 않았다. 명성황후의 전담 의사였던 여성 선교사 릴리어스 언더우드(Lillas Underwood)는 "나는 그(녀)가 정신 수준이 매우 높은 사람임을 곧 알아차렸다. (중략) 그(녀)는 세계의 여러 강대국들과 그 정부에 대하여 썩 잘 알고 있었다. 그녀는 질문을 많이 했고 자기가 들은 것은 모두 기억했다. 그(녀)는 숨어 있는 유능한 외교관이었고, 자기에게 몹시 반대하는 사람들의 허술한 데를 찌르기 일쑤였다"*고 회고했다. 이러한 견해는 심지어 을미사변의 가담자 입에서도 나왔다. 고바야카와 히데오(小早川秀雄)는 당시 《한성신보》의 편집장으로 을미사변에 참여했던 사실을 수기로 남겼다. 수기는 회고록 형식으로 작성되었고 제목이 '민후조락사건(閔后殂落事件)'이다. 을미사변의 과정을 꼼꼼하게 기록한

* 릴리어스 호턴 언더우드, 김철 옮김, 《언더우드 부인의 조선 견문록》, 이숲, 2008, 45쪽.

그는 명성황후에 대해서 "지략과 번뜩이는 예지를 지닌 여장부가 신랄한 수완을 발휘하며 세상을 주름잡았다"*고 썼다. 명성황후의 능력은 현명함에서 멈추지 않고 처세술까지 확장된다. '반대하는 사람들의 허술한 데를 찌른다'거나 '여장부처럼 신랄한 수완을 발휘한다'는 평가는 '상황을 판단하고 처리하는 능력이 탁월했다'는 말이다. 이외에도 많은 사람이 그녀의 똑똑함에 대하여 인정했다. 그런데 왜 이렇게 현명한 왕비가 외국인들의 평가와 달리 조선의 백성들에게서는 미움을 받았을까?

명성황후에 대한 대부분의 부정적인 평가는 권력과 돈에 대한 비판에서 비롯되었다. 그녀는 척족 세력들의 중심에서 고종을 조종해 나라가 파탄 나는 데 기여하고, 왕실의 재산을 모조리 탕진할 정도로 헤프고, 무당을 가까이 하며 미신을 숭배한 인물이라는 소문이 자자했다. 모두 사실일까?

고종 24년(1887) 10월 17일의 《고종실록》을 보면, 왕은 왕비와 함께 정사를 다스렸다는 고백이 나온다. 이 고백은 왕비의 병이 완쾌되어 죄인을 용서해주는 사령(赦令, 사면령)에 들어 있다. 일반적으로 질환과 관련된 사령은 위독하던 왕이 완치되었을 경우에 실시한다. 왕비의 질병이 완치되어 발표하는 사령은 드문 편인데, 고종은 총 네 차례나 명성황후의 회복을 축하하며 사령을 반포했다. 그중 두 차례는 왕과 함께 회복한 경우였지만, 사령 자체가 왕과 왕비의 관계를 나타내주는 척도로도 볼 수 있다. 내용을 보면 왕비는 내명부의 수장 역할을 넘어서서 적극적으로 정치에 협력한 존재였음이 드러난다.

* 해문 엮음, 《조선을 죽이다》, 동국대학교출판부, 2009, 59쪽.

내가 임금의 자리에 오른 지 여러 해 동안 중전의 도움을 많이 받았다. 이것을 의지하여 살아가니 임금의 교화의 근본이 다져지고, 능히 검소하고 능히 근면하여 왕실의 중대한 일을 함께 도모하였다. 임금의 명령을 공손히 받들어 어질게 도와준 공이 컸으며, 어려운 지경에 처했을 때는 신령의 보호를 받는 것처럼 형통하였다. 자나 깨나 함께 복을 받아 건강하기를 축원하고 서로 일깨워주면서 22년간 집안과 나라를 다스려왔다.

(중전이) 요즘 한가하게 있을 때 몸조리를 잘못하여 공교롭게 몸이 편치 않게 되었다. 잠을 자고 음식을 드는 것이 평소보다 줄어들었으니 기후로 인해 병이 생겼는데, 한몸처럼 아픔을 느끼기에 내가 밤낮으로 편안하지 못했다. (중략) 다행히 열흘 동안 낫지 않던 병이 확연히 가망을 보이더니 몸이 점차 건강해져, 중전의 충고를 다시 듣게 되었으며 정신과 기운이 더욱 맑아졌으니 인삼과 창출의 효험이 훌륭하다. (중략) 이달 17일 새벽 이전에 범한 각종 범죄 가운데서 사형 죄 이하는 다 용서하여주도록 하라.

—《고종실록》, 고종 24년(1887) 10월 17일

명성황후를 좀 더 자세히 알 수 있는 자료는 그녀가 남긴 편지다. 여흥 민씨 가문의 친족이었던 민영소에게 보낸 편지를 보면 그녀가 정사에 얼마나 깊이 관여했는지 드러난다. 총 134통의 자필 편지 중에 33통은 쓰인 시기가 대략적으로 나타난다. 편지에 인사 청탁에 관한 내용이 들어 있는데, 인물의 실명과 직위가 등장하기 때문이다. 민영소는 수령에 해당하는 현감(종6품), 군수(종4품)부터 왕을 직접 대면하는 당상관 이조참의(정3품), 참찬(정2품) 등까지 왕비와 편지로 접촉하며 사람들에게 관직을 건네주었다. 1890년경에 왕비는 관리를 임명하고 평가하는 총책임자로 아예 민영소를 이조판서에 앉혀놓고 직접 청탁받은 일을 지시했다.

인사권은 정치의 핵심이다. 어떤 사람이 어떤 직책을 맡느냐에 따라서 나라의 운명이 결정되기 때문이다. 왕은 정치의 중심이지만 실무를 담당하지 않는다. 왕의 가장 중요한 임무는 직무를 제대로 할 사람들을 가려서 뽑는 일과 정치의 방향성을 잡는 일이다. 고대부터 융성하거나 번창한 나라에는 강직하게 자신의 소임을 책임지는 관료들이 있었다. 왕과 신하가 한마음으로 대의를 위해 힘쓰면 더할 나위 없이 좋겠지만, 혹시나 왕이 유약하더라도 제대로 된 사람을 뽑아놓으면 나라가 위태롭지 않았다. 그런 만큼 인사권은 왕권의 뼈대이자 정치의 주춧돌이다. 왕이 가진 가장 강력한 권한인 인사권은 자신의 신념과 정책의 방향성대로 쓰여야 한다. 그것이 다른 사람의 청탁이나 이해관계에 의해 결정된다는 사실은 그만큼 나라의 기강이 해이해졌다는 뜻이다. 이는 왕에게 정치철학이 없다는 증거다.

만약 왕비가 '자신의 정치철학으로 인사에 관해 왕과 협의했다'라면 어느 정도 수긍이 가겠지만, 척족에게 요청이나 부탁을 받아서 진행하는 듯한 편지 내용은 아무리 봐도 정상으로 보이지 않는다. 더군다나 1892년에 쓰인 것으로 보이는 편지에는, 사사로운 이익을 위해 백성에게 강제로 세금을 거두어들여 민란을 초래한 덕원부사 김문제(金文濟)를 풀어달라는 내용이 있다. 왕비는 청탁받은 일을 아무런 견해 없이 왕에게 요청했다. 왕은 "수치스러운 일을 벌인 관리를 아직 용서할 수 없다"*며 왕비의 청을 거절했다. 이로써 명성황후가 청탁의 내용에 대해서는 옳고 그름을 따지지 않았음을 알 수 있다. 아울러 왕비가 친정 초기부터 왕을 장악해 자신의 마음대로 권력을 휘둘렀다는 야사의 기록이 완전한 사실은 아니었다는 반증이기도 하다.

조선 후기 대표적인 탐관오리로 동학농민운동을 유발한 조병갑(趙秉甲)의 관직 청탁에도 왕비가 관여했다. 물론 이 편지가 쓰인 추정 시기(1892년)는 동학교도가 조병갑의 횡포에 못 견뎌 관아를 습격하기 2년 전이다. 그러나 조병갑은 왕비에게 청탁을 요청하던 해에 고부군수가 되어 사람들에게 대가를 지불하지 않은 채 일을 시키고, 아버지의 공덕비를 세운다면서 세금을 거두고, 강제로 농민을 동원해 만든 수리 시설에 높은 세금을 매기고, 백성에게 세금으로 정백미(도정이 잘된 쌀)를 받은 후에 나라에는 추미(麤米, 조잡한 쌀)로 바쳐 차익을 챙기고, 가짜 죄명을 붙여 재물을 빼앗는 등 죄질이 악독한 관리였다.

전봉준(全琫準)의 신문(訊問) 기록 〈공초(供草)〉에는 조병갑의 죄목이 자세히 기록되었다. 그는 조병갑이 고부에 부임하면서부터 바로 학정(虐政, 포학하고 가혹한 정치)에 시달렸다고 밝혔다. 그러니 전봉준의 견해를 빌리면 조병갑은 본래 성향이 사악한 관리였던 것이다. 왕비는 청탁하는 이가 어떤 사람인지 알아보려면 손쉽게 파악할 수 있는 신분이었다. 그러나 그녀는 굳이 알려고 하지 않았다. 고로 그녀의 인사 요청은 바른 정치를 위한 수단이 아니라 사익을 쟁취하기 위한 단순한 청탁이라고 판단된다. 이때 왕비의 나이가 42세였다. 사리분별을 못하는 나이가 아니었다. 그리고 그녀는 누구나 인정하는 현명한 사람이었다.

명성황후가 왕비의 신분으로 정치에 적극적으로 개입했으니 재정의 문제에서도 자유로울 수 없다. 더욱이 임오군란의 발발 과정에서 보았듯이 국가의 재정이 부실하고, 관리들에게 제대로 급여를 줄 수 없는 형편이 계속되는 환경을 왕비가 모를 리 없었다. 많은 야사에서 거론되는 소문, 홍선대원군의 집권 시기보다 고종의 친정 시기가 살

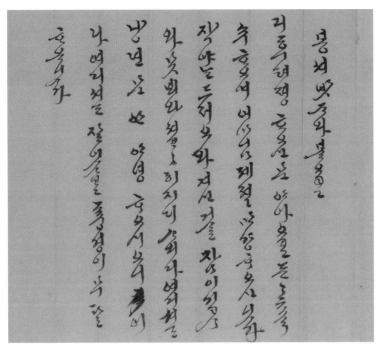

명성황후 상궁의 한글 편지. 국립고궁박물관 소장.

기 어려워졌다는 말이 빈말로 들리지 않는다. 흥선대원군이 모아놓은 재산을 일시에 탕진했다는 일화도 그냥 넘기기엔 찜찜하다. 이와 관련해 왕의 정치적 협력자로서, 현명한 사람으로서 왕비도 분명히 책임이 크다.

왕비의 편지에는 돈에 대한 언급이 잦다. 정확한 시기는 밝혀지지 않았지만, 궁녀가 대필해 민영소 집안에 보낸 편지를 보면, "100냥만 넌지시 비자로 해 들여보내 주십시오", "돈도 좀 속히 주옵소서", "곳간에 돈이 없으니 단오의 의복을 마련하는 데 재촉하옵니다. 563냥을 우선 달라 하옵니다", "돈을 긴급히 쓸 데가 있다고 600냥만 아무 돈이라도 들여보내시옵소서", "긴히 쓰겠으니 전(錢) 200냥만 내일 식전에 보내옵소서" 등의 요청이 수시로 나온다.* 곳간에는 돈이 없는데 의복비를 재촉하는 내용과 돈의 출처는 상관없으니 아무 돈이라도 서둘러 보내라는 내용이 애처롭다. 위의 편지들은 구체적인 시기를 알 수 없다. 그러나 전반적인 내용과 상황으로 보아 돈이 있는데도 요구하는 내용으로는 보이지 않는다.

불분명한 사실은 부족한 왕비의 자금이 지나친 낭비로 인한 결과인지 재정 확보의 문제 때문인지 모르겠으나, 확실한 사실은 일정 기간 동안 왕비의 재정이 100냥을 융통하지 못할 정도로 궁핍했다는 점이다.** 왕비는 인사 청탁과 액수가 큰 금액의 요청에는 친필로 편지를 보냈다. "통영 근처에 누구를 좀 보내겠으니 통제사에게 거기 돈 5,000냥만 얻어 주도록 편지 한 장을 해 들여보내어라."*** 짧은 내용이지만, 정상적인 절차에 의한 돈의 흐름이 아니라는 사실은 명백하다.

언더우드 여사는 1889년 자신의 결혼식 때 명성황후에게 축의금으로 100만 냥을 받았다고 그녀의 저서 《언더우드 부인의 조선 견문록》에 기록했다. 이 기록을 토대로 축의금 100만 냥이 명성황후의 헤픈 씀씀이를 대표하는 구절로 종종 인용된다. 그러나 본문에는 이러한 구절이 포함되어 있다. "그때에는 2,500냥에서 3,000냥이 1달러쯤 되었기 때문에 그 돈은 너그러운 조선 왕비께서 손쉽게 주실 만한, 또 선교사 한 사람이 쉽게 처리할 만한 액수였다."**** '100만'이라는 숫자

---

* 명성황후 친필 편지(국립고궁박물관 소장).
** 대략적으로 조선의 쌀 1석(144킬로그램)이 5냥, 현재의 쌀 20킬로그램이 5만 원이라고 가정하면, 당시 1냥은 현재 가치로 대략 7만 원, 100냥은 대략 700만 원 전후 정도로 볼 수 있다. 조선 후기는 물가 변동이 심했기 때문에 가상 참고 자료일 뿐이다.
*** 〈1894년 명성황후가 민영소에게 보낸 편지〉(1).
**** 릴리어스 호턴 언더우드, 김철 옮김, 《언더우드 부인의 조선 견문록》, 이숲, 2008, 57쪽.

가 커 보이지만, 문맥을 보면 '돈의 단위는 달러가 아닌 조선의 화폐이기 때문에 실제로는 어마어마한 금액이 아니다'라는 뜻이다. 일부 사람들은 위의 100만 냥을 1896년의 세입 예산인 480만 원과 비교해 1년 국가 예산의 대략 5분의 1에 해당하는 금액을 축의금으로 주었다고 왕비를 향한 비판의 자료로 활용한다. 만약 이 돈이 정말 큰 액수였다면 책에는 '나는 왕비가 보내준 돈으로 엄청난 부자가 되었다'고 써 있어야 한다. 100만 냥은 현재의 가치로 최소 수백억 원에 해당하기 때문이다. 따라서 언더우드의 축의금과 관련된 기록에는 화폐의 단위에 오류가 있는 듯 보인다. 그녀가 '100만'이라는 단위를 표시한 이유는 엄청난 양에 비해 가치가 그에 미치지 못한다는 뜻을 전달하기 위해서였다. 한 단락에서 핵심 내용은 자르고 100만 냥이 등장하는 앞의 문장으로만 축의금의 가치를 평가한다면 자세히 살펴보지 않았거나 불순한 의도가 숨어 있는 것이다.

언더우드의 계산법을 역으로 이용해 1달러를 2,500냥으로 계산할 경우, 왕비가 건넨 100만 냥은 총 400달러에 해당하는 금액이다. 이 시기에 달러는 지금보다 가치가 높았다. 그러나 400달러로 엄청난 부자가 될 수 있을 만큼은 아니었다. 그런데 명성황후가 자금을 요청하는 편지에서 언급된 금액과 언더우드에게 보낸 축의금을 비교하면 단위의 차이가 너무 크다. 편지를 보낸 시기가 파악이 안 되니 정확한 비교는 어렵겠지만 그녀가 받았던 돈이 정말 큰 액수가 아니었다면, 아마도 언더우드는 자신이 받았던 돈의 단위나 수량을 헷갈리거나 잘못 기재했다고 추측된다.

《언더우드 부인의 조선 견문록》은 저자 본인의 결혼식 후 14년이 지난 뒤에 발간되었다. 그사이 조선에서는 환(圜), 원(元), 냥(兩) 등의 화폐 혼용으로 시장이 혼란스러웠으며, 정부에서 사용하던 돈은 주로 원이며, 민간에서는 냥을 사용했다. 1원은 100전(錢), 1,000리(厘)와 같았고, 1903년 화폐개혁까지 다양한 화폐가 뒤섞여 사용되었기 때문에 충분히 화폐 단위를 혼동할 수 있다. 언더우드의 축의금 단위를 '냥'으로 계산하면 수백억 원이 되지만 '리'로 계산하면 얼추 400달러와 비슷한 금액이 나온다.

무속인을 가까이 했다는 소문도 명성황후를 비판하는 데 한몫을 차지했다. 진령군(眞靈君)은 명성황후의 최측근 무당으로 알려진 인물이다. 《매천야록》에 따르면 "진령군은 임오군란 때 피난 갔던 왕비가 충주에서 만난 여자 무당으로, 기약이 없던 환궁 날짜를 정확히 예측해 궁궐로 함께 들어왔다". 진령군은 매일 왕비를 가까이에서 모셨기 때문에 그녀의 요청을 전부 들어주었다고 한다. 헤아리기 힘들 만큼의 금은보화를 상으로 받았으며, 사람들의 화복(禍福)이 진령군의 말 한마디에 달렸고, 관리들도 그 손에서 나왔다고 전해진다. 부끄러움을 모르는 재상들이 진령군에게 아부해 어떤 이는 누이라고 부르고, 심지어 아들이 되기를 원하는 자들도 있었다고 한다. 황현은 조병식(趙秉式), 윤영신(尹榮信), 정태호(鄭泰好) 등이 그중 가장 심했던 사람이라고 실명도 밝혔다.*

이 기록을 자극적인 야사로만 취급할 수 없는 이유는 《고종실록》과 《승정원일기》에도 진령군이라는 이름이 등장하기 때문이다. 1893년 안효제(安孝濟)는 부당한 제사를 지내는 자들의 처벌을 상소했는데 그 대상이 바로 진령군이었다.

---

* 황현. 임형택 옮김, 《역주 매천야록 상》, 문학과지성사, 2005, 193쪽.

"요사이 일종의 괴이한 귀신이 몰래 여우 같은 생각을 품고 성제(聖帝, 황제)의 딸이라고 거짓말을 하며 스스로 북관왕묘(北關王廟, 관우를 신으로 모신 사당)의 주인이 되어 요사스럽고 황당하며 허망한 말로써 중앙과 지방의 사람들을 속이고 하므로 '군(君)' 칭호를 부르며 감히 임금의 총애를 가로채려 하였습니다. 또한 잇속을 늘이기 즐겨 하며 염치가 없는 사대부들을 널리 끌어들여서 아우요, 아들이요 하면서 서로 칭찬하고 감춰주며 가늠할 수 없이 권세를 부려 위엄을 보이거나 생색을 내니, 왕왕 수령이나 감사들도 그의 손에서 나옵니다."

—《고종실록》, 고종 30년(1893) 8월 21일

종두법을 보급한 지석영(池錫永)의 1894년 상소에도 진령군이 등장한다.

"신령의 힘을 빙자하여 임금을 현혹시키고 기도한다는 구실로 재물을 축내며 요직을 차지하고 농간을 부린 요사스러운 계집 진령군에 대하여 온 세상 사람들이 그의 살점을 씹어 먹으려고 합니다."

—《고종실록》, 고종 31년(1894) 7월 5일

《고종실록》에 등장하는 진령군도 《매천야록》과 크게 다르지 않다. 본래 군(君)은 일반적으로 왕세자의 형제나 왕의 친척에게 붙는 호칭이다. 간혹 공신에게도 주어지는데, 관직이 없는 무당에게 '군'이라는 칭호는 그야말로 성리학적 접근 방법에서는 있을 수 없는 일이었다. 그렇다면 왕비는 정말로 사리분별을 하지 못할 정도로 홀리듯이 진령군에게 빠져 있었을까?

개연성은 존재한다. 왕비의 친필 편지에서도 무속인으로 추측되는

'남정식'이라는 사람이 등장한다. 내년에 얻게 될 왕의 질병과 운수를 미리 살펴보고, 어떻게 하면 액을 막을 수 있을지 남정식에게 자세히 알아보고 오라는 전갈이었다. 짧지만 꽤 세심한 요구였다. 본인의 필체로 무속인을 찾고 운세와 질병까지 미리 알고자 했던 정황이 남아 있으니, 진령군이 아니더라도, 특별한 일이 없더라도 왕비가 무속인에게 의지했다는 사실은 분명하다.

그녀의 편지를 근간으로《고종실록》의 상소와《매천야록》까지 모두 사실로 믿는다면, 명성황후는 미신의 늪에 푹 빠진 이미지에서 빠져나올 길이 없다. 세자의 복을 빌기 위해 금강산의 1만 2,000개의 봉우리마다 쌀과 돈을 바쳤다는, 실현 가능성이 낮아 보이는 야사도 그냥 지나치기 어렵게 된다. 그러나 과거를 무턱대고 요즘의 잣대로 평가하기엔 무리가 따른다.

명성황후만 무속 신앙에게 빠져 있었다고 말하기도 모호하다. 조선 초부터 중기까지 소격전(昭格殿, 소격서)은 도교의 영향을 받아 하늘(해, 달, 별 등)에 제사를 지내는 관청이었다. 왕의 장수나 질병의 완치, 왕자의 무병을 위해 기도하거나 제사를 지냈으며, 기우제 장소로도 활용되었다.《세종실록》을 보면 경복궁의 연생전에 벼락이 떨어져 궁녀가 죽자 이에 대하여 논의하는 장면이 나온다. 48세의 세종대왕은 재변(災變, 재앙으로 인해 생긴 변고)이라 하며 두려워하고, 신하들은 재변이 아니라고 왕을 설득했다.

"오늘 연생전에 벼락이 떨어져 궁녀가 벼락에 죽었으니 어찌 재변(災變)이 아니겠는가. (중략) 지금 하늘이 내전(內殿)에 벼락을 떨어뜨려 꾸짖는 뜻을 보이니 내가 매우 두렵다. 사령(赦令)을 내려 비상한 은혜를 베풀고자 하는데 어떻겠는가. 무릇 백성을 즐겁게 할 수 있는 일을 함께 의논하여 아뢰라."

하니, 여러 사람들이 의논하여 아뢰기를, "하늘의 천둥·벼락은 양기(陽氣)가 서로 부딪치는 것으로, 그 기운에 저촉되는 자는 죽는 것입니다. 나무와 돌과 새와 짐승에 이르기까지 또한 간혹 벼락을 맞아 죽는 일이 있는 것이온데, 어찌 사람의 일이 선하고 악한 것에 관계가 있겠습니까. 또 연생전(延生殿)은 본래 정전(正殿)이 아니옵고, 또 큰 벼락이 이른 것도 아니므로 재변이라고 말할 수는 없습니다. 백성을 즐겁게 할 일은 근간에 한재로 인하여 남김없이 거행하였으므로 지금 다시 아뢸 것이 없습니다".

—《세종실록》, 세종 26년(1444) 7월 10일

세종의 재변 사건은 진령군의 등장과 400년 이상의 간극이 있다. 그러나 조선 후기라도 과학적 지식이 상식으로 두루 알려진 시기는 아니었기에 하늘이나 재변을 대하는 조선의 사고방식은 조선 초와 큰 차이가 없었다.

우리나라 보물 제142호로 지정된 동묘(東廟)도 정식 명칭은 동관왕묘(東關王廟)다. 중국 삼국시대 촉한(蜀漢)의 무장인 관우(關羽)를 신으로 모시는 사당 중의 하나다. 임진왜란을 겪으며 강력한 국방력을 원하는 염원이 모여 만들어진 곳이 동묘다. 선조 34년(1601)에 세워졌고, 영조 15년(1739)에 중수되었다. 조선은 성리학의 나라였지만, 민간신앙처럼 이어진 종교 문화를 전부 배격하지는 못했다. 이들이 하늘이나 관우에게 제사를 지냈다고 해서 모두 무속 신앙에 빠져 있었다고 말할 수는 없다. 현재의 능력으로 해결하지 못하는 일이나 현상이 생겼을 때, 왕도 미신적인 존재에게 의지하곤 했다. 때로는 이단이라 칭하며 유교 이외의 종교적 문화를 제거하려는 움직임이 있었지만 완전히 성공하지는 못했다. 이미 1,000년 이상 사람들에게 널리 퍼진 믿음을 완벽하게 제거하기란 쉽지 않은 일이었다. 미신을 믿느냐, 안 믿느냐는 중요한 사안이 아니다. 현대인들의 징크스도 엄밀히 따지자면 미신의 일종이다. 왕에게 중요한 요소는 신뢰할 만한 철학이 있는지, 맡은 소임을 얼마나 공정하게 잘 처리하는지이다. 편법과 특혜가 빈번하면 문제가 생기게 마련이다.

진령군의 요청으로 지어졌다고 알려진 북묘(北廟)도 고종의 명이 없으면 진행되지 못했다. 1887년 만들어져 현재는 국립중앙박물관에 놓인 북묘묘정비(北廟廟庭碑)는 고종이 직접 비문의 내용을 작성하고, 민영환(閔泳煥)이 글씨를 썼다. 비문에는 현실을 이겨내지 못하는 왕의 연약한 처지가 담겨 있다.

나는 즉위한 이후 (관우를) 경외하고 받들기를 늦추지 않고 더한층 정성을 들였다. 어느날 왕(관우)이 나의 꿈속에 현몽하고 또 왕비의 꿈에도 현몽하여 지성스럽게 돌보아주는 듯한 생각이 들었다. 그래서 사당을 물색하여 사당을 숭교방(崇敎坊) 동북쪽 모서리 송동(宋洞) 증주벽립(曾朱壁立)이라 새긴 아래에 세우기로 하고 내부의 자금을 지출하여 그 역사를 도왔다. (중략)

(사당은) 혼령이 세상에 내려오는 것을 드러내고 오랜 세월 동안 감응하는 것을 추앙하기 위함이었다. (중략) 전후에 걸쳐 변고가 생겨 위급할 때 보이지 않게 작용하여 위태로움을 바꾸어 편안하게 하였으니 이는 누구의 힘이겠는가? 지난날 꿈속에서 만나 장차 돌보아줄 듯이 한 일이 어찌 분명하고 큰 증험이 아닌가? (중략) 대체로 총명한 영령은 천지간에 깔려 있어서 가지 않고도 이르고 치닫지 않고도 빨라 만약 난적(亂賊) 요얼(妖孽, 귀신의 재앙이나 요망한 사람)이 강상(綱常, 사람이 지켜야 할 도리)을 범하고 순리를 어기는 일이 있을 때는 번개처럼 빨리 가 벼락처럼 쳐서 깨끗이 몰아내니 병기의 날카로움으로 미칠 수 없고 도끼의 위력으로도 능가할 수 없는 힘으로 반드시 천토(天討, 하늘이 악인을 응징함)를 행하고 음주(陰誅, 하늘이 내린 벌)를 베푸니 과연 얼마나 신

령한가?

―올림픽준비단 편,《서울금석문대관》, 서울특별시, 1987, 196~197쪽

만약 진령군이 《매천야록》의 기록처럼 왕권의 비호 아래 궁궐 안팎에서 설치고 다녔다면 그건 엄연히 고종의 잘못이다. 옥새의 주인은 왕이다. 명성황후 친필 편지에 나타난 몇몇 사례처럼 왕비의 청탁이 모두 왕의 재가를 얻은 것은 아니다. 설령 왕비가 사사로운 수준을 넘어선 무속을 궁궐에 들였더라도 왕의 권한으로 제어가 가능했다. 따라서 명성황후에게만 진령군의 관계를 뒤집어씌우는 발언은 매우 얄팍한 처사다. 또한 진령군이 명성황후와 고종 뒤에서 그들을 조종한 듯한 논조도 근거가 희박하다. 그러나 왕과 왕비가 무속인을 종종 찾았고, 심리적으로 의지했던 사실은 비석에 새겨진 글씨처럼 명확해 감출 수 없다. 그렇다면 똑똑하다고 소문난 명성황후는 왜 무속인에

게 심리적인 안정을 위탁할 수밖에 없었을까?

첫 번째 추정은 환경적 요소다. 왕비로 살면서 겪은 각종 사건들의 합이 요인으로 뭉쳐졌다고 보인다. 수시로 바뀌는 외세의 강압과 위협, 목숨까지 위험했던 정변들과 도피 생활, 자식을 다섯이나 낳았지만 모두 죽고 겨우 살아남은 세자마저 건강이 좋지 않았던 일들이 그녀를 불안하게 했다. 두 번째는 왕비의 건강이다. 앞서 언급한 바와 같이 고종은 왕비의 건강 회복을 기념해 두 번의 사령을 반포했다. 여기에 왕과 함께 병에서 회복된 두 번의 사령까지 합하면 무려 네 번이다. 사령은 사형 죄 이하의 죄인을 전부 용서해주는 통이 큰 사면령이었다. 고종이 집권하기 전까지 조선왕조 471년 동안 왕이나 왕대비, 세자나 왕비의 질병이 회복되어 실시된 사령은 총 여덟 번이다. 따라서 질병과 관련된 사령은 중병에서 쾌차했을 때만 반포되었다고 봐도 무방하다. 고종의 집권 시기에 발표된 쾌유를 기념한 사령 횟수는 세자의 회복까지 합하면 일곱 번이나 된다.* 만약 허투루 대사령(大赦令)을 반포하거나 남발하지 않았다면, 왕비는 31세 이후 최소 네 번이나 질병으로 죽을 뻔한 셈이다.

명성황후의 편지에서도 질병이 수시로 전해진다. 편지를 통해 전해지는 그녀의 병명은 각통(脚痛 다리병), 감기(感氣 감기), 두통(頭痛), 각기(脚氣, 각기병), 셔증(暑症, 더위병), 담체(痰滯 담이 뭉친 병), 체긔(滯氣 체기), 담텬(痰喘, 가래병), 불면증, 셔체(暑滯 더위로 인한 체증), 복통(腹痛), 담화(痰火 담에 열이 남), 해소(咳嗽 기침병), 현긔(眩氣 어지럼증), 촉감(觸感 찬 기운으로 생기는 병) 등이다. 민영소에게 건넨 134통의 편지에서 왕비의 병에 관한 언급이 총

---

* 1878년 세자, 1879년 세자, 1881년 왕비, 1885년 왕과 왕비, 1887년 왕비, 1890년 왕, 왕비, 세자, 1898년 왕, 세자.

354 ❀ 3장 소멸하는 조선과 무너지는 사람들

36번이나 나온다. 가장 많이 등장하는 병은 담체(痰滯)와 체증이고 그 다음으로 감기, 두통 그리고 불면증 순이다. 이 다섯 가지 질병이 대략 60퍼센트의 비율을 차지한다. 그 밖에도 "5~6일째 몸이 성치 않다"거나 "병이 낫지 않아서 괴롭다", "찬 기운에 병이 났다"*는 표현으로 보아 평상시에 건강한 체질이 아니었음을 알 수 있다. 그런데 왕비의 병에는 묘한 공통분모가 보인다. 현대인들이 자주 앓는 병으로 스트레스성으로 분류되거나, 그로 인해 허약해지면 나타나는 항목이 많다는 점이다.

임오군란 때 피난 갔던 왕비의 상황을 적었던 《임오유월일기(壬午六月日記)》에서도 그녀의 다양한 질병이 등장한다. 한 달 반 남짓한 시기에 인후통, 종기, 체증, 설사, 구토, 학질(말라리아) 등을 앓았다. 학질과 종기를 제외한 대부분의 질병은 체질이 건강하지 못함을 알려준다. 왕비도 세자처럼 건강하지 못했고 스트레스가 주요 원인으로 짐작되는 병들을 달고 산 것이다. 완치되지 않는 반복적인 질병으로 고생할 경우 현대인들도 민간요법을 찾아보듯, 왕비에게도 의원들의 능력을 넘어서는 존재가 필요했다고 보여진다. 당시에는 심리 치료나 정신과 치료가 없었기에 대안으로서 무속인을 선택할 수밖에 없었다고 여겨진다.

왕비의 편지에는 날씨에 대하여 기괴하게 여기는 평가가 자주 보인다. "천둥 치며 비가 내리니 괴이하다", "동풍이 괴상하니 답답하다", "겨울비가 괴상하다", "오늘 날씨 음산하고 바람 부는 날씨가 괴이하다", "일기가 온화하니 괴이한 날씨다."** 평범하지 않은 날씨를 보고

---

* 명성황후 친필 편지(국립고궁박물관 소장).
** 명성황후 친필 편지(국립고궁박물관 소장).

이상하게 생각하거나 어떠한 징조로 삼는 일은 지금도 흔하다. 다만 명성황후의 경우에는 그다지 특이해 보이지 않는 바람과 비와 기온만으로도 기괴하게 생각하는 점이 독특하다. 날씨가 자연재해 등을 만들어내지 못했음에도 현상만으로 기괴하다고 여기고 주목하는 습관으로 봐서 왕비는 꽤 예민한 성격인 것으로 파악된다.

정리해보자면, 그녀는 비교적 똑똑한 여성으로 고종의 정치적 동반자 역할을 주저하지 않았다. 그러나 시간이 지날수록 안정되지 못한 환경과 건강은 무속인을 필요 이상으로 가까이 두기에 이르렀다고 보인다. 왕실의 재정이 어려워지자 청탁을 받아서 긴박한 상황을 모면하려는 지경까지 되었다. 여흥 민씨들의 집권은 부대부인의 외척 등용에서부터 시작되었으나 고종의 집권 기간이 길어지자 그들의 자손에게까지 영향력이 이어졌다. 형제가 없었던 명성황후도 자연스레 몇몇 민씨를 자신의 세력으로 키우게 되었다.

왕비는 고종의 정치적 협력자였으나 기록의 부재로 정확한 활동 내역을 확인하기는 어렵다. 확실히 드러난 사실은 청탁에 의한 인사권 남용이다. 그러나 명성황후가 요부처럼 고종의 위에서 군림하고 나라를 망치는 데 가장 큰 영향력을 미쳤다는 주장은 사실이 아니다. 그녀의 자필 편지는 최종 권력이 고종에게 있었음을 명백히 밝혀준다. 고종이 단호한 뜻을 내비칠 경우에는 왕비도 정해진 결정을 따를 뿐이었다. 심지어 왕비는 왕의 눈치를 보기도 한다. 또한 진령군을 가까이 해서 궁궐의 질서가 문란해졌다면 그에 대한 책임은 명성황후에게만 돌릴 수는 없다. 국가의 재정을 부실하게 만들고 인사 시스템을 허술하게 관리한 최종 책임자는 고종일 수밖에 없다.

명성황후의 편지에는 간단한 내용을 전달하는 몇몇을 제외하고 대부분에는 왕의 건강이 무탈함을 알리는 "상후 문안 만안하오시고(상감

마마의 문안은 아주 평온하시옵고)"*로 본 내용이 시작된다. 아랫사람에게 일상을 간략히 전하는 사소한 편지에도 일일이 왕과 세자의 안부를 빠뜨리지 않는 건 습관이다. 왕비로서 기본적인 예의가 몸에 배어 있다는 증거다. 명성황후를 단순히 평가하기는 쉽지 않다. 그녀에 대한 자료가 부족하고 지금까지 너무 극단적으로 인식하며 취급했기 때문이다.

《매천야록》에 기록된 명성황후의 사건을 모두 사실로 받아들인다면 그녀는 끔찍한 요부에 불과하다. 팔도의 진귀한 토산물이 산처럼 쌓였다거나, 밤마다 호사한 잔치를 벌였다는 건 그나마 봐줄 만하다. 명성황후가 임오군란을 피해 광주 땅을 지나가다가 잠시 쉬었을 때, 본인을 비하하는 백성의 말을 듣고 복귀해서 그 마을을 통째로 없애버렸다거나, 상궁 장씨가 고종의 다섯째 아들인 이강(李堈, 의친왕)을 낳았다는 소문을 듣자 칼을 들고 가서 창문에 꽂으며 "칼을 받으라"고 소리치고는 살려달라고 애걸하는 장씨를 보고 웃으며 사람들을 시켜 음부의 양쪽 살을 베어낸 다음 떠메서 궁궐 밖으로 쫓아냈다는 기록은 기괴한 공포 자체. 고종의 서장자인 이선(李墡, 완화군)을 명성황후가 젓갈동이를 뒤집어씌워 죽였다거나 혹은 다듬이 방망이로 때려 죽었다는 소문도 다를 바 없다.

성리학에 매몰된 당시 양반들은 일반적으로 남자보다 똑똑한 여성을 인정하지 못하는 사회적인 분위기가 있었다. 만약 왕비가 정치에 적극적으로 개입했다면, 양반들이 고운 시선을 보냈을 리 없다. 이러한 가부장적인 분위기에서 명성황후에 대한 일부 평가는 과장되거나 소문을 사실처럼 다루었다고 여겨진다. 《매천야록》은 구례에서 살았

---

* 명성황후 친필 편지(국립고궁박물관 소장).

던 황현이 지었기에 소문과 들은 말들을 토대로 저자의 주관이 반영된 기록이라는 한계가 있다. 그럼에도 사건의 목격자에게 직접 들은 얘기는 출처를 실명으로 밝혀놓았기 때문에 제법 신뢰성이 높은 편이다. 정만조(鄭萬朝)에게 들었다는 다음과 같은 얘기가 그에 속한다.

변법(變法, 고친 법률)을 시행한 당초에, 장차 태묘에 사유를 고하기 위하여 임금이 궁내부로 하여금 글을 찬술하도록 하였다. 정만조가 참서관으로 지어 올렸는데, 그 첫 구에 '하늘이 종사를 보우하사' 하는 구절이 있었다. 윤치호가 임금에게 말하기를, "우리나라가 천주교를 섬기지 않는 것은 천하에 알려진 사실입니다. 지금 '하늘이 보우한다'고 한 하늘을 서구인들이 지목하여 '조선 또한 천주교를 믿는 나라'라고 하면 어찌 하겠습니까?"라고 하였다. 중궁(명성황후)이 크게 웃으며 손가락을 꼽아 헤아려가며 말하기를, "《시경》에 '하늘의 뜻은 믿기 어렵도다' 하였는데, 이것도 천주란 말이냐? 《서경》에 '하늘은 밝고도 두렵도다'라고 하였으니, 이것도 천주란 말이냐? 그리고 《주역》에 '하늘의 운행은 강건하다'고 하였는데, 이것이 천주란 말이냐?"라고 하면서 고서를 두루 인용한 것이 하나가 아니었다. 그러고서는 "네가 참으로 무식하구나!"라고 하니, 윤치호가 얼굴을 붉히며 대답하지 못하였다.

—황현, 임형택 옮김, 《역주 매천야록 상》, 문학과지성사, 2005, 386쪽

대한제국의 몰락

명성황후 암살 사건__조선인 협조자가 없었다면 불가능한 만행

피고 미우라는 1895년 10월 3일(양력) 피고 스기무라, 오카모토 류노스케 등을 공사관에 불러 회합했다. 3명은 항상 궁중의 미움을 받는 훈련대와 시국을 우려하는 장정들, 일본군 수비대를 참가시켜 대원군의 입궐을 원조하고, 이때를 이용해서 민비를 살해할 것을 지시했다. (중략)

이들(피고 히라야마 이와히코 외 23명)은 대원군이 입궐할 때 민비를 살해하라는 미우라 공사의 전갈을 아다치 겐조, 구니토모 등으로부터 듣고, 각종 흉기를 소지한 채였다. (중략)

이상의 피고들은 10월 8일(양력) 새벽 광화문을 통해 궁궐에 침입, 즉시 후궁까지 진입한 사실이 있으나, 범죄를 실행했다고 인정되는 증거가 불충분하며, 피고 히라야마 이와히코가 궁내부 대신 이경직을 살해했다는 것도 역시 증거가 불충분하다. (중략)

이상의 이유로써 형사소송법 제185조에 의거 각 피고인 전부를 면소(免訴. 기
소를 면함)하고, 또 피고 미우라 고로, 스기무라 후가시, … (중략)…, 기와기 유
오소쿠, 에키타로는 방면함.

이미 압수한 서류 물건은 각 소유에게 환부함.

명치 29년(1896) 1월 20일

히로시마 재판소 예심판사 요시오카 요시히데

히로시마 재판소 서기 다무라

— '을미사변 예심종결결정서',

혜문 엮음, 《조선을 죽이다》, 동국대학교출판부, 2009, 192~197쪽

우리가 아무런 의식 없이 사용하는 '명성황후 시해 사건'이라는 표
현은 적합한 용어일까? 일본이 강탈한 《조선왕조실록》과 《조선왕실
의궤(朝鮮王室儀軌)》를 한국으로 가져오는 데 앞장서 온 혜문(慧門) 김영
준은 그의 저서 《조선을 죽이다》와 블로그 혜문닷컴을 통해 꾸준히
'시해(弑害)'라는 단어의 부적절성을 말해왔다. 그에 따르면 동양의 고
전 《춘추좌전(春秋左傳)》이나 사마광(司馬光)이 편찬한 자전 《류편(類篇)》
에는 상황에 따른 단어의 쓰임이 명확히 구분되어 있다고 한다. 왕이
죽임을 당할 경우, 내부인인 부하가 범인이면 '윗사람 죽일 시(弑)' 자
를 쓰고, 외부인의 소행이면 '죽일 장(戕)' 자를 사용했다는 주장이다.
따라서 시해는 '조선인이 명성황후를 죽였다'라는 일본의 저의가 담
긴 단어가 되는 셈이다. 시해가 단순하게 윗사람의 죽음을 높이는 말
이 아니라 반역을 일으킨 자의 패륜을 꾸짖고 경고하기 위한 단어이
기 때문에 써서는 안 된다는 논리다.

명성황후는 45세의 나이로 생을 마감했다. 창덕궁의 중희당에서 동

을미사변이 일어났던 건청궁의 옥호루 모습. 국립민속박물관 소장.

뢰연으로 화려하게 시작된 왕가의 삶은 경복궁의 곤녕합에서 비참하게 끝났다. 그녀의 갑작스런 죽음은 누구도 예상하지 못했다. 13년 전의 임오군란 때에도 장례식까지 지냈지만 살아 돌아왔던 왕비였다. 11년 전의 갑신정변 때도, 1년 전에 일본군이 경복궁을 침입했을 때도 왕비로서 끔찍한 환경이었지만 살아남았었다. 그러나 조선을 삼키려는 일본의 야욕은 결국 그녀를 죽음으로 내몰았다. 그녀의 죽음을 받아들이지 못하는 사람들은 왕비가 살아 있다는 소문을 믿기도 했다. 그러나 이러한 소문 역시 일본이 자신들의 범죄행위를 감추려는 수작에 불과했다.

암살의 상황은 지금까지도 자세히 밝혀지지 않았다. 1990년대 이후 소수의 사람들에 의해 드문드문 퍼즐이 맞춰지고 있을 뿐이다. 흔히 '을미사변'이나 '명성황후 시해 사건'으로 불리는 이 암살 사건에서 명확히 밝혀진 사실은 일본이 계획하고 실행을 추진했다는 것이다. 사건을 지시하고 현장에 참여했던 일본인들은 재판 과정에서 그 윤곽이 드러났다. 그러나 이 사건으로 처벌받은 일본인은 단 한 명도 없다.

청일전쟁에 패한 청나라의 그림자가 사라진 뒤, 조선은 일본에서 벗어나고자 러시아를 선택했다. 다른 나라들은 조선에 대하여 별 관심이 없었다. 대부분 중국을 뜯어먹기에 바빴다. 조선의 입장에서는 국운을 살리려는 어쩔 수 없는 시도였지만, 일본은 다 된 밥에 재를 뿌렸다고 생각했으며, 러시아로서는 호박이 넝쿨째 굴러들어온 셈이었다. 러시아가 경복궁에 가까이 들러붙자 일본은 조선을 장악하기 위한 긴 시간의 노력이 수포로 돌아갈지 모른다는 긴장감에 휩싸였다. 만약 러시아가 조선을 차지할 경우엔 일본 본토도 위협을 받을지 몰랐다.

1895년 7월 15일, 일본 공사 이노우에 가오루(井上馨)는 자신의 후임으로 발령받은 미우라 고로(三浦梧樓)를 데리고 경복궁의 장안당으로 가서 고종을 알현한다. 장안당은 고종이 외교관의 접대 장소로 자주 활용한 곳이다. 이노우에는 일본의 입장에서는 뛰어난 외교관이었다. 1876년 강화도조약과 그에 따른 무역 규칙을 체결할 때 부책임자인

'부전권 변리대신(副全權 辨理大臣)'의 직함으로 협상에 참여했고, 1884년에는 일본측 대표인 전권대사(全權大使)의 신분으로 일본군 2개 대대를 데리고 갑신정변의 피해를 보상하라는 '한성조약'의 체결을 이끌었다. 심지어 1894년에는 일본 공사로 조선에 부임하면서 일본이 만든 '조선의 개혁안' 20개를 고종에게 들이밀며 시행을 요구했다. 개혁안은 두 달 만에 '홍범(洪範)14조'로 수정되어 고종이 직접 선포했다. 한마디로 이노우에 가오루는 조선을 위협해 일본에 유리한 조약을 체결하는 데 선수였다. 그러던 이노우에가 돌연 공사직을 그만두고 퇴역 군인 출신의 미우라 고로가 그 자리를 차지했다. 당시 고종은 일본이 제시한 개혁안들에 대하여 반감의 조치를 내리고 있었다. 을미사변 한 달 전이었다.

새로 부임한 일본 공사 미우라는 조선의 훈련대가 해체될 예정이라는 소식을 들었다. 훈련대는 수도방위를 책임지는 군대였다. 이들은 수도인 한성과 궁궐을 지키는 임무를 맡았으나 일본인 교관에 의해 육성되어 친일적인 성향이 배어 있었다. 미우라는 서둘러 러시아를 끌어들인 왕비를 제거하기 위한 계획을 준비했다. 고종은 훈련대와는 별도로 시위대를 육성했다. 시위대는 왕실 직속 근위부대로 미국 군인이었던 다이 장군이 교관이자 책임자였다. 경복궁 내에서 왕을 호위하는 시위대의 영향력이 커지고 훈련대가 없어지면 미우라의 계획에 차질이 생길 게 뻔했다. 다급해진 미우라 공사는 날짜를 앞당겨 작전명 '여우사냥'을 시작했다.

미우라는 퇴역 군인 출신으로, 외교에 대해서는 문외한이었다. 조선에 대하여 잘 알지 못하는 새로 부임한 공사가 바로 왕비를 죽일 계획을 세우고 실천했다는 사실이 선뜻 납득되지 않는다. 물론 아무리 낮은 직책이라도 새로운 사람이 부임하면, 자신의 능력을 입증하기 위해 갖은 노력을 하는 법이다. 그러나 전쟁이 일어나지도 않은 시기에 왕비의 암살은 상식적으로 이해되지 않는 처사다. 어느 역사에서도 찾기 어려운 잔혹한 사건이다. 외교를 잘 모르는 신임 일본 공사에게 주어진 한 달은 조선의 상황과 업무를 파악하기에도 빠듯한 시간이었다. 몇 가지 정황만으로도 일본 정부나 고위 공직자들이 배후에 있었다는 합당한 추정이 가능하다.

미우라 공사는 공사관의 일등 서기관이었던 스기무라 후카시(杉村濬), 군인이었던 구스노세 사치히코(楠瀨幸彦), 조선의 군부 고문 오카모토 류노스케(岡本柳之助) 등과 계획을 모의했다. 사건이 일어나기 일주일 전이었다. 그들은 먼저 작전에 참가할 조선인을 끌어들였다. 소수의 일본인만으로 작전의 성공을 장담할 수 없었고, 무엇보다 그들이 저지를 만행을 덮기 위해 조선인이 필요했다. 일본인이 왕비를 죽였다고 밝혀질 경우, 조선에 대한 외교적 입지가 곤란한 상황에 빠지기 때문이었다.

미우라는 76세의 흥선대원군과 일본의 세력 안으로 들어온 훈련대를 포섭했다. 훈련대 제2대대장 우범선(禹範善)은 자신의 부하들과 작전에 가담했다. 훈련대의 교관이 일본인이었고, 우범선은 친일파였기에 이들은 비교적 쉽게 끌어당겨졌다. 또한 일본은 작전의 핵심 세력인 자국의 외교관, 군인, 경찰 이외에도 일반인들까지 이용했다. 일반인들은 조선에 주재하는 일본의 한성신보사 사장과 기자, 미국 유학파 출신의 정치인이자 작가, 의사, 통역관 등의 지식인 집단과 그 외에 농업이나 상업에 종사하거나 직업이 없는 몇몇 낭인이 포함되었다. 신분이 낮은 이들은 주로 구마모토 현 출신들이 많았는데 한성신보사 사장이었던 아다치 겐조(安達謙藏)가 모은 고향 사람들이었다.

범죄 계획은 고종의 갑작스런 훈련대 해산 조치로 인해 다급해졌다. 그러나 범행에 일본인이 드러나서는 절대 안 되는 상황이었다. 작전이 성공할 경우, 만행은 조선인들 간의 불화로 포장되어야 했다. 평소 왕비와 사이가 안 좋기로 소문난 흥선대원군이 입궐해 있어야 가족간의 권력 다툼이 원인이었다고 소문을 퍼뜨릴 수 있었다. 훈련대가 왕의 시위대와 격돌해야 해산 조치에 불만은 품은 군인들이 궁궐에 침입해 소란을 일으켰다는 유언비어를 만들 수 있었다. 일본의 일반인들은 '플랜 B'였다. 만약 경복궁에 쳐들어갔을 때 시위대와 격렬한 전투가 발생하면 지원군의 역할을 도모하면서 일본인이 사건에 가담한 사실이 발각될 경우, 우발적인 범죄로 사건의 본질을 가릴 용도였다. 이러한 이유로 해방 이후 수십 년 동안 한국의 역사 교과서에는 을미사변의 범인이 일본의 낭인들이라고 기록되었다. 어쩌면 그렇게 믿게 만들려는 세력의 힘이 미쳤을는지도 모르겠다.

1895년 8월 20일(음력) 새벽 5시경, 일본인들은 조선 훈련대와 함께 흥선대원군이 탄 가마를 앞세워 광화문을 통해 경복궁으로 들어갔다. 원래 계획한 침투 시간은 새벽 4시였지만 흥선대원군의 가마를 이끈 일행과 일본 수비대의 접선 장소가 어긋나는 바람에 시간이 늦춰졌다. 이들은 광화문으로 손쉽게 들어갔다. 일본 경관이 미리 준비해둔 사다리를 타고 올라가 문을 열어주었기 때문이다. 안으로 들어가자마자 곧이어 광화문 안팎에서 전투가 벌어졌다. 광화문 밖에서는 훈련대 연대장인 홍계훈(洪啓薰)이 음모를 저지하려다 총에 맞아 숨졌다. 궁궐 안에서는 왕의 시위대 군사들이 일본군 수비대와 조선 훈련대를 상대로 맞서 싸웠다. 그러나 경복궁을 지키려는 병사들은 약했다. 싸우려는 의지보다 살려는 욕망이 강했다. 시위대는 순식간에 흩어져버렸다.

시위대 교관이었던 미국인 다이와 러시아 보좌관인 사바틴은 이날 관문각에서 당직을 서고 있다가 을미사변의 현장을 목격했다. 이들은 경복궁을 침투한 자들과 대적하다가 수세가 불리하자 건청궁으로 들어갔다. 그러나 다이와 사바틴은 금세 건청궁을 포위한 일본인들에게 갇히고, 왕비를 찾아 날뛰는 일본인들 곁에서 자신의 임무를 망각한 채 구경꾼처럼 서 있었다. 흩어진 시위대와 다를 바가 없었다. 일본인들은 국제적인 문제가 될 염려 때문이었는지 아니면 생명의 구걸에 대한 아량이었는지 이들을 무사히 경복궁 밖으로 내보냈다. 사건 직후 이들은 조선인과 일본인을 제외하고 유일한 서양인 목격자로서 일본인들의 만행을 세상에 알리는 데 결정적인 역할을 했다.

사바틴의 증언에 의하면 경복궁은 광화문을 통해 일본인들이 침투하기 2~3시간 전부터 포위되어 있었다. 경복궁에는 원래 1,500명의 군인과 40명의 장교가 주둔하며 궁궐과 왕을 호위했지만 교전이 시작된 5시경에는 300여 명 가량의 군인들과 8명의 장교만 눈에 띄었고, 나머지는 제복과 총을 버리고 달아났다고 말했다. 당시 《한성신보》의 편집장으로 사건에 참여했던 고바야카와 히데오도 건청궁에서 이들을 목격했다. 그는 자신의 수기 《민후조락사건》에서 미국인 '제너럴 다이'가 건청궁 통로에서 일본인이 그 앞을 지나가면 미소를 가득 머금고 모자를 벗어 일일이 경례하며 아첨했다고 회고했다. 결국 고종은 자신의 안위를 위해 미국인 군인을 고용하고 시위대를 만들었지만, 누구에게도 보호받지 못한 셈이었다. 반면 왕비의 처소에 있던 궁녀들은 명성황후를 찾으려는 일본인들에게 구타를 당하고, 머리채를 잡혀 건물 밖으로 내던져지면서도 침묵으로 왕비를 지키려 했다. 이들은 목숨을 걸고 입술을 깨문 채 아무 소리도 내지 않았다.

건청궁에 침투한 일본인들은 왕비를 찾기 위해 사람들을 다그쳤다. 이 과정에서 궁내부 대신이었던 이경직(李耕稙)이 일본인의 칼에 맞아 죽었다. 명성황후는 곤녕합에 숨어 있다가 발각되었다. 왕비가 죽음을 맞이하는 순간에 관해서는 다양한 기록이 남아 있다. 그러나 '어떤 것이 확실하다거나 객관적이다'라고 단정짓기는 어렵다.

1910년 이후 조선이 일본에 완전히 넘어가자, 을미사변에 참가했던 사람들은 영원한 면죄부를 얻게 되었다. 이들은 자신들의 야만스런 행동을 영웅담처럼 떠들어댔고, 자신들이 실제로 일본의 지사(志士)라고 믿었다. 떠도는 영웅담은 자신이 주동자나 참가자였다고 우기는 다양한 허풍을 양산했다. 그나마 신뢰가 가는 자료는 다음과 같은 기록들이다. 영국 공사 힐리어(Hillier)가 사건 발생 4일 뒤, 살아남은 조선인을 취재해 쓴 보고서에는 일본인들이 왕비의 가슴을 짓밟고 일본도를 휘둘러 거듭 내려쳤으며, 용모가 비슷한 궁녀들까지 함께 죽였다고 기록되어 있다.* 왕세자는 복도에서 도망가던 왕비를 한 일본인이 쫓아가서 붙잡아 넘어뜨리고 죽였다고 진술했다.**

사바틴의 증언과 위의 기록들을 종합해보면 왕비는 일본도(刀)에 의해 살해되었음이 틀림없다. 왕비는 죽어서도 참혹하게 능멸당했다. 그녀의 시신은 증거를 없애려는 일본의 음모에 의해 건청궁의 동쪽에 위치한 녹산에서 불태워졌다. 녹산은 건청궁의 동쪽에 위치한 낮은 언덕으로 현재는 숲처럼 조성되어 있다.

혹자는 을미사변에 가담한 일본인들이 술에 만취해 경복궁에 들어가 난동을 부렸다는 듯이 주장하는데, 말도 안 되는 주장이다. 이러한 주장은 일본의 잔혹함이 술기운에 의한 우발적인 범행이었다는 조작에 무게를 실어주는 의견일 뿐이다.

---

* 최문형, 《명성황후 시해의 진실을 밝힌다》, 지식산업사, 2006, 196~197쪽.
** 이영숙, 《명성황후 시해사건 러시아 비밀문서》, 서림재, 2006, 36쪽.

이들의 최초 계획은 한성신보사에 모였다가 남대문으로 나와서 공덕리에 있는 흥선대원군의 집으로 3.5킬로미터를 이동하고, 다시 남대문까지 3.5킬로미터를 돌아와 일본군 수비대와 합류한 뒤, 3킬로미터 떨어진 경복궁 안 건청궁으로 쳐들어갈 예정이었다. 남대문에서 시작된 이동 경로는 최소 10킬로미터였다. 깜깜한 새벽에 흥선대원군의 집에서 7킬로미터가 넘는 길을 눈에 띄지 않게 조심스럽게 이동해야 하고, 경복궁의 시위대와 목숨을 건 전투를 벌여야 할지도 모르는 작전에서 만취한 자들을 무리에 합류시키는 상황이 상식적인가? 혹은 술을 마셨더라도 만취할 정도로 마셨겠는가?

고바야카와 히데오는 이날 대부분의 일본인들이 들떠 있었지만 서로 말이 없는 상태였고, 부상이나 죽음을 염두에 두고 긴장감이 돌았다고 기록을 남겼다. 또한 새벽에 겪은 추위가 대단했다고 했다. 그는 각기병을 앓고 있었는 데다 전날 밤부터 오랫동안 길을 걸어서 광화문으로 가는 길에는 다리가 말을 듣지 않아 쓰러질 지경이었다. 만약 이들이 술을 마셨다면 작전의 성공을 기원하거나 추위와 긴장을 달래기 위한 소량이었다고 추정하는 편이 상식적이다.

날이 밝아오자, 새벽의 총소리에 놀란 백성들이 광화문 앞으로 모여들었다. 많은 사람이 궁궐에서 큰일이 벌어졌음을 직감했다. 종로를 중심으로 동대문에서 남대문까지 길가를 채운 인파가 수만 명이나 되었다. 각국의 공사들도 다급하게 경복궁으로 들어갔다. 시위대가 모두 도망가버린 경복궁은 훈련대가 경비를 맡았다. 총대장이었던 홍계훈이 살해된 뒤에 훈련대는 친일파였던 제2대대장 우범선이 장악했다. 일본의 편에서 왕비를 살해하는 데 동참한 훈련대가 경복궁의 경비를 맡았으니 고종의 생명은 칼날 위에 위태롭게 서 있는 꼭두각시나 마찬가지였다. 명성황후를 살해한 일본인들은 무기를 모포에 싸서 감춘 뒤 8시쯤 광화문으로 나왔다. 그들은 당당하게 걸어나와 구름처럼 모여 있는 사람들을 뒤로 하고 여유롭게 귀가했다. 사정을 모르는 조선인들은 그저 수군거릴 뿐이었다.

아침에 방문한 서양 외교관들을 만난 고종은 왕의 체통도 잊고 하염없이 눈물만 흘리면서 자신을 버리지 말아달라고 부탁했다. 러시아 공사인 카를 베베르(Karl Veber)는 사바틴을 통해 일본인이 범행에 가담한 사실을 알게 되었다. 그리고 사건 당일 오후 3시 30분에 미국, 영국, 독일, 프랑스 공사들을 소집해 일본 공사관에서 긴급 회의를 했다. 이 회의에서 일본 공사 미우라는 조선군 훈련대와 조선 순검 간에 무력 충돌이 발생했고, 그 후 훈련대가 경복궁으로 진입하는데 일본군 수비대가 막으려 했으나 실패했다고 말했다. 이미 사건의 내막을 파악했던 베베르가 미우라를 다그치자 그는 이렇게 말했다. "황당한 소문을 잘 내기로 유명한 조선인들의 말보다는 일본인들 말이 훨씬 더 믿을 만하다.", "(궁궐에 진입한) 일본군은 조선 왕과 군부대신의 요청에 의해 (진입이) 이루어졌고 모든 필요한 조치가 사전에 취해졌다. 사상자 수가 불과 10~12명에 그쳤다는 점도 일본군이 발휘한 자제심을 그대로 반영한다."* 그러나 베베르는 유럽인 목격자가 있다면서 미우라의 거짓말을 반박했다. 이후 여러 차례 회의가 소집되었지만 러시아와 미국 이외에 영국, 독일, 프랑스는 사건에 크게 관여하지 않았다. 베베르는 사바틴의 증언과 외교관 회의 내용 등을 자료로 만들어 러시아 황제에게 보고했다. 이 보고서는 지금도 '러시아 국립문서 보관서'에 있다.

* 이영숙, 《명성황후 시해사건 러시아 비밀문서》, 서림재, 2006, 56~57쪽.

조선이 어수선해지자 일본은 다음과 같은 발표문을 공표했다. "왕비 세력이 군대 해산을 시도하자 훈련대가 대원군과 함께 음모를 꾸몄는데, 이 사건에 일부 일본인이 연루되어 있다는 소문으로 조사가 진행 중이다. 만약 사건에 연루된 일본인이 나올 겨우 엄중한 처벌을 내릴 예정이니 러시아 정부는 어떠한 오해도 없기를 바란다." 일본 왕이 사건 나흘 뒤에 고종에게 보낸 친서의 내용도 대동소이하다.

우리는 폐하의 나라에서 충격적인 대혁명이 발생했다는 소식을 들었습니다. 우리가 알아본 바로는 사건을 조사하는 과정에서 이 사건에 우리 관리들이 몇 명 가담한 사실이 밝혀졌다고 합니다. 이 소식은 우리를 매우 슬프게 했습니다. 그래서 우리는 일급 명예 관리인 이노우에를 파견하여 폐하께 이번 사건에 대한 우리의 깊은 비애와 폐하의 슬픔에 대한 진심 어린 동정을 전하도록 했습니다.

폐하께 충심의 우정과 호의를 표하는 바이며 또한 오래오래 행복하시고 평안하시길 기원합니다.

—이영숙, 《명성황후 시해사건 러시아 비밀문서》, 서림재, 2006, 73쪽

이러한 내용은 사건 다음 날 《한성신보》에 실렸던 기사와 똑같다. 《한성신보》는 일본 외무성(외교부)의 협조를 받아 이노우에 가오루가 주도해 만든 친일 선전 매체였다. 일본 천황부터 외무성, 일본 공사와 신문기자는 모두 같은 내용을 공유하며 사건으로부터 거리 두기를 시도했다. 사건 당일 신문사로 돌아온 고바야카와 히데오는 기사를 작성하고 아다치 겐조 사장과 상의한 후 다음 날 기사를 내보냈다. 기사는 궁중의 술책으로 훈련대는 순검과 몇 번의 충돌이 있었고, 이를 계기로 해산하라는 명령에 불만을 품은 훈련대가 대원군과 결탁했고,

평소 고종의 정치를 탐탁치 않게 여겼던 대원군이 군인들을 이끌고 궁궐에 들어가 소란을 일으켰다는 내용이었다. 기사에는 훈련대 소속 장교의 인터뷰도 실렸다.

일본은 거짓에 거짓을 보태나갔다. 그들은 계획대로 사건을 이끌었다. 그러나 그들이 예상 못했던 다이와 사바틴의 목격이 문제였다. 러시아는 이 문제를 지속적으로 일본에 항의하며 여론전을 펼쳤다. 결국 일본은 가담자들을 본국으로 불러들여 재판을 시작했다. 미우라 고로를 포함한 48명의 외교관, 순사 그리고 일반인들은 2~3개월간 구속되어 재판을 받았다. 그러나 명치 29년(1896) 1월 20일(양력) 모두 증거 불충분으로 석방되었다. 또한 군인 출신으로 사건에 가담해 군법회의에 회부되었던 수비대 대대장 마야와라 츠도무(馬屋原務本)와 수비대 장교, 공사관 소속 육군도 모두 무죄 선고를 받았다. 서구 열강의 눈치만 보던 일본이 호재를 만났기 때문이다.

왕비의 살해 사건에 대하여 복수를 주장하며 뭉친 관료들이 경복궁에 갇힌 고종을 빼내려던 '춘생문 사건'이 실패하면서, 이에 간여한 미국도 조선의 내정에 간섭했다는 빌미를 일본에 제공했다. 일본은 '다른 나라들도 모두 같은 입장이 아닌가?'라는 명분을 내세웠다. 실패한 춘생문 사건으로 인해 러시아의 강경했던 입장이 다소 수그러들었다. 그리고 친일파들은 재빠르게 다른 호재를 만들어냈다.

친일 관료들은 이주회(李周會), 윤석우(尹錫禹) 그리고 박선(朴銑) 등의 조선인을 을미사변의 죄인으로 판결하고 6일 후에 바로 처형했다. 사건에 적극적으로 가담했거나 인지하고 있었던 자들이 서둘러 조선인을 범죄자로 선언한 셈이다. 이로써 더 이상 조선에서는 을미사변에 대한 조사가 진행될 수 없었다. 사건 당시 이주회는 흥선대원군과 함께 궁궐로 들어왔던 인물이었고, 법정에서도 자신이 주범이라고 자백했다. 윤석우와 박선은 죄가 없다고 호소했지만, 이주회와 함께 사형 당했다. 그들은 일본인들을 대신해 보상받을 수 없는 억울한 죽음을 당한 것이다.

일본 히로시마 법정에서 진행된 재판은 피의자였던 고바야카와 히데오의 눈에도 이상하게 보였다. 그는 자신의 수기에서 "일본 정부가 이 사건과 명백히 관계없다는 사실을 법정에서 규명하고 싶어했다", 그런데 "사건의 전반부를 상술하고 끝에 가서 증거 불충분이라고 불기한 것은 이상한 일이다. 처음에는 이 사건을 사실대로 처분하고자 했으나 정세가 변화하자 불기소 처분을 내리면서 애매모호하게 만든 흔적이 역력하다"고 기록했다.*

을미사변이 벌어지고 한 달 뒤, 일본 대사의 자격으로 이노우에 가오루가 다시 돌아왔다. 그는 국서를 가지고 장안당에서 고종을 만났다. 고종은 왕비가 살해된 건청궁에서 벗어나지 못하고 갇혀 있었다. 이노우에는 훈련대의 해산령을 진행하며 사건을 정리하기 시작했다. 그는 김홍집을 만나서 정국 현안을 논의할 때 '을미사변은 한국 역사에서 가장 치욕적인 사건이고, 한국이 야만적인 민족이라는 것을 알려준 사건'이라면서 모든 책임을 조선에 뒤집어씌웠다.**

명성황후 암살 사건은 이렇게 끝났다. 일본에 의해 계획되고 일본에 의해 진행되었지만, 일본인은 단 한 명도 처벌받지 않고 마무리되었다. 일본 공사 미우라 고로가 석방된 후 도쿄에 도착하자 일왕이 시종을 보내 위로의 뜻을 전했다. 그는 추후에 추밀고문관(樞密顧問官, 군

*   혜문 엮음, 《조선을 죽이다》, 동국대학교출판부, 2009, 181쪽, 197쪽.
** 김영수, 〈을미사변, 그 하루의 기록 : 대원군의 침묵과 명성황후 암살의 배후〉, 《이화사학연구》 39호, 이화여자대학교 이화사학연구소, 2009, 206쪽.

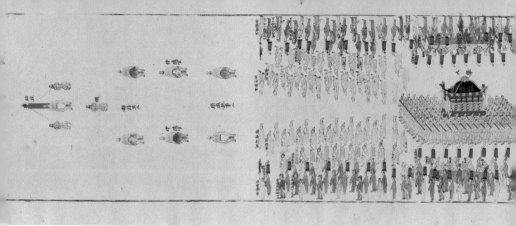

명성황후 국장도감의궤. 국립고궁박물관 소장.

^{정의 중요한 사안이나 기밀 등에 대한 자문가)} 등을 역임했다. 작전참모 역할을 맡았던 스기무라 후카시는 외무부 통상국장과 브라질 공사가 되었으며, 《한성신보》 사장이었던 아다치 겐조는 중의원으로 정치에 입문해 체신상(체신부 장관)과 내무대신(내무부 장관)을 역임했고, 동경제국대학 법학부 출신인 호리구치 구마이치는 브라질과 루마니아 등의 전권 공사가 되었다.

을미사변은 일명 '여우사냥' 작전에 참가했던 일본인의 이력에 날개를 달아주었다. 그러나 지금까지도 우리가 소홀히 여긴 사실이 있다. 잔혹한 만행에 관심이 쏠리고, 있을 수 없는 일을 당한 억울함에 흥분하는 동안 중요한 부분을 놓치고 살았다. 그것은 바로 사건에 가담했던 조선인의 존재다. 만약 작전에 일본인들만 참여했다면 그들의 계획은 쉽게 이루어지기 어려웠다. 조선군 훈련대가 일본 수비대와 맞붙고, 나머지 일본인 40여 명을 왕의 시위대가 견제했다면 건청궁이 그렇게 쉽게 점령되었을 리가 없다. 물론 조선인이 한마음이었다면 감히 일본이 왕비를 죽인다는 발상 자체를 엄두조차 내지 못했을 것이다. 그러나 일본에는 작전에 협조하거나 계획을 알면서도 방조한

조선인들이 있었다.

사전에 인지했거나 가담한 조선인은 당시 명성황후를 '세상에서 가장 나쁜 여자'[*]라고 혹평했던 우리나라 최초의 유학생 유길준을 포함해 총리대신 김홍집, 전 군부대신 조희연, 농상공부 협판 정병하 등의 개화파 관료들과 이두황(李斗璜. 훈련대 1대대장), 우범선(훈련대 2대대장), 이진호(李軫鎬. 훈련대 3대대장), 권형진(權瀅鎭. 중대장), 이범래(李範來. 중대장) 등 훈련대 장교들 그리고 별기군의 교관이었던 호리모토 레이조(掘本禮造)에게 특별히 교육을 받았거나 일본 도야마 육군학교에서 훈련을 받았던 권동진(權東鎭), 정란교(鄭蘭敎), 조희문(趙羲聞), 이주회, 유혁로(柳赫魯), 구연수(具然壽) 등을 포함한 8명의 사관생도들이다. 그러나 사건이 발생하고 12년이 지나자 순종은 그들에게 죄가 없다고 선포했다. 자신의 어머니를 살해하는 데 동참했던 이들에게 면죄부를 주었다. 고종이 내린 조치와 상반되는 처신이었다.

"개국 504년 을미(1895. 고종32) 8월에 일어난 사변(을미사변)을 짐이 차마 말할 수 없으나 실범(實犯, 실제 범인)은 지난번에 이미 사형에 처단하였고, 그 나머지 여러 사람들은 실로 범죄한 사실이 없음을 짐이 분명히 알고 있는데, 아직도 애매하고 모호한 가운데 있으면서 불문(不問)에 붙여두는 것은 자못 신정(新政, 새로운 정치)을 밝히고 화기(和氣, 화목한 분위기)를 인도하는 뜻이 아니다. 김홍집·정병하·조희연·유길준·장박·이두황·이범래·이진호·조희문·권동진 등의 죄명을 모두 탕척(蕩滌, 죄명을 없앰)하도록 하라."

—《승정원일기》, 순종 1년(1907) 9월 6일(양력)

[*] '유길준의 영문 편지', 정용화, 《문명의 정치사상: 유길준과 근대 한국》, 문학과지성사, 2004, 93쪽.

고종은 일본의 감시를 벗어나 러시아 공사관으로 피신한 뒤 곧바로 어명을 하달했다. 을미사변에 관계된 조선인들을 처벌하라는 내용이었다. 특히 훈련대 장교들과 군부대신(국방부 장관)이었던 조희연은 잡는 즉시 참수를 명했다. 그리고 억울하게 사건의 범인으로 지목되어 이주회와 함께 처형된 윤석우와 박선에게 사면령을 내렸다. 사건이 벌어지고 4개월이 지난 뒤에야 고종은 자신의 마음에 담아두었던 명령을 전달할 수 있었다. 지휘관의 명령에 따랐던 단순 가담자들은 죄를 묻지 않겠다는 통 큰 아량도 베풀었다. 이러한 아량은 살아남은 다수의 군인들이 친일 성향으로 기울거나 반란을 일으킬지도 모른다는 우려로 해석할 수도 있다.

> 도망친 죄인 유길준, 조희연, 장박, 권형진*, 이두황, 우범선, 이범래, 이진호 등은 기일을 정해놓고 잡아오며, 그 나머지는 당시에 부추김과 사주를 받았던 자라도 사세(事勢, 일이 되어가는 형세)에 구애되거나 권력에 강요당했을 뿐이니 무슨 죄가 있겠는가? 일체 우리의 대소신료(大小臣僚)와 중외(中外, 안과 밖)의 군민(軍民)은 각기 그전과 같이 안착하고 의심을 품지 말라.
>
> —《고종실록》, 고종 33년(1896) 2월 11일(양력)

을미사변 전후 총리대신으로 정책 결정의 총책임자였던 김홍집과 서둘러 피신하려던 왕비를 오히려 안심시키며 건청궁에 머물게 했던 정병하는 길거리에서 사람들에게 맞아 죽었다.** 그러나 사건에 가담

---

* 실록에는 권영진(權澄鎭)으로 되어 있으나 당시 훈련대 중대장을 역임하고 나중에 처벌받은 사람은 권형진(權澄鎭)이다. 한자 '澄'을 '濚'으로 잘못 써서 옮긴 것으로 보인다.《순종실록》까지 권형진은 권영진과 함께 쓰였다.

** 황현, 임형택 옮김,《역주 매천야록 상》, 문학과지성사, 2005, 460쪽.

한 사실이 확실해 보이는 조선인 관료 대부분은 일본 공사관으로 피신한 뒤 일본 정부의 도움을 얻어 망명에 성공했다.

일본에 피신해 있던 세력 중 사건 당시 군부대신이었던 안경수와 훈련대 중대장이었던 권형진은 1900년에 망명 생활을 못 견디고 조선으로 건너와 자수했다. 안경수는 을미사변 전부터 일본과 아주 긴밀한 관계였다. 고바야카와 히데오에 의하면 일본을 선전하기 위해 만들어진 신문《한성신보》는 안경수가 아다치 겐조와 공동으로 진행하는 사업이었고, 사옥 또한 안경수가 소유하던 집이었다고 밝혔다. 일본 정부의 자금과 조선 관리의 지원이 합쳐져 친일 신문이 발행된 셈이다. 그는 안경수를 교활하고 술책에 능한 사람으로 평가했다.

안경수는 자신의 머리를 믿고 꽤 복잡한 행로를 선택했다. 고종을 경복궁에서 빼내려는 '춘생문 사건'에 연관되었다가 1896년에 서재필과 독립협회를 만들어 초대 회장을 지냈으며, 1898년에는 고종의 자리를 순종에게 양위하는 음모를 꾸미다가 발각되어 일본으로 도피했다. 역모 사건은 조선 시대에 가장 큰 죄였다. 그는 어떤 변명으로도 능지처참을 벗어날 수 없는 대역죄인이었다. 그런데도 일본으로 도망갔다가 만 2년이 안 되어 한성으로 돌아와 자수했다. 안경수는 자신과 일본의 관계를 굳게 믿었다. 조선을 그림자에 가둔 일본의 힘을 믿었다. 그리고 자신의 선택을 믿었다.《매천야록》에 따르면 안경수가 귀국하자마자 사람들이 줄지어 찾아와 위로하는 술자리가 흥청거릴 정도였다.

일본의 그늘 아래에서 가벼운 처벌을 기대했던 안경수와 그를 따라 자수한 권형진에게 당시 평리원(平理院, 최고 법원) 재판장 임시 서리이자 경무사였던 이유인(李裕寅)은 왕의 재가 없이 이들을 교수형에 처했다. 이유인은 그들을 처형하고 고종에게 다음과 같이 상소를 올렸다. "세상 천하에 어찌 어머니를 죽인 원수를 절차를 기다려서 복수하는 일이 있겠습니까? 분통이 터져서 미처 아뢰지 못하고 마음대로 교형(絞刑)에 처하는 경솔한 행동을 했습니다"《고종실록》. 이에 고종은 일본의 눈치가 보여서인지, 위아래를 무시한 행동에 통탄해서인지 몰라도 다음과 같은 대답을 내렸다. "법관(法官)이 법을 위반했으니 어찌 나라에 법이 있다고 할 수 있겠는가? 지레 먼저 처형하고는 방자하게 상소를 올리고 있으니 이렇게 하고도 나라에 제대로 된 법률이 있다고 하겠는가?"《고종실록》. 이유인은 고종의 꾸짖음과 함께 10년의 유배형을 받았다. 그러나 《매천야록》은 이 사건을 다른 각도로 기록했다. 일본의 눈치를 보던 고종이 이유인에게 은밀히 죄인을 살해하라고 지시했다는 내용이다. 어떤 말이 정확한지 모르겠지만, 일본의 힘만 믿고 자수를 선택한 두 사람은 예상하지 못한 교수형을 당했다.

일본에서 이 소식을 접한 망명객들은 쉽게 귀국할 생각을 하지 못했다. 오히려 유길준은 이진호, 이범래 등과 고종을 몰아내고, 이강(의친왕)을 왕으로 세우려는 쿠데타를 시도하려다가 실패했다. 쿠데타를 기획하거나 눈치만 보던 망명객들이 한꺼번에 조선으로 돌아온 시기는 고종이 순종에게 왕권을 물려준 1907년이었다. 을미사변 발생 이후 12년 만이었다. 조선의 외교권을 강제로 빼앗겼다는 사실을 알리려던 헤이그 특사 사건을 빌미로 일본은 왕권의 양위를 강요했다. 조선의 초대 통감이 된 이토 히로부미는 망명자들을 모두 특별사면으로 풀어주었다. 그들은 경술국치 이후 일본으로부터 강제 합방에 대한 공로를 인정받아 귀족의 작위와 관직을 얻어서 부귀를 누렸다. 일본은 공로가 인정된 친일파들에게 막대한 은사금도 두둑하게 챙겨주었다. 쓰러져가는 나라의 나약한 지식인들은 권력과 돈의 유혹을 뿌리치지 못했다.

이완용은 왕에게 건의해 을미사변의 범인으로 재판을 받고 처형된 이주회와 자수했다가 교형당한 권형진의 죄명을 벗겨주고 관직까지 회복시켰다. 을미사변 가담자들에 대한 복권은 일본의 전략적 노림수였다. 왕비의 죽음을 마땅한 일로 치부하려는 수작이었다. 1910년 7월, 순종은 정병하에게 충성할 '충'과 기쁠 '희'를 붙여 충희(忠僖), 안경수에게 굳셀 '의' 근심할 '민'을 붙여 의민(毅愍)이라는 시호(諡號)까지 내렸다. 이들은 을미사변 때 명성황후의 피신을 막았고, 군대의 총책임자였던 사람이었다.

을미사변에 가담했던 대부분의 사람들이 자연스럽게 일본과 공생 관계를 유지할 때 반기를 든 사람도 있었다. 1900년 안경수와 함께 참수된 권형진의 동생 권동진(權東鎭)은 형과 을미사변에 가담했었다. 그는 일본으로 망명한 가담자들과 도피 생활을 하던 중 손병희(孫秉熙)를 만나 천도교에 입교했다. 국내에 복귀한 후에는 관직을 욕심내지 않고 대한협회에 가담해 국민 계몽운동을 전개했다. 권동진은 1919년에 천도교 측 인사로 손병희, 오세창(吳世昌) 등과 실질적으로 3·1운동을 계획했다. 이들은 기독교, 불교 지도자들과 연합해 비폭력으로 대중이 참여하는 만세운동의 원칙을 만들었다. 태화관에서 민족 대표와 함께 '대한독립만세'를 외쳤던 권동진은 일본 경찰에 연행되어 3년 형을 선고받고 서대문 형무소에서 복역했다. 출소 후에도 독립운동에 전념했다.

1930년 1월 29일자 《동아일보》에는 '한말 정객의 회고담'이라는 제목으로 권동진의 인터뷰 기사가 실렸다. 그에 따르면, '훈련대는 처음 경복궁 안으로 들어갔을 때, 왕의 시위대와 격렬한 진투를 예상했다. 그런데 아무런 저항이 없었다. 나중에 알고 보니 왕의 사전 명령이 있었다. 정치적인 싸움이니 절대로 시위대는 끼어들지 말라는 명령을

維光武元年歲次丁酉九月丁亥朔十七日
癸卯
皇帝若曰乾道資始坤道資生后配于君儷尊同
體君以仁政子育萬民后行慈德母臨三紀
可不歟欲爾王后閔氏以英哲端莊之姿
正家道而成教於國同勤勞於重恢之業內
治明章良佐助浚功存
社稷澤被區域羲化彌著令聞孔彰屬茲邦命維
新誕膺寶位大號今遣議政府議政沈舜澤
弘文館大學士金永壽捧金冊金寶命爾為
皇后于以昭王道之所以始大德之必其得
受嘉祉於迎眷啓幟昌於無疆於不韙哉

명성황후 책봉 금책(金冊). 국립고궁박물관 소장.

고종이 내렸다'. 고종은 쳐들어온 무리가 왕비를 죽이리라고는 전혀
생각하지 못했기 때문에 불필요한 사상자를 줄이려는 조치를 내린 것
이다. 권동진 일행은 건청궁에 들어가 옥호루(玉壺樓) 한구석에서 가슴
에 선혈이 낭자한 명성황후를 보았다. 이들은 시체를 보면서 낙망과
후회의 탄식을 했다고 한다. 그 이유는 을미사변에 참가한 조선인들
은 흥선대원군으로 하여금 고종에게 명령해 왕비를 폐비하고 사약을
내릴 계획이었기 때문이다. 따라서 자신들이 선봉을 서지 못해 일본

인들이 만행을 저질렀고, 자신들은 누명을 썼다는 이야기다.

이 고백은 '일본인들이 계획한 왕비 살해 작전에 조선인들이 별도의 전술로 움직이는 것이 가능했는가?'라는 의문을 지울 수 없다. 여러 가지 정황상 조선인들은 을미사변의 주체 세력이 아니라 부가적인 세력일 뿐이었다. 만약 위의 진술이 사실이라면 조선인들은 구체적인 계획을 모른 채 일본에 이용당한 꼴이다. 혹은 일본의 틈바구니 안에서 자신들의 계획을 실행할 수 있다고 순진하게 믿었는지도 모르겠다. 만약 조선인들이 왕비를 폐비하는 게 목적이었다면, 그 일에 대해 공감대가 폭넓게 형성되었다면 굳이 일본을 끌어들일 필요도 없었다.

명성황후의 죽음에 간여한 대부분의 조선인들은 자신들의 행위에 대하여 반성하지 않았다. 그러한 자세가 확고한 신념에서 비롯되었는지 아니면 편협한 출세지향적 사고인지는 분명하지 않다. 훈련대 제2대대장으로 을미사변에 가장 깊숙이 개입했던 우범선도 죽기 전까지 자신의 행동을 후회하지 않았다. 결국 그는 일본에서 조선인 고영근 (高永根)의 칼에 목숨을 잃어 영원히 고국으로 돌아오지 못하는 신세가 되었다.

우범선과 고영근_왕비의 복수: 순결한 충성인가, 목숨을 건 도박인가

"나는 내 어머니의 나라 일본을 위해 일본인 못지않게 일했습니다. 이제부터는 아버지의 나라, 나의 조국을 위해 일하겠습니다. 그런 후에 나의 뼈를 조국에 묻을 작정입니다."

— '우장춘 박사의 환국 연설',
〈발굴 현대사 인물 농학자 우장춘〉, 《한겨레신문》, 1989. 10. 6.

우범선과 우장춘.

　우범선 대신 고국으로 돌아온 사람은 그의 아들인 우장춘(禹長春) 박사다. 1988년 교과서가 수정되기 전까지 '씨 없는 수박'을 만든 학자로 사람들에게 널리 알려진 우장춘이 바로 우범선의 아들이다. 사실씨 없는 수박은 일본의 기하라 히토시(木原均) 교수가 세계 최초로 만들었다. 이를 우장춘이 한국에서 시험 재배에 성공하자 말이 와전되어 교과서에 실린 것이다. 일본으로 망명했던 우범선이 일본 여인 사카이 나카(酒井ナカ)와 결혼해 얻은 첫 번째 자식이 우장춘이다. 교포 2세로 조선말도 못하고, 일본인 여인과 결혼해 잘 살던 우장춘은 어떻게 한국에 오게 되었을까? 과연 그는 어떠한 삶을 살았을까?

　우장춘은 아버지와 추억을 많이 쌓지 못했다. 그의 나이 여섯 살 때 우범선이 암살되었기 때문이다. 당시 친일파 망명객들은 대부분 자객을 두려워하며 살았다. 조선에서는 고위 관료였으나 일본에서는 그만한 대접과 보호를 받지 못했다. 그들은 남의 나라에서 개혁의 이름으로 왕을 욕보이거나, 모반을 계획하거나, 왕비를 죽이는 데 가담했던 타국 사람들이기 때문이다. 그러나 이들을 노리는 자객들이 종종 일본에 나타났다. 조선인 자객은 역모를 꾸몄던 죄인을 죽여 출세를 지향하거나 일확천금의 보상을 노렸다. 그리고 고종의 명예를 위해 왕실의 요청으로 파견된 사람도 있었다. 《풍운한말비사》에 따르면 유길준, 우범선, 구연수는 망명객 중에서 현상금이 가장 많이 걸려 있던 인물로 머리 값이 20만 원이었다.* 당시 말단 공무원인 주사 8등급의 연봉이 122원이고, 가장 신분이 높은 총리대신의 연봉은 5,000원이었다.** 그러니 20만 원이면 말단 공무원의 1,639년치 연봉이고, 총리대신의 40년치 급여에 해당하는 무시하지 못할 금액이다.

1884년 갑신정변으로 왕과 구세력을 뒤엎고 개혁을 추진하려던 김옥균(金玉均)은 자객에게 암살된 대표적인 인물이다. 그는 계획했던 갑신정변이 청나라의 간섭으로 실패하자 일본으로 망명했다. 김옥균은 1894년 왕실의 명을 전달받은 홍종우(洪鍾宇)에게 암살되었다. 그에게 암살을 의뢰한 사람은 명성황후와 편지를 통해 청탁을 진행한 민영소였다. 홍종우 일파는 철저한 술책으로 김옥균을 일본에서 청나라까지 유인해 암살에 성공했다. 김옥균은 여행의 동반자였던 홍종우를 의심하며 경계했지만 죽음을 막지 못했다. 이 사건은 일본 정부와 망명자들에게 큰 경각심을 불러일으켰다. 조선의 궁궐과 대립 관계인 망명

---

* 　박광희, 《대한제국아 망해라》, 다산초당, 2010, 256쪽.

** 　황현, 임형택 옮김, 《역주 매천야록 상》, 문학과지성사, 2005, 442쪽, 445쪽.

자라면 사건이 발생한 지 10년이 지나도 암살 대상자로 유효했기 때문이다.

우범선은 술과 외출을 자제하며 살았다. 대신 그의 가족은 일본으로부터 정기적으로 돈을 받아 생활했다. 당시 일본에 망명해 있던 조선인들은 자신들의 옛 관직이나 신분에 따라서 일정한 생계 지원금을 받았다. 넉넉한 금액은 아니었지만 생계를 유지하는 데 어려움은 없었다. 지원금은 일본에 기여한 공로가 전제 조건이었다. 우범선은 평소에 자객을 의식하며 조심스런 생활을 이어갔지만 은밀한 계략에서 벗어나지 못했다. 1899년, 우범선과 같은 도피자 신세였던 고영근은 의도적으로 그에게 접근했다. 그리고 자신의 계획을 성공시켰다.

왕실의 심복으로 출세한 고영근은 병마절도사(兵馬節度使, 지방군 관리자)와 중추원의관(中樞院議官, 국정 자문의원) 등의 관직을 맡으며 종2품까지 올랐던 인물이다. 그러나 독립협회의 설립에 협조한 후에 '만민공동회(萬民共同會)'의 회장을 맡으며 고종과 대립하며 사이가 멀어졌다. 만민공동회는 조선 최초로 정치적 영향력을 행사한 대중의 평화 집회였다. 그러나 정치에 대한 간섭이 갈수록 높아지자 기존 세력의 억압으로 해체되고 말았다. 그는 독립협회와 만민공동회가 강제로 찢어지자, 해산에 앞장섰던 수구세력들을 폭탄으로 살해하려다가 발각되었다. 계획이 실패하자 고영근은 어쩔 수 없이 범죄자의 신분으로 일본행을 선택했다. 그는 일본과 연결고리가 부족해 생계 지원금을 받지 못했다. 4년 정도 궁핍한 생활을 이어오다가 독립협회 간부였던 윤효정에게 우범선 암살 계획을 듣게 되었다.

윤효정과 거사를 모의하던 고영근은 갑자기 전략을 바꿨다. 그를 배신하고 자신의 종이었던 노윤명(魯允明)과 둘이 작전을 새로 짰다. 고영근은 우범선에게 다가가 그의 집에 머물기도 하면서 친분 관계를 만들었다. 그는 우범선이 사는 곳 근처에 집을 구하는 척하며 도움을 요청했다. 집을 계약한 날, 고영근은 임시로 기거하던 곳에서 감사를 표시하고 싶다며 우범선을 저녁 식사에 초대했다. 우범선은 고영근의 접근을 계속 의심해왔음에도 술을 마시며 잠시 방심한 순간 칼에 찔렸다. 노윤명은 망치를 들고 고영근을 도왔다. 우범선의 죽음을 확인한 둘은 피 묻은 옷을 그대로 입고 인근 경찰서로 가서 자수했다. 이 사건은 일본 신문을 통해 대대적으로 알려졌다. 일본 신문은 우범선을 지사로, 고영근은 야만 행위를 저지른 인간이라고 비난했다. 을미사변이 일어난 지 8년이 지난 시점이었다.

고영근과 노윤명은 공교롭게도 을미사변을 일으켰던 일본인들이 증거 불충분으로 무죄 선고를 받았던 히로시마 재판소로 보내졌다. 이들은 각각 사형과 무기징역을 선고받았다. 그러나 사형은 집행되지 않았다. 그들의 복수 소식을 들은 고종이 일본 공사 하야시와 특파대사로 대한제국을 방문한 이토 히로부미에게 선처를 호소했기 때문이다. 고종은 이토 히로부미에게 편법을 강구해서라도 고영근을 귀국시켜달라고 요청했다.[*] 러일전쟁을 준비하던 일본은 대한제국의 도움이 필요했기 때문에 고종의 요청을 완전히 거절하기 어려웠다.

히로시마 재판소는 긴요한 정치적 요구에 순응적인 법원이었다. 항소심에서 있을 수 없는 일이 일어났다. 1심 판결에 불복한 범죄자와 함께 검사도 형량이 무겁다며 항소한 것이다. 검사는 1심에서 사형을 요구했는데, 2심에서는 사형이 과하다며 자신들의 구형이 낮춰지기를 원했다.[**] 전 세계의 어느 검사도 내뱉기 어려운 상식 밖의 발언이

[*]   이종각, 《자객 고영근의 명성황후 복수기》, 동아일보사, 2009, 244쪽, 251쪽.
[**] 같은 책, 246쪽.

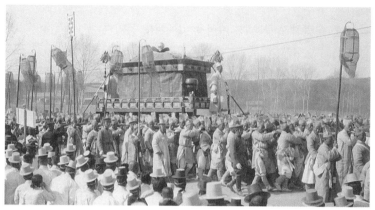
고종 국장 행렬. 서울역사박물관 소장.

었다. 결국 법원은 이들의 야릇한 항소심을 받아들여 고영근은 무기징역으로, 노윤명은 12년 형으로 감형을 선고했다. 그러나 고영근은 일본에서 형량을 다 채우지 않고 1909년에 고국으로 돌아왔다. 고종의 청탁이 지속적으로 작용한 듯하다. 그리고 고종이 죽자, 1921년에는 고종과 명성황후가 합장된 홍릉을 관리하는 능참봉(陵參奉)에 지원해 임명되었다. 그의 나이 69세였다.

고영근은 얌전한 능참봉이 아니었다. 고종이 죽은 지 2년이 지나도록 일본의 눈치 때문에 홍릉의 비석이 세워지지 못하는 현실에 분개했다. 일본은 '대한'과 '황제'라는 말을 비석에 사용하지 못하게 지시해 작업이 무기한 연기된 상태였다. 그들은 황제에서 왕으로 격하시킨 고종의 무덤에 다시 황제라는 단어가 쓰이길 원치 않았다. 고영근은 야밤에 몰래 인부를 동원해 '대한 고종태황제홍릉(大韓 高宗太皇帝洪陵) 명성태황후사좌(明成太皇后祔左)'라는 글을 완성하고 비석을 세웠다. 목숨을 건 마지막 충성심의 발로였다. 이 사건은 신문에 대서특필로 보도되며 사람들의 이목을 끌었다. 조선총독부는 한참을 고민했지만 그를 처벌하지 못했다. 비석을 없애지도 못했다. 3·1운동 이후 민심이 다시 동요되지 않을까 염려했기 때문이다. 노인은 능참봉직에서 잘렸지만 그의 자존심은 승리했다. 고영근은 관직을 잃은 후에도 홍릉 곁을 떠나지 않았다. 비석을 세운 다음 해에 죽었는데, 그는 유언에 따라 홍릉 가까운 곳에 묻혔다고 한다.

과연 고영근은 충직한 신하로 억울하게 죽은 왕비의 복수를 실행했던 것일까? 그는 히로시마 법정에서 '순종의 뜻을 받들었다'는 동기를 밝히고, 자신의 살인은 단순한 범죄가 아닌 '국모의 원수를 갚기 위한 적괴(敵魁)의 참살'이라는 주장을 펼쳤다.* 목숨을 걸고 일본이 왕으로 격하한 칭호를 다시 황제로 고쳐 비석을 세우고, 죽어서도 능참봉이 되기를 희망한 사실을 보면 그는 영락없는 충신이다. 그러나 고영근은 왕비의 복수를 하기까지 일본에서 4년간이나 체류하며 일본 여인과 살림을 차렸는데, 여자는 가난 때문에 도망가고 낳은 자식을 다른 곳에 맡길 정도로 궁핍한 생활을 했다. 고영근에게 우범선의 암살 계획을 알려주었던 윤효정은, 김옥균을 살해한 홍종우가 금의환향했던 과거를 좇아 자신의 역모 죄를 세탁하려는 불순한 목적이 있었다. 고영근이 그 사실을 모를 리 없었다. 그것 또한 모의에 의한 결과였는지 모르겠지만, 윤효정을 배신하고 자신이 암살을 시도했다는 사실 등을 따져보면, 그가 충신인지 고개가 갸우뚱거려진다.

전부터 기회가 있었지만 복수를 실행하는 데 시간이 너무 오래 걸렸고, 일본인 첩과 자식까지 두었던 상황으로 미루어보면, 일본에 건너온 초기에는 암살 의도가 있었다고 말하기 어렵다. 그러나 어찌 되

*   이종각, 《자객 고영근의 명성황후 복수기》, 동아일보사, 2009.

었든 우범선 암살 이후, 상황이 반드시 긍정적으로 되리라는 보장은 없었다. 암살 장소가 일본이었기에 금의환향할 가능성은 낮았고, 사형을 당하거나 남은 인생을 수감자로 보낼 가능성이 높았다. 고영근은 살아날 확률이 낮은 '을미사변의 복수'라는 카드에 올인했다. 과연 그는 어떤 사람일까?

1898년 11월과 12월, 대중들에 의한 정치 참여 수단으로 자리 잡았던 만민공동회가 해체되어가는 시기에 그는 고종에게 여섯 번의 상소를 올렸다. 임금의 눈과 귀를 가리는 신하들을 처벌하고, 민의를 받아들이는 바른 정치를 해야 한다는 내용이었다. 그는 왕의 비답(批答)에 하나하나 반박하며 집요하게 고종을 설득하려고 노력했다. 만약 이러한 상소의 내용이 대한제국의 미래를 걱정한 순수한 바탕에서 나왔다면, 최소한 그가 우범선을 암살하려는 그 순간만큼은 순결한 복수의 뚝심이 작용했다고 볼 수 있다. 그가 죽어서까지 홍릉 근처에 묻히길 원했던 마지막 순간처럼 말이다. 아래의 내용은 고영근이 고종에게 올렸던 상소의 일부다. 그는 황제가 된 임금에게 정치가 계속 이런 식으로 가다가는 망한다는 말을 서슴없이 내뱉었다. 그의 의도를 정확히 알 수는 없지만, 고종의 종사(宗社)가 무궁한 행복을 누리지 못할 거라는 예언은 12년 뒤에 그대로 실현되었다.

아! 민의가 끓어오르고 공론이 행해지면, 법외에 가까이 모시는 이들이 등용될 수 없고, 임금의 개인 신하로 된 사람들이 복을 받으려던 생각을 실현할 수 없으며, 공공연히 뇌물을 취할 수 없고, 외국의 권력을 빙자하여 행동할 수 없습니다. 때문에 가만히 엎드려 있다가 속임수를 쓰며 물여우가 물가에 엎드려 있다가 덮치는 계책으로 상호 결탁해서 백 가지로 모함하여 기어이 혁파한 후에야 그만두려고 하며 또한 막아버리고 제압하려고 하는 것입

니다. 과연 이와 같이 한다면 폐하의 종사와 생령들은 억만 년 무궁할 행복
을 누리지 못하게 될 것입니다.

—《고종실록》, 고종 35년(1898) 11월 17일(양력)

여섯 살에 아버지를 잃은 우장춘은 홀어머니 밑에서 동생과 함께
자랐다. 그의 어머니 사카이 나카는 한때 생활고에 시달려 어린 우장
춘을 절에 맡기고 돈을 벌러 다녔을 정도로 고생했다. 그러나 경술국
치 후 그가 중학교를 다닐 무렵에는 조선총독부에서 생활비를 지급받
았다. 그 덕분에 동생과 대학까지 다니게 되었다. 생계지원비는 그의
동생이 대학을 졸업할 때까지, 즉 우범선의 사후 20년이 지난 시점까
지 계속되었다. 이러한 장기적인 지원은 우범선이 일본 정부에 어떤
존재인지 알려주는 의미 있는 척도 중 하나다.

우장춘은 동경제국대학 부속의 농과 전문대학을 졸업하고 농림성
(농림부)에 근무했다. 후에 그는 동경제국대학 농학부 박사학위까지 취
득했다. 그는 1936년에 〈종의 합성〉이라는 논문을 제출했는데, 이는
다른 두 종의 식물을 교배해 새로운 종을 만드는 내용이었다. 그전까
지 식물 교배는 우월한 품종을 개발하려는 단순한 목표였다면, 우장
춘의 연구는 전에 존재하지 않았던 새로운 종의 탄생이라는 결과를
보여주었기 때문에 세계적인 학자로 이름을 알리게 되었다. 이승만
정부는 광복 이후에 대부분의 종자를 수입에 의존하던 농업의 발전을
위해 우장춘을 초청했다.

1950년 3월 8일, 우장춘은 아버지 나라의 요청을 받아들여 부산에
발을 내디뎠다. 그의 나이 53세였다. 우장춘은 한국농업과학연구소
소장으로 6·25전쟁 기간에도 일본으로 돌아가지 않고 일에 몰두했다.
그는 자신의 특기를 살려 한국 땅에서 잘 자라고 한국인에게 잘 맞는

채소의 품종을 개량하는 데 힘을 기울였다. 그 결과 한국인에게 없어서는 안 될 배추와 무를 만드는 데 성공했다. 과학적인 개발에 근거한 종자가 전무하던 시절에 그의 기술은 우수한 품종의 한국식 식용식물의 기초를 만들어냈다. 이후 병에 강한 감자가 만들어져 강원도가 감자의 고장이 되었고, 일본에서 나무를 사와 재배하던 제주도에 귤 종자를 대량생산할 수 있는 환경을 만들었다. 강원도의 감자와 제주도의 귤은 모두 그의 사후에 완성된 특산물이지만 우장춘으로부터 시작된 혜택이었다. 그의 영향력으로 한국은 1960년대부터 채소 종자가 자급자족되기 시작했다.

조선의 말도 글도 알지 못했던 우장춘은 왜 굳이 한국으로 왔을까? 많은 사람의 이야기처럼 아버지의 죄를 씻기 위해서였을까? 평소 그의 어머니는 아들에게 "아버지는 훌륭한 사람이었고, 아버지의 나라에 도움을 줄 수 있는 인간이 돼라"고 조언했으며, 아버지를 존경한다고 한국의 지인에게 말해왔다.* 따라서 그에겐 아버지에 대한 죄의식은 거의 없어 보인다. 오히려 자신이 조선인 아버지와 일본인 어머니 사이에서 자라면서 느꼈던 정체성의 혼란이나, 아버지의 부재와 역할에 대한 고민 혹은 일본에서 자라며 받았던 차별이 그에게 조선에 대한 연민을 심어주지 않았을까? 조선이 일본 식민지가 된 이후로, 조선도 아니고 일본도 아닌 나라가 되었다는 사실이 자신과 비슷한 처지라고 생각하지 않았을까?

우장춘은 자식들 때문에 '우(禹)'로 쓰던 한국식 이름의 성을 일본식인 '스나가(須永)'로 고쳤다. 자식들이 일본에서 한국식 성을 계속 따

---

* 츠노다 후사코, 우규일 옮김, 《나의 조국》, 북스타, 2019.

를 경우에 받을 수 있는 차별을 염려한 조치였다. 그러나 그는 일본식 이름으로 변경한 후에도 논문 발표 등에 이름을 기재할 때는 '우'라는 성을 포기하지 않았다. 한국에서 농림부 장관의 자리를 제안받았지만 거절하고 묵묵히 자신의 일에만 전념했다. 또한 그는 어머니가 위독하다는 소식에도 한국 정부가 일본 방문을 허가하지 않아서 모친의 임종과 장례식에 참석하지 못했음에도 아버지의 나라에서 죽을 때까지 본인의 임무에 충실했다.

그는 불필요한 공명심과 권력을 탐하지 않았고 한국을 떠날 이유가 충분했음에도 그러지 않았다. 늘 소박한 복장으로 현장에서 묵묵히 일했다고 한다. 처음 한국에 왔을 때 《동아일보》를 통해 말했던 자신의 소신을 끝까지 지킨 셈이다. 우장춘은 인터뷰에서 "나는 불행히도 한국인이면서도 일본에 오랫동안 있었기 때문에 우리나라 말을 잘 모른다. 나는 해방 전부터 우리나라에 돌아와 일하고 싶었다"라고 운을 떼고, "우리나라에 도착한 후 여러 사람의 말을 많이 들었으나 다만 말없이 묵묵히 일할 것을 결심했다"고 말했다.*

1959년 그는 지병이었던 십이지장궤양이 악화되어 한국에서 숨을 거두었다. 숨지기 전에 대한민국 정부는 그에게 문화포장을 수여했다. 우장춘은 훈장을 받고 자신의 업적이 조국의 인정을 받았다며 눈물 흘렸다고 전한다. 그리고 그의 유해는 수원의 농촌진흥원이 있던 여기산에 묻혔다. 조선에서 역적으로 불렸던 우범선은 일본에 묻혔지만, 세계적인 학자가 된 역적의 아들 묘는 사람들의 존경과 함께 대한민국에 남았다.

---

* 〈黙(묵)4히 일하겠다〉, 《동아일보》 1950. 3. 22.

김구와 안중근 _ 광기의 제국에 생명을 투척하며 경고한 영웅들

내가 죽은 뒤에 나의 뼈를 하얼빈 공원 곁에 묻어두었다가 우리 국권이 회복
되거든 고국으로 반장해다오. 나는 천국에 가서도 또한 마땅히 우리나라의
회복을 위해 힘쓸 것이다. 너희들은 돌아가서 동포들에게 각각 모두 나라의
책임을 지고 국민된 의무를 다하여, 마음을 같이하고 힘을 합하여 공로를 세
우고 업을 이르도록 일러다오. 대한 독립의 소리가 천국에 들려오면 나는 마
땅히 춤추며 만세를 부를 것이다.

일본의 조선 침탈은 1905년의 을사늑약으로 시작해 1910년의 경술
국치로 마무리된 것이 아니다. 그로부터 30년 전인 1875년 8월, 일본
의 근대식 군함인 운양호(雲揚號)가 조선을 휘젓고 농락해 강화도조약
을 맺을 때부터 시작되었다. 강화도조약 7조에 따라 조선 해안의 조
사(調査)를 용인하고, 항구를 개방하며, 민간인의 자유로운 무역을 허
가하는 강화도조약은 일방적으로 일본에 유리한 내용이었다. 사실 일
본에서는 '운양호 사건' 이전부터 조선을 침략하자는 정한론(征韓論)이
언급되었다. 일본은 외부적으로 조선에 대한 강압적인 조치를 진행하
며, 내부적으로 조선의 지식인들을 포섭하는 유인 정책도 함께 실시
했다. 1876년부터 두 차례에 걸쳐 일본을 방문한 외교사절단 수신사
와 조사시찰단은 융숭한 대접을 받으며 개화된 일본을 긍정적으로 생
각하게 되었다. 조선의 지식인들은 근대화의 달콤함에 빠져 일본의
속셈을 눈치채지 못했다.

일본은 1854년 미국 함대에 굴복해 맺은 미일화친조약을 계기로
개화에 발을 들여놓았다. 개화가 본격적으로 진행되자 서구의 문물

효창공원의 삼의사(三義士) 묘역.

에 감탄한 이들 중에서 개혁을 꿈꾸는 사람들이 등장했다. 그들 중에서 하급 무사 가문의 청년들은 거리낌없이 신문물을 흡수하며 개혁을 주도하는 세력으로 발전했다. 이들은 왕정복고를 외치며 일왕(日王)을 구심점으로 뭉쳐, 새로운 나라를 만들자는 목표 아래 600년 이상 지속되었던 막부(幕府)를 몰아냈다. 막부는 왕 대신 쇼군(將軍, 막부의 수장)을 중심으로 나라를 다스리던 무사 정권이었다.

1868년 신정부를 세운 사람들은 일왕의 연호를 따서 근대적 개혁을 표방하는 메이지 유신(明治維新)을 실시했다. 이들은 입헌군주제와 자본주의를 바탕으로 빠르게 근대화와 개혁을 추진했다. 1869년에는 통신을, 1870년에는 철도를, 1871년에는 우편을 시작했다. 무사 정권의 몰락과 연결된 개혁은 변화된 세상을 꿈꾸는 많은 사람에게 새로운 희망을 제공하며 호응을 얻었다. 그러나 이들이 실시한 개혁은 비뚤어진 방향으로 진화했다. 절대적인 복종을 강요하는 사무라이 문화는 일본의 빠른 변화를 이끌어냈지만 그들은 거기서 만족하지 못했다. 일본은 서구의 제국주의를 본보기로 삼으며, 일왕을 위해 죽음도 불사하는 새로운 형태의 군국주의 국가로 재탄생했다. 일본 정치인들은 자국 발전의 확대 방향을 타국의 침략에서 찾았고, 그 첫 번째 대상국은 조선이었다.

청나라는 일본의 조선 강탈에 가장 큰 걸림돌이었다. 조선은 개항을 비롯한 중요 정치 사안을 스스로 결정했지만, 건국 초기부터 중국에 사대(事大)를 해왔기 때문에 함부로 조선을 건드릴 수 없었다. 일본은 이미 16세기 후반의 임진왜란을 통해 중국과 조선의 동맹을 상대로 싸웠던 전력이 있었다. 한 번에 두 나라를 상대하는 일은 결코 쉬운 일이 아니었다. 청나라는 아편전쟁 이후 발톱 빠진 호랑이 신세가 되어 점점 나약해진 반면에 일본은 왕을 중심으로 군사력의 밀도를 높여갔다. 일본은 개혁과 독립을 돕겠다는 가면을 쓰고 조선 사람들을 포섭하는 일부터 시작했다.

1894년 기회를 넘보던 일본은 6월 21일(음력) 조선의 수도 한성과 경복궁을 강제로 점령하면서 청나라와의 전쟁에 발동을 걸었다. 그들은 총칼로 왕을 위협했다. 일본 군대의 명백한 조선 침략이었다. 일부 역사가들이 '갑오왜란'이라고까지 부르는 사건이다. 일본은 10년 전, 프랑스가 베트남을 어떻게 자신들의 영토로 만들었는지 보고 배웠다. 청나라의 종속국이었던 베트남은 '청프전쟁' 이후 프랑스 식민지가 되었다. 프랑스는 청프전쟁 이전에 두 번에 걸친 사이공조약을 통해 베트남이 독립국임을 인정하는 조치를 취한 뒤 집어삼켰다. 일본은 프랑스의 전략을 그대로 모방했다. 19세기 말은 서구의 제국주의가 극으로 치닫던 시대였다. 경쟁적으로 빼앗고 삼켰다. 1914년 1차 세계대전이 일어나기 전까지 지구의 대지 56퍼센트는 몇몇 제국주의 국가들의 식민지였다. 사람이 살 수 있는 지역의 대부분은 힘이 강력했던 소수의 나라들에 의해 점령되었다. 일본도 아시아의 맹주를 꿈꾸며 약소국을 짓밟는 서구 제국들의 악행을 답습했다.

1894년 7월 22일(음력)에 일본은 조선과 조일동맹조약(朝日同盟條約)을 맺었다. 이 조약의 내용은, 일본은 조선의 독립과 자주를 위해 청나라 군사를 조선의 국경 밖으로 내보내기 위해 전쟁을 담당할 예정이니 조선은 군량을 미리 준비하고 일본을 도우며 편의를 제공한다는 것이었다. 일본이 조선의 수도와 궁궐을 총칼로 장악한 상황을 조약과 겹쳐보면 동등한 입장에서 체결된 조약이 아니라는 점은 명확하다. 조일동맹조약 이틀 전에, 일본은 이미 조선에서 경제적, 군사적 이권을 확보한다는 내용의 '조일잠정합동조관(朝日暫定合同條款)'을 강제로 얻어냈다. 이 두 조약을 계기로 일본은 조선의 내정에 영향력을 행사할 수 있는 권한을 갖게 되었다. 일본에 든든한 지원군은 포섭된 조선인들이었다. 친일파 관료들은 달콤한 환상에 젖어 있었다. 친일파 관료들이 장악한 경복궁은 일본의 손아귀에 쥐어진 꼴이었다.

청나라가 아무리 발톱 빠진 호랑이라고 하지만 일본에 패할 줄은 누구도 예상하지 못했다. 만 1년이 못 되어 전쟁은 일본의 승리로 끝났다. 1895년 3월 24일(음력), 시모노세키에서 청나라의 이홍장(李鴻章)과 일본의 이토 히로부미는 청일전쟁을 끝내는 조약을 체결했다. 전쟁 뒤에 맺어지는 조약은 승전국이 패전국을 상태로 공식적인 이익을 갈취하는 행위나 마찬가지였다. 임진왜란을 일으켰던 도요토미 히데요시의 후손들은 역사상 처음으로 전쟁을 통해 중국을 굴복시켰다. 수천 년 동안 이어져온 동아시아의 권력이 균형을 잃고 무너져내렸다. 일본은 흥분했고 자만심이 충만했다. 시모노세키조약으로 일본은 조선의 독립을 청나라로부터 인정받았고, 중국의 땅인 요동반도와 대

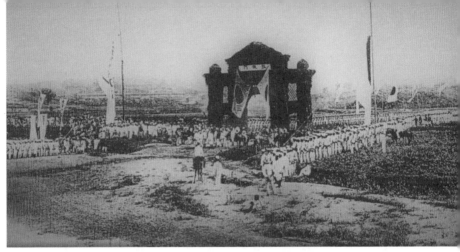

1894년 청일전쟁을 준비하는 만리창(용산 효창동)의 일본군 모습. 서울역사박물관 소장.

만까지 얻었으며 막대한 배상금과 중국과의 자유무역권을 획득했다. 그러나 러시아는 흥에 취한 일본을 가만히 놓아두지 않았다. 프랑스와 독일을 끌어들여 일본을 협박했다. 일명 '삼국간섭'이 벌어졌다.

러시아는 일본에 의해 동아시아의 균형이 깨어지는 상황을 원하지 않았다. 요동반도가 일본의 땅이 되면, 조선을 포함한 그 주변이 순식간에 일본 영토로 바뀔 확률이 높았다. 그렇게 될 경우 러시아는 영토의 동남쪽에 대한 영향력이 약해지니 거슬릴 수밖에 없었다. 양보할수 없는 이익과 이익의 대결이었다. 결국 러시아를 상대하기에는 역부족이었던 일본은 삼국의 협박에 굴복해 요동반도를 토해내고 말았다. 모든 명분과 정의는 군사력으로 가늠되던 시대였다. 먹이를 두고다투는 야수들과 다를 바가 없었다. 결국 일본은 대륙의 땅을 점령할기회는 뒤로 미루고, 대만의 식민지화에 만족해야 했다.

청일전쟁이 끝나자 조선의 관료들은 일본을 위로하는 행사를 권유했다. 총리대신 김홍집과 군무 대신 조희연은 다음과 같이 임금에게말했다. "이번에 일본국이 청나라와 전쟁을 시작한 것은 왕국의 고유

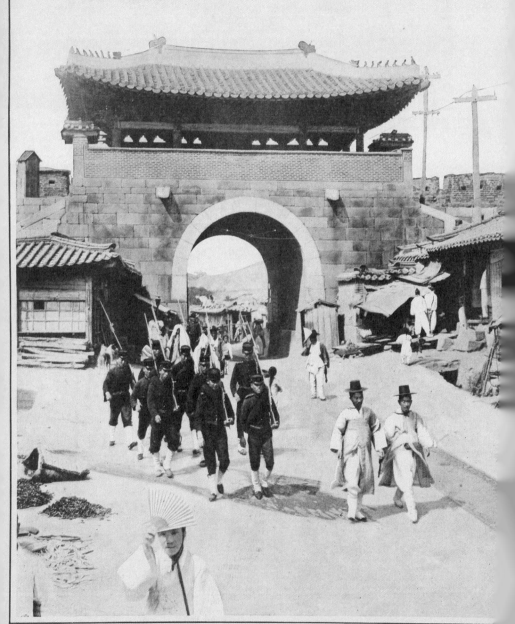

러일전쟁에 나서는 일본 군대 모습이 실린《하퍼스위클리(Harper's Weekly)》지면(1904년 5월 12일). 국립고궁박물관 소장.

A DETACHMENT OF JAPANESE TROOPS ENTERING THE C
OF SEOUL, THE CAPITAL OF KOREA

Seoul, the Korean capital, is occupied by the Japanese forces. - Despatches report the Korean Emperor and government as completely under Japanese control, and Tokugawa, the Japanese Viceroy, is said to be quartered in the Imperial

한 독립권을 실지 인정해 동양의 큰 형국의 평화를 유지하려는 뜻에서 나온 것입니다. 그 후 일본국의 군사가 바다와 육지에서 크게 이기는 공로를 이룩했으니, 특별히 칙사를 파견해서 위로하는 성상의 뜻을 보이는 것이 어떻겠습니까?"* 왕은 일본의 전쟁 목적이 진정으로 조선의 독립을 위했다고 생각했는지 아니면 친일 관리들이 차지한 경복궁에서 살아남기 위한 조치였는지 모르겠지만, 일본군에 칙사를 보내고 음식을 대접하자는 의견을 수용했다.

1895년 3월에 조선은 국고가 바닥나자 일본으로부터 300만 원의 차관을 받았다. 당시 300만 원은 1896년의 1년 세입 480만 원과 비교하면 60퍼센트가 넘는 큰돈이었다. 이때부터 조선은 힘(군대)과 세력(친일파)에 이어 돈(재정)까지 일본의 영향력 아래에 놓이게 되었다. 무엇을 하든 일본의 눈치를 보아야 했다. 하지만 왕비의 생각은 달랐다. 명성황후는 러시아를 끌어들였다. 전쟁 없이도 일본을 주저앉히는 힘을 목격했으니 그것을 이용하려 했다. 왕비의 죽음은 그녀가 주도적으로 일본을 배척하고 친러시아 정책을 실시했다는 명백한 사실을 입증한다. 만약 고종이 주도했다면 일본은 왕비 대신 왕을 전략의 대상으로 삼아 다른 역사가 새겨졌을지 모른다. 그들은 고종의 왕권을 경복궁에서 떼어내려고 빠르고 집요하게 물어뜯지 않았을까? 러시아까지 꺾어버리고 동아시아의 패권을 거머쥔 일본은 약탈을 일삼는 제국주의 그룹에 본격적으로 합류했다.

명성황후 암살 사건은 조선에 큰 충격을 주었다. 임진왜란 이후 일본의 침략이 본격화되리란 예감이 조선을 휘감았다. 시대의 변혁이라

* 《고종실록》, 고종 32년(1895) 2월 12일.

는 파도를 원활하게 극복하지 못한 조선은 비틀거릴 뿐이었다. 그러나 힘에 빌붙어 살아남기 위한 자들이 일본을 향해 머리를 조아릴 때, 달걀을 들어 바위를 공격한 이들이 생겨났다.

　10대에 동학에 입교해 새로운 세상을 꿈꿨던 김창수(金昌洙)는 스물한 살에 일본인 쓰치다 조스케(土田讓亮)를 죽였다. 황해도 치하포의 주막에서 조선인으로 변장한 일본인이 을미사변에 가담한 자라고 판단했기 때문이었다. 그는 쓰치다를 죽인 뒤, "국모의 복수를 위한 목적으로 왜인을 타살하노라"*고 직접 포고문을 작성했고, 그 죄로 감옥에 갇혔다. 감옥에서 탈옥한 그는 나중에 이름을 김구(金九)로 바꾸고 구국 운동에 전념했다. 그리고 3·1운동 후에 상해로 건너가 대한민국 임시정부에서 독립을 위한 투쟁에 헌신했다.

　태어났을 때 배와 가슴에 일곱 개의 점이 있어 '응칠(應七)'이라고 불렸던 소년은 사냥을 좋아했다. 그는 열여섯 살에 아버지가 조직한 군대를 따라 동학군의 토벌 전투에 참여하며 평탄하지 않는 삶을 살다가 온 가족이 가톨릭교도가 되었다. 그리고 1905년에 나라의 외교권이 일본에 빼앗기자 청년이 된 그는 인생의 방향을 과감하게 틀었다. 1906년부터 그는 자신의 재산을 팔아 학교를 세우고 인수하며 교육에 힘썼다. 그리고 국채보상운동에 적극적으로 참여했으며, 의병을 조직해 일본군과 싸웠다. 1909년에는 목숨을 걸고 구국 운동을 하기 위해 동의단지회(同義斷指會)를 조직했다. 그는 동지들과 왼손 네 번째 손가락을 자르며 그 뜻을 맹세한 후, 10월 26일 하얼빈 역에서 이토 히로부미를 사살하고 "코레아 우라(대한민국 만세)"**를 외쳤다. 그 청년의

---

* 　김구, 이병갑·김학민 주해, 《정본 백범일지》, 학민사, 2016.
** 　안중근, 《안중근 의사 자서전》, 범우사, 2014.

이름은 안중근(安重根)이다.

안중근은 저격 다음 해인 3월 26일에 여순 감옥에서 집행된 사형으로 순국했다. 경술국치를 5개월가량 앞둔 시점이었다. 일본은 그의 시신을 가족들에게 넘겨주지도 않고 어디에 매장할지도 알려주지 않았다. 그의 나이 32세였다. 안중근은 만 4년이라는 길지 않은 기간 동안 조국의 독립을 위해 헌신했지만 그 누구보다 굵은 의지를 실행으로 옮겼다. 그는 법정에서 이토 히로부미를 죽인 열다섯 가지 이유를 밝혔는데, 첫 번째가 '한국 왕비를 살해한 죄'라고 말했다.

이토 히로부미는 농민 출신이었음에도 일본 최초로 영국으로 유학을 다녀왔다. 그는 귀국 후에 개국을 이끌며 성공 가도를 달렸다. 일본의 초대 총리를 지냈고, 초기 헌법을 만든 일본 근대화의 선구자였다. 이후 대한제국에 통감부가 설치되자 초대 통감을 지냈고, 을사늑약을 주도했으며, 친일파들을 포섭해 대한제국 내각을 이끌고 고종을 퇴위시켰다. 그는 일본의 근대화에 앞장선 인물이었지만 비뚤어진 서구 제국주의에 의식이 매몰된 사람이었다. 약소국을 침탈하는 제국주의를 합리적이라고 생각하는 자들에게 그는 영웅이었다. 일본은 조선의 식민지화가 거의 마무리 단계에 이르자 만주 지역으로 눈을 돌렸다. 그들의 야욕은 점점 커져갔다. 1909년 이토 히로부미는 일본을 대표해 만주 지역을 시찰하고 러시아와 협상하기 위해 하얼빈 역에 도착했다가 안중근에게 저격당해 사망했다. 그러나 일본은 안중근의 경고를 무시하고 더 많은 식민지를 탐했다. 1932년에는 만주 땅을 점령하고 청나라의 마지막 황제였던 부의(溥儀)를 허수아비 왕으로 앉힌 만주국(滿洲國)을 세웠다.

서울 효창공원에는 을미사변에 울분을 토했던 백범 김구와 도마 안중근의 묘가 함께 있다. 김구는 광복 후 독립을 위해 순국한 의사들의 유해를 수습해 한곳에 묻었다. 1946년에 이봉창(李奉昌), 윤봉길(尹奉吉), 백정기(白貞基) 등의 유해가 함께 그곳에 묻혔다. 이들은 모두 폭탄으로 일본의 제국주의에 맞섰다. 떠돌이처럼 방황하며 일본 이름으로 살아가던 이봉창은 서른한 살에 한인애국단에 가입했다. 다음 해 도쿄에서 일왕에게 수류탄을 던졌으나 거사에 실패하고 교수형에 처해졌다. 두 아들을 두었던 스물다섯 살의 청년 윤봉길은 중국 상해에서 폭탄을 던져 일본군 사령관을 죽이고 다수의 일본 군인에게 중상을 입혔으나 일본으로 끌려가 총살당했다. 3·1운동 이후 스물네 살부터 14년 동안 독립운동에 참여했던 백정기는 중국 상해에서 일본 군인과 수요 인사들의 대규모 연회에 폭탄을 던지려다 밀고로 실패했다. 그는 일본으로 끌려가 무기징역을 선고받고 복역 중 사망했다. 자신의 목숨을 내려놓고 일본의 침략에 맞선 지사들에겐 안중근의 거사가 큰 영향력을 끼쳤다. 안중근은 그들에게 영웅이었다. 그들의 생명을 뇌관으로 삼은 폭탄은 일본을 향한 반복된 경고였다. 그릇된 이익에 눈이 멀어 미쳐가는 인류를 향한 절규였다.

지사들은 선구자였던 안중근과 나란히 함께 묻혔다. 그런데 이곳은 네 개의 무덤이 있지만 지금까지 '삼의사(三義士) 묘역'이라고 불린다. 일본이 비밀리에 훼손해버린 안중근의 시신은 찾을 수 없어서 가묘로 남아 있기 때문이다. 독립운동가이자 임시정부에서 활약한 요인들도 효창공원에 안치되어 있다. 이곳은 임정 요인(臨政要人) 묘라고 불리며, 신흥무관학교를 세우고 임시정부 수립에 참여한 이동녕(李東寧), 광복군 창설과 활동에 기여한 조성환(曹成煥), 상해 임시정부의 주간지《독립신문》기자와 편집국장으로 활동한 차리석(車利錫)이 모셔져 있다. 1948년 이들을 사회장으로 봉환하도록 주선한 김구도 이듬해인 1949년 이들 곁에 묻혔다. 광복 후 민족의 통일을 위해 헌신하던 김구가 현역 육군 소위였던 안두희의 총에 서거한 것이다.

만약 애국지사들이 안장되는 현충원이 광복 직후에 바로 만들어졌다면, 이들의 묘역은 지금까지 효창공원에 남아 있지 않았을 것이다. 그러나 현충원은 1965년에야 조성되었다. 6·25전쟁 때 순국한 군인들을 위해 만들어졌던 국군묘지가 국립묘지로 승격되면서 국가 유공자와 순국선열들이 함께 안장되었다. 흥미로운 사실은 현충원이 만들어지기 이전에, 이미 대한제국에는 국립묘지와 같은 역할을 하던 곳이 존재했다는 점이다. 그곳은 조선의 군인과 충신들을 기리기 위한 공간이었다. 우리나라 최초의 국립현충원에 해당하는 곳의 이름은 장충단이었다. 지금의 장충단은 공원으로 알려져 있으니 최초의 목적과는 꽤 거리감이 생겼다. 사람들은 왜 장충단을 공원으로 인식하게 되었을까?

이토 히로부미 _ 최초의 국립현충원 장충단까지 장악한 박문사의 망령

1932년 공(이토 히로부미)의 기일에 해당하는 10월 26일 경성부 장충단의 동쪽에서 춘무산(春畝山) 박문사(博文寺) 낙성식이 거행되었다. 이 절은 앞서 제5기 정무총감이던 고다마 히데오(兒玉秀雄) 백작이 공의 덕풍(德風, 덕의 영향력)을 깊이 경앙(敬仰, 공경하여 우러러봄)하여 공의 훈업(勳業)을 길이 후세에 기념하고 불사(佛寺)를 건립해 공의 명복을 빌며, 이와 함께 불교의 진흥에 따라 내선인(일본인과 조선인)의 견고한 정신적 결합을 도모하기 위해 기획한 것이다.

—오다 쇼고, 조선총독부 편, 박찬승·김민석·최은진·양지혜 옮김,
《국역 조선총독부 30년사 中》, 민속원, 2018, 869쪽

장충단(獎忠壇)은 '충성을 장려하다, 표창하다'라는 뜻이다. 을미사변이 벌어지고 5년 후인 1900년에 세워졌다. 《고종실록》에 따르면, 임금의 명령으로 '나랏일을 위해 죽은 사람들에게 제사를 지내기 위한 목적으로' 세운 사당이었다.* 현대의 현충원과 완전히 같은 용도였다. 제사는 매년 봄과 가을에 지냈다. 최초에는 을미사변에 목숨을 잃은 훈련대 연대장 홍계훈을 비롯한 무관들을 배향했으나, 1년 뒤에는 궁내부 대신 이경직을 포함한 다른 문관들이 추가되었다. 이 과정도 현충원과 비슷하다.

홍계훈은 을미사변 때 훈련대 연대장(총대장)으로 광화문 밖에서 일본인들에게 총을 맞고 사망했다. 그는 자신의 소임을 다하다가 죽었는데, 당시 몇 안 되는 충직한 관료로 알려져 있다. 《매천야록》에 따르면, 그는 광화문 앞에서 일본인들을 발견하고 "왜병을 부른 칙령이 있는가?"라며 꾸짖어 물었다. 홍계훈은 임오군란이 일어났을 때 무예별감(武藝別監)으로 궁궐문을 지키던 호위 무사였는데, 난관에 빠진 명성황후의 목숨을 구해주기도 했다. 사람들에게 발각될 위기에 놓인 왕비를 자신의 누이이자 상궁이라고 속이고는 업고 도망쳤다. 명성황후가 궁궐로 돌아오자 홍계훈은 공로를 인정받아 포천 현감(縣監, 지방 관리자)이 되었다. 그는 동학이 농민운동으로 타올랐을 때 이들을 진압하는 양호초토사(兩湖招討使)의 직책을 수행하며 고종의 신뢰를 얻었다. 그리고 최종적으로 훈련대 연대장의 자리를 차지했다. 황현은 그를 이렇게 평가했다. "홍계훈은 병졸 가운데서 일어나 지위가 고관에 이르렀지만 성품이 청렴결백하고 신중해 사대부를 대함에 예의를 잃

---

* 《고종실록》, 고종 37년(1900) 10월 27일(양력).

장충단공원과 박문사 모습. 서울역사박물관 소장.

은 적이 없었으니, 당시 아첨으로 총애받던 여러 사람들과는 같지 않
았다."*

　1914년에 제작된 〈경성부명세신지도(京城府明細新地圖)〉에 장춘단의
위치가 표시되어 있다. 현재의 국립극장에서 동국대학교의 일부가 포
함된 지역까지로 추정된다. 지도에는 남산에서 청계천으로 연결되는
남소문동천(南小門洞川)의 왼편이 장춘단으로 기재되어 있다. 아홉 개
의 건물터가 분명하게 보인다. 일본은 1910년에 반일 감정과 연결되
는 장충단의 역할을 막아버렸다. 그리고 9년 후에는 동대입구역과 신
라호텔부터 국립극장까지 길다랗게 장충단 영역의 공원화 작업을 진
행했다. 공원의 부지는 41만 제곱미터로 대략 여의도 공원의 두 배

---

*　황현, 임형택 옮김 《역주 매천야록 상》, 문학과지성사, 2005, 459쪽.

에 해당하는 크기였다. 신성한 공간의 의미를 퇴색시키는 1차 작업이었다. '장충단공원'으로 명명된 곳에는 운동장을 포함해 연못과 놀이터 등이 들어섰으며, 벚나무가 대량으로 심어졌다. 장충단공원은 각종 단체의 운동회 장소로 인기가 높았으며, 전람회나 박람회 장소로도 활용되었다. 지금의 협소한 모습과 달리 많은 사람을 수용하던 장소였다. 조선의 자전거 왕이었던 엄복동(嚴福童)이 출전한 자전거 대회도 이곳에서 열렸다. 공원은 유희의 장소로 활용되며, 장충단의 진정한 의미는 사람들의 기억에서 빠르게 사라졌다.

장충단의 본래 의미를 죽이기 위한 2차 작업은 1932년에 진행되었다. 박문사(博文寺)라는 절이 공원 안에 들어선 것이다. 박문사는 안중근이 죽였던 이토 히로부미를 추모하기 위한 절이었다. 박문(博文)은 이토 히로부미(伊藤博文)의 한자식 이름에서 따왔다.

박문사는 지금의 신라호텔 자리에 건립되었다. 일본은 장충단공원의 한 영역에 이토 히로부미를 위한 절을 건축함으로써, 장충단이 가지고 있던 본래의 의미를 역행하는 역사를 만들어냈다. 안중근을 기려야 할 곳에 그가 처단한 자를 추모하는 절이 탄생한 것이다. 또한 1937년에는 중국과의 전투에서 영웅으로 추앙받았던 일본 군인 '육탄삼용사'의 동상도 세워졌다. 일본의 영웅들이 조선 선열들의 혼을 짓밟았다.

박문사는 일본 조동종(曹洞宗) 계열의 절이었다. 일본식으로 지어진 건축물에는 조선의 궁궐까지 사용되었다. 경복궁의 광화문 석재, 선원전(璿源殿)과 부속 건물이 고스란히 박문사의 건축에 재사용되었다. 선원전은 조선의 역대 왕들의 어진(御眞, 초상화)을 모셔놓고 제사를 지내는 신성한 공간이었다. 《세종실록》에 처음 등장하는 선원전은 초기에는 단순히 선대왕들의 초상화를 모시는 곳이었으나 후기에는 임금

박문사 본당 모습. 서울역사박물관 소장.

이 선대왕들에게 참배하는 곳으로 바뀌었다. 왕조의 역사가 길어진 만큼 왕실의 전통성과 왕권의 강화를 상징하는 공간으로 거듭난 장소였다. 고종 시기에 새로 지어진 경복궁의 선원전은 현재 국립민속박물관 자리에 있었다. 경복궁의 북동쪽 영역이다.

경희궁의 정문인 흥화문(興化門)은 그대로 옮겨 박문사의 정문인 경춘문(慶春門)으로 사용되었다. 경춘은 이토 히로부미의 호인 춘무(春畝)가 경사롭다는 뜻이다. 그리고 박문사가 위치한 곳을 춘무산(春畝山)이라 이름을 붙였다. 지명까지 일본의 입맛대로 바꿔버린 것이다. 일본에 의해 완전히 망가진 조선과 왕조를 희롱하는 처사였다. 박문사는 이토 히로부미의 23주기 기일에 완공되었다. 조선의 역대 왕들을 모시고 참배하는 신성한 정신이 담긴 선원전과 최초의 국립 현충원인 장충단이 이토 히로부미의 망령에 밟혔다. 1939년에는 이곳에서 이토 히로부미 외에도 이완용과 강경 친일단체인 일진회를 만들었던 송병준, 이용구 등의 경술국치 협력자들에게 감사하는 의미의 위령제도 열렸다.

일본의 치밀한 역사와 민족의식의 말살 정책은 성공적이었다. 현재 장충단의 건물은 흔적조차 없으며 단지 순종이 쓴 장충단비만 '서울시 유형문화제 제1호'로 지정되어 궁색하게 자리를 지키고 있다. 무엇보다 현대인들 중에서 장충단의 의미를 아는 사람이 드물다. 장충단이 있었기에 장충동이라는 지역명이 탄생했지만 이 또한 잘 알려지지 못했다. 현재의 장충단은 그저 작은 공원에 불과하며, 장충동은 실내체육관과 족발집들이 더 유명하다. 을미사변에서 시작된 장충단의 역사는 일본의 공작으로 단 하나의 비석만 겨우 살아남았다. 어쩌면 남은 비석이 기적인지도 모른다.

이토 히로부미가 안중근 의사에게 저격당했을 때 조선의 많은 지식인들은 흥분하지 않았다. 친일 관계가 흔들려 자신의 안위가 깨질까봐 두려워하거나, 식민지 정책이 늦춰질까 염려하거나, 더욱 거센 민족의 탄압을 우려하거나, 반일 폭동이 일어날까 봐 걱정하는 등 이유는 제각기 달랐지만 고민의 크기는 모두 비슷했다.

정부와 민간단체는 앞다퉈 이토 히로부미의 장례식에 조문단을 파견했다. 민간단체의 대표로 일본에 다녀온 인물은 한성부민회(漢城府民會) 회장이었던 유길준이었고, 경성 기자단 대표로는 제국신문사 사장이었던 정운복(鄭雲復)이 참가했다.* 많은 사람이 그것도 모자랐는지 장충단에서 관민이 합동으로 모여 이토 히로부미의 사망을 추도하는 행사를 진행했고, 이후에도 경쟁적으로 추모행사를 벌이거나 기획했

---

* 〈칙사 출발〉, 11월 17일, '갔다 왔다'〉, 《대한매일신보》, 1909. 10. 30.

다. 친일 단체인 일진회는 안중근의 암살이 조선 사람의 뜻에 위배되어 사죄해야 한다는 '사죄단'을 만들었고, 어떤 이는 이토 히로부미의 동상을 세우고자 노력했다. 그러나 이러한 추모 열기에 동참한 사람들이 모두 강성 친일파였다고 생각하면 오산이다. '국민대추도회'란 이름의 단체를 만들어 추모행사를 기획했던 사람 중에는 권동진, 오세창처럼 실질적으로 3·1운동을 주도한 인물들과 윤효정, 유근(柳根), 남궁억(南宮檍) 같은 독립운동가들이 포함되어 있었다. 이들은 조직의 발기인이자 위원장, 위원 등으로 이름이 남아 있다.

> 태자태사(太子太師, 태자의 스승) 문충공(文忠公) '이토 히로부미' 공작의 국장일(國葬日)에 황족(皇族), 궁내관, 각부의 관리 및 인민들이 함께 장충단에서 추도회를 설행하였다.
>
> —《순종실록》, 순종 2년(1909) 11월 4일(양력)

> 짐(朕)의 국세(國勢, 나라의 형세)가 잔약(殘弱)함으로 인하여 일본(日本)의 보호에 의지하지 않으면 어찌 그 존립(存立)을 보장할 수 있겠는가? (중략)
> 태자태사(太子太師) 이등 공작(伊藤公爵, 이토 히로부미)은 정성을 다하여 일본 중흥(中興)의 홍업(鴻業)을 도와 태보(台輔, 재상)의 무거운 자리에 있은 지가 이에 40여 년이다. 크게 헌장(憲章)을 정하고 황제의 계책(計策)을 떨쳐 펼쳐서 현재 주요 정책을 자순(諮詢, 의견을 물어서 의논)하는 요직(要職)에 있으며, 항상 동양의 평화에 시종 노력하였다. 그 대명(大命)을 받들어 통감(統監)의 소임에 있어서는 양국(兩國)의 이해(利害)와 공통의 근의(根義, 근본적인 의로움)에 의거하여 짐의 국정(國政)을 지도하고 휴척(休戚, 평안과 근심)을 함께하였다. 짐 역시 그 정성에 의지하고 믿어 유신(維新, 낡은 제도를 새롭게 고침)을 경영하는 큰 업적이 점점 이루어지려고 한다. 더구나 늙은 몸으로서 능히 태자를 보육(輔育)

하고 광구(匡救, 잘못된 일을 바로잡음)하는 정성을 다하여 변함이 없었다. 생각하면, 일본 제국(日本帝國)의 주석(柱石)이 될 뿐만 아니라 진실로 짐의 국가의 사표(師表)로서 그 공훈(功勳)과 덕망(德望)은 전고(前古)에 짝할 만한 이가 없었다. 그런데 지난번에 국경(國境)을 벗어나 합이빈(哈爾賓, 하얼빈)을 지나다가 짐의 광패(狂悖, 미친 사람같이 거친)한 인민의 흉수(兇手)에 상하여 갑자기 사망할 줄이야 어찌 생각하였으랴? 지금 장사(葬事) 날을 맞이하여 상통(傷痛, 마음이 몹시 아프고 괴로움)이 더욱 간절하다. 생각하면 저 광패한 무리가 세계(世界)의 형세에 어두워 이따금 일본의 도타운 정의(情誼)를 업신여기려 하고, 마침내 전에 없는 변괴(變怪)를 빚었으니, 이는 곧 짐의 국가 사직(國家社稷)을 해치는 자이다. 만약 짐의 신민(臣民)으로서 짐의 이러한 뜻을 위배(違背)하여 흉학(凶虐)한 일을 빚는 자가 있으면 민중이 어찌 편안하며 국기(國基)가 어찌 공고해지겠는가? 너희들 신민은 서로 경계하여 짐의 뜻을 체득(體得)하라.

— '순종의 조(詔, 임금의 명령 문서)', 《승정원일기》, 순종 3년 기유(1909) 9월 22일

나오는 말

세상이 기존 질서에만 머무른다면 발전을 기대하기 어렵다. 한 시대를 풍미했던 이념도 언젠가는 늙고 쇠하기 때문이다. 국가나 사회가 도태되지 않으려면 혁신과 개혁이 뒷받침되어야 한다.

긍정적인 변화는 나보다 우리를 생각하는 시대정신과 순수한 도전정신에서 비롯한다. 꺼림칙한 요소를 무시하거나 대다수 사람이 생각하는 바른 방향과 거리가 멀 경우, 인류에게 해를 끼칠 확률이 높아진다. 바른 방향성은 의견의 보편성과는 다른 차원의 문제다. 의견의 보편성을 따르지 않는 것은 독창적 행위이지만, 바른 방향성을 거부하는 건 공동의 생존 문제와 관련이 있기 때문이다.

안중근 의사가 여순 감옥에서 일본인 간수 등에게 직접 써준 붓글씨가 많은 사람에게 감동을 주는 이유는 그의 말과 행동이 일치하고, 인류의 평화를 지향했던 바른 방향성을 가졌기 때문이다.

자국의 이익을 위해 다른 국가를 약탈하는 데 혈안이 된 일본인들은 그에게 절대 악이었다. 그는 악을 응징하겠다는 자신의 의지를 확고하게 다지기 위해 손가락까지 잘랐다. 그리고 목숨을 걸고 자신의 맹세를 지켰다.

안중근 의사가 쓴 글 중 가장 많이 알려진 글귀 하나가 "견리사의 견위수명(見利思義見危授命)"이다. 이 구절은 《논어》에 나오는 것으로 '이로움을 보면 의로움을 생각하고, 위태로움을 보더라도 목숨을 아끼지 않는다'는 뜻이다.

세상이 점점 얄팍한 이로움으로만 빠져드는 듯하다. 이로움보다는 의로움의 가치를 더 존중하고 따르는 세상이 되었으면 좋겠다. 우리 아이들이 살아갈 미래의 세상은 지금보다 배려와 존중이 충만하기를 꿈꿔본다.

1274년 원나라 세조의 딸과 혼인한 충렬왕이 왕위에 올라 고려는 본격적으로 몽골의
부마국이 됨. 원나라의 변발과 복식을 채택함.

1298년 충렬왕의 아들인 충선왕이 최초의 혼혈인으로 왕위에 오름.

1351년 공민왕이 등극하여 반원정책을 실시함. 고려의 복식을 회복하고 친원파들을
제거함.

1361년 원나라에 대항하던 10만 명의 홍건적이 고려의 수도 개경을 점령함.

1364년 원나라 기황후가 자신의 오빠를 죽인 공민왕을 처단하기 위해 1만 명의 군사
를 보냄.

1374년 공민왕 시해됨.

1380년 왜구가 500여 척의 배를 이용하여 진포에 주둔하며 약탈을 감행.

1388년 요동 정벌을 나섰던 이성계가 위화도에서 회군하여 최영을 몰아내고 고려의
군사력을 장악.

1390년 신진사대부가 기득권의 불법적인 토지제도를 개선하기 위해 토지대장을 불
태워버림.

1392년 새로운 나라를 꿈꾸던 세력이 이성계를 왕으로 추대하며 공양왕으로부터 왕
위를 물려받음.

1393년 국호를 조선으로 정하여 반포함.

1394년 한양으로 천도하고 경복궁 공사를 시작함.

1395년 경복궁을 완공하고 정도전이 궁궐과 전각에 이름을 지음. 한양의 정식 명칭
을 한성으로 바꿈.

1396년 정도전이 한성 도시를 5부 52방으로 나누고 이름을 붙임.

1398년 이성계의 아들 이방원이 세자 책봉과 정치에 불만을 품고 왕세자와 개국공신
정도전, 남은 등을 몰살함.

1399년 정종이 개경으로 환도.

1400년 이방원이 자신의 형 방간을 죽이고 정종으로부터 왕위를 물려받음.

1405년 태종이 창덕궁을 짓고 한성으로 다시 천도.

1412년 경회루 완공.

1418년 천민 내시 출신의 박자청이 종1품의 관직을 얻음.

1420년 집현전 설치.

1426년 광화문, 건춘문, 영추문, 영제교 등 경복궁의 문과 다리에 이름을 붙임.

1429년 세종이 경복궁의 전각을 대대적으로 수리하고 다시 지음.

1503년 유녀였던 장녹수가 종3품의 후궁이 됨.

1592년 임진왜란으로 경복궁이 불에 타서 전소됨.

1689년 궁녀 출신 장옥정이 왕비로 책봉됨.

⋮

1863년 고종 즉위.

1865년 신정왕후의 지시로 흥선대원군이 주도하여 경복궁 영건 시작.

1866년 아버지 없는 명성황후가 왕비로 간택됨.

1868년 경복궁의 주요 건물을 완공하여 고종이 창덕궁에서 거처를 옮김.

1873년 건청궁 건립.

1876년 강화도조약(조일수호조규).

1882년 임오군란으로 고종은 권력을 빼앗기고 명성황후는 궁궐 밖으로 도피함. 조미
       수호통상조약.

1883년 미국 외교사절단 보빙사 일행이 미국 대통령을 예방.

1884년 급진 개화파들이 섣부르게 개력을 벌이다 실패함, 갑신정변.

1887년 건청궁에 최초로 전깃불이 들어옴.

1894년 일본군이 한성과 경복궁을 무단으로 점령하며 개혁을 요구, 갑오개혁. 청일
       전쟁. 동학농민운동.

1895년 건청궁에서 을미사변 발생.

1896년 고종이 왕세자와 러시아 공사관으로 피신함. 을미사변에 가담한 일본인들이
       전부 무죄 선고를 받음. 김구가 국모의 복수를 위해 일본인을 죽임.

1897년 대한제국을 선포하며 황제 즉위식 거행, 국민 모금으로 독립문 완공.

1900년 최초의 국립현충원 격인 장충단 완공.

1904년 러일전쟁.

1905년 대한제국의 외교권을 박탈하는 을사늑약 체결.

1907년 헤이그 특사 파견. 고종 강제 퇴위로 순종이 황세로 즉위. 모든 정치적 결정
       은 일본 통감의 허가를 얻어야 한다는 정미칠늑약 체결.

1909년 안중근이 이토 히로부미를 사살함. 건청궁 훼철.

1910년 경복궁 건물의 절반 이상이 경매로 판매됨, 경술국치.

1915년 일본이 조선물산공진회 개최하여 경복궁 내부 건물이 대량으로 훼손.

1916년 경복궁 내에 조선총독부 건립으로 흥례문 주변 건물 손실.

1918년 강녕전과 교태전을 비롯해 내전으로 사용하던 중요 건물들이 창덕궁의 화재
복구 자재로 사용.

1926년 조선총독부 완공. 광화문이 경복궁의 동쪽으로 옮겨짐.

1927년 조선총독부 청사 근처에 야구장과 테니스장, 육상 트랙이 조성됨.

1932년 선원전이 뜯겨져 박문사의 자재로 사용.

1969년 콘크리트로 광화문 복원.

1972년 현재 민속박물관으로 쓰이는 국립중앙박물관 완공.

1986년 중앙청으로 쓰이던 조선총독부 건물을 국립중앙박물관으로 개관.

1995년 국립중앙박물으로 사용하던 조선총독부 건물 철거. 강녕전과 교태전 복원.

1999년 자선당 복원.

2001년 흥례문, 영제교 복원.

2005년 태원전 복원.

2007년 건청궁 복원.

2010년 콘크리트로 된 광화문을 없애고 새롭게 복원.

2015년 소주방 복원.

2019년 흥복전 복원.

참고 자료

❖도서

《경복궁 시대를 세우다》, 장지연, 너머북스, 2018.

《경복궁》, 문화재청, 2011.

《경복궁에 대해 알아야 할 모든 것》, 양택규, 책과함께, 2007.

《과거, 출세의 사다리(태조~선조 대)》, 한영우, 지식산업사, 2013.

《구 조선총독부건물 실측 및 철거보고서(上)》, 국립중앙박물관, 1997.

《(구한말 격동기 비사) 알렌의 일기》, H. N. 알렌, 단국대학교출판부, 1991.

《(국역) 경복궁 영건일기》, 서울시역사편찬원, 서울책방, 2019.

《국역 삼봉집 1》, 정도전, 민족문화추진회 편역, 경인문화사, 1977.

《국역 조선총독부 30년사》, 오다 쇼고, 조선총독부 편, 박찬승·김민석·최은진·양지혜
　　　　옮김, 민속원, 2018.

《(궁궐에 핀 비밀의 꽃) 궁녀》, 신명호, 시공사, 2012.

《궁녀의 하루》, 박상진, 김영사, 2013.

《나의 조국》, 츠노다 후사코, 북스타, 2019.

《내시와 궁녀》, 박상진, 가람기획, 2005.

《대한계년사》, 정교, 소명출판, 2004.

《대한제국아 망해라》, 윤효정, 다산초당, 2010.

《명성황후 시해사건 러시아 비밀문서》, 이영숙, 서림재, 2005.

《명성황후 시해의 진실을 밝힌다》, 최문형, 지식산업사, 2006.

《명성황후 제국을 일으키다》, 한영우, 효형출판, 2006.

《문명의 정치사상 : 유길준과 근대한국》, 정용화, 문학과 지성사, 2004.

《민영환과 유치호, 러시아에 가다》, 신앙과 지성사, 1896.

《박시백의 조선왕조실록》, 박시백, 휴머니스트, 2015.

《불씨잡변(조선의 기획자 정도전의 사상혁명)》, 김병환 역해, 아카넷, 2013.

《사물로 본 조선》, 규장각한국학연구원, 글항아리, 2015.

《삼봉집(조선을 설계하다)》, 정도전, 심경호 옮김, 한국고전번역원, 2013.

《서울금석문대관》, 올림픽준비단, 서울특별시, 1987.

《서유견문》, 편집부, 두산동아, 2010.

《시베리아의 별, 이위종》, 이승우, 김영사, 2019.

《안중근 의사 자서전》, 안중근, 범우사, 2014.

《언더우드 부인의 조선 견문록》, 릴리어스 호턴 언더우드, 김철 옮김, 이숲, 2008.

《역사 e5 : 세상을 깨우는 시대의 기록》, EBS 역사채널, 북하우스, 2016.

《역주 매천야록》, 황현, 문학과지성사, 2005.

《왕권을 상징하는 공간, 궁궐》, 김동욱 외, 예맥출판, 2017.

《(왕조의 설계자) 정도전》, 한영우, 지식산업사, 1999.

《우장춘의 마코토》, 이영래, HNCOM, 2013.

《이완용 평전》, 김윤희, 한겨레출판, 2011.

《자객 고영근의 명성황후 복수기》, 이종각, 동아일보사, 2009.

《정도전과 그의 시대》, 이덕일, 옥당, 2014.

《정도전을 위한 변명》, 휴머니스트, 2014.

《정본 백범일지》, 김구, 이병갑·김학민 주해, 학민사, 2016.

《조선시대 과거시험과 유생의 삶》, 차미희, 이화여자대학교출판부, 2012.

《조선을 죽이다》, 혜문 엮음, 동국대학교출판부, 2009.

《조선의 왕비로 살아가기》, 신명호 외, 한국학중앙연구원, 돌베개, 2012.

《조선해어화사(朝鮮解語花史)》, 이능화, 동문선, 1992.

《포은과 삼봉의 철학사상》, 정성식 지음, 심산, 2003.

《한국과 그 이웃나라들》, 이사벨라 버스 비숍, 살림, 1996.

《한국통사》, 박은식, 범우사, 1999.

❖논문

〈경복궁 경회루의 건축계획적 논리체계에 관한 연구 — 정학순의 '경회루전도(慶會
樓全圖)'를 중심으로 — 〉, 이상해, 조인철, 《한국건축역사학회논문집 v.14
no.3, no.43》, 2005년, 39~52쪽.

〈경복궁의 풍수 지형과 풍수 요소에 관한 고찰〉, 김규순, 박현규, 《한국지리학회지 7권
2호》 2018.

〈대한제국기 원유회(園遊會) 설행과 의미〉, 이정희, 《韓國音樂研究 v.45》, 2009.

〈《명성황후 편지글》의 텍스트 구조와 특징〉, 강연임, 《語文研究 89》, 2016.

〈시정오년기념조선물산공진회의 기생의 춤 공연에 대한 연구〉, 김영희, 《國樂院論文
集 제29집》, 2014.

〈이범진 공사의 공훈선양과 기념관 건립〉, 박민영, 《독립운동사연구22집》, 2018.
〈을미사변, 그 하루의 기록 ― 대원군의 침묵과 명성황후암살의 배후 ―〉, 김영수, 《이
　　　화사학연구 39권》, 2009.
〈조선시대 妓役의 실태〉, 정연식, 《國史館論叢 第107輯》, 2005.

❖인터넷 사이트

Naver 뉴스라이브러리 https://newslibrary.naver.com
국립고궁박물관 https://www.gogung.go.kr
국립민속박물관 https://www.nfm.go.kr
국립중앙도서관 대한민국신문 아카이브 https://nl.go.kr/newspaper
국립중앙박물관 https://www.museum.go.kr
국사편찬위원회 《고려사》 http://db.history.go.kr/KOREA
국사편찬위원회 《조선왕조실록》 http://silok.history.go.kr
국사편찬위원회 우리역사넷 http://contents.history.go.kr
국사편찬위원회 조선시대법령자료 http://db.history.go.kr/law
국사편찬위원회 한국사데이터베이스 http://db.history.go.kr
동학농민혁명 종합정보시스템 http://www.e-donghak.or.kr
서울역사박물관 https://museum.seoul.go.kr
한국학중앙연구원 한국민족문화대백과사전 https://encykorea.aks.ac.kr
한국고전번역원 《삼봉집》 http://db.itkc.or.kr
한국고전번역원 《승정원일기》 http://db.itkc.or.kr
한국고전번역원 《신증동국여지승람》 http://db.itkc.or.kr
한국고전번역원 《연려실기술》 http://db.itkc.or.kr
한국고전번역원 《조선왕조실록》 http://db.itkc.or.kr
한국학중앙연구원 조선왕조실록사전 http://waks.aks.ac.kr/rsh/?rshID=AKS-
　　　2007-AEZ-3101
한국학중앙연구원 한국역대인물 종합정보시스템 http://people.aks.ac.kr
한국학중앙연구원 한국학자료센터 조선시대 한글편지 http://archive.aks.ac.kr/
　　　letter/letterList.aspx